【三】

【古文の内容】

しかし藤太《とうだ》は、世の中に知られた強くて勇敢な者なので、少しも動揺することなく、「竜宮《りゅうぐう》の敵《かたき》というのはこれなのだろう」と、固く決心して、例の強い弓矢を付け加え、化物《ばけもの》が近づいてくるのを待っていると、矢の射程距離になったので、思う存分に弓を引きしぼり、化物の眉間《みけん》のまん中だと思われるところを射たが、その手ごたえは、鉄の板などを射たかのような音が聞こえて、矢がはね返って立たないので、心中穏やかでなくなり、再び二本目の矢を取ってつがえ、同じねらい所を意識して、矢をかけたのを忘れるほどに十分に引きしぼって射たが、この矢もまたはね返って、化物の身体にはまったく刺さらなかった。わずか三本持っていた矢を、二本射そこなった。あてにするのはただ一本、この矢を射ることをしくじってしまえばどうしようもないだろうと、さまざまなことをあれこれ思案し続け、今回の矢じりには、つばをはきつけ、矢をつがえ、「南無八幡大菩薩《なむはちまんだいぼさつ》」と心の中で神仏に祈願して、再び同じねらい所を意識して、弓を十分に引きしぼってひょうと射たところ、今回は命中した感じがして、ぱしっと当たる感じがするやいなや、二三千のたいまつが一度にパッと消え、百千万の雷鳴も、ぴたりと鳴り止んだ。さては、化物が滅びたのは確実だと思い、召使いたちにたいまつを灯させて、前述の化物をよくよく見ると、まぎれもないむかでであった。百千万の雷鳴に聞こえたのは、大地を揺り動かす音だったのであろう。二三千のたいまつに見えたのは、足だったのであろう。頭は牛鬼《うしおに》(牛の形をした妖怪)のようで、その姿の大きいことといったら言い表しようがない。前述の(三本目の)矢は、化物の眉間のまん中を通って、喉の下まで、すっかり貫通したのだった。急所であるから、当然であるとはいえ、これほどの大きな化物が、一本の矢で痛めつけられて滅んだ、その弓を引いた力の強さは大したものだ。

《2024　数学　解説》

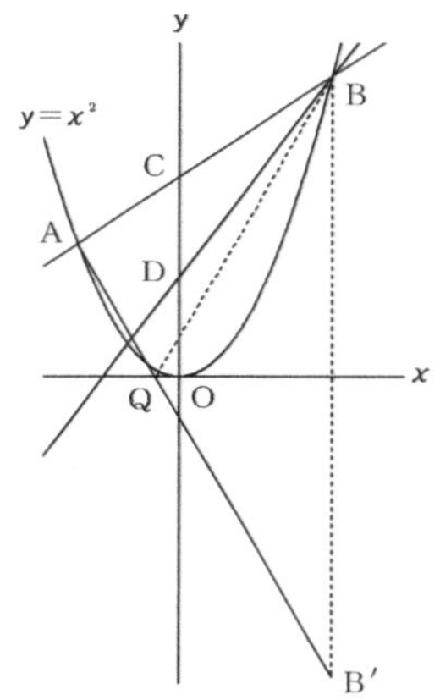

3 (1)　Bの座標より，直線BDの式は$y=2x+3$だから，D(0，3)である。

(2)　A(−2，4)，B(3，9)だから，直線ABの式は$y=x+6$である。

(3)　C(0，6)より，CD＝6−3＝3なので，

$\triangle ADB=\frac{1}{2}\times CD\times$(AとBの$x$座標の差)$=\frac{1}{2}\times 3\times\{3-(-2)\}=\frac{15}{2}$

(4)　**【解き方】Pは，Dを通り直線ABに平行な直線上に1つ(P_1とする)，Cよりy座標がCD＝3だけ大きい点を通り，直線ABに平行な直線上に1つ(P_2とする)ある。**

P_1は直線$y=x+3$とx軸の交点だから，P_1のx座標は$0=x+3$より$x=-3$

P_2は直線$y=x+9$とx軸の交点だから，P_2のx座標は$0=x+9$より$x=-9$

(5)　**【解き方】ABの長さは一定だから，AQ＋QBが最小となるQを考える。x軸についてBと対称な点をB′とすると，3点A，Q，B′が一直線上に存在する。**

B′(3，−9)だから，直線AB′の式は$y=-\frac{13}{5}x-\frac{6}{5}$である。よって，Qの$x$座標は$0=-\frac{13}{5}x-\frac{6}{5}$より$x=-\frac{6}{13}$

4 (1)　△BCEは3辺の長さの比が1：2：$\sqrt{3}$の直角三角形だから，$CE=\frac{1}{\sqrt{3}}BC=\sqrt{3}$(cm)

(2)　$AC=5CE=5\sqrt{3}$(cm)だから，三平方の定理より，$AB=\sqrt{3^2+(5\sqrt{3})^2}=2\sqrt{21}$(cm)

(3)　大きい方の$\overset{\frown}{BD}$に対する中心角BODは120°×2＝240°だから，$\angle x=$360°−240°＝120°

(4)　**【解き方】補助線BDを引くと，△OBDは右図のような二等辺三角形となる。**

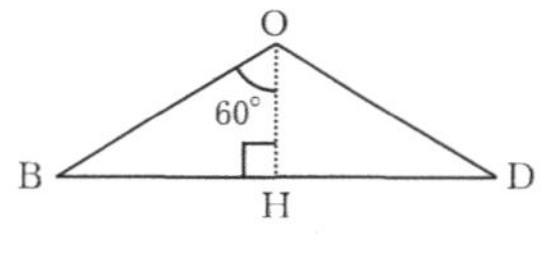

△BCDにおいて，三平方の定理より，$BD=\sqrt{3^2+(2\sqrt{3})^2}=\sqrt{21}$(cm)

よって，$OB=\frac{2}{\sqrt{3}}BH=\frac{2}{\sqrt{3}}\times\frac{1}{2}BD=\sqrt{7}$(cm)

(5)　**【解き方】右図で，△ABD∽△AEFとなることを利用する。**

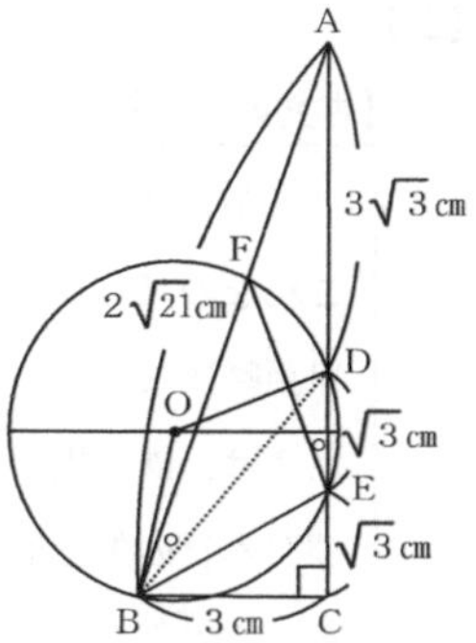

△ABD∽△AEFより，AD：AF＝AB：AE　　$3\sqrt{3}:\mathrm{AF}=2\sqrt{21}:4\sqrt{3}$

よって，$\mathrm{AF}=\dfrac{6\sqrt{21}}{7}$(cm)だから，$\mathrm{AB}:\mathrm{AF}=2\sqrt{21}:\dfrac{6\sqrt{21}}{7}=7:3$

△ABEと△AFEで，底辺をそれぞれAB，AFとしたときの高さが等しいから，

$\triangle\mathrm{AFE}=\dfrac{3}{7}\triangle\mathrm{ABE}=\dfrac{3}{7}\times\dfrac{1}{2}\times4\sqrt{3}\times3=\boldsymbol{\dfrac{18\sqrt{3}}{7}}$(cm²)である。

5　(1)　△OAB∽△OPQで，相似比はOA：OP＝3：1だから，$\mathrm{PQ}=\dfrac{1}{3}\mathrm{AB}=$ **2**(cm)である。△OAMで，三平方の定理より，$\mathrm{OM}=\sqrt{9^2-3^2}=\boldsymbol{6\sqrt{2}}$(cm)

(2)　△KNMについて，$y^2=6^2-x^2$，△ONKについて，$y^2=(6\sqrt{2})^2-(6\sqrt{2}-x)^2$ が成り立つから，これらを連立方程式として解くと，$x=\boldsymbol{\dfrac{3\sqrt{2}}{2}}$，$y=\boldsymbol{\dfrac{3\sqrt{14}}{2}}$となる。

(3)　OE：OM＝1：3だから，$\mathrm{OE}=\dfrac{1}{3}\mathrm{OM}=2\sqrt{2}$(cm)，$\mathrm{OK}=\mathrm{OM}-\mathrm{KM}=\dfrac{9\sqrt{2}}{2}$(cm)

よって，$\mathrm{OE}:\mathrm{OK}=2\sqrt{2}:\dfrac{9\sqrt{2}}{2}=$ **4：9**

(4)(ア)　**【解き方】切断面は図1の台形PQRSのようになる。**

図1

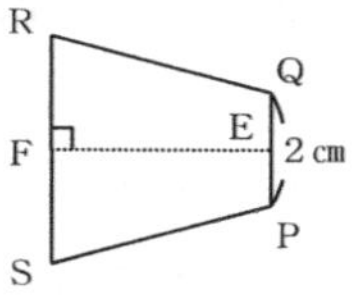

図2

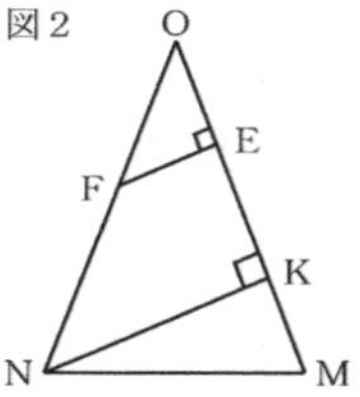

面ONMは図2のようになり，△ONK∽△OFEである。

$\mathrm{FE}=\dfrac{3\sqrt{14}}{2}\times\dfrac{4}{9}=\dfrac{2\sqrt{14}}{3}$(cm)であり，△OCDと△ORSの相似比は9：4だから，$\mathrm{RS}=6\times\dfrac{4}{9}=\dfrac{8}{3}$(cm)となる。

よって，切断面の面積は，$\dfrac{1}{2}\times\left(2+\dfrac{8}{3}\right)\times\dfrac{2\sqrt{14}}{3}=\boldsymbol{\dfrac{14\sqrt{14}}{9}}$(cm²)

(イ)　Oを含む立体の底面を台形PQRSとしたときの高さはOEだから，体積は$\dfrac{1}{3}\times\dfrac{14\sqrt{14}}{9}\times2\sqrt{2}=\boldsymbol{\dfrac{56\sqrt{7}}{27}}$(cm³)

《2024　英語　解説》

Ⅱ　【本文の要約】参照。

【本文の要約】

フレッド：もうすぐテストだね。準備は出来てる？

ジャック：Aイまだだよ。君は？

フレッド：僕もまだだよ。①どの教科から勉強をしたらいいのかわからないよ。(＝I don't know which subject I should begin to study.)

ジャック：心配いらないよ。勉強を始めた人は誰もいないって聞いたよ。

フレッド：そうかなあ？みんなそう言うけど，テスト勉強をしてると思うよ。問3誰もテスト勉強をしないとしたらどうなるかな？

ジャック：そんなことにはならないと思う。生徒たちはしっかり準備するさ。

フレッド：そうだね。君はまだテスト勉強を始めてないって言ったけど，どういう作戦？どうやって勉強するつもり？

ジャック：よくわからないや。

フレッド：ねえ，僕にアイデアがあるよ！

ジャック：Bア何かな？

フレッド：一緒に勉強しない？そうすれば，③勉強しなければならない重要なポイント(＝the important points we need to study)を理解できるよ！

ジャック：Cエうん，悪いアイデアじゃないね！

フレッド：友達と勉強するのはx一人で(＝alone)勉強するより楽しいよ！

ジャック：その通りだね。グループで勉強すればより深く理解できるね。

フレッド：まさにそうだね！それで，いつ始める？

ジャック：明日は？

フレッド：いいね！問6ウ明日で大丈夫だよ。明日は25問，その翌日に25問という目標を立てて，3日目にはそれらを復習しよう。Dウそれについてどう思う？

ジャック：完璧だよ！

Ⅲ 【本文の要約】参照。

【本文の要約】

ほとんどの人はチョコレートが大好きです。甘いミルクチョコレートが好きな人もいれば，濃いダークチョコレートが好きな人もいます。しかし，問1イチョコレートのような食べ物は他にはない，という意見にはほとんどのチョコレート愛好家が同意します。チョコレートには口(1)イの中にとどまる(＝stay in)素晴らしい濃厚な味わいがあります。みなさんはチョコレートの味が300種類以上あるのをご存知ですか？チョコレートは世界中の国々でますます人気が高まっています。

しかし，チョコレートとは何で，そもそもどこから来たのでしょうか？チョコレートはカカオの木の豆から作られています。これらの木は最初，中南米の熱帯雨林に生育しており，遠い昔に人々はその豆を使い始めました。その木にはさやと呼ばれる大きな果実があり，その中には豆が入っています。カカオの木の学名は *Theobroma cacao* といい，*Theobroma* は「神々の食べ物」という意味です。②人々はその木から採れる果実を素晴らしいと思いました。(＝People thought the fruit that came from the tree was wonderful.)

カカオの木のさやを最初に使ったのは，おそらく3000年前のオルメカ人です。オルメカ人は，現在メキシコと呼ばれる国の熱帯雨林の奥深くに住んでいました。オルメカ人は食べ物を[A]ウ探すために(＝to find)その木の大きなさやを割ってみたのだと考えられます。しかし，彼らはカカオ豆を使わず，豆の周りの甘くて白い果肉だけを食べていました。南米のブラジルや他の場所では，人々はいまだにこの柔らかい果肉から飲み物を作ります。

1970年代以降，人々は「カカオ」という言葉についても質問を投げかけています。それはどこから来て，誰が最初に使用したのでしょうか？人々は古いオルメカ人の言語の中に「カカワ」という言葉を見つけ，現在では「カカオ」はそこから来ていると考えています。

カカオ豆からチョコレートを作る最古の例は，1500年前のマヤ人によるものです。これらの賢い人々は，オルメカ人と同じ地域に住んでいました。③彼らはカカオの木を育て，豆から食べ物を作った最初の人々です。私たちは彼らの話から，チョコレートが彼らにとって非常に[B]ア重要(＝important)であったことを知っています。彼らは特別な日に神々への贈り物としてチョコレートを捧げました。

問7．3マヤ人は豆から濃いチョコレートドリンクを作りました。彼らはまず，それらを暖かくて暗い場所へ持っていきました。次に，豆を直射日光に当てて調理しました。それから，それらをすりつぶしてペーストにしました。問7．3その後，ペーストが固くなって乾いたら水に入れました。最後にその水を1つのカップから[C]イもう1つの(＝the other)カップへと，2つのカップの間で繰り返し注いでは戻す作業を延々と続けました。これによってたくさんの(2)ア泡を含む特別な飲み物(＝a special drink with a lot of bubbles)が完成しました。マヤ人はこれが大好きでした。

アステカ人は西暦1200年頃からマヤ人より強大になり始め，その地域を支配しました。アステカ帝国の中心は現在のメキシコシティで，Tenochtitlan という都市でした。そこは乾燥しすぎていた[D]エので(＝because)カカオの木はうまく育ちませんでした。そこでアステカ人(彼らはマヤ人のようにチョコレートを愛していました)はマヤ人からカカオ豆を買い始めました。最終的に，これらの豆は非常に貴重になり，お金として使われました。

アステカ人はマヤ人のように，(3)エカカオ豆を飲み物にしました（＝made cacao beans into a drink）。彼らはそれを *chocolatl* と呼び，そしてそれは私たちに「チョコレート」という言葉をもたらしました。彼らはチョコレートをたくさん飲みました。アステカ帝国の支配者，モクテスマ２世(1466-1520)は１日に 50 杯のチョコレートを飲んだと言われています！

モクテスマ２世は大変な富の所有者で巨大な「銀行」(4)ウで有名でした（＝was famous for）。しかし，それはXお金（＝money）ではなくカカオ豆で満たされていました。モクテスマ２世は自分の銀行に９億６千万粒の豆を所有していたと言われています。現在，私たちはその数の豆から約 2500 万個のチョコレートバーを作ることができます。

Ⅳ 【本文の要約】参照。

【本文の要約】

ミッケル・フランドセンは 19 歳の時にデンマークの高校を辞め，ナイジェリアへ旅立ちました。そこで，彼はすぐに中古の衣類とトラックの部品Aエを売り始めました（＝began selling）。彼の主な目的はお金を稼ぐことで，それは非常にうまくいきました。しかし，ナイジェリアでの経験が彼の心を打ちました。そしてそれは彼のキャリアを変え，他の多くの人の人生をより良いものに変えていきました。

Xウフランドセンはナイジェリアでその国の現実に直面しました。彼は，子どもたちが日々，豊かな国ではたいした問題ではない病気にかかって死んでしまうことに気がつきました。発展途上国では多くの子どもたちが亡くなります。なぜなら，彼らが飲む水が清潔ではなく，病気になってしまうからです。蚊も病気を運びます。フランドセンは，浄水器や蚊帳といった非常に単純なもので子どもたちを救えるということに気がつきました。

フランドセンはナイジェリアで１年過ごした後，1992 年に帰国し，家業の繊維製品の事業で働き始めました。しかし，彼はビジネスを新しい方法で見ていました。問4．イ彼は家業の会社が，貧しい国の人々の命を救うのに役に立つものを作ることができるということに気がつきました。彼の会社は１年も経たないうちに貧困国の援助隊員のための毛布やテントBイを作り始めました（＝began making）。その後，彼の会社は蚊帳を作りました。それは単純ながら，命を救えるものでした。

Yイしかし，フランドセンはもっとやりたいことがありました。彼は，発展途上国の人々が清潔な飲料水を手に入れるのを助ける方法があるに違いないと考えたのです。彼はアメリカの人権団体Cウと協力し始め（＝began working with），そこで新しいアイデアが生まれました。ナイジェリアの子どもたちはよく，小川や池の不潔な水を飲んでいました。彼はその水をろ過するものを作ろうと決心しました。

Zアその結果が小型の浄水器，LifeStraw です。それを通して水を飲むとフィルターがほとんどすべての有害なバクテリアやウイルスを除去してくれます。フランドセンの家業は新製品を開発・製造し，大きな成功をおさめました。③その製品はとても便利なので，いくつもの賞を受賞しています。（＝The product is so useful that it has won several awards.）

また援助団体は，病気による危機に直面している人々のためにたくさんの LifeStrawDアを購入し続けて（＝keep buying）います。現在，２つの工場で LifeStraw を製造しており，それらの工場は発展途上国の人々を支援するグループからの多くの注文を満たすために 24 時間体制で稼働しています。

《2024　理科　解説》

1 問３，６　化学反応式の矢印の前後で原子の組み合わせは変わるが，原子の種類と数は変わらないことに注意する。

問４　生成された水と二酸化炭素の質量は，それぞれ燃焼させたメタンの質量に比例する。燃焼させたメタンが 12ｇの２倍の 24ｇだから，生成された水は 27ｇの２倍の 54ｇ，生成された二酸化炭素は 33ｇの２倍の 66ｇである。

問5　表2と3より，メタン 18gから水素9gができ，水素9gからアンモニア 51gができたとわかるから，メタン18gからアンモニア51gができる。よって，メタン24gを用いるとアンモニア $51\times\frac{24}{18}=68$(g)ができる。

問7(1)　表2～4より，(ⅳ)で水 81gを生成するためには，(ⅱ)でメタン 18gから水素9gを生成して，(ⅲ)で水素9gからアンモニア 51gを生成して，(ⅲ)でアンモニア 51gを燃焼させればよい。このときに(ⅱ)で生成される二酸化炭素は 49.5gである。　**(2)**　表1と表4で，生成された水の量が 27gのときに着目する。このときAは33g，Bは16.5gだから，A：B＝33：16.5＝2：1となる。

2　**問5**　実験1と3，または，実験2と4では，室温のみが異なり，室温が0℃では発芽せず，室温25℃では発芽したから，Xの発芽には室温25℃が必要な条件であるとわかる。なお，実験3と4では，光のみが異なるがどちらも発芽したから，Xの発芽には光が必要な条件ではないとわかる。また，水や空気の有無だけを変えた実験を行っていないので，実験1～4からは水や空気については必要な条件かどうかわからない。

問6(1)　④0.5×10＝5(㎤)　　**(2)**　実験装置2の体積の変化分(0.5×3＝1.5(㎤))は，10個のYが吸収した酸素から放出した二酸化炭素を引いたものだから，10個のYが放出した二酸化炭素の体積は5－1.5＝3.5(㎤)である。

(3)　呼吸商の値が$\frac{3.5}{5}=0.7$だから，エネルギーを取り出している栄養分は脂肪と考えられる。

3　**問4**　図3より，Xの下には石灰岩の層が5m，さらにその下には砂岩の層が6mあるから，Cにおいて，深さ27m～32mは石灰岩の層，深さ32m～38mは砂岩の層と考えられる。

問5　Xの上面の標高を比べる。A～DでXの厚さは2mだから，AでのXの上面の標高はAの標高と同じ40mと考えられる。また，BでのXの上面の標高は $\overset{\text{Bの標高}}{50}-\overset{\text{BでのXの上面の深さ}}{14}=36$(m)，同様にCは 65－25＝40(m)である。よって，Xの上面の標高はAとCで同じで，Bが下がっているから，南西方向に下がっていると考えられる。

問6　線分ACと線分BDの交点(BDの中点)のXの上面の標高は，A(C)と同じ 40mで，Bとの差は 40－36＝4(m)である。これより，DでのXの上面の標高は40＋4＝44(m)と考えられる。図3より，DでのXの上面は深さ11mにあるから，Dの標高は44＋11＝55(m)と考えられる。

問7(1)　Eは線分ABを4等分した地点のうち，最もAに近い地点である。Xの上面の標高を基準に考える。Xの上面の標高はAからBに向かって4m下がるから，EでのXの上面の標高は，Aの40mから，4mの$\frac{1}{4}$倍の1m下がった，39mとなる。Eの標高(42m)は，39mより3m上だから，地表に現われている層は砂岩の層と考えられる。

(2)　(1)解説をふまえる。Yの上面はXの上面より13m深い位置にあり，EでXの上面は深さ3mにあるから，Yが初めて現れるのは13＋3＝16(m)の深さである。

4　**問1**　境界面に対して垂直に入射した光は直進するから，イが正答となる。

問2　屈折した後の光の道筋を半円形ガラスの方向に延長した線が通るウの位置に見える。

問3　問2(図3)でBから出た光はウの位置に見えるから，半円形ガラスの中心より右側にある板の右端は実際よりも右側に見える。また，半円形ガラスの中心より左側にある板の左端から出た光の道筋は，板の右端から出た光の道筋と線対称になるから，実際よりもやや左側に見える。よって，エが正答となる。

問4　入射角が大きくなると，屈折角も大きくなるから，半円形ガラスの中心から離れるほど，実際の位置とのずれが大きくなる。よって，オが正答となる。

問5　①光が反射するとき，入射角と反射角は等しいから∠OBC＝yである。よって，$z_2=180^\circ-2y$である。
②△OCBはOC＝OBの二等辺三角形だから∠OCB＝∠OBC＝yである。対頂角は等しいから$x-z_3=y$と表せ，$z_3=x-y$となる。　③図6より，$z_5=180^\circ-z_4$とわかり，$z_4=z_1+z_2+z_3=(x-y)+(180^\circ-2y)+(x-y)=180^\circ+2x-4y$だから，$z_5=180^\circ-(180^\circ+2x-4y)=4y-2x$となる。

《2024　社会　解説》

1　問１　東北地方の太平洋側では，寒流の千島海流や，やませの影響で夏の気温が上がらず，同緯度の内陸部や日本海側より冷涼になる。

問４　会津塗は福島県の伝統工芸品である。

問５　北海道には札幌市，神奈川県には横浜市・川崎市・相模原市，大阪府には大阪市・堺市がある。

問６　夏の東北地方の太平洋側に吹く北東の冷たく湿った風をやませという。やませが吹くと，霧が発生し，日照時間が減ることで，夏でも気温が上がらない日が続き，作物が十分に育たない冷害を引き起こす。

2　問２　中国では少子高齢化が急速に進んだため，一人っ子政策は廃止され，現在は三人まで生むことができるようになっている。

問４　ウルル(エアーズロック)は，オーストラリアの先住民であるアボリジニの聖地である。マオリは，ニュージーランドの先住民である。

問７　正距方位図法の地図の縁の部分は，中心の地点の真裏の位置にあたるから，その距離は地球半周にあたる。地球１周の長さは約 40000 ㎞である。

3　問１　旧石器時代に打製石器が作製された。

問４　イ．漢ではなく唐である。ウ．漢ではなく隋である。エ．漢ではなく唐である。

問６(2)　X．誤り。地図を見ると，近江国から都に税を運ぶ日数は，奈良時代の場合９日以内とある。Y．正しい。

問７　イは内容が誤り。1232 年に御成敗式目を制定したのは北条泰時。ウは８世紀末。エは内容が誤り。1279 年に宋を滅ぼしたのはフビライである。

問８　ア．貿易で栄えたのは港町であり，門前町は寺院・神社の周辺に形成された。また，有力な商工業者である町衆が自治を行ったのは，京都などである。ウ．高利貸し業を営んでいたのは土倉や酒屋である。エ．当時は，米と麦の二毛作が行われた。

問10　ア．新井白石は質の悪い貨幣を元に戻して財政を改善しようとした。ウ．上げ米を実施したのは徳川吉宗。エ．黒砂糖の専売をしたのは，幕府ではなく薩摩藩。

問11　b (1872 年)→c (1889 年)→a (1894 年)

4　問１　イ．明治政府は君主権の強いドイツの憲法を参考にした。ウ．アヘン戦争に勝利したのはイギリス。エ．ポツダム宣言は，アメリカ・イギリス・中国の名で出された。

問６　常任理事国は，アメリカ・イギリス・フランス・ソ連・中国である。

問７　ジャガイモ・トマト・たばこなどは，大航海時代に中南米からヨーロッパに伝えられた。

5　問３　ア．「人民の，人民による…」を唱えたのはリンカン。ウ．「マグナ・カルタ」は 13 世紀に国王に認めさせた文書。エ．「権利章典」は，イギリスの名誉革命で国王に認めさせた法律。ワシントンはアメリカの初代大統領。

6　問１　大企業は，日本の全企業数の約１％である。

問２　ホテルや旅館に泊まりたいと考える観光客が増える(＝需要量が増える)と，需要曲線が右に移動して，均衡価格が上昇する。

問３　日本は，2011 年の東日本大震災と 2014 年の消費税率引き上げの際に経済が縮小し，経済成長率は低下したから，2011 年と 2014 年に低下しているエを選ぶ。

2023 解答例 令和5年度　清風高等学校

《国　語》

【一】問一．a．エ　b．ア　c．ウ　問二．イ　問三．ア　問四．こちらの意志や力を敢えて加えて
問五．エ　問六．イ　問七．ア，エ

【二】問一．a．鑑賞　b．雰囲気　c．啓示　d．掲　問二．イ　問三．エ　問四．ア
問五．Ⅰ．様々な視点　Ⅱ．余韻　問六．文学のおもしろさは、物語に描かれた人物像が読者の人生と結びつく瞬間にあり、それぞれ反応する場所も反応の仕方も違うため、作品の評価も独自のものでよいということ。

【三】問一．a．ウ　b．エ　c．イ　問二．ウ　問三．イ　問四．イ　問五．上人の慈悲を試みんがため
問六．オ，カ

《数　学》

1　(1)16　(2)(ア)20　(イ)6　(3)48　(4)18π　(5)(ア)70　(イ)b，d

2　(1)(ア)30　(イ)25　(2)(ア)19　(イ)11

3　(1)$\frac{1}{2}$　(2)$x+4$　(3)(1，2)　(4)(ア)$1-\sqrt{3}$　(イ)$9+3\sqrt{3}$

4　(1)5　(2)(ア)④　(イ)$\frac{3\sqrt{34}}{5}$　(3)$\frac{8\sqrt{34}}{5}$　(4)15

5　(1)$\frac{8}{3}$　(2)6　(3)$\frac{4}{3}$　(4)$\frac{1}{2}$

《英　語》

Ⅰ　1．(a)him　(b)call　2．(a)has　(b)been　3．(a)higher　(b)any　4．(a)what　(b)is

Ⅱ　問1．Did something bad happen　問2．A．ウ　B．イ　C．オ　D．ア　E．エ　問3．(a)be　(b)for　(c)to
問4．次の日先生に質問すること。　問5．each　問6．ウ　問7．how／to／study　問8．ウ，エ

Ⅲ　問1．(1)ウ　(2)ア　(3)イ　問2．ア　問3．(a)tell　(b)that　問4．エ　問5．[A]ミツバチ　[B]カブトムシ　[C]ダンスをすること　[D]小さいが強い　問6．1．×　2．○　3．×　4．×

Ⅳ　問1．ア　問2．イ　問3．(A)エ　(B)ア　(C)ア　問4．X．ウ　Y．ア　Z．イ
問5．(a)something　(b)needed　問6．イ　問7．ウ　問8．ア，オ

《理　科》

1 問1．ウ　問2．$Fe + S \rightarrow FeS$　問3．イ　問4．ア　問5．A．硫化水素　B．水素
問6．A．エ　B．イ　問7．⑴７：４　⑵2.2

2 問1．⑴イ　⑵ウ，エ　問2．⑴網膜…イ　水晶体…カ　視神経…ウ　⑵ア　⑶ア
問3．記号…ク　⑧７，48

3 問1．ウ　問2．露点　問3．ア　問4．80，12.3　問5．エ　問6．カ　問7．イ

4 問1．20　問2．24　問3．0.5　問4．１：１　問5．①4.0　②1.9　問6．30　問7．0.5
問8．40

《社　会》

1 問1．エ　問2．ウ　問3．二毛作　問4．エ　問5．ウ　問6．イ　問7．イ　問8．ア

2 問1．ウ　問2．⑴オ　⑵イ　問3．イ　問4．エ　問5．⑴サンベルト　⑵ウ　問6．ア

3 問1．卑弥呼　問2．ア　問3．ア　問4．イ　問5．エ　問6．エ　問7．ア　問8．エ
問9．イ　問10．ア　問11．ウ　問12．ウ

4 問1．皇帝　問2．イ　問3．ウ　問4．ウ　問5．イ　問6．エ　問7．イ

5 問1．イ　問2．⑴ウ　⑵１　問3．エ　問4．シビリアン　問5．ウ

6 問1．ウ　問2．エ　問3．ア　問4．イ

清風高等学校

《2023　国語　解説》

【一】

問二　直後に職人の言葉として「なにしろ土は生きているのだから、殺さなければ思うようには使えない。それに性根の強いものだから、死なすには相当ほねを折らなければならないのだ」とある。これを聞いて、筆者は「激しいいいかたに釣合うだけのものが、あるらしく察しられた」のである。よってイが適する。

問四　「死ぬ」は自動詞で、「自然に本来の性質が(主語)消える」という内容を表す。「死なす」は、「死なせる」と同じ意味の他動詞で、他に働きかける動作となり、「本来の性質を(目的語)消し去る」という内容を表す。同段落の「本来の性質を抜いてしまう操作を、ころす死なす、という言葉で表現する」「その性質を消そうとする時、それはまさに、死なす、というほかない」「こちらの意志や力を敢《あ》えて加えて、死なせるのである」を参照。

問五　「鼻のもげそうな悪臭は、あるがままの、勝手気ままなその性質がころされようとする時、抵抗し、抵抗し続けて、うめいて、身をしぼって放った臭気だ」「そんな悪臭をあげなければ、死ぬにも死なれない持って生れた性質というもの」「持って生れた性質――それを思いあわせれば、ひどい悪臭を放って～ついにその性質を抜き去っていく土は、私にはひとごとの話ではなく身にしみた」「我が身にも内蔵していることがたしかな、哀《かな》しい悪臭といえる」より、エが適する。

問七　「鼻のもげそうな悪臭」「嫌な臭い」は、「嗅いだことのない人には、話しても到底わからないが」とあるように、「言葉は、現実の臭いや姿などを持たない」。また、「その作業を想像しておかしくなった」「『へんだな、こうして実地の仕事でなく、話だけのことでしゃべってみると、あの作業は、やはりなんだか可笑《おか》しいな。話だと、臭いということ自体が、もうおかしさをくすぐるし、しかもそれを足で捏《こ》ねる、とくればいかにも滑稽だ』ととうとう自分が笑い出す始末になった」とあるように、言葉は人にさまざまなイメージを思い浮かべさせる。よって、アとエが適する。

【二】

問三　直後に、「意味はわからなくても、圧倒的な迫力は感じるやろと思うんです」とある。つまり、意味のわからないものに対して、何かを感じようとしないため、圧倒的な迫力にも気づかないまま過ごしてしまうから――線部①のようになるのだと筆者は考えている。よってエが適する。

問四　「風車が悪魔に見えた時」という太宰治の表現に対して、――線部②のように述べている。「自分の思ったように描きなさい」という言葉では、筆者は「信じられません。言葉として弱い」と述べている。「風車が悪魔に見えた時」というのは、「何かを獲得した瞬間」であり、「そんな瞬間を経験したことのある人間にとってはかなりの説得力」があると筆者は述べている。また、「自分の人生という物語に、その言葉が奇跡的に乗ることができた」からこそ、普段の生活からはちょっと遠い言葉であろうと、筆者は納得できたのである。よってアが適する。

問五　(中略)の前の段落に述べられている。

問六　「僕はこう読んでおもしろかったけど、あなたは読んでも全然おもしろくなかった、でもいいんです」「物語の中で何かと何かがぶつかり合うのを読んだ時、そこにそれぞれの人生が結びつきます。それは本当に素晴らしい瞬間です。それぞれ反応する場所も違うだろうし、反応の仕方も様々だと思います。ひとりの人間でも、読む年齢によって異なる反応があります」と述べられている。だから、作品はそれぞれがひとりで読み、評価も人それぞれでよいということを言っているのである。

【三】

【古文の内容】

行基《ぎょうき》は、さまざまな病人を助けるために、有馬《ありま》の温泉に向かいなさったところ、武庫《むこ》山の中に一人の病人が横たわっていた。行基は、憐《あわれ》みを覚えてお尋ねになるには、「おまえは、どうして、この山の中に横たわっているのか」。病人が答えて言うには、「病気の体を癒《いや》すために温泉へ向かいました。体力が尽きて、目的地までの道のりを到達するのが難しくて、山の中にとどまっている間に、食料を(私に)与える人がなく、だんだんと日数を送っています。どうか行基さま、慈悲の心をもって、私の命をお助けください」と申し上げる。行基は、この言葉を聞いて、ますます悲しみにくれる気持ちが深い。すぐに、自分の食料を与えて、付き添って看病なさると、病人が言うには、「私は、新鮮な魚でなくては食べることができません」と。これによって、長洲《ながす》の浜へ至り、新鮮な魚を求めて、(行基は病人に)勧《すす》めなさると、「同じことならば調理して与えてください」と申しあげるので、行基は、自分で調理をして、その魚の味を試し、味を調え、(病人に)勧めなさると、病人はこれを食べた。

このようにして日を送る。また(病人が)言うには、「私の病気は、温泉の効き目を頼るといっても、すぐに癒《い》えることは難しい。苦痛はしばらくの間でも耐えがたい。たとえようがない。行基さまのお慈悲でなくては、誰が私を助けてくれるでしょうか。どうか行基さま、私の痛むところの肌をおなめください。そうすれば、自然と苦痛は助かるでしょう」と言う。その(病人の)体は焼けただれて、そのにおいは大層くさくて、少しも耐えることができない。しかし、(行基は)慈悲の心がとても深いために、我慢して、病人の言う通りにして、その肌をおなめになったところ、(なめた)舌の跡が、最上級の金色になった。(行基が)その病人を見ると、薬師如来《やくしにょらい》のお体である。その時、仏が(行基に)告げておっしゃるには、「私はこの温泉の行者《ぎょうじゃ》である。行基上人の慈悲の心を試すために、仮に病人の身として現れたのだ」と言って、たちまちに(お姿を)隠されてしまった。

《2023　数学　解説》

3 (1)　$y=ax^2$のグラフはAを通るから，$y=ax^2$に$x=-2$，$y=2$を代入すると，$2=a\times(-2)^2$より，$a=\dfrac{1}{2}$

(2)　**【解き方】$y=px^2$のグラフの上に，x座標がmとnの２点があるとき，この２点を通る直線の傾きは$p(m+n)$で求められることを利用する。**

A，C，Bは同一直線上の点だから，(AとCのx座標の差)：(CとBのx座標の差)＝AC：CB＝１：２なので，

(CとBのx座標の差)＝(AとCのx座標の差)×２＝$\{0-(-2)\}\times2=4$　　これより，Bのx座標は４である。

したがって，直線ℓの傾きは，$\dfrac{1}{2}(-2+4)=1$である。Aからx座標が２増えて０になると，y座標は$2\times1=2$増えて$2+2=4$になるから，C(0，4)である。よって，直線ℓの式は，$y=x+4$

(3)　**【解き方】△AOBの面積を実際に求めてから，△OCDの面積を求める。**

△OCA＝$\dfrac{1}{2}$×OC×(AとCのx座標の差)＝$\dfrac{1}{2}\times4\times2=4$

△OCB＝$\dfrac{1}{2}$×OC×(BとCのx座標の差)＝$\dfrac{1}{2}\times4\times4=8$

したがって，四角形ODCAの面積は，$(4+8)\times\dfrac{1}{2}=6$だから，△OCD＝６－△OCA＝６－４＝２

Dのx座標をdとすると，△OCDの面積について，$\dfrac{1}{2}$×OC×d＝２　　$\dfrac{1}{2}\times4\times d=2$　　$d=1$

B(4，8)より直線OBの式は$y=2x$だから，Dのy座標は$y=2\times1=2$なので，**D(1，2)**

(4)(ア)　**【解き方】△AEB＝△ADBより，ℓ//DEだから，直線DEの傾きは１である。**

直線DEは傾きが１でD(1，2)を通るから，式は$y=x+1$である。この式と$y=\dfrac{1}{2}x^2$を連立させて解くと，$x=1\pm\sqrt{3}$となるから，E_1のx座標は$\mathbf{1-\sqrt{3}}$である。

(イ)　**【解き方】四角形AE_1E_2Bは，$\triangle ABE_1$と$\triangle BE_1E_2$に分けられる。△ℓ//ＤＥだから，**

$\triangle ABE_1 : \triangle BE_1E_2 = AB : E_1E_2$＝(ＡとＢの$x$座標の差)：($E_1$と$E_2$の$x$座標の差)である。

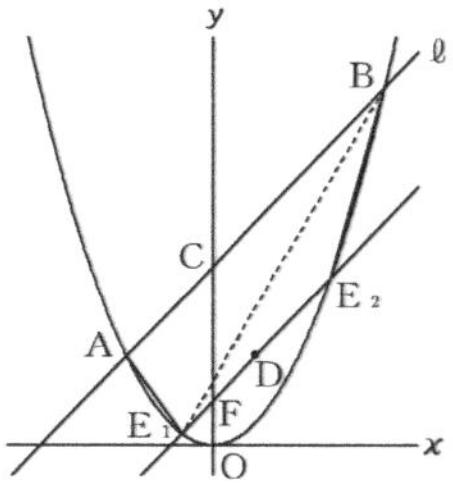

直線ＤＥとy軸の交点をＦとすると，$\triangle ABE_1 = \triangle ABF =$

$\frac{1}{2}\times CF \times$(ＡとＢの$x$座標の差)$=\frac{1}{2}\times(4-1)\times\{4-(-2)\}=9$

(ア)より，(E_1とE_2のx座標の差)$=(1+\sqrt{3})-(1-\sqrt{3})=2\sqrt{3}$

$\triangle ABE_1 : \triangle BE_1E_2$＝(ＡとＢの$x$座標の差)：($E_1$と$E_2$の$x$座標の差)＝

$6 : 2\sqrt{3} = 3 : \sqrt{3}$だから，四角形$AE_1E_2B$の面積は，

$\triangle ABE_1\times\frac{3+\sqrt{3}}{3}=9\times\frac{3+\sqrt{3}}{3}=$ **$9+3\sqrt{3}$**

5　(1)　$\triangle AMN=\frac{1}{2}\times2\times2=2$(㎠)，$AE=4$㎝だから，三角すいＡＥＭＮの体積は，$\frac{1}{3}\times2\times4=$ **$\frac{8}{3}$**(㎤)

(2)　△ＡＭＮは直角二等辺三角形だから，$MN=\sqrt{2}AM=2\sqrt{2}$(㎝)

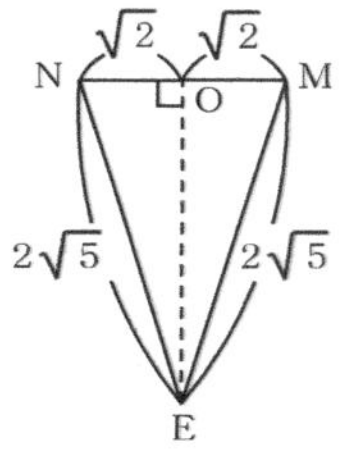

単位：㎝

$ME=\sqrt{AM^2+AE^2}=\sqrt{2^2+4^2}=2\sqrt{5}$(㎝)

△ＥＭＮは二等辺三角形だから，右のように作図できる。

$EO=\sqrt{ME^2-OM^2}=\sqrt{(2\sqrt{5})^2-(\sqrt{2})^2}=3\sqrt{2}$(㎝)

$\triangle EMN=\frac{1}{2}\times2\sqrt{2}\times3\sqrt{2}=$ **6** (㎠)

(3)　**【解き方】求める高さをｈ㎝とし，三角すいＡＥＭＮの体積について方程式を立てる。**

$\frac{1}{3}\times\triangle EMN\times h=\frac{8}{3}$より，$\frac{1}{3}\times6\times h=\frac{8}{3}$　　$h=\frac{4}{3}$　　よって，求める高さは**$\frac{4}{3}$**㎝である。

(4)　**【解き方】球の半径をｒ㎝とすると，球の中心から三角すいＡＥＭＮの各面までの距離はすべてｒ㎝である。**

三角すいＡＥＭＮを，４つの面をそれぞれ底面とする高さがｒ㎝の三角すい４つに分けて考える。

$\triangle AME=\triangle ANE=\frac{1}{2}\times4\times2=4$(㎠)だから，三角すいＡＥＭＮの体積について，

$\frac{1}{3}\times\triangle AMN\times r+\frac{1}{3}\times\triangle EMN\times r+\frac{1}{3}\times\triangle AME\times r+\frac{1}{3}\times\triangle ANE\times r=\frac{8}{3}$

$\frac{1}{3}\times2\times r+\frac{1}{3}\times6\times r+\frac{1}{3}\times4\times r+\frac{1}{3}\times4\times r=\frac{8}{3}$　　$r=\frac{1}{2}$　　よって，球の半径は**$\frac{1}{2}$**㎝である。

《2023　英語　解説》

Ⅱ　【本文の要約】参照。

【本文の要約】

セイコ：こんにちは，アレン。ちょっと落ち込んでいるようだけど，大丈夫？①何か良くないことでもあった？（＝Did something bad happen?）

アレン：やあ，セイコ。うん…テストの点数が悪かったんだ。すごく頑張って勉強したのに，上手くいかなくて…。

セイコ：Aウそれは残念だったね。

アレン：セイコ，君はどうだった？

セイコ：私？えっと，今回は（前より）良い点数だったよ。

アレン：本当？うらやましいよ！何かコツがあるの？

セイコ：Bイううん。コツなんてないよ。

アレン：ねえねえ！僕に教えて！

セイコ：ただ覚えただけ。私は友達と一緒に勉強したの。一人で勉強して上手くいかないようなら，②グループで勉強するのがいいかもしれないね。（＝it may be better for you to study in a group.）

アレン：グループで勉強する？うーん…その考えはあまり気が進まない。僕たちは一人で勉強するべきだと思うんだ。

セイコ：cオなぜそんなことを言うの？

アレン：なぜ？理由はわからないけれど，一人で勉強するべきだと思うんだけど…。

セイコ：私はそう思わない。グループで勉強すると良い点がたくさんあるんだよ。

アレン：どんな？

セイコ：まず友達に質問できる。例えば数学の練習問題をしていて答えがわからないとき，すぐに友達に聞けるよ。

アレン：そうだね。問8エ僕は数学の練習問題をたくさんやるけれど，時々解けない問題があってどうしたらいいのかわからないんだ。こういうことが起こる度に，学校で問4次の日先生に質問するべきだと気づくんだけれど，いつも忘れちゃうんだ。

セイコ：問8ウそれに友達と勉強すれば，xお互いに（＝each other）教え合うこともできるよ。あなたが解けない問題を解ける友達は多分いるだろうし，友達が解けない問題をあなたが解けるかもしれない。xお互いに（＝each other）教え合うなら，その問題のほとんどが解決するね。

アレン：多分それがいいんだろうね。

セイコ：xお互いに（＝each other）教え合うことには重要な点もあるんだよ。あなたが理解できないことをあなたは教えられない。つまり，友達に教えられるなら，あなたはそれを正確に理解していることになるよ。

アレン：Dアおお，そんなことは考えたこともなかったよ！

セイコ：私にとって友達と勉強することは大きな楽しみよ！それが1番大事な理由だと思う。テストに向けて，友達とYウ勉強することを楽しんだ（＝enjoyed studying）から，上手くいった，そう思うよ。

アレン：ＯＫ。わかったよ。

セイコ：もし今上手くいかないなら，勉強方法を変えるべきだよ。

アレン：その通りだ。そうしてみるよ！でも…僕には一緒に勉強するような友達がいないんだ。

セイコ：Eエ心配いらない。私が一緒に勉強するから！実は，次のテストに向けて今度の土曜日に友達と勉強する予定なの。あなたも参加しない？

アレン：本当？参加する！グループで勉強するのはこれが初めてだ！僕に④勉強の仕方（＝how to study）を教えてね。

セイコ：もちろん。あなたが楽しんでくれるといいな！

Ⅲ 【本文の要約】参照。

【本文の要約】

皆さんは昆虫が怖いだろうか？Samuel Ramsey 氏は子どもの頃，昆虫が怖かった。現在，彼の仕事はこうした小さな生物を研究することである。

彼のニックネームは Dr.Sammy，ハチを研究している科学者で，アメリカ農務省で働いている。彼はハチを(1)ウ健康な状態（＝healthy）に保ちたいと思っている。

Dr.Sammyの仕事は，屋外で行うこともあるし，研究室で行うこともある。彼は(2)ア病気の（＝sick）ハチを検査して，ハチが(3)イ回復する（＝get better）のを助ける薬を作る。「私は毎日ハチから多くのことを学んでいます。そしてするべきことが山積しています」と Dr.Sammy は語る。

Dr.Sammy はどのように昆虫に対する不安を克服したのだろうか？彼は昆虫についての本を読んだ。問6 2彼は，昆虫について学ぶことは私たちに自分たち自身について教えてくれる，と述べている。事実，①ア昆虫は私たちが思っているよりも私たちに似ている。

Dr.Sammy は「コオロギは夜，私を眠らせなかったのです」と述べている。「私はコオロギが大嫌いでした」そして彼はいくつか興味深いことを発見した。コオロギはいらいらさせる騒音を出していない。②コオロギは他のコオロギに孤独で寂しいことを伝えるためにそうする。(＝They do it to tell other crickets that they're lonely.)多くの昆虫はちょうど私たちのように社会的な生物である。Dr. Sammy は昆虫の研究が素晴らしい分野であると考えている。昆虫を研究するにあたって重要なことが１つある。「昆虫を研究するには多様性が必要です」と Dr. Sammy は語る。彼は多くの子どもたちが昆虫に興味を持つことを願っている。「多様性を持つなら，新しい方法で問題を解決できます」と彼は言う。

Dr. Sammy のお気に入りの昆虫は何か？それは難しい質問だ！問4エ彼はお気に入りの昆虫が多すぎて１つだけに絞ることができない。「お気に入りの昆虫が種類ごとに異なるのです」と彼は言う。

彼のお気に入りの中の３つは次の昆虫である。Dr. Sammy はそれらをそれぞれ違う理由で気に入っている。皆さんにはお気に入りの昆虫がいるだろうか？その昆虫にどんな関心を持っているだろうか？

Aミツバチは花の蜜を吸う。花から蜜を得る。ミツバチは共に働いて，Cダンスをすることによって意思疎通を図っている。「意思疎通を図るためにダンスをするというミツバチの能力は世界で最も興味深いことの１つです」と Dr. Sammy は語る。

Dr. Sammy のお気に入りの肉食の昆虫はカマキリだ。Dそれは小さいが強い。「カマキリはヘビや鳥，走り回るあらゆる種類の小型哺乳類を食べます。そして私がヘビと言うときは大きなヘビを指します」と Dr. Sammy は言う。

また彼はBカブトムシも大好きだ。カブトムシは何千もの異なる種類があり，硬い外殻を持つ。「カブトムシは，私が思いつく最も防衛力に優れた昆虫に入ります。自分の鎧を身に付けているんです」と Dr. Sammy は語る。カブトムシの外殻は，傷つけたり食べようとしたりする他の生き物から自分を守る。

Ⅳ 【本文の要約】参照。

【本文の要約】

問8アひとりの男が夜遅くに仕事から帰宅した。彼は疲れていた。そして怒っていた。５歳になる息子がベッドにいないことがわかったからだ。息子はドアのところで男を待っていた。

「お父さん，質問があるの」

「お前はベッドにいるべきだよ！質問は何だ？」と男は言った。

「お父さんは１時間にどれくらいのお金を稼ぐの？」

「どうしてそんなことを聞くんだ？①ア一体どうしたんだい？」と男は言った。

「ただ知りたいだけだよ。僕に教えて。１時間にどれくらいのお金を稼ぐの？」とその幼い男の子は聞いた。

「もし本当に知りたいのなら，１時間に②イ20 ドル（＝＄20）稼ぐんだ」

「おお」と幼い男の子は悲し気に言った。彼は見上げると「お父さん，どうか僕に 10 ドル貸してください」と言った。

(A)エ父親はますます腹が立った(＝The father got angrier.)。「お前はどうして私がいくら稼ぐか知りたいんだ？それでおもちゃか何かが買えるのか？部屋に行って寝なさい。私は毎日くたくたになるまで働いている。それに私のお金を(B)ア無駄に遣う(＝waste)ことなんかしたくない」

Xウ幼い男の子は静かに自分の部屋に行ってドアを閉めた。男は息子がそんな質問をした理由についてしばらく考えた。いくらか時間が経つと，男は自分が息子に少しきつく当たってしまったと思い始めた。③おそらく息子はあの 10 ドルで本当に買う必要があるものが何かあるに違いなかった（＝Maybe there was something he really needed to buy with that $10)，それに息子がお金を求めるなど，滅多にないことだった。彼は幼い男の子の部屋に行き，ドアを開けた。

「眠っているかい？」と彼は聞いた。

「ううん，お父さん，僕は起きているよ」と男の子は答えた。

「ずっと考えていたんだ，多分私は(C)ア（普段）より早く(＝earlier)お前にとてもきつく当たってしまったんだろうと」と男は言った。「ごめんよ。きつい日が続いていて，お前に八つ当たりしたんだ。さあ，欲しがっていた 10 ドルだ」

Yア幼い男の子は笑顔で直立した。「ああ，ありがとうお父さん！」と大きな声で言った。そして枕の下に手を伸ばすと，何枚かのしわくちゃになったお札を引っぱり出した。男は再び怒りが込み上げてきた。男の子が④ィ十分なお金(＝enough money＝＄10)を持っているのを見たからだ。

2ィ幼い男の子はお金をゆっくり数えた。そして父親を見上げた。

「お前はもうお金を持っているのに，どうしてもっとお金が欲しいんだ？」と父親は尋ねた。

「だって十分じゃなかったんだ。でも今は十分ある」と幼い男の子が言った。

「お父さん，僕は今，20 ドル持っているよ。⑤ゥ僕はお父さんの１時間を買える？お願い，明日は早く帰ってきて。お父さんと一緒に晩ご飯を食べたいの」

問８オ父親は打ちひしがれて，幼い息子を抱きしめた。

《2023　理科　解説》

1 **問４**　鉄と硫黄が化合するときに熱が発生する。このような化学変化を発熱反応という。

問５　Ａでは硫化鉄と塩酸が反応して硫化水素が発生し，Ｂでは鉄と塩酸が反応して水素が発生する。

問７(1)　硫化水素〔H_2S〕に含まれる水素と硫黄の質量比は，（１×２）：(32×１)＝１：16である。実験４で発生した硫化水素は0.85ｇだから，実験２のＡで反応した硫黄は$0.85\times\frac{16}{1+16}$＝0.8(ｇ)であり，これが鉄粉1.4ｇと過不足なく反応したことになる。硫化鉄〔FeS〕は鉄原子と硫黄原子が数の比１：１で結びついたものだから，鉄と硫黄の原子１個の質量比は，1.4：0.8＝７：４である。　**(2)**　３－0.8＝2.2(ｇ)

2 **問２(2)**　④明るい部屋から暗い部屋に移動すると，水晶体を通過する光が多くなるように，虹彩(エ)が小さくなり，瞳が大きくなる。　**(3)**　(2)の瞳の反応やアは，刺激に対して無意識に起こる反応(反射)である。

問３　⑥４日目以降は常に暗い状態になっているから，３日目のマウスが活発に活動し始めた時間を基準とし，その10日後の13日目のマウスが活発に活動し始めた時間までのずれを求めればよい。よって，20時から２時まで６時間遅くなっている。　⑦６時間→360分より，１日のずれは$\frac{360}{10}$＝36(分)である。　⑧10日目のマウスが活発に活動し終わった時間がちょうど８時であることに着目する。10日目は３日目の７日後だから，マウスが活発に活動し始めた時間は20時より36×７＝252(分)→４時間12分遅い，０時12分である。よって，マウスが活発に活動した時間は０時12分から８時までの７時間48分である。

3 **問１**　アは水が水蒸気に，イは水蒸気が氷に，エは氷が水に変わる現象である。

問４　乾湿計では，示度の高い方が乾球温度計である。よって，表１より，乾球温度計の示度が18℃，示度の差が18－16＝２(℃)のときの値を読み取れば，このときの湿度が80％だとわかる。また，乾球温度計の示度がこのときの気温である。表２より，気温が18℃のときの飽和水蒸気量は15.4ｇ/m^3だから，空気１m^3中の水蒸気量は15.4×0.8＝12.32→12.3ｇである。

問５　エ×…閉塞前線は，寒冷前線が温暖前線に追いついてできる。

問７　清太さんの１回目の発言より，清太さんの地域では寒冷前線が通過した後だと考えられる。また，風太さんの発言より，風太さんの地域では温暖前線が通過した後だと考えられる。低気圧の中心から，寒冷前線は南西方向に，温暖前線は南東方向にのびるので，イが正答となる。

4 **問１**　〔$抵抗(\Omega)=\frac{電圧(V)}{電流(A)}$〕より，図１の値を利用して，$\frac{4}{0.2}$＝20(Ω)となる。

問２　図２で，回路全体の抵抗値は$\frac{12}{0.25}$＝48(Ω)だから，１つのＹの抵抗値はその半分の24Ωである。

問３　〔$電流(A)=\frac{電圧(V)}{抵抗(\Omega)}$〕より，１つのＹに流れる電流は$\frac{6}{24}$＝0.25(Ａ)だから，回路全体の電流(２つのＹに流れる電流の合計)は0.25×２＝0.5(Ａ)である。

問４　〔電力(Ｗ)＝電圧(Ｖ)×電流(Ａ)〕より，図２では12×0.25＝３(Ｗ)，図３では６×0.5＝３(Ｗ)となる。

問5　①$\frac{2}{0.5}$＝4.0(Ω)　②6Ｖの電圧をかけた場合の抵抗値は$\frac{6}{0.8}$＝7.5(Ω)だから，7.5÷4.0＝1.875→1.9倍となる。

問6　図4より，電球に0.8Ａの電流が流れるときの電圧は6Ｖである。また，30Ωの抵抗に0.8Ａの電流が流れるときの電圧は〔電圧(Ｖ)＝抵抗(Ω)×電流(Ａ)〕より，30×0.8＝24(Ｖ)だから，合計で6＋24＝30(Ｖ)となる。

問7，8　10Ωの抵抗に0.2Ａの電流が流れるから，電圧は10×0.2＝2(Ｖ)であり，電球にも2Ｖの電圧がかかる。図4より，このとき電球に流れる電流は0.5Ａである。よって，Ｚに流れる電流は0.2＋0.5＝0.7(Ａ)，Ｚにかかる電圧は30－2＝28(Ｖ)だから，Ｚの抵抗値は$\frac{28}{0.7}$＝40(Ω)である。

《2023　社会　解説》

1　問1　日本の端については右表を参照。

最北端		最東端	
島名	所属	島名	所属
択捉島	北海道	南鳥島	東京都
最西端		最南端	
島名	所属	島名	所属
与那国島	沖縄県	沖ノ鳥島	東京都

問2　のりの養殖は，佐賀県＞兵庫県＞福岡県の順に多い。

問4　ＸとＺは冬に降水量の多い日本海側の気候，Ｙは夏に降水量の多い太平洋側の気候である。鳥取市と新潟市では，新潟市の方が北に位置するから，年平均気温の低いＸを新潟市，年平均気温の高いＺを鳥取市と判断する。

問5　ウが誤り。阿蘇山は今後も噴火の可能性はあるが，外輪山の内側に人は住んでいる。

問6　イのオーストラリアは古期造山帯と安定陸塊でできている。

問7　イの九十九里浜は砂浜海岸である。

問8　栃木県が一位のアがいちごである。イはトマト，ウは茶，エはピーマン。

2　問2(1)　インドのデカン高原とアメリカ合衆国の南部は綿花栽培がさかんな地域である。Ｘはバナナ，ＡとＺは油やしの説明と写真である。(2)　飛び地になっているイが小麦である。北側は春小麦，南側は冬小麦地帯である。アは地中海式農業，ウはとうもろこし，エは亜熱帯作物。

問3　Ｘ．正しい。インドの人口は約14億人，イスラム教徒は約14%で14×0.14＝1.96(億人)いる。Ｙ．誤り。世界全体で見るとキリスト教徒の人数の方がイスラム教徒より多い。

問5(2)　ウが誤り。インドはアメリカ合衆国ではなく，イギリスの植民地支配を受けていた。

問6　アが誤り。インドは南アジアに位置する。

3　問3　持統天皇は，天武天皇の妻であり，天智天皇の娘である。

問4　壬申の乱に勝利した大海人皇子が天武天皇として即位した。

問6　エが誤り。貿易相手国は唐ではなく宋である。

問7　アは承久の乱で北条政子が関東の御家人に説いた内容である。イは「朝倉孝景条々」，ウは武家諸法度(寛永令)，エは大塩平八郎の言葉。

問9　イが誤り。山城国で起きた一揆は，一向一揆ではなく国一揆である。

問10　Ｙだけが誤り。勘定奉行は，朝廷の財政の監督ではなく，幕府の財政を担った。

4　問2　Ｙが誤り。倭の奴国王に金印を与えたのは，秦より後の漢の皇帝である。

問3　辛亥革命は1911年に起きた。アは1921年，イは1914年，ウは1905年，エは1937年。

問5　イが誤り。ルネサンスはスペインではなくイタリアで始まった。

5　問1　イは日本国憲法第21条「通信の秘密」であり，精神の自由に属する。

問2(1)　Ｘ．誤り。衆議院の議員定数は465，参議院の議員定数は248である。Ｙ．正しい。

(2) 各政党の獲得議席数は右表を参照。

	A党	B党	C党
得票数	1500	960	600
得票数÷1	1500❶	960❷	600❹
得票数÷2	750❸	480❻	300
得票数÷3	500❺	320❽	200
得票数÷4	375❼	240	150
獲得議席数	4	3	1

問5 ウが誤り。市議会議員への立候補は満25歳以上から認められる。

6 **問3** 1ドル＝100円から1ドル＝120円になることが円安，1ドル＝100円から1ドル＝80円になることが円高である。例えば，アメリカ人が100ドルを円に交換するとき，1ドル＝120円だと，120×100＝12000(円)，1ドル＝80円だと，80×100＝8000(円)になるから，円高のときよりも円安のときの方が有利である。

清風高等学校

《国　語》

【一】問一．a．ウ　b．エ　c．イ　問二．ア　問三．イ　問四．エ　問五．エ　問六．雪
問七．Ⅰ．ははそはのははもそのこも　Ⅱ．きんもくせいが、匂やかに咲いている

【二】問一．a．財布　b．奪　c．培　d．矛盾　問二．Ⅰ．ウ　Ⅱ．イ　Ⅲ．オ　Ⅳ．エ　問三．約束を守る～目な人間性　問四．目先のこと～太の精神力　問五．イ　問六．真摯に弟子たちと向き合う孔子の生きた姿を伝え、端的で無駄のない表現によって私たちの胸にとどき、その意味深さゆえ、覚えるだけで人生を変える力をもっている

【三】問一．Ⅰ．父　Ⅱ．葬礼　問二．(1)身をう～すべし　(2)かとり～るさん　問三．ウ　問四．(1)エ　(2)きみが～はしむ　問五．エ，カ

《数　学》

1 (1) $(x+4)(x-4)$　(2) $\frac{7a-6}{12}$　(3) $\frac{1}{12}$　(4) 14　(5) 2

2 (1) 5　(2) $x=750$　$y=500$　(3)(ア)㋐12　㋑12　(イ) $x=900$　$y=600$

3 (1) $x+4$　(2) 3　(3) $(\frac{4}{3}, \frac{16}{3})$　(4) $\frac{2(1+\sqrt{6})}{5}$

4 (1) $\sqrt{5}$　(2)(ア)④　(イ) 1　(3) $2\sqrt{3}+1$　(4) 30　(5) $\frac{2\sqrt{3}+1}{5}$

5 (1) $4\sqrt{3}$　(2)(ア)④　(イ) $3\sqrt{19}$　(3) $\frac{28\sqrt{3}}{3}$　(4) $\frac{8\sqrt{57}}{19}$

《英　語》

Ⅰ ［3番目／6番目］　1．［he／was］　2．［heard／since］　3．［run／in］　4．［book／desk］

Ⅱ 問1．A．イ　B．オ　C．ウ　D．エ　E．ア　問2．イ　問3．ア　問4．ウ，オ

Ⅲ 問1．ウ　問2．(1)オ　(2)ア　(3)ウ　(4)エ　(5)イ　問3．(a)their　(b)doing　問4．株　問5．1．×　2．×　3．○　4．×

Ⅳ 問1．disappeared　問2．(a)shocked　(b)airline　問3．イ　問4．イ　問5．(A)イ　(B)ア
問6．ア，ウ

Ⅴ 問1．ⓐエ　ⓑア　ⓒイ　ⓓウ　問2．(A)ウ　(B)ア　(C)ア　(D)ウ　問3．without／sleep
問4．(a)dangerous　(b)can　問5．生涯に渡って人は25年かそれ以上眠る　問6．ウ　問7．(a)is　(b)get

《理　科》

1 問1．蒸留　問2．ウ　問3．47.9　問4．エ　問5．ア　問6．$2Cu+O_2 \rightarrow 2CuO$　問7．ウ
問8．3　問9．エ　問10．カ　問11．1.2

2 問1．イ　問2．ア　問3．イ　問4．⑴ア，イ　⑵オ　問5．⑴ア　⑵オ　⑶イ　⑷ア

3 問1．無セキツイ動物　記号…イ，エ，カ　問2．ウ　問3．ア　問4．CO_2　問5．基準⑴…イ
基準⑵…ウ　問6．ア　問7．ア

4 問1．25000　問2．カ　問3．12500　問4．1750000　問5．36000　問6．ウ　問7．70
問8．エ

《社　会》

1 問1．エ　問2．イ　問3．エ　問4．ア　問5．ア　問6．ウ　問7．イ　問8．ウ
問9．産業／空洞化

2 問1．エ　問2．ア　問3．イ　問4．イ　問5．ウ　問6．ア　問7．ウ

3 問1．ア　問2．カ　問3．エ　問4．ウ　問5．イ　問6．ウ　問7．ア　問8．イ
問9．イ　問10．ウ　問11．エ　問12．ウ

4 問1．イ　問2．ウ　問3．エ　問4．ア　問5．エ　問6．元　問7．イ　問8．イ

5 問1．ウ　問2．ウ　問3．イ　問4．ア　問5．エ

6 問1．ＣＳＲ　問2．エ　問3．ア　問4．エ　問5．ウ

清風高等学校

←解答例は前のページにありますので，そちらをご覧ください。

《2022　国語　解説》

【一】

問二　「家庭科がにがて」で、ブラウス製作が遅れている洋子は、土曜日の午後にいのこりをさせられている。柴《しば》田《た》先生の言うことはもっともだし、いのこりもしかたないことだと分かっているが、ため息をつきたくなるようなふさぎ込んだ気持ちを、大きくのびをすることで、少しでも晴らしたいと思っている。よってアが適する。

問三　洋子が小学校時代を懐かしみ、「ははそはのははもそのこも～ふたたびはせず」が口をついてでてから、未来を夢見る空想の場面になる。「男の人は、おこったようにそう（＝「何してるんだ」）言った～その人は、すっかり大人になっているとはいえ、涼ちゃんにまちがいない。『ほら帰るぞ』そう言われて～立ち上がった自分の姿に、洋子は声をあげておどろいた。大人なのである」「さ、早くしないと、おもてでえみが待ってるぞ」「えみは私の娘だ～私は涼ちゃんと結婚したんだ。えみが生まれて、きょうは土曜日で、家族三人でお昼ごはんを食べに来たんだ。そしたら学校の前をとおって、なつかしくなって、ちょっとのぞいてみようと思って――そうだ、思い出した」「ごめん、ごめん。お待ちどおさま」「ママ、おそい」などから、イが適する。

問四　Ⅰ．選択肢は、「何気ない日常」または「華やかな生活」である。家族三人でお昼ごはんを食べに行ったり、孫を預かったりする場面から、「何気ない日常」が適する。　Ⅱ．夫と子ども、その後は孫も登場しているので、「家族のつながり」が適する。　よってエが正解。

問五　橋本さんが柴田先生のことを言った「ヤツ」「インケン」は、カタカナで表記されることによって、言葉の意味のとおり本気で先生をさげすんでいるわけではなく、若者らしい軽い言葉の感じを読者に印象づける効果がある。よってエが適する。

問六　「肩に白いものがのっかってたんだけど、とろうとしたら消えちゃったわ」とあることから、その前の洋子の空想の場面の「ふうわりと、雪が落ちて来た。ふうわり、ふうわり、あとから、あとから」の部分と結びつく。

問七Ⅰ　「『［Ⅰ］』という言葉だね。これが呪文のようなはたらきをしているのかな」が手がかりとなる。

Ⅱ　「『［Ⅱ］』から秋だと分かるね」が手がかりとなる。きんもくせいは、秋に橙黄色の花を咲かせて甘い香りを放つ。

【二】

問三　「美徳」とは、人として望ましい心の在り方や行いを意味する。第１段落に「～は、日本人の弱みではなく、長所であるわけです」とあることに着目し、その前から抜き出す。

問四　「孔子の『知者は惑わず仁者は憂えず』という言葉にあるように、こういう時代（＝「閉塞感や不安感が」ある時代）だからこそ目先のことに惑わされず、過度に憂うことのない生き方を確立していく骨太の精神力が必要なのです」（第６段落）と筆者は述べている。

問五　――線部③は、その前に述べられていることをまとめた一文である。２行前の「書き下し文は日本人が孔子の身体性をよみがえらせるのにふさわしい大発明でした」は、「日本人の知恵」を表す。「日本に渡った論語は日本人に愛され」は「（日本人の）思い」を、「日本人の精神性とほとんど一体化してしまいました」は「論語の精神性を日本人の気質としてワザ化してしまったのです」を表す。よってイが適する。

問六　問いにある「孔子の言葉」という語句に着目して、本文から「技」となる理由を読み取る。「孔子と弟子たちの共同生活、そのなかでおこなわれた真摯なやりとり、生きた孔子の姿を伝える言葉が記されています」「孔子の言葉は、短く端的で無駄がないこと。純度が高いゆえに、すばやく確実に私たちの胸にとどく、名言的な決定力があるのです」「孔子の言葉は一つひとつが非常に意味深いものですから、たった一つ覚えるだけでも人生を変えるような力をもっています」などから要点を抜き出してまとめる。

【三】

問一　続く部分に「銭を借り得て、それにて父を葬礼して」とある。

問二　直前に「いはく」、または直後に「というて」「といへり」「といひて」など引用の「と」が続く部分に注目する。この文章には３か所に会話文がある。①「身をうりて……奉公をすべし」（３行目）、②「かとりのきぬ～ともにゆるさん」（５行目）、③「われは～償《つぐの》はしむ」（７～８行目）である。①は董永《とうえい》、②は主人、③は董永の妻の会話文である。

問三　主人は二人を許す(＝解放する)条件として「かとりのきぬ三百匹を織りたらば、夫妻ともにゆるさん」と言った。そして、董永の妻は「一月のあひだに三百匹のかとりを織れり」とあるように、主人の言い渡した仕事をやり遂げた。よってウが適する。

問四(1)　「董永がつまに」の「が」は連体修飾語を表し「の」と訳す。また、「ならん」の「ん(＝む)」は意志を表し、「なりましょう」と訳す。よってエが適する。　(2)　天に帰るときに董永に打ち明けた「われは天の織姫《おりひめ》なり、きみがいたりて～背にを償はしむ」より「目的が分かる」部分の最初と最後の三字(下線部)を抜き出す。

問五　ア．毎日、農作業をしていたのは父親ではなく、董永である。　イ．「妻と知恵を出し合って難を逃れる方法を思いついて」という部分が本文と合わない。　ウ．主人の正体が天帝であったとは、本文にはない。
オ．「董永が織女の背に子どもを乗せてやった」との記述は本文にない。よってエとカが正解。

【古文の内容】

『孝子伝』に載せてある文章を考えるに、漢の董永《とうえい》という人は、母と別れて、ひとりの父を養っていた。家は貧しくて、人に雇われて耕作をしていた。(董永は) 毎日、父を小さな車に乗せて(それを)引いて畑に連れていった。父を田のまくらや植木の影に座らせて、(自身は) 農業に励んだ。しかし、父は死んでしまった。(董永は) 主人に頼んで銭十貫を借り、約束して言うことには、(私の) 身を売ってあなたに奉公をするつもりです、と言って、銭を借りることができて、それで父の葬礼を行い、帰る時に道でひとりの女性に出会った。(その女性の) 姿は美しく端正であった。(その女性は自分が) 董永の妻になりましょうと求めてきた。(女性は) 董永と共に、主人のもとへ着いた。主人は、董永の妻に「かとりの絹を三百匹織ったら、夫妻共に許そう(＝解放しよう)と言った。その妻は、一月の間に三百匹のかとりの絹を織りあげた。主人は、その早さを不思議に思ったが、二人とも許した。妻は、董永と共に、もとの (二人が) 出会った場所へ行った。妻が、夫 (董永) に語って言うことには、私は天の織女《おりひめ》です、あなたが大層孝行者であったので、天帝が (私に) あなたを助けて、(借りた) お金を返させたのです、と言って、(妻は) 天に昇ってしまった。『列仙伝』を見ると、この董永の子 (についての記事) を載せている。(この子は) 天の織女が産んだと書いてある。そうであるならば、この一月の間にすばやく子をもうけたのか、あるいは、後に天から下って子をもうけたのか、不思議なことである。その子は、仙人になったと、(書いてあるのが) 見えた。

《2022　数学　解説》

1　(1)　$x-2=A$とすると，与式$=A^2+4A-12=(A+6)(A-2)$

Aを元に戻すと，$(x-2+6)(x-2-2)=(x+4)(x-4)$

(2)　与式$=\dfrac{3(5a-6)-4(2a-3)}{12}=\dfrac{15a-18-8a+12}{12}=\dfrac{7a-6}{12}$

(3)　大小２つのさいころの目の出方は全部で，$6\times6=36$(通り)ある。そのうち，$x+2y=7$となるのは，$(x,\ y)=(1,\ 3)(3,\ 2)(5,\ 1)$の３通りだから，求める確率は，$\frac{3}{36}=\frac{1}{12}$

(4)　**【解き方】ＤＢ＝ＤＣ＝ＤＥより，Ｄを中心とする３点Ｂ，Ｃ，Ｅを通る円がかける。**
このとき，ＢＣは円の直径だから，∠ＢＥＣ＝90°である。

△ＡＣＥについて，外角の性質より，$\angle x=90^\circ-76^\circ=14^\circ$

(5)　**【解き方】底面の円周は側面のおうぎ形の弧の長さに等しいことを利用する。**

おうぎ形の弧の長さは，$2\pi\times6\times\frac{120^\circ}{360^\circ}=4\pi$(cm)なので，底面の円の半径をｒcmとすると，底面の円周について，$2\pi\times r=4\pi$　　$r=2$　　よって，底面の円の半径は２cmである。

2　(1)　**【解き方】持っているお金が等しくなるのがａか月として，方程式をたてる。**

ａか月後，兄と弟の持っているお金はそれぞれ，$1000+700\times a=700a+1000$(円)，$2500+400\times a=400a+2500$(円)となるので，$700a+1000=400a+2500$　　$300a=1500$　　$a=5$

よって，持っているお金が等しくなるのは，５か月後である。

(2)　兄が貯金するのを忘れなかった場合，６か月後の兄，弟の持っているお金はそれぞれ，$(1000+6x)$円，$(2500+6y)$円となるので，$1000+6x=2500+6y$　　$6x-6y=1500$　　$x-y=250$…①

兄が２か月間貯金するのを忘れた場合，12か月後の兄，弟の持っているお金はそれぞれ，$1000+(12-2)x=10x+1000$(円)，$(2500+12y)$円となるので，$10x+1000=2500+12y$　　$10x-12y=1500$　　$5x-6y=750$…②

①×６－②でyを消去すると，$6x-5x=1500-750$　　$x=750$

①に$x=750$を代入すると，$750-y=250$　　$y=500$

(3)(ア)　兄が貯金額を増やさなかった場合，12か月後の兄，弟の持っているお金はそれぞれ，$(1000+12x)$円，$(2500+12y)$円となるので，値上げ前のゲーム機の値段は，$1000+12x+2500+12y=12x+12y+3500$(円)

(イ)　**【解き方】実際には，兄は$12-2=10$(か月間)は毎月x円ずつ，２か月間は毎月$3x$円ずつ貯金したので，兄の12か月後に持っているお金は，$1000+10x+3x\times2=16x+1000$(円)である。**

最初の計画では，12か月後に持っている兄のお金は，弟のお金より2100円多いから，

$1000+12x=2500+12y+2100$　　$12x-12y=3600$　　$x-y=300$…①

10%値上げされたあとのゲーム機の値段は，$(12x+12y+3500)\times(1+\frac{1}{10})=\frac{66}{5}x+\frac{66}{5}y+3850$(円)

実際に12か月後に２人が持っていたお金の合計は，$16x+1000+2500+12y=16x+12y+3500$(円)

ゲームを買ったあとに1450円が残ったので，$16x+12y+3500-(\frac{66}{5}x+\frac{66}{5}y+3850)=1450$

$\frac{14}{5}x-\frac{6}{5}y=1800$　　$14x-6y=9000$　　$7x-3y=4500$…②

②－①×３でyを消去すると，$7x-3x=4500-900$　　$4x=3600$　　$x=900$

①に$x=900$を代入すると，$900-y=300$　　$y=600$

3　(1)　Ａは放物線$y=\frac{1}{2}x^2$上の点でx座標が$x=-2$なので，y座標は，$y=\frac{1}{2}\times(-2)^2=2$

直線ℓは切片がＤ(０，４)だから，式は$y=px+4$と表せる。これがＡ(－２，２)を通るので，$2=-2p+4$より，$p=1$となるから，直線ℓの式は，$y=x+4$である。

(2)　**【解き方】Ｂは線分ＡＤの中点だから，Ｂの座標は，$(\frac{(\text{ＡとＤの}x\text{座標の和})}{2},\ \frac{(\text{ＡとＤの}y\text{座標の和})}{2})=(\frac{-2+0}{2},\ \frac{2+4}{2})=(-1,\ 3)$である。**

放物線$y=ax^2$はＢ(－１，３)を通るので，$3=a\times(-1)^2$より，$a=3$

(3)　**【解き方】Ｃは放物線$y=3x^2$…②と直線$y=x+4$…③との交点なので，この２式を連立方程式として解く。**

③に②を代入すると，$3x^2=x+4$　　$3x^2-x-4=0$

２次方程式の解の公式より，$x=\frac{-(-1)\pm\sqrt{(-1)^2-4\times3\times(-4)}}{2\times3}=\frac{1\pm\sqrt{49}}{6}=\frac{1\pm7}{6}$

$x=\frac{1+7}{6}=\frac{4}{3}$，$x=\frac{1-7}{6}=-1$　Bのx座標が$x=-1$なので，Cのx座標は$x=\frac{4}{3}$である。

③に$x=\frac{4}{3}$を代入すると，$y=\frac{4}{3}+4=\frac{16}{3}$となるから，C$(\frac{4}{3},\frac{16}{3})$

(4)　**【解き方】∠ＳＲＱ＝90°だから，∠ＳＱＲ＝45°のとき，△ＲＳＱはＲＱ＝ＲＳの直角二等辺三角形となる。このことから，ｔについての方程式をたてる。**

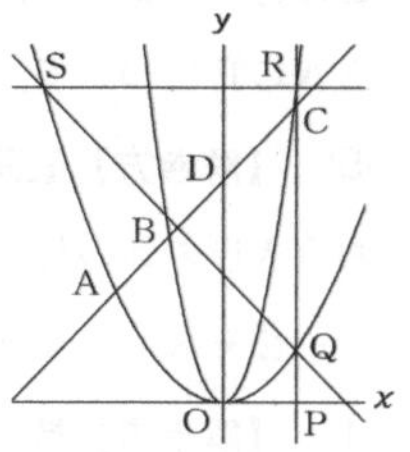

Ｑ，Ｒはそれぞれ放物線$y=\frac{1}{2}x^2$，放物線$y=3x^2$上の点なので，Ｑ$(t,\frac{1}{2}t^2)$，Ｒ$(t,3t^2)$と表せる。よって，ＲＱ＝(ＲとＱのy座標の差)＝$3t^2-\frac{1}{2}t^2=\frac{5}{2}t^2$

Ｓは放物線$y=\frac{1}{2}x^2$上の点で，y座標がＲのy座標に等しく$y=3t^2$だから，$3t^2=\frac{1}{2}x^2$

$x^2=6t^2$　$x=\pm\sqrt{6t^2}$　$x=\pm\sqrt{6}t$　Ｓのx座標は負の数なので，$x=-\sqrt{6}t$

よって，ＲＳ＝(ＲとＳのx座標の差)＝$t-(-\sqrt{6}t)=(1+\sqrt{6})t$

ＲＱ＝ＲＳより，$\frac{5}{2}t^2=(1+\sqrt{6})t$　$\frac{5}{2}t^2-(1+\sqrt{6})t=0$　$\frac{5}{2}t\{t-\frac{2(1+\sqrt{6})}{5}\}=0$

$t=0,\ \frac{2(1+\sqrt{6})}{5}$　$t>0$より，$t=\frac{2(1+\sqrt{6})}{5}$

4　(1)　△ＡＢＨについて，三平方の定理より，ＡＢ＝$\sqrt{AH^2+BH^2}=\sqrt{2^2+1^2}=\sqrt{5}$(cm)

(2)(ア)　ＡＨは直径だから，∠ＡＥＨ＝90°

よって，∠ＡＥＨ＝∠ＡＨＣ＝90°，∠ＥＡＨ＝∠ＨＡＣ(共通)だから，△ＡＥＨ∽△ＡＨＣである。

(イ)　ＡＥ＝ａcmとすると，ＡＣ＝ＡＥ＋ＣＥ＝$a+3$(cm)と表せる。

△ＡＥＨ∽△ＡＨＣより，ＡＥ：ＡＨ＝ＡＨ：ＡＣ　$a:2=2:(a+3)$　$a(a+3)=4$

$a^2+3a=4$　$a^2+3a-4=0$　$(a+4)(a-1)=0$　$a=-4,\ 1$　$a>0$より，$a=1$

よって，ＡＥ＝１cmである。

(3)　**【解き方】△ＡＢＣ＝$\frac{1}{2}$×ＢＣ×ＡＨで求める。**

ＡＣ＝$3+1=4$(cm)より，ＡＨ：ＡＣ＝$2:4=1:2$，∠ＡＨＣ＝90°だから，△ＡＨＣは３辺の長さの比が$1:2:\sqrt{3}$の直角三角形である。よって，ＨＣ＝$\sqrt{3}$ＡＨ＝$2\sqrt{3}$(cm)

ＢＣ＝ＨＣ＋ＢＨ＝$2\sqrt{3}+1$(cm)だから，△ＡＢＣ＝$\frac{1}{2}\times(2\sqrt{3}+1)\times2=2\sqrt{3}+1$(cm²)

(4)　(3)より，△ＡＥＨ∽△ＡＨＣだから，∠ＡＨＥ＝∠ＡＣＨ＝30°がわかる。

同じ弧に対する円周角は等しいから，∠ＡＤＥ＝∠ＡＨＥ＝30°

(5)　**【解き方】これまでの解説より，∠ＡＣＢ＝∠ＡＤＥ＝30°であり，∠ＣＡＢ＝∠ＤＡＥだから，△ＡＣＢ∽△ＡＤＥである。相似な三角形の面積比は，相似比の２乗に等しいことを利用する。**

相似比は，ＡＢ：ＡＥ＝$\sqrt{5}:1$だから，面積比は$(\sqrt{5})^2:1^2=5:1$

よって，△ＡＤＥ＝$\frac{1}{5}$△ＡＣＢ＝$\frac{2\sqrt{3}+1}{5}$(cm²)

5　(1)　右図のように，正三角形の１辺の長さと高さの比は$2:\sqrt{3}$だから，△ＤＥＦの高さは，$\frac{\sqrt{3}}{2}\times4=2\sqrt{3}$(cm)　よって，△ＤＥＦ＝$\frac{1}{2}\times4\times2\sqrt{3}=4\sqrt{3}$(cm²)

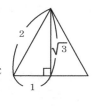

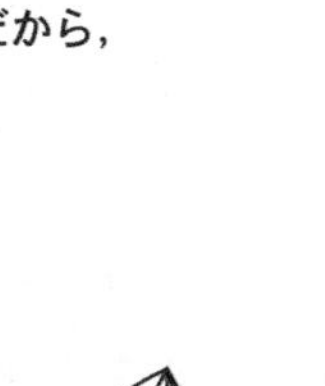

(2)(ア)　向かい合う面の切り口は平行である。△ＡＢＣについて，中点連結定理より，MN//ＢＣであり，ＢＣ//ＥＦだから，MN//ＥＦがわかる。

よって，切り口は右図の太線のように，４点M，Ｅ，Ｆ，Ｎを通る台形になるとわかる。

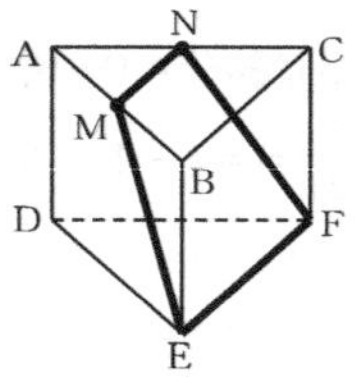

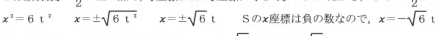

(イ)　**【解き方】台形ＭＥＦＮについて，右のように作図する。**

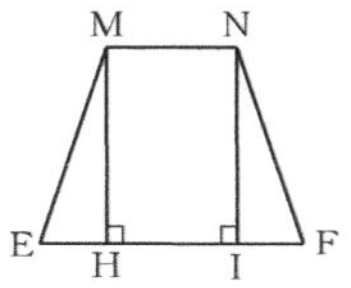

$BM=\frac{1}{2}AB=2$(cm)だから，△ＢＭＥについて，三平方の定理より，

$ME=\sqrt{BM^2+BE^2}=\sqrt{2^2+4^2}=2\sqrt{5}$(cm)　　同様にして，$NF=2\sqrt{5}$cm

台形ＭＥＦＮは等脚台形なので，$EH+IF=EF-MN=4-2=2$(cm)，$EH=IF=2\div2=1$(cm)

△ＥＭＨについて，三平方の定理より，$MH=\sqrt{ME^2-EH^2}=\sqrt{(2\sqrt{5})^2-1^2}=\sqrt{19}$(cm)

よって，求める面積は，$\frac{1}{2}(MN+EF)\times MH=\frac{1}{2}(2+4)\times\sqrt{19}=3\sqrt{19}$(cm²)

(3)　**【解き方】Ａを含む立体について，右のように作図する。Ａを含む立体は，(三角すいＰ－ＤＥＦの体積)－(三角すいＰ－ＡＭＮの体積)で求められる。**

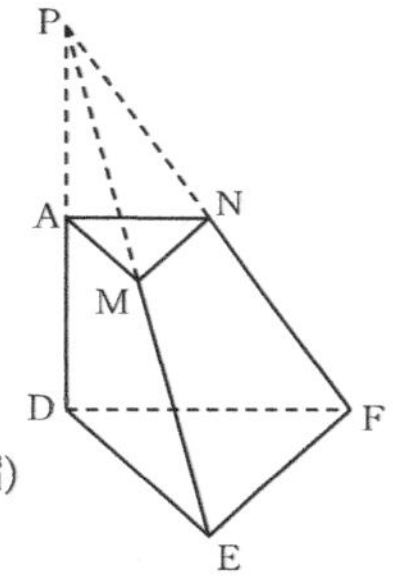

三角すいＰ－ＤＥＦと三角すいＰ－ＡＭＮは相似であり，相似比は$EF:MN=2:1$

だから，体積比は，$2^3:1^3=8:1$

よって，Ａを含む立体と三角すいＰ－ＤＥＦの体積比は，$(8-1):8=7:8$

$PD=2AD=8$(cm)だから，三角すいＰ－ＤＥＦの体積は，$\frac{1}{3}\times4\sqrt{3}\times8=\frac{32\sqrt{3}}{3}$(cm³)

よって，求める体積は，$\frac{7}{8}\times\frac{32\sqrt{3}}{3}=\frac{28\sqrt{3}}{3}$(cm³)

(4)　**【解き方】(3)の図をふまえる。Ｄから切断面に引いた垂線の長さをＤＱとすると，三角すいＰ－ＤＥＦの体積は，$\frac{1}{3}\times$△ＰＥＦ×ＤＱで求められる。よって，△ＰＥＦの面積→ＤＱの長さ，の順で求める。**

△ＰＭＮ∽△ＰＥＦで，相似比が$MN:EF=1:2$だから，面積比は，$1^2:2^2=1:4$

よって，△ＰＥＦと四角形ＭＥＦＮの面積比は，$4:(4-1)=4:3$だから，

△ＰＥＦ$=\frac{4}{3}\times$(四角形ＭＥＦＮの面積)$=\frac{4}{3}\times3\sqrt{19}=4\sqrt{19}$(cm²)

よって，$\frac{1}{3}\times4\sqrt{19}\times DQ=\frac{32\sqrt{3}}{3}$より，$DQ=\frac{32\sqrt{3}}{3}\times\frac{3}{4\sqrt{19}}=\frac{8\sqrt{57}}{19}$(cm)

《2022　英語　解説》

Ⅰ　1　The bag he bought me was made in France.：「彼が私に買ってくれたカバン」は〈(省略可能な関係代名詞＋)主語＋動詞〉で後ろから bag を修飾して表す。「～製」＝made in ～

2　I haven't heard from him since he moved to Tokyo.：「～から便りがない」は hear from ～の否定文で表す。「(過去の一時点)からずっと～」は現在完了の“継続”〈have/has＋過去分詞＋since …〉で表す。

3　Who can run the fastest in your class?：「誰が～？」＝Who ～?(主語を尋ねる文)　「一番速く走ることができる」は〈can《助動詞》 run《動詞》 the fastest《副詞の最上級》〉の語順。

4　Is that book on the desk yours or his?：「～の上の」は接触を表す前置詞 on を使って表す。なお，文末の his は所有格「彼の」ではなく所有代名詞「彼のもの」である。

Ⅱ　【本文の要約】参照。

問2　心配していたテストがうまく行ったときの気持ちだから，イが適切。　・relief「安心」

問3　この go ahead は，デビーにケーキを食べることを許可するという意味。アが適切。

問4　ア「デビーは×一生懸命勉強しなかったがテストはよくできた」　イ「アンダーソン夫人は×デビーのためにマフィンを作っていた」　ウ○「デビーが帰宅した時，母親はバナナケーキを作っていた」　エ「デビーはマフィンを見つけ，×一つ食べた」　オ○「アンダーソン夫人は Today Cooking のウェブサイトに掲載された新しいレシピを試したい」

【本文の要約】

デビー　　　　：お母さん，ただいま。

アンダーソン夫人：学校はどうだった？テストはうまく行った？

デビー　　　　　：学校は問題ないわ。それにテストもとてもうまく行ったの。お母さん，私，そのテストのことがとても心配だったの。でも今はとてもいい気分だわ。ああよかった！

アンダーソン夫人：それを聞いてうれしいわ。あなたはここ数週間とても一生懸命勉強していたものね。もうリラックスして楽しいことをするといいわ。

デビー　　　　　：何の料理をしているの？Aイとてもいい匂いだわ。

アンダーソン夫人：問4ウケーキを焼いているのよ。これはあなたの好きなバナナケーキよ。

デビー　　　　　：とってもおいしそう。あっちにはマフィンもあるのね。Bオお母さん，忙しかったでしょう？

アンダーソン夫人：ええ。ジェフが明日学校に何か持っていかなければいけないの。だからそのマフィンはジェフのものよ。Cウ手を付けないでね。

デビー　　　　　：バナナケーキを一口食べてもいい？Dエテスト明けの今を楽しみたいの。

アンダーソン夫人：夕飯の後まで待てないの？

デビー　　　　　：すごく魅力的だし絶対おいしいわ。私待てない。今食べてもいいでしょう，お母さん？

アンダーソン夫人：しかたないわね，食べていいわよ。

デビー　　　　　：Today Cooking のウェブサイトに掲載された新しいレシピは見た？あれは絶対ハワイアンパイだと思うわ。

アンダーソン夫人：見てないわ。問4オでもそのレシピを試してみたいわ。あなたのお父さんはパイが大好きだから。

デビー　　　　　：Eア私も好きよ。

Ⅲ　【本文の要約】参照。

問１　100株を５人が20株ずつ購入しているので，ウ「平等な」が適切。ア「異なる」，イ「他の」，エ「必要な」は不適切。

問３　People can see how their stocks are doing by watching the stock market.：文中に疑問詞を含む間接疑問文だから，疑問詞以下は how their stocks are doing と，肯定文の語順にする。　・by ~ing「～することによって」

問４　価格が上下し，売買することで損得が生じるものだから，「株」が適切。

問５　**1**　×「会社は大きくなりすぎる前に株を売ることができる」　**2**　×「人々は会社が保有する株を数株買うことで会社全体を買うことができる」　**3**　○「大きな会社はたくさんの株を保有している可能性がある」　**4**　×「会社がビジネスから撤退したあともお金を取り戻す方法がある」

【本文の要約】

世の中には，社員がひとりきりの会社もあれば，何百人もいる会社もあります。しかし，すべての会社の主な目的は同じです。お金をもうけることです。会社がたくさん利益を出して十分大きく成長すれば，株を売るでしょう。株とは何で，誰が買うのでしょう？

株は，会社の小さな一部分のようなものです。ある人がある会社の株を１株買ったとき，その人はその会社の小さな一部分を買ったことになるのです。もし小規模の会社が100株持っていて，５人が一緒にそれぞれ20株買ったら，その５人がその会社を所有しているということになります。５人はその会社をXウ平等に(＝equal)シェア（共有）していることになります。だから株のことをシェアとも呼びます。問5.3通常，大きな会社は何千も何百万も株を持っているので，何千人も何百万人もの人がその会社の一部を所有できる場合があります。

株を買う人たちは，企業の経営者のようなものです。彼らの目的は1オお金をもうける(＝make money)ことです。人々は毎日株式市場で株の売買をします。株価は上がったり下がったりします。彼らは株式市場を注視することによって，自分の株がどうなっているかを知ることができます。もし株価が上がったら，売ることを選択するかもしれません。このようにして彼らもお金をもうけることができるのです。株価が安い時に[2ア買って(＝buy)]，高い時に[3ウ売ります(＝sell)]。しかしながら株価の下落が続けば，ふつうは株[4エを保有し続けます(＝keep)]。再びその株価[5イが上がる(＝rise)]ことを期待します。株の売買によって金持ちになった人はたくさんいます。

しかし，株式市場で全財産を失った人もいます。どうしてこのようなことが起こるのでしょうか？これは，会社の株価が下がり続け，ついにはその会社がビジネスから撤退してしまうからです。こうなると，その会社の株を保有している人はみなお金を失います。株を売ることができないので，投資したお金を取り戻すことができないのです。

[Ⅳ] 【本文の要約】参照。

問1　faded away は「消え去った」という意味。同じく幽霊に遭遇した際の様子について書かれた第3段落から，disappeared「いなくなった／消えた」を抜き出す。

問2　They were so <u>shocked</u> that the <u>airline</u> had to cancel their flight.：・so … that ～「あまりに…なので～」

問3　同じ段落の最終文参照。「彼」の正体は女性がのちに写真を見たことで判明した。イ「ドン・レポ」が適切。

問4　some planes と others(＝other planes)について，幽霊が出没する頻度を比べた比較級の文である。

問5　(A)　it is … for＋人＋to ～「(人)にとって～することは…だ」より，〈to＋動詞の原形〉の形のイが適切。

(B)　航空会社が対策を取ったことや，その後，2人の幽霊が出没しなくなったことより，アが適切。

問6　ア○「ドン・レポとボブ・ロフトは飛行機の墜落で亡くなった」　イ「ドン・レポの幽霊はイースタン航空の×<u>全便に</u>現れた」　ウ○「ボブ・ロフトの幽霊を見た人は2人以上いた」　エ×「おそらく 401 便は他の機体の破損していない部品を使用していた」…本文にない内容。

【本文の要約】

1972 年 12 月 12 日のちょうど夜 12 時前，イースタン航空の 401 便が落ちました。問6ア<u>飛行機はフロリダのエバーグレードに墜落しました。乗客は 176 人で，パイロットのボブ・ロフト，技師のドン・レポを含む 99 人が亡くなりました。</u>

墜落から約3か月後，イースタン航空の役員がフロリダのマイアミ行きの飛行機に乗りました。パイロットのユニフォームを着た男性がファーストクラスにひとりで座っているのを見て，彼はその人の隣に座りました。ふたりは会話を始めました。問6ウ<u>数分後役員は，自分が話している相手がパイロットのボブ・ロフトだと気づきました</u>。するとパイロットはその場から消え去りました。

1週間後，イースタン航空のパイロット1人と乗組員2人がジョンFケネディ空港で従業員室に入りました。問6ウ<u>その全員が，ボブ・ロフトが椅子に座っているのを見ました</u>。彼はみんなとしばらくの間話をして，そして問1<u>いなくなりました(＝disappeared)</u>。彼らはあまりにもショックを受けたので，航空会社は彼らが乗る便をキャンセルしなければなりませんでした。

3週間後，ある乗客がマイアミ行きの便のファーストクラスに座っていました。彼女は隣に座っているイースタン航空のユニフォームを着た男性のことを心配していました。男性は顔面蒼白で具合が悪そうだったので，彼女は客室乗務員を呼びました。乗務員が男性に話しかけましたが，彼はそれに答えませんでした。そして，彼女が彼の腕に触ると，彼はゆっくりと消えて後にはだれもいない席があるだけでした。飛行機がマイアミに着陸した時，その乗客はショック状態で病院に搬送されました。その後彼女は何枚か写真を見て，その幽霊は技師のドン・レポだということがわかりました。

それから数か月にわたり，10 人以上の客室乗務員がドン・レポを見たと言いました。幽霊がよく出る飛行機とそうでないものがあるようでした。多くの人が，彼は墜落した 401 便の交換部品を使った飛行機だけに出没すると信じるようになりました。航空会社が，安全基準を満たしていれば墜落機の壊れていない部品(A)イを使うということ(＝to use)は，よくあることなのです。

イースタン航空の役員たちはそのことが気になっていました。彼らは技師たちに，それぞれの機体から墜落した 401 便の部品をすべて取り除くように命令しました。

それはうまくいきました。401 便の部品がすべて取り除かれると，ボブ・ロフトとドン・レポは，イースタン航空とその飛行機から(B)ア平和に(＝peace)立ち去りました。それ以来彼らの幽霊を見た人はひとりもいません。

V 【本文の要約】参照。

問１ⓐ　experiment「実験」＝エ「何が起きたのかを調べるために行われる科学的なテスト」

ⓑ　hallucinating「幻覚」＝ア「実際にはそこにないものを見ること」

ⓒ　slurred「不明瞭な」＝イ「はっきり話されない」　ⓓ　Eventually「最終的に」＝ウ「最後には」

問２（A）　stop ~ing「～するのをやめる」より，ing 形のウが適切。　（B）　lose waight「体重が減る」より，lose の過去形のアが適切。　（C）　前後が相反する内容だから，逆接の接続詞であるアが適切。

（D）　some … others ～「…もあれば～もある」より，ウが適切。

問３　第１段落の最後の行より，without sleep「睡眠なしで／睡眠なしの」を抜き出す。

問４　Tests on white rats have shown how dangerous sleeplessness can be.：文中に疑問詞を含む間接疑問文だから，疑問詞(ここでは〈疑問詞＋形容詞〉)以下は肯定文の語順にする。

問５　下線部②の it は２文前の１文を指す。文末が「～ということ。」になるようにまとめる。

問６　turn A off「Aをオフにする／Aを止める」よりウが適切。話の流れからも判断できる。

問７　Anyway, we know that it is important to get enough sleep.：主語＋know that＋主語＋動詞「(主語)は～ということを知っている」の形にする。　・it is … to ～「～することは…だ」

【本文の要約】

もし十分な睡眠を取らなかったらどうなるでしょう？アメリカの高校生ランディ・ガードナーはその疑問を解明したいと考えました。彼は学校の科学プロジェクトで眠らないことの影響についての実験をしました。ガードナーは，264 時間 12 分眠らずに起きていて，スタンフォード大学のウィリアム教授と２人の友人が彼のことを注意深く観察しました。つまり 11 日間，昼も夜も眠らなかったのです！

眠らないことでガードナーにどんな影響が出たでしょうか？眠らない実験が始まって 24 時間後，ガードナーは読書やテレビの視聴が困難になってきました。字や画像がぼやけて見えないのです。３日目には，手で作業することが難しくなりました。４日目には，ガードナーは幻覚を見るようになりました。例えば，通りの看板を見ると人だと思ってしまいました。その後数日間，ガードナーは発音が不明瞭になり，周りの人は彼が何を言っているのかわかりませんでした。ガードナーはまた，記憶することができなくなりました。11 日目には，１，２，３，４…と数字を言っていくテストに合格できませんでした。そのテスト中，彼は数をAウ数えるのをやめてしまう(＝stopped counting)のです。彼は自分が何をしているのか，覚えていられませんでした。

最終的にガードナーがベッドに入った時，彼は 14 時間 45 分眠りました。翌日は 12 時間眠り，４日目には通常の睡眠に戻りました。

ガードナーはすぐに健康を回復しましたが，科学者たちは眠らないでいることは危険だと信じています。ランディが行ったような実験はするべきではないと，彼らは言います。ホワイトラットでの実験は，眠らないことがいかに危険かを示しています。数週間眠らずにいると，ラットの毛が抜け始めました。そして，ラットは前よりたくさん食べたにもかかわらず，Bア体重が減りました(＝lost weight)。最終的にラットは死んでしまいました。

人は，生涯でおそらく 25 年かそれ以上を眠りに費やします。なぜでしょう？その理由は何でしょう？驚くべきことに，科学者たちも確かなことはわかっていません。科学者たちは以前，眠っている時は「脳を休めている」のだと思っていました。cアしかし(＝But)睡眠の研究者たちが，私たちの脳は眠っている時でも非常に活発だということを発見しました。新たな脳細胞を作るために眠っているのだと言う科学者もいれば，睡眠は，体を休めてストレスを取り除くのに役立つのだと言う科学者Dウもいます(＝Others)。いずれにせよ，十分な睡眠を取ることが重要だということはわかっているのです。

《2022　理科　解説》

1　**問3**　エタノールの密度が0.79g/㎤だから，エタノール10㎤の質量は$0.79\times10=7.9$(g)，水の密度が1.0g/㎤だから，水40㎤の質量は$1.0\times40=40.0$(g)である。よって，混合物の質量は$7.9+40.0=47.9$(g)である。

問4　エタノールより水の方が密度が大きいから，水の割合が大きい液体の方が質量が大きくなる。また，水よりエタノールの方が沸点が低いので，はじめに集まった液体ほどエタノールの割合が大きくなる。よって，水の割合が最も大きいDの液体の質量が最も大きいと考えられる。

問5　エタノールが割合が大きい液体ほどよく燃えるので，Aの液体が最もよく燃えると考えられる。

問6　銅〔Cu〕を加熱すると酸素〔O_2〕と結びついて，酸化銅〔CuO〕ができる。なお，化学反応式は矢印の前後で，原子の組み合わせは変わるが，原子の種類と数は変わらないことに注意する。

問7　ウ×…マグネシウムを加熱してできる酸化マグネシウムは白色である。

問8　図3より，銅1.2gを加熱すると，酸化銅1.5gができるから，銅2.4gを加熱すると，酸化銅$1.5\times\frac{2.4}{1.2}=3$(g)ができる。

問9　図3より，マグネシウム1.2gを加熱すると，酸化マグネシウム2gができるから，マグネシウム1.2gは酸素$2-1.2=0.8$(g)と結びつく。よって，マグネシウムと結びついた酸素の質量比は，$1.2:0.8=3:2$となる。

問10　酸化銅も酸化マグネシウムも，銅原子またはマグネシウム原子1個と酸素原子1個が結びついてできる。問9より，酸素原子1個の質量を2とすると，マグネシウム原子1個の質量は3となる。また，銅と結びついた酸素の質量比は$1.2:(1.5-1.2)=4:1$となるから，銅原子1個の質量は$2\times\frac{4}{1}=8$となる。よって，銅原子とマグネシウム原子の質量比は8：3である。

問11　混合物に含まれていた銅をxg，マグネシウムをygとすると，混合物の質量について，$x+y=3.6$…①，問9と10解説より，結びつく酸素の質量について，$\frac{1}{4}x+\frac{2}{3}y=5.5-3.6$…②が成り立つ。①と②を連立方程式として解くと，$x=1.2$，$y=2.4$となるから，混合物に含まれていた銅の質量は1.2gである。

2　**問2**　アを受粉といい，精細胞の核と卵細胞の核が合体することを受精という。

問4(1)　被子植物は胚珠が子房につつまれた植物である。アは種子植物の中の被子植物の双子葉類，イは種子植物の中の被子植物の単子葉類，ウは種子植物の中の裸子植物，エはシダ植物，オはコケ植物である。なお，エとオは胞子でふえる。　**(2)**　被子植物の双子葉類は，茎の維管束は輪状に並び(②)，根は主根と側根からなり(③)，葉脈は網状脈(⑤)である。また，単子葉類は，茎の維管束は散在し(①)，根はひげ根(④)，葉脈は平行脈(⑥)である。

問5(1)　アは3月下旬，イは6月下旬，ウは9月下旬，エは12月下旬である。なお，アとウは昼と夜の長さがほぼ等しく，イは昼の長さが最も長く，エは昼の長さが最も短い。　**(2)**　図より，昼の長さがおよそ10時間なので，夜の長さは，およそ$24-10=14$(時間)である。　**(3)**　夜の長さが10時間以上になると花芽形成するから，昼の長さが$24-10=14$(時間)以下になればよい。　**(4)**　北緯20度の都市で，6月1日にYの種をまいて8月1日に初めて花芽形成したから，図より，昼の長さが13時間以下(夜の長さが11時間以上)になると，花芽形成するとわかる。

よって，北緯30度と34度の都市では８月下旬(９月１日まで)に花芽形成するとわかる。なお，北緯40度の都市では９月上旬に花芽形成する。

3 問１　背骨をもたない動物を無セキツイ動物，背骨をもつ動物をセキツイ動物という。無セキツイ動物はイとエとカで，イは軟体動物，エは刺胞動物，カは節足動物の昆虫類に分類される。また，アは魚類，ウはホニュウ類，オはハ虫類，キは両生類である。

問２　ア×…ふんや巣穴の化石を生痕化石という。イ×…動物の骨などに比べれば，化石になりにくいが，植物が分解されにくい環境(湖の底などの低酸素な環境)に堆積すると化石になる。ウ○…このような化石を示準化石という。エ×…地層が堆積したときの環境が推定できる化石を示相化石という。

問５　基準(1)…火山噴出物が堆積してできた凝灰岩と火成岩の玄武岩をつくる粒は流れる水のはたらきを受けていないので，角ばっている。　基準(2)…れき岩と泥岩と砂岩は，岩石をつくる粒の大きさで区別される。れき岩をつくる粒は直径２mm以上，泥岩をつくる粒は直径0.06mm以下，砂岩をつくる粒は直径0.06mm～２mmである。

問６　清太君の「化石が含まれている岩石が３種類ある」というセリフから，４種類の岩石を『化石が含まれているか』で区別すると，『はい』には玄武岩以外の凝灰岩とれき岩と泥岩が分類される。さらに，凝灰岩とれき岩と泥岩を『基準(1)』で区別すると，『はい』には凝灰岩，『いいえ』にはれき岩と泥岩が分類される。よって，れき岩と泥岩が区別できない。

問７　玄武岩はマグマが地表付近で冷え固まってできた火山岩だから，『基準(3)』で『はい』，『基準(4)』でも『はい』に分類され，ａ(ア)に入る。なお，ｂは凝灰岩，ｃは泥岩，ｄはれき岩である。

4 問１　$\frac{2500}{0.1}=25000$(N)

問２　浮力は水に入っている部分の体積に比例する。Ａ～Ｄで２つの石全体が水に入っているから，はたらく浮力はすべて等しくなる。

問３　石にはたらく重力と斜面に平行な分力は，右図のようになる。重力と分力がつくる三角形は，１つの角が30°の直角三角形だから，重力と斜面に平行な分力の大きさの比は２：１となる。したがって，石に加えた力(斜面に平行な分力)の大きさは，$25000\times\frac{1}{2}=12500$(N)である。

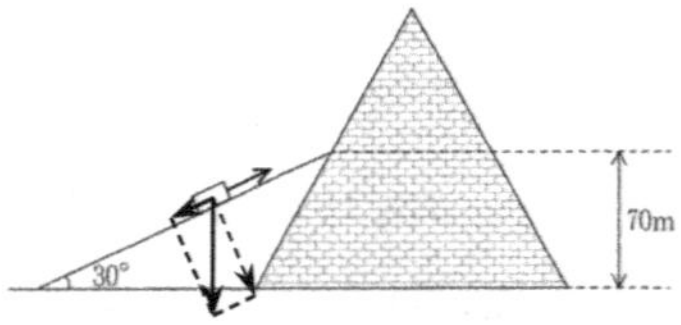

問４　斜面や滑車などの道具を使うと，加える力の大きさは小さくなるが，力の向きに動かす距離が大きくなるので，仕事の大きさは変わらない。したがって，斜面を使って25000Nの石を70mの高さまで運ぶ仕事の大きさは，斜面を使わずに25000Nの石を70m持ち上げる仕事の大きさに等しい。よって，〔仕事(Ｊ)＝力の大きさ(N)×力の向きに動いた距離(m)〕より，石を動かすために加えた力がした仕事は，25000×70＝1750000(Ｊ)である。

問５　仕事率は１秒間にする仕事のことだから，仕事率が10Wのとき，１時間→3600秒間にする仕事は10×3600＝36000(Ｊ)である。

問６　問４より，2000000個の石を高さ70mのところまで持ち上げる仕事の大きさは1750000×2000000(Ｊ)である。また，労働者１人が１年間にはたらく時間は10×350＝3500(時間)だから，労働者1000人が１年間はたらいたときの仕事は36000×3500×1000(Ｊ)である。よって，かかる時間は，$\frac{1750000\times2000000}{36000\times3500\times1000}=27.7\cdots$(年)より，約28年である。

問７　機械は，１秒間に50000×0.5＝25000(Ｊ)の仕事をするから，1750000Ｊの仕事をするのにかかる時間は，$\frac{1750000}{25000}=70$(秒)である。

問８　１個の石を持ち上げるのにかかる時間は70秒→$\frac{7}{360}$時間だから，2000000個の石を持ち上げるのにかかる時間は$\frac{7}{360}\times2000000=\frac{350000}{9}$(時間)である。また，機械が１年間に稼動する時間は3500時間だから，$\frac{350000}{9}\div3500=$

11.1…(年)より，約11年かかる。

《2022　社会　解説》

1 問１　エ　　熱帯気候には，雨季と乾季のあるサバナ気候，１年中高温多雨な熱帯雨林気候がある。

問２　イ　　文章中の「イスラム教という異なる宗教」とあることから，イスラム教を信仰するトルコを選ぶ。ケニアはキリスト教徒(プロテスタント)が多い。ロシアはキリスト教徒(正教会)が多い。ベトナムは仏教徒が多い。

問３　エ　　太平洋岸からカリフォルニア州と判断する。フロリダ州とテキサス州は南部のメキシコ湾岸，アラスカ州は北極海やベーリング海沿岸に位置する。

問４　ア　　ｃはオーストラリアのパース，ｄはカナダのバンクーバー，ｅはアメリカのニューヨークあたり。

問５　ア　　ＥＵ内では，東部と西部の経済格差が激しいから，東部のポーランドは最も一人あたりＧＮＩの値が低いアと判断する。イはスペイン，ウはフランス，エはドイツ。

問６　ウ　　インド(13.8 億人)，インドネシア(2.7 億人)，パキスタン(2.2 億人)，バングラディシュ(1.6 億人)である。ア．インド・パキスタン・バングラデシュは南アジア，インドネシアは東南アジアに位置する。イ．インドではヒンドゥー教徒が約 80%を占める。エ．４か国とも原油を多く輸出する国ではない。

問７　イ　　出かせぎの理由は，少ない収入を補うためだから，賃金に直接関係するイを選ぶ。

問８　ウ　　少子高齢化は先進国の問題であり，ブラジルやタイではまだ起きていない。

問９　産業／空洞化　　製造業の工場が海外に移転することで，国内産業が衰退することを産業の空洞化という。

2 問１　エ　　滋賀県・福井県は，愛知県から見て左上(北西)に位置する。冬の北西季節風が，日本海上空で対馬海流から蒸発する水分を大量に含み，日本列島の山の斜面を越えるときに大雪を降らせる。そのため，雪を降らせた後の風は，乾いた風になる。やませは，東北地方の太平洋側の夏に吹く，冷たく湿った風である。

問２　ア　　両県とも県庁所在地から離れた位置ほど，濃い色でぬり分けられていることから判断する。また，愛知県の東部や群馬県の南西部は山間部である。

問３　イ　　愛知県は冬から春にかけて多くのキャベツを出荷し，群馬県は夏から秋にかけて多くのキャベツを出荷する。群馬県では，夏の冷涼な気候を利用してキャベツやレタスの栽培をしている。

問４　イ　　愛知県も群馬県も，金属工業ではなく機械工業がさかんな県である。

問５　ウ　　面積を比べた場合，中部と関東では中部の方が面積は広く，人口を比べた場合，中部と関東では関東の方が人口は多い。

問６　ア　　吉野川は四国(高知県・徳島県)を流れる。北上川は東北(岩手県・宮城県)を流れる。

問７　ウ　　内陸部の前橋城跡付近の方が，名古屋城より標高は高い。

3 問１　ア　　戸籍をもとに６歳以上の男女に，口分田が与えられ，納税の義務が課された。朱印状は安土桃山時代から江戸時代前半に，大名や商人に出された海外に渡航するための許可証。

問２　カ　　ｃ(浄土信仰・平安時代中頃)→ｂ(時宗・鎌倉時代)→ａ(明治時代)

問３　エ　　高床倉庫がつくられ始めたのは，稲作が始まった弥生時代から。

問４　ウ　　シベリア出兵を見越した商人による米の買い占めによって，米不足が生じて米の値段が上昇した。それに伴って物価上昇が起きると，富山の漁村から始まった暴動が全国に広まった。これを米騒動という。桶狭間の戦いは愛知県，正長の土一揆は滋賀県・京都府，二・二六事件は東京都。

問５　イ　　桓武天皇は，都を長岡京・平安京に移したこと，国司の不正を取り締まったこと，坂上田村麻呂を征夷大将軍に任じたことで知られる。アは奈良時代，ウとエは平安時代の 10 世紀。

問6　ウ　　源義朝は源頼朝の父である。時政は初代，義時は２代目，泰時は３代目の執権である。

問7　ア　　a（守護地頭の設置・鎌倉時代初頭）→b（フビライからの国書・鎌倉時代後半）→c（二条河原の落書・建武の新政）　　平氏を滅ぼした源頼朝は，源義経探索を理由として，朝廷に守護と地頭の設置を認めさせた。フビライから再三の服属要求を北条時宗が退けると，元軍が二度に渡って九州北部に襲来した。鎌倉幕府に対する不満のたまった御家人や悪党の活躍で，鎌倉幕府を倒した後醍醐天皇が建武の新政を始めると，不安定な世の中を批判した落書が二条河原に掲げられた。

問8　イ　　X．正しい。Y．惣は室町時代に自治をした農村である。徴兵令は明治時代。

問9　イ　　長崎の出島でオランダ，唐人屋敷で中国と貿易を行った。松前でアイヌと，対馬で朝鮮と，薩摩で琉球王国とそれぞれ交易を行った。

問10　ウ　　百姓一揆の特徴に「領主に暴力は用いない」とあるから，Xは誤り。Y．正しい。

問11　エ　　徳政令は鎌倉時代から室町時代にかけて出されたからエは誤り。江戸時代に徳政令と似た棄捐令が出されたが，これは江戸時代中期の寛政年間に出されたものである。

問12　ウ　　第一回衆議院議員総選挙は，大日本帝国憲法の発布後の1890年に行われた。当時の選挙権は，「直接国税15円以上を納める満25歳以上の男子」で，有権者は全国民の約1.1％程度であった。

4　問1　イ　　X．正しい。Y．誤り。ギリシャは，成人男子市民による民主政が行われていたから皇帝はいない。

問2　ウ　　インド北部・チベットから広まっていることから仏教である。儒教であれば中国，キリスト教であれば西アジアのパレスチナから広まっている。ヒンドゥー教は世界へ広がっていない。

問3　エ　　フランス革命で人権宣言が発表された。アはメソポタミア文明，イはスペイン，ウはイタリア。

問4　ア　　イ．「都市から農村へ」の部分が誤り。農村から都市に移り住んで労働者となった。ウ．「生産手段の共有化をめざす」が誤り。資本主義社会は利益をあげるために資本家が労働者を集めて働かせる社会。生産手段の共有化を目指す社会は社会主義社会（共産主義社会）。エ．ルネサンスは14世紀から16世紀にかけて起きた。

問5　エ　　東ドイツの首都ベルリンにあった壁である。ベルリンの西側を取り囲むように壁がつくられ，1989年に崩されるまで，ベルリン市内を東西に二分していた。

問6　元　　「てつはう」から元寇と判断する。てつはうは，火薬を使った炸裂弾であったと言われている。

問7　イ　　溥儀は，清の最後の皇帝である。春秋戦国時代には，儒家（孔子・孟子）・道家（老子・荘子）などの思想家・学派が現れ，諸子百家と呼ばれた。

問8　イ　　X．正しい。Y．誤り。スペインが太平洋を横断したのは16世紀以降のことである。

5　問1　ウ　　国王や独裁者が政治権力を行使することを人の支配といい，議会が法を制定して政治権力を制限することを法の支配というから，ウが誤り。

問2　ウ　　社会権には，普通教育を受ける権利のほか，生存権や勤労の権利などがある。

問3　イ　　X．正しい。衆議院の優越によって，予算審議は必ず衆議院から行われる。Y．誤り。予算審議において，衆議院と参議院が異なる議決となり，両院協議会を開いても一致しないとき，衆議院の優越によって，衆議院の議決が国会の議決となる。

問4　ア　　憲法＞条約＞法律＞政令（命令）＞条例の序列である。

問5　エ　　ア．是非を国民の投票で明らかにする制度はない。イ．オンブズマン制度は，国ではなく民間や一部の地方自治体で制度化されている。ウ．地方選挙も国政選挙も18歳以上から投票できる。

6　問2　エ　　新型コロナウイルスワクチンは政府が購入しているので，製薬会社が市場に流通させていない。

問3　ア　　買いたい量が需要量，買いたい量が供給量だから，買いたい量が売りたい量を上回ると品不足が生じて，市場価格は上昇する。

問4　エ　X．誤り。公債金の割合は30〜40%程度である。Y．誤り。公債・国債の返済は，税収・国債費から賄われている。財政投融資は，政府が一般会計とは別に，財投債と呼ばれる債券を発行して金融市場から調達する資金で，都市整備や中小企業振興などに使われるもので，公債の返済に使われることはない。

問5　ウ　残りはいずれも不景気時の政策である。日本銀行が日本銀行券を積極的に発行するということは，銀行のもつ国債を買い上げて日本銀行のもつ日本銀行券を流通させることになるから，不景気時の対策といえる。

清風高等学校

《国　語》

【一】問一．a．イ　b．エ　c．ア　問二．ア　問三．エ　問四．イ　問五．青年が徴兵されたと聞かされて、事態の重大さを切実な思いで受け止めつつ、映画に注ぐ青年の情熱を知っていただけに、彼の苦悩を思いやっていたたまれなくなっている。　問六．イ　問七．エ，オ

【二】問一．a．選択　b．推察　c．魅力　d．仮定　問二．ア　問三．ウ　問四．イ　問五．親友との約束を優先する　問六．ウ　問七．Ⅰ．「仲良くす～の学校文化　Ⅱ．仲良くする～という信念

【三】問一．a．ア　b．イ　問二．①イ　②エ　④イ　問三．ウ　問四．管絃の徳

《数　学》

1　(1) $(a+3b+5)(a+3b-5)$　(2) 2　(3) 4　(4) $\frac{7}{36}$　(5) 60

2　(1)(ア) 18　(イ) 9　(2)(ア) $20-\frac{x}{10}$　(イ) 60　(3) 40

3　(1) $-2x$　(2) $2x+8$　(3) $(-6,\ 36)$　(4) 120　(5) 1 : 4

4　(1) $\frac{8}{5}$　(2) 15 : 4　(3) $\frac{9}{19}$　(4)(ア) ④　(イ) 60　(ウ) $\frac{30\sqrt{19}}{19}$

5　(1) 6　(2) 1 : 2　(3) $\frac{16}{3}$　(4) 84　(5) $\frac{92}{3}$

《英　語》

Ⅰ　1．エ　2．イ　3．ア　4．エ　5．ウ

Ⅱ　1．been／museum　2．what／birthday　3．subject／of　4．playing／age

Ⅲ　[3番目／5番目]　1．[dangerous／children]　2．[tell／how]　3．[as／books]　4．[something／to]

Ⅳ　問1．[A]エ　[B]ア　[C]ウ　[D]オ　[E]イ　問2．エ　問3．other　問4．ア

Ⅴ　問1．(1)drop　(2)keeping　(3)protect　(4)collected　(5)growing　問2．Plants need water to live
問3．try to find water near　問4．ウ　問5．1．○　2．×　3．○　4．×

Ⅵ　問1．(1)エ　(2)ウ　(3)ア　(4)オ　(5)イ　問2．one of the hardest things　問3．②ダイヤモンド　③インド
問4．紛争地域／人命を犠牲にしている　問5．[A]ウ　[B]エ　問6．ウ，エ

《理　科》

1　問1．4：3　問2．$H_2SO_4 + Ba(OH)_2 \rightarrow BaSO_4 + 2H_2O$　問3．エ　問4．H，I，J　問5．12
問6．13　問7．ウ

2　問1．飽和　問2．38.9　問3．再結晶　問4．41.7　問5．90

3　問1．①鼓膜　②耳小骨　③うずまき管〔別解〕蝸牛管　問2．ア　問3．反応…反射　例…エ
問4．中枢神経　問5．⑴20　⑵0.003

4　問1．恒星　問2．ウ　問3．A，C，F　問4．木星…D　衛星…エ　問5．⑴ア　⑵20

5　問1．A．エ　B．ウ　問2．ク　問3．エ　問4．エ　問5．イ　問6．イ　問7．エ

《社　会》

1　問1．イ　問2．ア　問3．ウ　問4．ウ　問5．イ　問6．イ　問7．ＯＰＥＣ　問8．エ

2　問1．ウ　問2．イ　問3．ア　問4．エ　問5．エ　問6．ウ　問7．イ　問8．ア

3　問1．イ　問2．エ　問3．ウ　問4．エ　問5．エ　問6．ア　問7．エ　問8．ウ
問9．エ　問10．ア　問11．エ　問12．エ

4　問1．ア　問2．エ　問3．イ　問4．エ　問5．イ　問6．ア　問7．イ

5　問1．ウ　問2．ア　問3．エ　問4．イ

6　問1．エ　問2．ウ　問3．ア　問4．エ　問5．ウ　問6．エ

清風高等学校

←解答例は前のページにありますので，そちらをご覧ください。

《2021　国語　解説》

【一】

問二　文章中の「青年は、たとえ酷評されようとも、挫《くじ》けも腐りもせずに支配人の言葉に耳を傾けた。まるで映画を撮る上での基軸が、支配人の中に存在するとでもいわんばかりの信望ぶりだった」という部分から、青年が支配人に「大きな信頼を寄せて」いることが読み取れる。また、「彼の着想は支配人の指摘をひらりと越えて、それより遥《はる》か先の未知なる地点に着地し、支配人を驚かせるのが常だった」や、「青年は、あれから何度となく支配人に自分の『新作』の子細を語った。映画の構想は、青年特有の感覚を崩さぬまま、より深く、より広く、そしてわかりやすく変貌している。若者の大言壮語には常々懐疑的な支配人でさえ、近い将来、この青年が本当に作品を撮るのではないか、そんな気がしはじめていた」などから、「青年が、映画の理解という点においても既に自分をはるかに超えてしまったと思うようになった」ことが読み取れる。よって、アが適する。

問三　支配人が泣きそうになったのは、鹿威《ししおど》しのように頭を下げて、勉強になりましたと礼を言う青年の頭のてっぺんにあるふたつのつむじを見るうちに、「ただただ床《ゆか》しい(＝気品・情趣があって心ひかれる様子)心持ちに身体《からだ》中を浸された」から。よって、アは適する。支配人は、「過去を突かれ」て動揺し、「やっていたのは確かだが、まったく、ものにならなくてね」と言い、震災で妻が死んだことを人づてに聞き、直後に浪曲に見切りをつけたことを思い起こしているので、イとウも適する。支配人は、「太平洋戦争直前の混乱する世相の中、映画を上映するために奔走」し、「時世の煽《あお》りを受けて映画館が封鎖になるようなことはないか、そちらのほうに気を揉《も》んだ」。こうした様子から、支配人は自分の今の仕事にやりがいを感じ、これに打ち込んでいると推測でき、エにあるように「自分の愚かさを痛感し、みじめな気持ちになっている」とは考えにくい。よって、エが正解。

問四　直前に「『おっさんはええのう。もう自分の中に笑いと泣きがありようる。ぼくの目指すものをもう内側に持っとるんじゃ』青年は心底羨ましそうに言った」とある。「こういう手合」が指しているのは、青年が目指している『笑いと泣き』を、人生経験を重ねる中で心得た、支配人のような人物のこと。

問五　青年は、「おっさんに知らせねばと思ったんじゃが、僕の下宿電話を引いてないけん、連絡できんですんません」と言い、頭を下げた。それを見た支配人は、「この十日余りの間に青年が味わった懊悩《おうのう》に触れたような気がした。ここに連絡することすら思いつかなかったほどの懊悩に」とある。言葉をなくしたのは、青年の苦悩を想像したからである。青年の映画にかける情熱の大きさを知っているだけに、徴兵され、映画を撮ることを諦めなければならない青年の気持ちを想像し、いたたまれなくなっている。

問六　その前の、「泣きの活動写真に夢中になってな、僕も徴兵されるかもしれんっちゅうことをすっかり忘れとった。阿呆《あほう》じゃな。芸術家も世相を見なならんのになあ」には、「自分の映画を撮るという夢のことばかり考えていたため、戦争という現実が見えなくなっていた」自分のうかつさを嘆く気持ちや、夢を諦めなければならないことへの悲しみが表れている。また、──線部⑤とそれに続く「やっぱり現実は思うたよりずっと手強いんじゃのう。でも僕負けたくないのう」には、無念さや厳しい現実を受け入れるしかないという覚悟が表れている。

問七　エ．この比喩は──線部②の直前と──線部④の直前にある。前者は支配人の心に青年に対するいとおしさを呼び起こし、後者は支配人を青年が味わった懊悩に触れたような気にさせ、支配人は言葉をなくした。どちらも、青年の支配人に対する誠実さ、絶対の信頼が表れた動作だということは共通している。　オ．「『おっさん』聞き慣れた声が漂ってきて、支配人はうろたえた」の後に、支配人の複雑で微妙な心理が描かれている。支配人が青年の懊悩に気づくという形で、戦争がもたらす過酷な現実や、それに伴う青年の苦悩が重ねられている。

【二】

著作権に関係する弊社《へいしゃ》の都合により、本文を非《ひ》掲載《けいさい》としておりますので、解説を省略させていただきます。ご不便をおかけし申し訳ございませんがご了承ください。

【三】

問二① 「疾《と》く」は「時間や時期が早い。速度が速い」を表す形容詞「疾し」の連用形。　② 楽人である用光は、弓矢のあつかいや戦い方も知らず、間違いなく海賊に殺されるだろうと考えた。　④ 先ほどと同じ頭目らしき男の声が、用光に向かって言っているので、「君が船」は、あなたの船という意味。

問三 用光の篳篥の調べや音色は、頭目らしき男を始めとした海賊全員を感動させた。よって、ウが適する。

問四 「管弦の徳」によって、用光は命をうばわれずにすんだ。

【古文の内容】

和邇部用光《わにべのもちみつ》という楽人《がくにん》がいた。土佐の国のある神社の「お船遊び」に下って、京へ帰っていたところ、安芸の国の、何とかという港で、海賊に襲われた。用光は弓矢の扱いも知らない男だったので、防ぎ戦う方法もなく、今は間違いなく殺されるだろうと思って、篳篥《ひちりき》を取り出して、船の屋形に座り込んで、「そこにいる一党の者たちよ。今はもうとやかく言っても始まらない。早くどんな物でもお取りなさい。ただし、長年、心にかけて思ってきた篳篥の、小調子《こちょうし》という曲を、吹いてお聞かせ申そう。そのようなことがあったと、後々話の種にされるがよい」と言ったので、盗賊の中心人物が大声で、「お前たち、少し待ちなされ。このように言っている。聞いてやろう」と言ったので、海賊たちは船を控えて、それぞれが静まったが、用光は、もうこれで最後だと思われたので、涙を流して、絶妙な音を吹き出して、心を澄まして吹き続けた。

折も良かったのだろうか、その調べは、波の上に響き渡り、あの潯陽江《じんようこう》に鳴り渡った琵琶の話と何ら違ったところはなかった。海賊たちは静まり返り、一言も発する者はなかった。

しみじみ聞くうちに、曲も終わった。先ほどと同じ(頭目らしき男の)声が、「あなたの船にねらいをつけて、漕ぎ寄せたけれども、曲に涙が落ちた。ここはもうやめた」と言って漕ぎ去って行ってしまった。荒々しい武士の心を慰めるというのは、和歌には限らない。これはみな、管弦の霊妙《れいみょう》な力である。

《2021　数学　解説》

1 (1) 与式$=(a+3b)^2-5^2=\{(a+3b)+5\}\{(a+3b)-5\}=(a+3b+5)(a+3b-5)$

(2) 与式に$x=-2$を代入して，$\dfrac{-2-a-4}{4}=\dfrac{4\times(-2)+a}{3}$　$\dfrac{-a-6}{4}=\dfrac{a-8}{3}$

両辺に12をかけて，$3(-a-6)=4(a-8)$　$-3a-18=4a-32$　$-7a=-14$　$a=2$

(3) **【解き方】与式$=\sqrt{9(12+n)}=3\sqrt{12+n}$と変形できるので，$12+n$が平方数(自然数を2乗してできる数)となる最小の自然数nを求める。**

12より大きい最小の平方数は，$4^2=16$だから，$12+n=16$より，$n=4$

(4) **【解き方】さいころを2つ使う問題では，表にまとめると考えやすい。**

大小2つのさいころの目の出方は全部で$6\times6=36$(通り)ある。そのうち目の積が12の倍数になる出方は，右表の○印の7通りだから，求める確率は，$\dfrac{7}{36}$

		小					
		1	2	3	4	5	6
大	1						
	2						○
	3				○		
	4			○			○
	5						
	6		○		○		○

(5) 右のように作図する。平行線の錯角は等しいから，$\angle BDE=50°$

対頂角は等しいから，$\angle DEB=20°$　三角形の外角の性質より，$\triangle DBE$において，

$\angle ABC=\angle BDE+\angle DEB=50°+20°=70°$

$\triangle ABC$は二等辺三角形だから，$\angle BAC=180°-70°\times2=40°$

三角形の外角の性質より，$\triangle AEF$において，

$\angle x=\angle AEF+\angle EAF=20°+40°=60°$

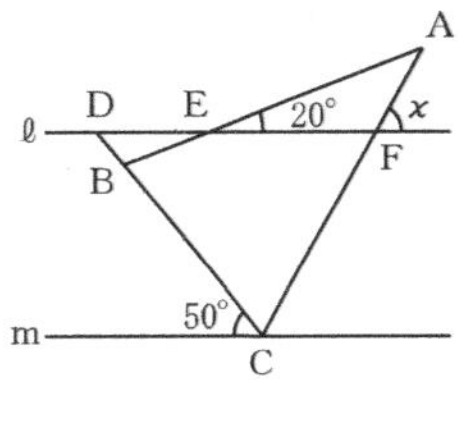

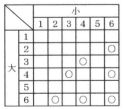

2 (1)(ア)　取り出した20gの食塩水に含まれる食塩は，含まれるすべての食塩の$\frac{20}{200}=\frac{1}{10}$にあたるから，残る食塩は$1-\frac{1}{10}=\frac{9}{10}$である。よって，含まれる食塩の量は，$200\times\frac{10}{100}\times\frac{9}{10}=18$(g)になる。

(イ)　(ア)より，含まれる食塩の量が$\frac{9}{10}$倍になり，食塩水全体の量は変わらないのだから，濃度も$\frac{9}{10}$倍になるので，$10\times\frac{9}{10}=9$(%)になる。

(2)(ア)　(1)より，含まれる食塩の量が$(1-\frac{x}{200})$倍になるから，食塩は$200\times\frac{10}{100}\times(1-\frac{x}{200})=20-\frac{x}{10}$(g)になる。

(イ)　食塩水の量は200gのまま変わらないから，含まれる食塩の量が$200\times\frac{7}{100}=14$(g)になったことになる。よって，$20-\frac{x}{10}=14$より，$\frac{x}{10}=6$　　$x=60$

(3)　(2)より，操作1を1回行うことで，含まれる食塩の量は$(20-\frac{x}{10})$gになる。このあと操作2で取り出す$2x$gの食塩水に含まれる食塩の量は，直前に含まれていた食塩の量の$\frac{2x}{200}=\frac{x}{100}$(倍)だから，食塩の量は，$(1-\frac{x}{100})$倍になる。つまり，$(20-\frac{x}{10})(1-\frac{x}{100})$gとなる。このときの食塩水全体の量は，$200-2x+3x=200+x$(g)だから，含まれる食塩の量について方程式を立てると，$(20-\frac{x}{10})(1-\frac{x}{100})=(200+x)\times\frac{4}{100}$

整理すると，$x^2-340x+12000=0$　　$(x-170)^2-28900+12000=0$　　$(x-170)^2=16900$　　$x-170=\pm130$

$x=170\pm130$　　$x=300,\ 40$　　$x=300$は問題に合わず，$x=40$は問題に合う。よって，$x=40$

3 (1)　$y=x^2$にAのx座標の$x=-2$を代入すると，$y=(-2)^2=4$となるから，A$(-2,\ 4)$である。

よって，直線OAの傾きは$\frac{4}{-2}=-2$だから，直線OAの式は，$y=-2x$

(2)　**【解き方】Bの座標→直線ℓの傾き→直線ℓの切片，の順に求める。**

$y=x^2$にBのx座標の$x=4$を代入すると，$y=4^2=16$となるから，B$(4,\ 16)$である。

A，Bの座標から直線ℓの傾きは，$\frac{(y\text{の増加量})}{(x\text{の増加量})}=\frac{16-4}{4-(-2)}=2$

直線ℓ上をAから右に2進んでx座標が0になると，上に$2\times2=4$進んでy座標は$4+4=8$になるから，直線ℓの切片は8である。よって，直線ℓの式は，$y=2x+8$

(3)　**【解き方】平行な直線は傾きが等しいことから，直線BCの式を求める。放物線$y=x^2$と直線BCの式を連立させて，Cの座標を求める。**

BC//OAより，直線BCの傾きは直線OAの傾きと等しく-2である。直線BC上をBから左に4進むとy座標は$16+(-4)\times(-2)=24$になるので，直線BCの切片は24，直線BCの式は$y=-2x+24$である。

$y=x^2$と$y=-2x+24$からyを消去すると，$x^2=-2x+24$　　$x^2+2x-24=0$　　$(x+6)(x-4)=0$

$x=-6,\ 4$　　$x=4$はBのx座標だからCのx座標は$x=-6$で，y座標は$y=(-6)^2=36$なので，C$(-6,\ 36)$

(4)　**【解き方】右の「座標平面上の三角形の面積の求め方」を利用する。**

直線BCとy軸との交点をFとすると，F$(0,\ 24)$，OF$=24$とわかる。$\triangle$OBC$=\frac{1}{2}\times$OF$\times$(BとCのx座標の差)$=\frac{1}{2}\times24\times\{4-(-6)\}=120$

座標平面上の三角形の面積の求め方

下図において，$\triangle$OPQ$=\triangle$OPR$+\triangle$OQR$=\triangle$OMR$+\triangle$ONR$=\triangle$MNRだから，$\triangle$OPQの面積は以下の式で求められる。

$\triangle$OPQ$=\frac{1}{2}\times$OR$\times$(PとQのx座標の差)

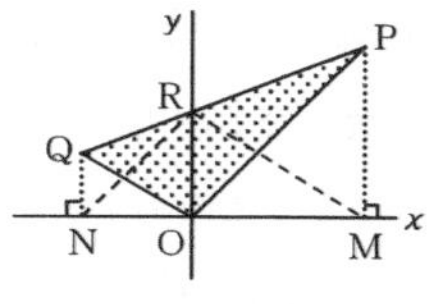

(5)　**【解き方】BC//ODより，$\triangle$BCE∽$\triangle$ADEだから，BE：AE＝BC：ADである。BC：ADを求めるために，まずDの座標を求める。**

平行四辺形OBCDにおいて，OはBから左に4，下に16進んだ位置にあるから，DはCから左に4，下に16進んだ位置にある。

したがって，Dのx座標は$-6-4=-10$，y座標は$36-16=20$なので，D$(-10,\ 20)$

ＢＣ//ＯＤだから，ＢＣ：ＡＤ＝(ＢとＣのx座標の差)：(ＡとＤのx座標の差)＝

{４－(－６)}：{－２－(－10)}＝５：４

よって，ＢＥ：ＡＥ＝ＢＣ：ＡＤ＝５：４だから，ＢＡ：ＡＥ＝(５－４)：４＝１：４

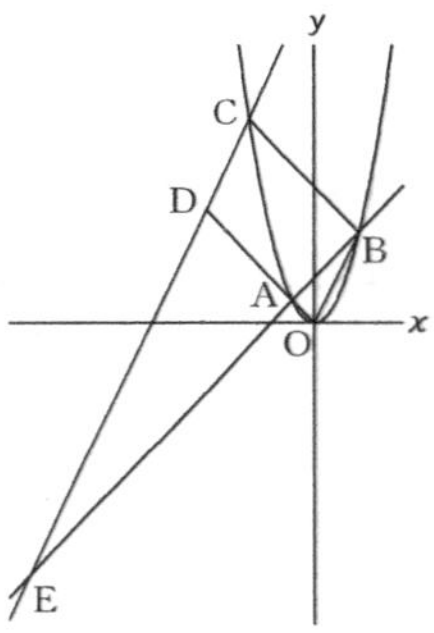

4 ⑴　**【解き方】ＡＢ//ＦＥより，△ＡＢＣ∽△ＦＥＣ，△ＡＤＣ∽△ＦＨＣである。**

△ＦＥＣは△ＡＢＣと同様に正三角形だから，ＦＣ＝ＦＥ＝ＡＤ＝４㎝

△ＣＡＤ∽△ＣＦＨより，ＡＤ：ＦＨ＝ＡＣ：ＦＣ　　４：ＦＨ＝10：４

ＦＨ$=\frac{4\times4}{10}=\frac{8}{5}$(㎝)

⑵　**【解き方】ＡＢ//ＦＥより，△ＢＤＧ∽△ＦＨＧである。**

△ＢＤＧ∽△ＦＨＧより，ＢＧ：ＦＧ＝ＢＤ：ＦＨ＝(10－４)：$\frac{8}{5}$＝15：４

⑶　**【解き方】右の「１つの角を共有する三角形の面積」を利用する。**

１つの角を共有する三角形の面積

右図のように△ＰＱＲと△ＰＳＴが１つの角を共有するとき，△ＰＳＴの面積は，

△ＰＳＴ＝△ＰＱＲ×$\frac{\mathrm{PS}}{\mathrm{PQ}}\times\frac{\mathrm{PT}}{\mathrm{PR}}$

で求められる。

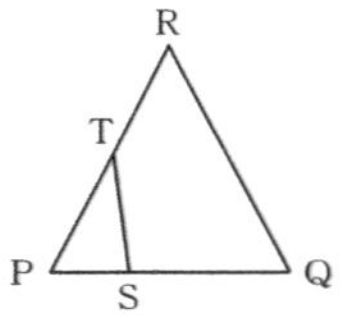

△ＢＧＤ＝△ＡＢＦ×$\frac{\mathrm{BD}}{\mathrm{BA}}\times\frac{\mathrm{BG}}{\mathrm{BF}}$＝

△ＡＢＦ×$\frac{6}{10}\times\frac{15}{15+4}=\frac{9}{19}$△ＡＢＦ

よって，△ＢＧＤの面積は△ＡＢＦの面積の$\frac{9}{19}$倍である。

⑷(ア)　△ＡＢＦは60°の角をはさむ辺の長さが，ＡＢ＝10㎝とＡＦ＝10－４＝６(㎝)である。

選択肢からこれと合同な三角形を探すと，△ＡＢＦ≡△ＢＣＤとわかる。

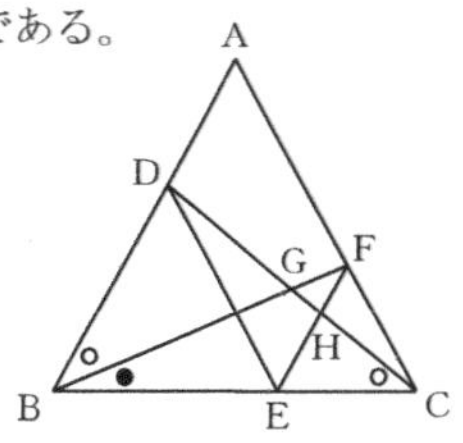

(イ)　△ＡＢＦ≡△ＢＣＤより，右図のように等しい角がわかる。

∠ＤＢＥにおいて，○＋●＝60°　　三角形の外角の性質から，△ＢＧＣにおいて，

∠ＢＧＤ＝∠ＧＣＢ＋∠ＧＢＣ＝○＋●＝60°

(ウ)　**【解き方】⑵でＢＧ：ＧＦ＝15：４と求めているので，ＢＦの長さがわかればよい。右のように作図し，ＢＦの長さを求める。**

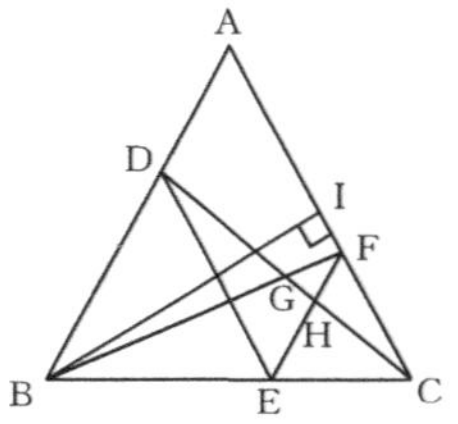

△ＢＩＣは３辺の比が１：２：$\sqrt{3}$の直角三角形だから，ＣＩ$=\frac{1}{2}$ＢＣ＝５(㎝)，

ＢＩ＝$\sqrt{3}$ＣＩ＝$5\sqrt{3}$(㎝)　　ＦＩ＝５－４＝１(㎝)だから，

三平方の定理より，ＢＦ$=\sqrt{\mathrm{BI}^2+\mathrm{FI}^2}=\sqrt{(5\sqrt{3})^2+1^2}=2\sqrt{19}$(㎝)

よって，ＢＧ$=\frac{15}{19}$ＢＦ$=\frac{15}{19}\times2\sqrt{19}=\frac{30\sqrt{19}}{19}$(㎝)

5 ⑴　ＰＣ＝８×$\frac{1}{2}$＝４(㎝)，ＣＱ＝６×$\frac{1}{2}$＝３(㎝)だから，△ＰＣＱ$=\frac{1}{2}$×４×３＝６(㎠)

⑵　**【解き方】ＢＣ//ＦＧより，△ＢＰＩ∽△ＧＦＩである。**

△ＢＰＩ∽△ＧＦＩより，ＢＩ：ＧＩ＝ＢＰ：ＧＦ＝１：２

⑶　**【解き方】ＢＣ//ＩＪより，△ＢＣＧ∽△ＩＪＧである。**

△ＢＣＧ∽△ＩＪＧより，ＢＣ：ＩＪ＝ＢＧ：ＩＧ＝(１＋２)：２＝３：２だから，ＩＪ$=\frac{2}{3}$ＢＣ$=\frac{2}{3}\times8=\frac{16}{3}$(㎝)

⑷　**【解き方】ＦＰ，ＧＣ，ＨＱを延長して大きな三角すいを作り，その三角すいの体積から小さな三角すいの体積を引いて立体Ｓの体積を求めることもできる。しかし，この形の立体は，右図のように三角すいと四角すいに分けた方が簡単に体積を求められる。**

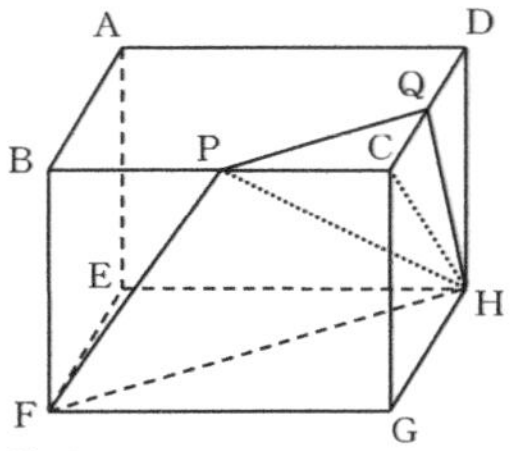

三角すいＨ－ＰＣＱの体積は，$\frac{1}{3}$×△ＰＣＱ×ＤＨ$=\frac{1}{3}$×６×６＝12(㎤)

台形ＰＦＧＣの面積は，$\frac{1}{2}$×(４＋８)×６＝36(㎠)だから，四角すいＨ－ＰＦＧＣの体積は，

$\frac{1}{3}$×(台形ＰＦＧＣの面積)×ＧＨ$=\frac{1}{3}$×36×６＝72(㎤)

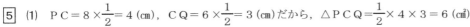

よって，立体Ｓの体積は，12＋72＝84(cm³)

(5)　【解き方】(4)と同様に，三角すいと四角すいに分けると簡単に体積が求められる。
体積を求める立体は右図の立体ＰＣＱＫＧＩであり，三角すいＫ－ＰＣＱと
四角すいＫ－ＰＩＧＣに分けることができる。ここまでの解説をふまえる。

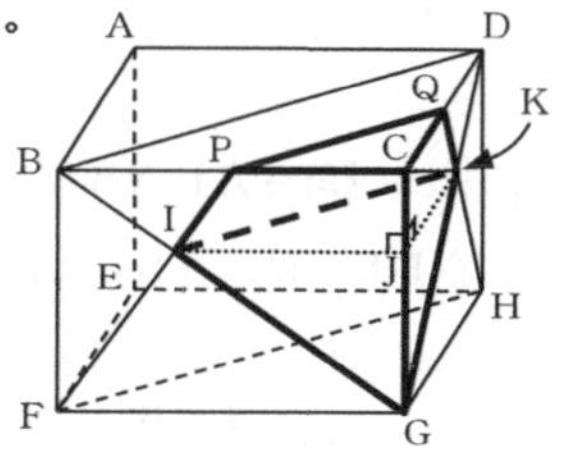

三角すいＫ－ＰＣＱの高さはＣＪであり，ＣＪ：ＧＪ＝１：２だから，
ＣＪ＝$\frac{1}{3}$ＣＧ＝$\frac{1}{3}$×６＝２(cm)
△ＰＣＱ＝６cm²だから，三角すいＫ－ＰＣＱの体積は，$\frac{1}{3}$×６×２＝４(cm³)
四角形ＰＩＧＣの面積は，(台形ＰＦＧＣの面積)－△ＩＦＧ＝36－$\frac{1}{2}$×ＦＧ×ＧＪ＝36－$\frac{1}{2}$×８×４＝20(cm²)
四角すいＫ－ＰＩＧＣの高さはＪＫである。ＣＤ//ＧＨより，△ＧＣＤ∽△ＧＪＫだから，
ＣＤ：ＪＫ＝ＧＣ：ＧＪ＝３：２　　ＪＫ＝$\frac{2}{3}$ＣＤ＝$\frac{2}{3}$×６＝４(cm)
したがって，四角すいＫ－ＰＩＧＣの体積は，$\frac{1}{3}$×20×４＝$\frac{80}{3}$(cm³)
よって，求める体積は，４＋$\frac{80}{3}$＝$\frac{92}{3}$(cm³)

―《2021　英語　解説》―

Ⅰ　**1**　エの前置詞 during「～の間」が適切。　・during the summer vacation「夏休み中」　アの while は接続詞だから，後に〈主語＋動詞〉が続く。　文意「私は夏休みに沖縄へ行った」

2　(　　)の後の文が「学校に遅刻します」より，イの or が適切。　〈命令文，or＋ネガティブな内容〉「～しなさい。さもないと…」　なお，〈命令文，and＋ポジティブな内容〉は，「～しなさい。そうすれば…」の意味になる。　文意「急ぎなさい，さもないと学校に遅刻しますよ」　・be late for ～「～に遅れる」

3　since ～「～から」より，現在完了〈have/has＋過去分詞〉の“継続”「ずっと～している」の文。little ～は「～がほとんどない」という意味だから，アが適切。　文意「先月から雨がほとんど降らない」

4　エの respect ～「～を尊敬している」が適切。reach ～「～に届く」，respond ～「～に答える」，remind ～「～を気付かせる」という意味だから，不適切。　文意「私の祖父はみんなに知られている作家である。だから私は祖父を尊敬している」

5　ウの express ～「～を表現する」が適切。excite ～「～を興奮させる」，excuse ～「～を許す」，experience ～「～を経験する」という意味だから，不適切。　・so … that＋主語＋can't＋動詞の原形「とても…なので～できない」　文意「ジェーンはとても内気なので，自分の感情をうまく表現できない」

Ⅱ　**1**「～へ行ったことがある」は，現在完了〈have/has been to ～〉の“経験”で表す。「博物館」＝museum

2「何を買うか」は，〈疑問詞＋to ～〉の what to buy で表す。「誕生日」＝birthday

3「～で一番…な」は〈the＋最上級＋of＋集団を表す複数名詞（この文では all）〉で表す。「教科」＝subject

4「～するのが得意だ」＝be good at ～ing　「私が君の年齢だったころ」＝when I was your age

Ⅲ　**1**　It is dangerous for children to swim in this lake.：　・it is … for＋人＋to ～「(人）にとって～することは…だ」

2　Could you tell me how to get to the station?：　・Could you ～「～していただけますか？」　・tell＋人＋こと／もの「(人)に(こと／もの)を言う」　・how to ～「～する方法」

3　Ken has as many books as Lucy.：　・as many＋〇〇《名詞》＋as ～「～と同じくらいたくさんの〇〇」

4　Give me something cold to drink, please.：something など，-thing で終わる代名詞に形容詞をつけるときは，〈something＋形容詞＋to＋動詞の原形〉で表す。「何か冷たい飲み物」＝something cold to drink

Ⅳ 【本文の要約】参照。

問２ 「一刻も早く，乾いた服に着替えたかったのです」と同じ意味だから，エ「直ちに服を着替えたかった」が適切。ア「私たちはその時，着替えることができなかった」，イ「着替えるのに時間がかかった」，ウ「私たちは素早く着がえた」は不適当。

問３ ２つのものがあるとき，１つを one ～，もう１つを the other (one)で表す。

問４ funny は「こっけいな／おかしい」という意味がある。

【本文の要約】

支配人：みなさん，ずぶ濡れじゃないですか。Aエどうされたのですか？

女性　：聞いても信じてもらえませんよ！本当に信じられないことなんですよ！全ては今朝，ハイキングに行こうと決めた時に始まったのです。

男性　：そうです。起きた時は晴れていて，雲ひとつない天気でした。それで半ズボンにＴシャツでハイキングに出かけたのです。Bア30分後，ものすごい雨が降り始めました！

女性　：そこで私たちはできるだけ急いでテントに戻りました。一刻も早く，乾いた服に着替えたかったのです。

男性　：そうなのです。しかしテントに戻ってみたら，洋服が見つからない！Cウこのテントの外に出て裏を見て回りました。そしてそこで信じられないものを見たのです！２匹のものすごく大きな茶色いクマが林から出てきたのです。そして，何が起こったと思いますか？Dオクマが私たちの服を着ていたのです！

支配人：そんなばかな！

男性　：１匹のクマは私のＴシャツを首に巻いていました。そして問３もう１匹(＝the other)はメアリーのズボンを頭にかぶっていました。残りの服がどこにあるのかは、まだわからないのです！

支配人：(笑う)

女性　：問４アおかしな(＝funny)話に聞こえるかもしれませんが，本当に私たちは怖かったのですよ！だってクマは本当に大きかったのですもの！そしてまだ大きな問題があるのです。

支配人：何ですか？

女性と男性：Eイ私たちには，乾いている服が１枚もないのです！

Ⅴ 【本文の要約】参照。

問１ (1) 話の流れより，drop が適切。can に続く動詞だから，原形のままでよい。 (2) 前置詞 of に続く動詞は ing 形にするから，keeping が適切。 (3) 後の from animals より，protect が適切。 ・protect A from B「B から A を守る」 (4) 話の流れと直前の is より，受動態〈be 動詞＋過去分詞〉の文。collect→collected (5) 話の流れと直前の前置詞 by より，growing が適切。

問２ 〈to＋動詞の原形〉の副詞的用法「～するために」の文。 ・need＋○○＋to～「～するために○○を必要とする」

問３ ・try to～「～しようとする」

問４ back to life「生き返る」や直後の一文より，植物が急に生き生きする様子がわかるから，ウが適切。

問５ １○「砂漠には過酷な状況でも生きることができる多くの植物がある」 ２「砂漠は×1日中とても暑い」 ３○「特別な覆いで葉に水分を蓄える植物もある」 ４「×雨が降る前に，種を落とす砂漠の植物もある」

【本文の要約】

人々は植物というと，庭，公園，またはジャングルさえ思い浮かべるかもしれません。普通は砂漠のことなど思い浮かべないでしょう。問5．1しかし砂漠では，過酷な状況でも成長して生き残ることができる植物を，たくさん見ることができるのです。

砂漠は，日中は気温が約 50℃に達し，夜は 0℃以下⑴に下がる（＝drop）こともあります。全ての砂漠は雨や水がほとんどありません。植物は生きるために水を必要とします。では砂漠の植物はどのように水分を得るのでしょうか？

砂漠で植物が生き残るには３つの方法があります。１つ目は，砂漠の植物は水分⑵を蓄えておく（＝keeping）特別な方法を発達させています。問５．３砂漠の植物にはロウのような葉の覆いがあって，葉の中に水分を蓄えておくのに役立っています。このロウのような覆いを持つ植物はサボテンと呼ばれています。サボテンはまた，鋭いとげでも有名です。とげはサボテンを食べようとする動物から⑶守る（＝protect）のに役立ちます。このような植物は，たった１回の降雨で⑷集められた（＝is collected）水で，何週間も何か月も生き続けることができます。

砂漠の植物が，過酷な状況下でさえ生き残る２つ目の方法は，とても長く根を⑸張る（＝growing）ことです。この根は広がって近くの水を探そうとします。水を見つけると，この根はできるだけたくさんの水分を吸い，中に蓄えます。

砂漠の植物が生き残る３つ目の方法は，休眠することです。中には成長することをやめて，雨が降るのを待つものもあります。それらはまるで枯れてしまったかのように見えます。雨が降ると，それらはできるだけたくさんの水を素早く飲み，そして急に生き生きするのです。もし雨が降った数日後の砂漠を見ることがあったら，大きな緑の葉や色とりどりの花をつけた多くの種類の植物を見ることでしょう。しかしながら，その後は，その植物は種を落とし，休眠に入り，次の雨が降るのを待つのです。

Ⅵ 【本文の要約】参照。

問１ ⑴ ・buy＋もの＋for＋人「（人）に（もの）を買う」 ⑵ ・give＋もの＋to＋人「（人）に（もの）を与える」 ⑶ ・without ～「～なしで」 ⑷ ・become interested in ～「～に興味をもつようになる」 ⑸ ・be made of ～「～でできている」

問２ 〈one of＋the＋形容詞の最上級＋名詞〉で「最も…なものの１つ」を表す。

問３ ② 前の The diamond in the French crown にある名詞の繰り返しを避けた表現。the one《diamond》 in the British one《crown》より，ダイヤモンドが適切。 ③ 直前の文末にある from India より，インドが適切。

問４ blood「血」より，直前の文から，採掘される場所が紛争地域(=war areas)であること，そこで採掘するのは人命がかかっている（犠牲にしている）(=people's lives)ことを読み取って答える。

問５ [A] ・make A B「A を B（の状態）にする」 [B] ダイヤモンドが永遠の愛を誓う象徴として贈られることから，エが適切。

問６ ア「ダイヤモンドは×とても美しいので，たいていとても高価である」…第１段落１文目より，「美しい」，「高価」の両面がある。 イ「19 世紀，ダイヤモンドは×南アフリカでとても人気になった」 ウ○「『ダイヤモンド』という言葉は，古代ギリシャ語で『壊れない』を意味する」…第３段落１～２行目と一致。 エ○「ダイヤモンドはとても硬いものをカットするのに用いられる」…第３段落３行目と一致。 オ「×世界のあらゆる国で，裕福な人々はダイヤモンドを買うことができる」

【本文の要約】

ダイヤモンドは，美しくて高価だという両面があります。男性が女性に結婚を申し込むとき，普通，ダイヤモンドの指輪を買って女性に渡します。ダイヤモンドはたいていとても高価ですが，バラの花と同じくらいロマンチックなので，ダイヤモンドの指輪なしで女性にプロポーズする男性を想像するのは難しいです。しかし，これは必ずしも真実ではなかったということを知っていますか？

19 世紀，ダイヤモンドは大人気になりました。それ以前は，ダイヤモンドは採掘するのがとても難しく，またそれ以上に研磨するのが難しかったのです。20 世紀半ば，南アフリカのある会社が，多くの国々でダイヤモンドの人気を不動のものとしました。それ以前はダイヤモンドについて知っている人はほとんどいませんでした。しかし「ダイヤモンドは永遠」というその会社のスローガンを耳にすると，彼らはダイヤモンドに興味を持つようになり，こぞって買い求めるようになりました。

問6ウ「ダイヤモンド」という言葉は，古代ギリシャ語の「adamas」に由来します。その意味は「壊れない」です。ダイヤモンドは炭素原子からできており，世界で最も固い物質の1つです。問6エですから，とても固いものを切るためにダイヤモンドを使う会社があります。

最も有名なダイヤモンドのいくつかはインド産です。フランスの王冠のダイヤモンドと英国の王冠のダイヤモンドはどちらもインド産です。それらはとても貴重なので，フランスも英国もそれらを売ることなどありえません。それらはダイヤモンド以上の価値があります。つまり歴史の一部なのです。

最近，中央アフリカと西アフリカのダイヤモンドが，おそらく世界のダイヤモンドの3％を占めますが，紛争地域から来ていることを憂慮している国々があります。こうした地域から来るダイヤモンドはお金がかかるばかりか，人々の命さえ犠牲にしています。それらは「血のダイヤモンド」と呼ばれています。それで，こういったダイヤモンドは売り買いをしない，という国もあります。

しかしながら，ダイヤモンドは，Bエ愛（＝love）がある限り，またそれを買える金銭的に余裕がある人がいる限り，人々の人気の的であり続けるでしょう。

《2021　理科　解説》

1 **問1**　表1より，水溶液の色が緑色になるCに着目する。このとき塩酸と水酸化ナトリウム水溶液が過不足なく中和するので，塩酸：水酸化ナトリウム水溶液＝20：15＝4：3となる。

問2　化学反応式をかくときは，矢印の左右で原子の種類と数が等しくなるように係数をつける。

問3　エ○…うすい硫酸と水酸化バリウム水溶液の中和では，硫酸バリウムと水ができる。硫酸バリウムは白色の沈殿物である。

問4　H，I，J○…表2より，沈殿物の質量に着目する。Gからの沈殿物の質量の増加量が0.58gより小さいHと，Hと沈殿物の質量が同じI，Jでは，硫酸がすべて反応してなくなり，水酸化バリウム水溶液が残ってアルカリ性になっていることがわかる。

問5　表2より，水酸化バリウム水溶液5㎤が中和すると，沈殿物の硫酸バリウムが0.58gできることがわかる。硫酸バリウムが1.40gできるとき過不足なく中和するので，硫酸20㎤と過不足なく中和する水酸化バリウム水溶液の体積は$5\times\frac{1.40}{0.58}=12.0\cdots\rightarrow12$㎤となる。

問6　問5より，硫酸20㎤と水酸化バリウム水溶液12㎤が過不足なく中和するので，Iで残った水酸化バリウム水溶液20－12＝8(㎤)と過不足なく中和する硫酸は$20\times\frac{8}{12}=13.3\cdots\rightarrow13$㎤となる。

問7　ウ○…過不足なく中和したときだけ電流が流れない。

2 **問2**　〔質量パーセント濃度(%)＝$\frac{\text{溶質の質量(g)}}{\text{溶液の質量(g)}}\times100$〕より，$\frac{63.6}{100+63.6}\times100=38.87\cdots\rightarrow38.9$%となる。

問4　実験2で硝酸カリウムの結晶がとり出せたので，40℃で硝酸カリウムは水100gの飽和水溶液になっている。これを10℃まで冷やすと，溶解度の差の結晶がとり出せるので，63.6－21.9＝41.7(g)となる。

問5　実験2より，粉末Aに含まれていた硝酸カリウムの質量は8.4＋63.6＝72(g)である。したがって，$\frac{72}{80}\times100$＝90(%)となる。

3 **問1**　鼓膜で受け取った空気の振動は，耳小骨で増幅しながらうずまき管に伝わる。うずまき管にある感覚細胞が振動を刺激の信号に変え，聴神経を通して脳に伝える。

問2　ア○…例えば耳では，感覚器官(耳)→感覚神経(聴神経)→脳→運動神経→運動器官の順に信号が伝わって反応が起こる。

問３　エ×…青信号を目が確認して刺激の信号が脳に伝わり，横断歩道を渡るという脳からの命令の信号が運動神経を通して筋肉に伝わり，反応が起こっているので，反射ではない。

問５(1)　刺激は 40－10＝30(㎜)→0.03mのＡＢ間を 0.0050－0.0035＝0.0015(秒)で伝わるので，0.03÷0.0015＝20(m/秒)となる。　**(2)**　刺激はＡから筋肉までの 10㎜→0.01mを 0.01÷20＝0.0005(秒)で伝わるので，信号が筋肉に伝わってから，筋肉が収縮し始めるまでの時間は 0.0035－0.0005＝0.003(秒)となる。

4　**問２**　ア×…黒点の数や大きさは変化する。　イ×…太陽の半径は地球の半径の約 109 倍である。　エ×…コロナという高温のガスの層がとり巻いている。

問３　Ａ，Ｃ，Ｆ○…内側を公転する惑星から順に水星，金星，地球，火星，木星，土星，天王星，海王星となる。水星，金星，地球，火星は，半径が小さく密度が大きい地球型惑星，木星，土星，天王星，海王星は半径が大きく密度が小さい木星型惑星である。半径が小さいＡ(金星)，Ｃ(水星)，Ｆ(火星)を選ぶ。

問４　木星は太陽系の惑星の中で半径が最も大きいからＤである。また，ア，イは恒星，ウは小惑星である。

問５(1)　ア○…図で太陽，金星，地球はほぼ一直線に並んでいるので，地球から金星は一晩中観測できない。また，北極側から見て，地球は反時計回りに自転するので，地球から見て太陽に対して時計回りに 90 度の方向にある火星は，日の出前に南の空に観測できる。　**(2)**　地球は１か月で 360÷12＝30(度)，金星は１か月で 360÷7.5＝48(度)公転するので，１か月で 48－30＝18(度)の差がつく。したがって１周の差がついて次に地球と金星が最も近づくのは，360÷18＝20(か月後)である。

5　**問１**　コイル内部にできる磁界の向きは，図Ⅰのように右手を使って調べることができる。Ｂの磁界の向きはＡやコイル内部の磁界の向きと反対になる。

図Ⅰ

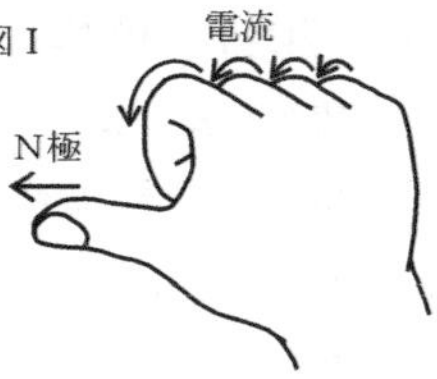

問２　ク○…導線を流れる電流のまわりにできる磁界の向きは，図Ⅰの右手の親指を電流の向きに合わせたときの残りの指の向きである。磁界は導線を中心に円を描くような形になる。

問３　エ○…導線に近づくほど，磁界が強くなるので，磁力線の間隔が狭くなる。

問４，５　ｂとｃの間では，ｂがつくる磁界とｃがつくる磁界の向きが反対になるので，互いの磁界が弱め合う。それぞれの導線は弱め合った磁界の方向に力を受ける。

問６　イ○…一方の導線を流れる電流を強くすると，両方の導線が受ける力が大きくなる。

問７　エ○…ｂ，ｃ両方の導線に流れる電流を反対向きにしても，ｂとｃの間で互いの磁界を弱め合うので，力の向きは変化しない。なお，ｂとｃのどちらか一方に流れる電流の向きを反対向きにすると，互いの磁界を強め合うので，それぞれの力の向きは反対になる。

《2021　社会　解説》

1　**問１**　イ．バンガロールでソフトウェアの開発を盛んに行っている。半導体産業が盛んなアメリカのサンノゼ付近をシリコンバレーと呼ぶ。

問２　赤道の北，本初子午線の東に位置するので，アが正しい。緯度０度の赤道を基準に上が北緯，下が南緯，本初子午線(経度０度の経線)を基準に右が東経，左が西経に分かれる。(右図参照)

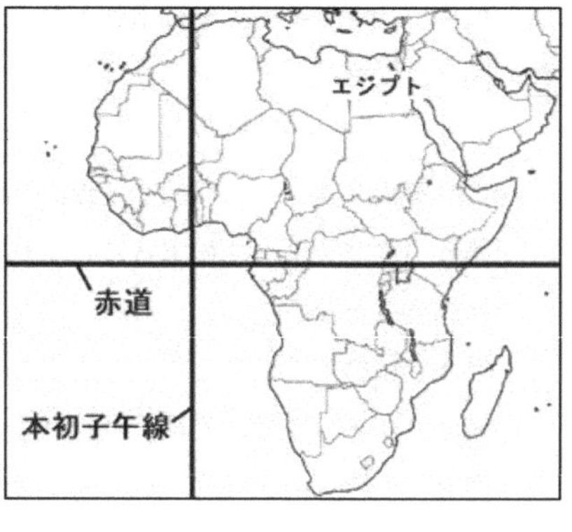

問３　ウ．訪日外国人は，地理的に近い東アジアの国からが多いので，中国と判断する。

問４　島国である日本は広い範囲に分布している離島が多く，排他的経済水域の面積が領土の 10 倍以上大きい。よって，同じ条件のニュージーランドは，排他的経済水域の面積が領土の 10 倍以上大きいウと判断する。アはインドネシア，イはメキシコ，エはブラジル。

問5　工業が発達し，国土面積が広い国ほど自動車保有台数は多くなる。よって，アメリカ合衆国＞日本＞ブラジル＞ケニアの順となる。アはアメリカ合衆国，ウはブラジル，エはケニア。

問6　Ｙのみ誤りだからイを選ぶ。小麦は降水量が少ないパンジャーブ地方で栽培されている。アッサム地方では主に茶が栽培されている。

問7　ＯＰＥＣ(石油輸出国機構)加盟国は，サウジアラビア・アラブ首長国連邦・カタールなどの中東諸国である。

問8　エが誤り。ドイツの産業の中心は重工業である。ルール地方の石炭やライン川の水運などを利用して重工業が発達した(ルール工業地帯)。また，ドイツ国内では綿花は生産されていない。

2 **問1**　ウが正しい。石鎚山は愛媛県，讃岐平野は香川県にある。

問2　イを選ぶ。足尾銅山は栃木県，生野銀山は兵庫県，佐渡金山は新潟県にある。

問3　アが正しい。かきは広島県，たいは愛媛県で養殖が盛んである。かつおは静岡県の焼津港で漁獲量が多い。

問4　三角州の記述のエが正しい。アは扇状地，イはリアス海岸，ウはフィヨルド。

問5　エが誤り。ａのしまなみ海道，ｂの瀬戸大橋，ｃの明石海峡大橋・大鳴門橋(本州四国連絡橋)の完成後，移動時間が大幅に短縮されたので，船の利用者は減ったが完全に無くなってはいない。

問6　瀬戸内工業地域は，金属・化学の割合が高く，金属＜化学となるから，ウが正しい。岡山県倉敷市の水島・山口県周南市の徳山などに大規模な石油化学コンビナートがあり，化学工業が盛んであることを覚えておこう。

問7　野菜は高知県の割合が高いイと判断する。高知平野では，近くを流れる黒潮(暖流)の影響で冬でも暖かいため，一般的に夏から秋が旬であるなすなどを時期をずらして栽培する促成栽培が盛んである。アは米，ウは果実，エは畜産。

問8　島根県は過疎化と高齢化が最も進んでいるアと判断する。イは広島県，ウは香川県，エは岡山県。

3 **問1**　イが正しい。藤原道長は藤原氏の摂関政治が全盛だった頃の摂政であった。　ア.『日本書紀』の完成は奈良時代。　ウ．分国法は室町時代に戦国大名が制定した。　エ．武家諸法度の制定は江戸時代。

問2　エが正しい。古墳時代，大和(奈良県)の豪族が強い勢力をほこり，やがて大和政権を中心にまとまり，九州から関東北部まで支配した。　ア．旧石器時代の岩宿遺跡から発見されたのは打製石器である。　イ．「鉄器」ではなく「縄文土器」である。鉄器は弥生時代に広まった。　ウ．石包丁は稲穂を刈る石器である。

問3　Ｘのみ誤りだからウを選ぶ。律令国家で都から派遣されたのは国司である。郡司には地方の豪族が任命された。

問4　エが誤り。阿修羅像は興福寺に収められている。

問5　エが誤り。院政は名目的には江戸末期まで，政権としての機能を保った状態では鎌倉末期まで続いた。

問6　アが誤り。墾田永年私財法では，新たに開墾した土地の永久私有が認められた。

問7　エが正しい。竹崎季長は元寇で活躍した御家人である。鎌倉幕府８代執権北条時宗が元による服属の要求をしりぞけた後，２度にわたって元軍が日本を襲来した(元寇/1274 年 文永の役・1281 年 弘安の役)。ア(1338 年)とイ(1392 年)は 14 世紀，ウ(1185 年)は 12 世紀。

問8　ウが誤り。御成敗式目は，鎌倉幕府３代執権北条泰時が制定した。

問9　エが正しい。菱川師宣は江戸時代前半の元禄文化を代表する浮世絵師である。　ア．関孝和は江戸時代の和算家(数学者)である。　イ．滝沢馬琴は『南総里見八犬伝』などを書いた。『東海道中膝栗毛』は十返舎一九が書いた滑稽本である。　ウ．「新井白石」ではなく「本居宣長」である。新井白石は正徳の治を行った儒学者である。

問10　アが正しい。内村鑑三はキリスト教徒の立場から日露戦争(1904～1905 年)に反対した。治安維持法の制定は 1925 年，日英同盟の締結は開戦前の 1902 年，義和団事件は開戦前の 1900 年。

問11　エ．ｂ．朝鮮戦争の勃発(1950 年)→ｃ．日中平和友好条約の締結(1978 年)→ａ．東日本大震災(2011 年)

問12　両方とも誤りだからエを選ぶ。　Ｘ．日中戦争の勃発は 1937 年だから，1930 年以前のＣの戦争碑に含まれているはずがない。　Ｙ．埼玉県の戦争碑の数はＡ→Ｄ→Ｃ→Ｂ→Ｅの順に増えている。

4　**問１**　アが正しい。　イ．殷は周によって滅ぼされた。　ウ．「漢」ではなく「秦」である。　エ．孔子が説いたのは儒教(儒学)である。

問２　両方とも誤りだからエを選ぶ。　Ｘ．中国文明で発明されたのは甲骨文字である。パピルスはナイル川流域に生える草や草からできた紙で，エジプト文明で利用された。　Ｙ．「死者の書」には，エジプト文明の象形文字が記された。

問３　イが正しい。　ア．青銅器が用いられたのは弥生時代。　ウ．ムハンマドはイスラム教の開祖。　エ．イエスはキリスト教の開祖。

問４　エが誤り。アヘン戦争の開始(1840 年)は 19 世紀である。バブル経済は 1980 年代後半～1990 年代初頭，世界恐慌は 1929 年，ナチス政権は 1933～1945 年。

問５　イが正しい。　ア．三国干渉は日本にとって不都合な出来事であり，返還されたのは遼東半島である。
ウ．毛沢東率いる中国共産党が蔣介石率いる中国国民党に勝利し，毛沢東が中華人民共和国を建国した。よって，外国がもたらした中国にとって不都合な出来事ではない。　エ．三・一独立運動は日本の植民地支配下の朝鮮で起こった民族独立運動である。

問６　アが正しい。新しい税を課そうとするイギリスに不満を持った植民地の人々が，ボストンに運ばれてきた茶箱を海に投げ捨てたのがボストン茶会事件である。　イ．独立宣言はアメリカ独立戦争後の 1776 年に出された。
ウ．フランスが支持した独立軍が勝利し，パリ条約でアメリカの独立が承認された。　エ．アメリカ合衆国初代大統領は，アメリカ独立戦争総司令官のワシントンである。

問７　フランス革命の開始は 1789 年だから，イが正しい。

5　**問１**　ウが誤り。憲法改正案は大日本帝国憲法の一部を修正しただけだったため，ＧＨＱは民主化が徹底されていないと判断し，修正を促した。

問２　アは日本国憲法前文の内容だから誤り。

問３　エを選ぶ。請願権は第 16 条に明記されている。ア・イ・ウは，日本国憲法に明記されていない新しい人権。

問４　Ｙのみ誤りだからイを選ぶ。国事行為には内閣の助言と承認が必要となり，内閣がその責任を負う。

6　**問１**　エ．主権者である国民が代表者を選挙で選び，その代表者がさまざまな物事を話し合って決めるやり方を議会制民主主義(間接民主制)と言う。

問２　Ｘのみ誤りだかウを選ぶ。国家が生産手段を持つ計画経済を社会主義経済と言うのに対し，企業が利潤を追求する経済を資本主義経済と言う。

問３　アが誤り。個人情報保護法は，プライバシーの権利(新しい人権)に基づいて制定された。

問４　エが誤り。私立学校では宗教教育を行うことができる。公立学校では，信教の自由によって宗教教育は禁止されている。

問５　ウを選ぶ。インフレーションは物価が上がり続ける現象，デフレーションは物価が下がり続ける現象。カルテルは，同じ業種の企業同士が競争を避けるために価格の維持や引き上げの協定を結ぶこと。

問６　エを選ぶ。インターネットなどの情報通信技術(ＩＣＴ)を利用できる者と利用できない者との間にもたらされる情報格差を「デジタル・ディバイド」と言う。セーフティネットは最低限度の生活を守るために整備すること。

2020 解答例
令和2年度

清風高等学校

《国　語》

【一】問一．a．イ　b．ウ　c．ア　問二．エ　問三．イ　問四．ア　問五．祖母と自分を見捨てた父と暮らしたいと思わなかったが、さびれる一方の谷中村を出て華やかな東京で暮らすことへの憧れは高まるばかりで、抑えきれなくなっている。　問六．D　問七．エ　問八．ア

【二】問一．a．自在　b．測定　c．候補　問二．エ　問三．辞書の定義 ～ 味の知り方　問四．ウ
問五．(1)ウ　(2)Ⅰ．母語　Ⅱ．もっとも自然な世界の分割の仕方　問六．B

【三】問一．ある者座敷　問二．ア　問三．②エ　③ウ　④イ　問四．イ　問五．本の白 ～ て飛ぶ
問六．B

《数　学》

1　(1) $m(x-2)^2$　(2) 7　(3) $\frac{5}{36}$　(4) 15　(5) 8

2　(1) 52　(2) 男子生徒…40　女子生徒…60　(3) 30　(4) 定価…600　販売数量…80

3　(1) $x+4$　(2) 12　(3) $1-\sqrt{17}$, 2, $1+\sqrt{17}$　(4) $\frac{1}{10}$

4　(1) $5\sqrt{2}$　(2) 3 : 4　(3) 面積…$\frac{12}{7}$　長さ…$\frac{6\sqrt{2}}{7}$　(4) $\frac{2\sqrt{29}}{7}$

5　(1) 合同な三角形…△BCD　∠ACD…60　(2) $2\sqrt{3}$　(3) 9　(4) $2\sqrt{3}$

《英　語》

Ⅰ　1．エ　2．エ　3．ウ　4．ア　5．イ

Ⅱ　1．of／5　2．how／6　3．has／6　4．have／3　5．broken／5

Ⅲ　問1．[A]エ　[B]ア　[C]ウ　[D]オ　[E]イ　問2．ウ　問3．イ　問4．much／cheaper／than

Ⅳ　問1．〈あ〉イ　〈い〉ウ　問2．①the train to look for his brother　②a home for children with no parents
問3．イ→ウ→ア→エ　問4．1．×　2．×　3．○　4．○　5．○

Ⅴ　問1．[1]オ　[2]エ　[3]ア　[4]ウ　[5]イ　問2．(a)feel　(b)started　(c)had　(d)comes　問3．cells
問4．2番目…makes　4番目…body　問5．1，5

《理　科》

[1] 問1．ウ　問2．ア，ウ　問3．$Cu^{2+}+2Cl^-$　変化…電離　問4．ア

問5．B　問6．$CuCl_2 \rightarrow Cu+Cl_2$

[2] 問1．$Zn+H_2SO_4 \rightarrow ZnSO_4+H_2$　問2．エ　問3．0.7　問4．17.5　問5．ア　問6．ウ

[3] 問1．ア　問2．クローン　問3．減数分裂　問4．ウ　問5．オ　問6．オ　問7．ウ

[4] 問1．天気…雨　風向…北東　問2．イ　問3．69　問4．上昇気流…ア　下降気流…イ　問5．気団

問6．エ　問7．ウ

[5] 問1．20　問2．20　問3．210　問4．40　問5．4：1　問6．イ　問7．エ

《社　会》

[1] 問1．エ　問2．ア　問3．イ　問4．北大西洋　問5．エ　問6．ウ　問7．エ　問8．エ

[2] 問1．エ　問2．ア　問3．ウ　問4．ア　問5．ア　問6．イ　問7．イ

[3] 問1．エ　問2．ウ　問3．ア　問4．イ　問5．イ　問6．ア　問7．イ　問8．オ

問9．イ　問10．エ　問11．ウ

[4] 問1．ウ　問2．ア　問3．エ　問4．ア　問5．エ　問6．イ　問7．ウ

[5] 問1．ウ　問2．イ　問3．エ　問4．ウ　問5．ア　問6．イ　問7．ウ

[6] 問1．イ　問2．ア　問3．エ　問4．ア　問5．イ

清風高等学校

←解答例は前ページにありますので，そちらをご覧ください。

《2020　国語　解説》

【一】

問二　――線部①の５～６行後の「農作業のまたとない息抜き。孝夫にとって小学校の授業はそれ以上のものではなかった。畦《あぜ》塗りやしろかきの苦労を忘れて理屈の中で遊ぶ。それが無性に楽しかった」より、エが適する。

問三　――線部②の１～２行後の「祖母や独り息子の自分を捨てた父のようには死んでもなりたくなかったので、生来理屈好きであるのを意識しながら、家にあっては黙って物事を実行する男であろうとつとめていた孝夫であった」より、イが適する。

問四　ア．「学校の理屈」と「村のしきたり」（＝祖母の言う「昔っからそうだだ」。これは「村の公理」）を比較している。「薄っぺらで頼りにならない」「学校の理屈」に対して、「村のしきたり」には理由なんて必要ないという「現実的な重み」があると感じられたということ。　イ．「学校の理屈」と「祖母の言葉」を比較している。「薄っぺらで頼りにならないもの」に対して「そっけないだけにかえって逆らうことのできないおそろしさが感じられ」たとされている。それによって「自分がちっぽけな存在に思われた」は、本文の内容に沿っていない。　ウ．「堂守が亡くなったときに行われる葬儀のしきたり」と「（祖母が）そっけなく返す言葉」を比較している。比較しているものが本文の内容に沿っていない。　エ．「村の決まり」と「学校の勉強」を「罰則の重さ」で比較しているため、本文の内容に沿っていない。　よってアが適する。

問五　父から来た手紙は、「中学からは東京に出て来ないか、と誘う内容であった」。――線部④の２行前に「父に会いたいとも、ましてや共に暮らしたいなどとは思いもしなかったが、『東京』の二文字には抗し難《がた》い魅力があった」とある。地図帳の「山で囲まれた茶色の谷中村と、鉄道路線で埋めつくされた緑色の東京」は、両者の違いを象徴的に表している。谷中村は「昭和三十年代の半ば頃から少しずつ集落を出て行く人たちが目立ち始め、廃屋が増えていった」とあるように、さびれる一方である。孝夫は、「このまま村にいても、中学を出たら家を手伝い、貧乏なまま老いてゆくだけ。もしかしたら～嫁ももらえないかも知れない」という不安を抱えている。これらからわかるように、――線部④は、東京に行きたいという気持ちを抑えきれなくなっている孝夫の心情を表している。

問六　「『花見百姓』の『花見』はあくまでも比喩」というＤ君の発言が大切である。Ａ・Ｂ・Ｃ君は、Ｄ君の言うように「桜にこだわりすぎ」て解釈を間違えている。よってＤ君が適する。

問七　ア．「六川《ろくがわ》の流れる音」という人間ではないものを「通り過ぎていた」と人間であるかのように表現している。このような表現技法を「擬人法」という。　イ．１行前の「空間はクモの巣に占領されている」は視覚を働かせた表現、――線部⑥は聴覚を働かせた表現に転換されている。　ウ．直前に「黙ってしまうと」とある。川の音が聞こえることで孝夫の沈黙が強調されている。　エ．「六川が大きな川であることを示す」ならば、孝夫が黙っていなくても、川の流れる音が継続的に聞こえていることを描くのではないかと思われる。　よってエが正解。

問八　祖母は「ああ、よわった。この子は花見百姓になっちまうんじゃねえかと案じていたら、やっぱりそうなっちまった」と言っているので、「とうとう心配していたことが起こったと、孝夫の将来を案じ」ていることが分かる。しかし、「泣くのをやめた祖母の語りは開き直った低い声になっていた。祖母は花見百姓の存在を頭から否定しているわけではなさそうだった～老人らしい諦めの口調が多分に混じっていた」「おめえの好きにすりゃあい

い」とあるので、「谷中村のような田舎でくすぶる生活を強いるわけにもいかないと、半ば諦めの気持ちで事態の行方を見守っている」と解釈するのが適切。よってアが正解。

【二】

問二　ア・イ・ウの「ない」は助動詞(「ぬ」で言い換えるができる)。エは形容詞なので「ない」の直前で文節が切れる。よってエが適する。

問三　──線部①の直前に「前者の知り方は」とあるので、この前に前者の知り方と後者の知り方が述べられていると推察される。「辞書の定義を覚えていて多肢選択問題では正しく選べるという意味の知り方と、実際にそのことばを『使える知り方』は何がちがうのだろうか」の部分に前者と後者がある。

問四　──線部②の段落の冒頭に「このように」とあり、その２つ前の段落に「一つ一つの単語の意味を学ぶということは〜他の単語との意味範囲の境界を理解することに他ならない。これは母語でも外国語でも同じ」とあり、──線部②や、ウの「言語があって初めて人はものごとを整理して理解するための枠組みを持つ」と同じことを言っている。よってウが適する。

問五(1)　──線部③の直後に「塗り分けられた概念の意味地図自体が母語での塗り分け方と同じだと思ってしまうから」と理由が述べられている。これとウがほぼ同意。　(2)　Ⅱ を含む文の「自分で気付かないうちに、 Ⅰ による世界の区切りかたが当然で、それが Ⅱ だと思ってしまっているから」と類似した表現が、──線部③の１〜２行前にあることに着目する。「人は当然ながら無意識にそれぞれの母語のことばでの区切りかたがあたりまえで、もっとも自然な世界の分割の仕方だと思っている」の部分から抜き出す。

問六　──線部④の文の始めに「言い換えれば」とあるので、直前の文に着目する。「『ことばを知る』ということは単語一つの意味を点として漠然と知るということではなく、そのことばを取り囲む他の単語との関係を理解し、それらの単語群が意味の地図の中でどのように面として塗り分けられているかを知ることだ」とある。これに、「(日本語なら)同じ『終わる』でも」、end と finish の使い方は違うということ、つまり、単純に日本語の単語を、対応する英単語に置きかえればよいのではないということを学んだＢ君の例があてはまる。

【三】

問二　物の上手な(＝未熟でない)人は、「我より手上の者ども、広き天下にいかほどもあるなり」ということを心得ているから少しも自慢をしないのだ。よってアが適する。

問五　「本の白鷺《しらさぎ》が四五羽うちつれて飛ぶ。亭主これを見て〜といへば、絵描きこれを見て〜というた」より。

問六　Ｂ君の「亭主がわざわざ〜つれてきて見せてくれた」は、本文の内容と合わない。

【古文の内容】

今となっては昔のことだが、物事の自慢ばかりしたがることは未熟なためである。物の上手な人は、少しも自慢はしないものだ。自分より上手な者たちは、広い世間にはいくらでもいるものだ。諸々の芸に限らず、侍道にも武芸と、武士としての口のきき方など、まったく自慢するほどでもないのに、今の世の中は貴賤《きせん》を問わずそれぞれ自慢をして、声高にえらそうなことを言い散らし、自分勝手な行動をする者が多い。そのくせに、自分の非を隠そうとして、良い者を非難して笑うことがある。ある者が座敷を作って絵を描かせた。白鷺だけの絵を望んだ。絵かきが、「承知しました」と言って焼き筆を用意した。亭主が言うには、「いずれも良さそうだが、この白鷺の飛び上がる様子は、羽使いがこのようでは飛ぶことができないだろう」と言った。絵かきが言うには、「いやいやこの飛び方が(この絵の中で)一番の出来です」と言っているときに、本当の白鷺が四、五羽連なって飛んでいた。亭主はこれを見て、「あれを見なさい。あのように描きたいものだ」と言うと、絵かきはこれを見て、「いやいやあの羽使いでは、私が描いたようには決して飛べないだろう」と言った。

《2020　数学　解説》

1 (1)　与式$=m(x^2-4x+4)=m(x-2)^2$

(2)　与式$=(3-2\sqrt{3}+1)+(2+2\sqrt{2}+1)+2\sqrt{3}-2\sqrt{2}=7$

(3)　２つのさいころをA，Bと区別して同時に投げるとき，出る目は全部で$6\times6=36$(通り)ある。そのうち，目の和が８になる場合は，右表で○をつけた５通りあるから，求める確率は，$\dfrac{5}{36}$

		B					
		1	2	3	4	5	6
A	1						
	2						○
	3					○	
	4				○		
	5			○			
	6		○				

(4)　△ABEと△DCEは，合同な二等辺三角形であり，$\angle ABE=90-60=30(^\circ)$だから，$\angle BAE=(180-30)\div2=75(^\circ)$である。よって，$\angle DAE=90-75=15(^\circ)$

(5)　円すいの側面積は，(底面の半径)×(母線)×πで求めることができるから，この円すいの底面の半径をr cmとすると，$15\pi r=120\pi$が成り立つ。よって，$r=120\pi\div15\pi=8$ (cm)

2 (1)　商品Aと答えた人をa人とすると，商品Bと答えた人は，$(100-a)$人になる。商品Aと答えた人は，商品Bと答えた人より４人多いから，$a=(100-a)+4$より，$2a=104$　　$a=52$　　よって，求める人数は52人。

(2)　男子生徒をm人，女子生徒をn人とすると，全体の生徒数について，$m+n=100$…①

商品Bと答えた$100-52=48$(人)について，$0.75m+0.30n=48$…②が成り立つ。

②を整理すると，$5m+2n=320$…③　　③－①×２でnを消去すると，$5m-2m=320-200$　　$3m=120$

$m=40$　　①に$m=40$を代入すると，$40+n=100$より，$n=60$

よって，男子生徒は40人，女子生徒は60人いた。

(3)　$40\times\dfrac{x}{100}+60\times\dfrac{2x}{100}=48$より，$\dfrac{2}{5}x+\dfrac{6}{5}x=48$　　両辺を５倍して，$2x+6x=240$　　$8x=240$　　$x=30$

(4)　最初に決めた定価をp円，目標の販売数量はq個とする。最初の売上金額の目標について，$pq=48000$…㋐

実際の売値は$(p-120)$円，販売個数は$(q+20)$個だから，売上金額について，$(p-120)(q+20)=48000$…㋑

㋑の左辺を展開すると，$pq+20p-120q-2400=48000$　　㋐を代入すると，$20p-120q=2400$より，

$p=6q+120$…㋒　　㋐に㋒を代入すると，$(6q+120)q=48000$　　$6q^2+120q-48000=0$

$q^2+20q-8000=0$　　$(q+100)(q-80)=0$　　$q=-100,\ 80$　　$q>0$だから，$q=80$

㋒に$q=80$を代入すると，$p=480+120=600$　　よって，最初に決めた定価は600円，目標の販売数量は80個。

3 (1)　点Aは放物線上の点で，x座標が-2だから，y座標は$\dfrac{1}{2}\times(-2)^2=2$より，A$(-2,\ 2)$

同様にして，点Bの座標も求めると，B$(4,\ 8)$となる。直線ABの式を$y=mx+n$とおく。

点Aを通るから，$2=-2m+n$…㋐　　点Bを通るから，$8=4m+n$…㋑

㋐と㋑の連立方程式を解くと，$m=1$，$n=4$となるから，求める直線ABの式は，$y=x+4$

(2)　直線ABとy軸との交点をCとすると，$\triangle OAB=\dfrac{1}{2}\times OC\times$(２点A，Bの$x$座標の差)で求めることができる。(1)より，C$(0,\ 4)$だから，$OC=4$である。よって，$\triangle OAB=\dfrac{1}{2}\times4\times\{4-(-2)\}=12$

(3) 右図のようにP_1，P_2，P_3をとれば，

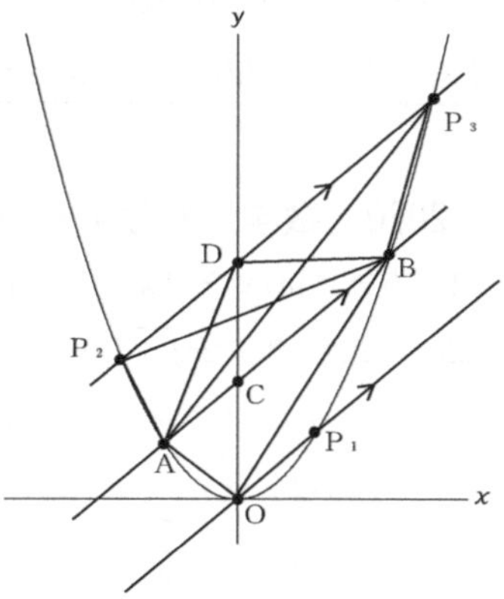

△OAB＝△P_1AB＝△P_2AB＝△P_3ABになる。原点Oを通り直線ABに平行な直線と放物線との交点をP_1とすれば，△P_1AB＝△OABである。原点Oを通り直線ABに平行な直線の式は$y=x$だから，

点P_1のx座標を求めるために，$y=\frac{1}{2}x^2$と$y=x$を連立させて，

$\frac{1}{2}x^2=x$より，$x^2-2x=0$　　$x(x-2)=0$　　$x=0$，2

$x=0$は点Oのx座標だから，1つ目の点P_1のx座標は2である。

y軸上にCD＝OCとなる点Dを取れば，△DAB＝△OABとなるので，Dと通り直線ABに平行な直線を引き，放物線との交点をP_2，P_3としても，条件に合う。CD＝OC＝4だから，OD＝4＋4＝8　　点Dを通り直線ABに平行な直線は$y=x+8$だから，これと放物線の交点のx座標を求めるために，$y=\frac{1}{2}x^2$と$y=x+8$を連立させて，$\frac{1}{2}x^2=x+8$

$x^2-2x-16=0$　　2次方程式の解の公式を使って解を求めると，$x=1\pm\sqrt{17}$

よって，求める点Pのx座標は，$1-\sqrt{17}$，2，$1+\sqrt{17}$である。

(4) 点Qは(3)の解説の点P_1にあたり，Q(2，2)であり，

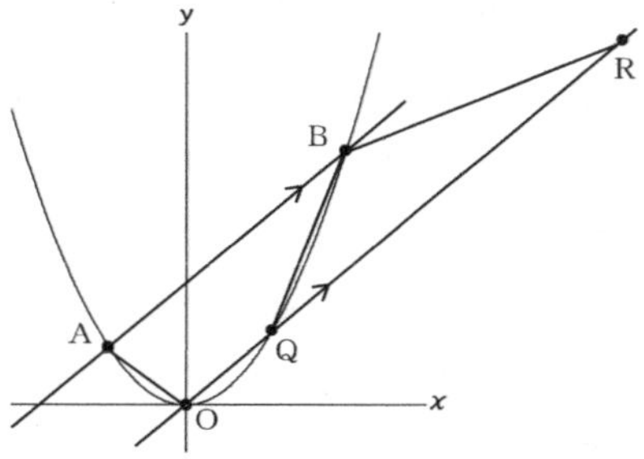

四角形OABR，OABQはともに台形である。

右図で，△BQRの面積が四角形OABQの面積と等しくなれば，

四角形OABRの面積は，四角形OABQの面積の2倍になる。

△BQRと台形OABQの高さは同じだから，QR＝AB＋OQになれば，条件に合う。ABとORは平行であり，

A(－2，2)からB(4，8)までのxの増加量は4－(－2)＝6，

yの増加量は8－2＝6，OからQ(2，2)までのxの増加量は2－0＝2，yの増加量は2－0＝2だから，

QからRまでのxの増加量は6＋2＝8，yの増加量は6＋2＝8になるので，R(2＋8，2＋8)＝R(10，10)

よって，$y=ax^2$に$x=10$，$y=10$を代入すると，$10=10^2a$より，$a=\frac{1}{10}$

4 (1) △ABEは，BA＝BE＝3㎝の直角二等辺三角形だから，AE＝$\sqrt{2}$BE＝$3\sqrt{2}$(㎝)

△GCEは，GC＝EC＝2㎝の直角二等辺三角形だから，EG＝$\sqrt{2}$EC＝$2\sqrt{2}$(㎝)

よって，AG＝AE＋EG＝$3\sqrt{2}+2\sqrt{2}=5\sqrt{2}$(㎝)

(2) AB//DGより，△ABF∽△GDFであり，BF：DF＝AB：GDである。△DCEは△GCEと合同な直角二等辺三角形だから，DC＝CE＝2㎝より，GD＝2＋2＝4(㎝)

よって，BF：DF＝AB：GD＝3：4

(3) △DBEの面積を求めてから，高さの等しい三角形の面積比が底辺の長さの比に等しいことを利用する。

△DBE＝$\frac{1}{2}$×BE×CD＝$\frac{1}{2}\times3\times2=3$(㎠)である。△DBE：△FED＝DB：DF＝(3＋4)：4＝7：4だから，△FED＝$\frac{4}{7}$△DBE＝$\frac{4}{7}\times3=\frac{12}{7}$(㎠)　　また，FEの長さは，AE－AFで求める。

AF：AG＝3：7だから，AF＝$\frac{3}{7}$AG＝$\frac{3}{7}\times5\sqrt{2}=\frac{15\sqrt{2}}{7}$(㎝)

よって，FE＝AE－AF＝$3\sqrt{2}-\frac{15\sqrt{2}}{7}=\frac{6\sqrt{2}}{7}$(㎝)

(4) ∠AEB＝45°，∠DEC＝45°だから，∠DEF＝180－45－45＝90(°)とわかる。

直角三角形の斜辺の中点は，その斜辺を直径とする円の中心と一致するから，$HE=HF=\frac{1}{2}DF$となるので，DFの長さを求める。直角三角形DBCで三平方の定理を使うと，$DB=\sqrt{BC^2+CD^2}=\sqrt{5^2+2^2}=\sqrt{29}$(cm)

DB：DF＝7：4だから，$DF=\frac{4}{7}DB=\frac{4\sqrt{29}}{7}$(cm)　　よって，$EH=\frac{1}{2}DF=\frac{1}{2}\times\frac{4\sqrt{29}}{7}=\frac{2\sqrt{29}}{7}$(cm)

5 (1)　△ACDと△BCDにおいて，CDは共通…①，AC＝BC＝4cm…②，AD＝BD＝$2\sqrt{7}$cm…③

①，②，③より，3組の辺がそれぞれ等しいので，△ACD≡△BCD

また，対応する角は等しいから，∠ACD＝∠BCD＝60°

(2)　△ACE≡△BCEであり，この2つの三角形の3辺の長さの比は1：2：$\sqrt{3}$になるので，

$CE=\frac{1}{2}BC=2$(cm)，$AE=BE=\sqrt{3}CE=2\sqrt{3}$(cm)

△ABEはAE＝BE＝$2\sqrt{3}$cm，∠AEB＝60°の二等辺三角形，つまり，1辺の長さが$2\sqrt{3}$cmの正三角形になるから，AB＝AE＝BE＝$2\sqrt{3}$cm

(3)　面ABEと辺CDは垂直だから，EM⊥CDである。正三角形ABEで，AM：AE：EM＝1：2：$\sqrt{3}$になるから，$EM=\frac{\sqrt{3}}{2}AE=3$(cm)　　また，直角三角形AEDで，三平方の定理を使うと，

$ED=\sqrt{AD^2-AE^2}=\sqrt{(2\sqrt{7})^2-(2\sqrt{3})^2}=\sqrt{28-12}=\sqrt{16}=4$(cm)

よって，$\triangle MCD=\frac{1}{2}\times CD\times EM=\frac{1}{2}\times(2+4)\times 3=9$(cm²)

(4)　点Aから平面BCDにおろした垂線をAHとすると，△ABEが正三角形なので，HはBEの中点となり，点Pは△ABEの重心となる。三角形の重心は，中線を2：1に分けるので，AP：PH＝2：1である。AH：PH＝(2＋1)：1＝3：1で，AH＝EM＝3cmだから，$PH=\frac{1}{3}AH=1$(cm)　　よって，求める体積は，

$\frac{1}{3}\times\triangle BCD\times PH=\frac{1}{3}\times\{\frac{1}{2}\times(2+4)\times 2\sqrt{3}\}\times 1=2\sqrt{3}$(cm³)

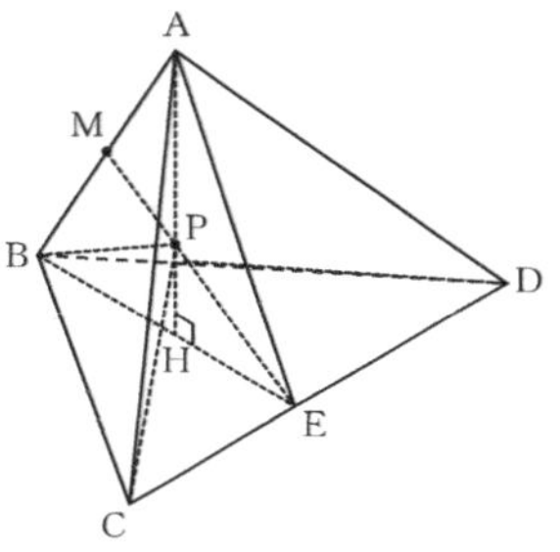

《2020　英語　解説》

Ⅱ　1　Taro is the tallest <u>of</u> the five.：「～で最も…」は〈the＋最上級＋of＋集団を表す複数名詞〉の形で表す。

2　This book will tell you <u>how</u> to cook.：　・tell＋人＋こと／もの「(人)に(こと／もの)を言う」

・how to ～「～する方法」

3　I know the girl who <u>has</u> blue eyes.：「青い目の女の子」＝the girl who has blue eyes　関係代名詞と語句が後ろから名詞(ここでは girl)を修飾する形。

4　How long <u>have</u> you stayed in Japan?：How long を使った，現在完了〈have/has＋過去分詞〉の“継続”「ずっと～している」の疑問文。

5　That is a chair <u>broken</u> by Taro.：「太郎がこわしたイス(＝太郎によってこわされたイス)」＝a chair broken by Taro　過去分詞と語句が後ろから名詞(ここでは chair)を修飾する形。

Ⅲ　問1　【本文の要約】参照。

問2　次のルーシーの発言で，お礼がしたいと言っているので，ウ「昼食の支払いをする」が適切。

問3　・May I ～?「～してもいいですか？」

問4　A is ～《比較級》 than B「AはBよりも～だ」の文にする。比較級を強調する時には much などを用いる。

【本文の要約】

ルーシー：こんにちは，ケン。

ケン　：やあ，ルーシー。Aエここで何をしているの？

ルーシー：特に何もしていないわ。時間があるなら，昼食に出かけましょう。私がおごるわ。

ケン　：どういった理由だい？

ルーシー：問2ウ私と一緒に猫を探してくれたお礼をしたいの。

ケン　：Bア礼には及ばないよ。

ルーシー：いいえ，いいえ，いいえ，いいえ。お礼がしたいわ。中華料理店に連れて行くわ。

ケン　：わかった。

～彼らは中華料理店に到着しました。～

ルーシー：ここよ。Cウここで食事をしたことはある？

ケン　：うん，あるよ。Dオ君は？

ルーシー：初めてよ。Eイここの料理はどうなの？

ケン　：とてもおいしいよ。素晴らしい選択だね！

ルーシー：ケン，メニューがわからないわ。

ケン　：大丈夫。それじゃあ僕が２人分注文してもいい(＝May I)？

ルーシー：いいわ。

ケン　：了解。

～彼らは昼食を済ませました。～

ルーシー：思ったより，ずっと安かったわ。

ケン　：うん，おいしかったしね。

Ⅳ 【本文の要約】参照。

問１ 〈あ〉 直後の文の内容からイ「彼らは１，２枚のコインしか見つけられませんでした」が適切。

〈い〉 直後の段落でSarooがGudduを探していることから，ウ「Gudduはいなくなっていました」が適切。

問２① 〈to＋動詞の原形〉の副詞的用法「～するために」の文。　・look for ～「～を探す」

② 「孤児院」＝a home for children with no parents

問３ オーストラリアで幸せに暮らしていたSarooだったが，X の４文で母親を探す行動に出る。

問４ 1 「Sarooは家族と一緒に住んでいましたが，×彼は１人で暮らすことを選び，家族と離れました」

2 「Sarooは電車を降りたとき，×兄のGudduと一緒にいました」　3 ○「Sarooは30歳で，ついにカンドワを見つけました」　4 ○「インドへの飛行の後，Sarooはカンドワの彼の古い家まで歩きましたが，そこには誰もいませんでした」　5 ○「Sarooの母親は，小さな人だかりの真ん中にいるSarooを見つけました」

【本文の要約】

ある夜遅く，わずか５歳の小さな男の子が１人で電車に乗りました。その電車に乗ることで彼の人生は全く違ったものになりました。

小さな男の子の名前はSarooでした。Sarooはインドで母，兄弟，姉(妹)と暮らしていました。彼の家族はとても貧しかったです。Sarooと彼の兄のGudduは毎日地元の駅に行き，電車に乗りました。彼らは席の下のお金を探しました。時には〈あ〉イ１，２枚のコインしか見つけられませんでしたが，それでもすべてのコインが助けになりました。

ある夜遅くに，Saroo と Guddu は電車を待っていました。Saroo はとても疲れていました。Guddu は駅のベンチを指差しました。「ここで僕を待ってて」と彼は Saroo に言いました。「あとで戻ってくるよ」Saroo はベンチに座って眠りに落ちました。彼が目を覚ましたとき，〈い〉ウGuddu はいなくなっていました。

「Guddu！Guddu！」Saroo は叫びました。しかし，Guddu は返事をしませんでした。駅に電車が停まっていました。

「Guddu はその電車に乗っているのかも」と Saroo は思いました。彼は兄を探すために，その電車に乗りました。それから電車は駅を出ました。Saroo は電車の次の車両のドアを開けようとしましたが，ドアはロックされていました。彼はその車両に入れなかったので，座席に座って眠りに就きました。

列車は終着駅に到着しました。そして Saroo は降りました。彼は自宅から 1600 キロ離れた都市，コルカタにいました。

３週間，Saroo はコルカタの路上で暮らしました。「あなたの名前を教えて？」人々は彼に尋ねました。「どこから来たの？」しかし，彼は姓や自分の出身都市の名前がわからなかったため，誰も Saroo を助けることができませんでした。ついに，誰かが Saroo を孤児院に連れて行きました。オーストラリアの家族が彼を養子にし，Saroo は飛行機でオーストラリアの彼の新しい家に行きました。

Saroo はオーストラリアで幸せに，健康に育ちました。Xイしかし，彼はインドの母親を忘れませんでした。ウ彼は 24 歳の時，母親を探す決心をしました。アSaroo は暇な時間があるとパソコンの前に座り，地球の航空写真を見ました。エ彼はインドのすべての都市を見ることができました。どれが彼の街だったのでしょう？

問4．3Saroo が母親を探し始めてから６年後のある夜，線路の近くの街の航空写真を見ていたところ，彼は給水塔を見つけました。Saroo は自分の街の給水塔を思い出しました。Saroo は写真を拡大表示しました。橋，建物，通りを見ることができました。そして，それらはなじみのあるもののように感じました。問4．3それは Saroo の街でした！その都市の名前はカンドワでした。

問4．4Saroo はインドに飛行機で行き，カンドワに移動し，彼の古い家まで歩きました。そこには誰もいませんでした。ドアはロックされていて，空き家でした。

「彼らは引っ越したのよ」と近所の人が言いました。「私があなたを彼らの元へ連れて行ってあげるわ」

近所の人が「あなたの Saroo が帰ってきたよ！」と叫んだ時，Saroo の母親は家の前に座っていました。問4．5母親は通りを歩いていくと，小さな人だかりを見かけました。その真ん中にハンサムな若い男がいました。彼は母親に向かって走り，母親も彼に向かって走りました。彼らは長い間抱き合いました。Saroo の母親が息子の手を握りました。それから母親は彼を家に連れて行きました。

V　【本文の要約】参照。

問３　同じ文内にある cells「細胞」を指している。

問４　This makes your body stronger.：・make＋人／もの＋状態「(人／もの)を(状態)にする」

問５　1○「指を切った時，私たちの体は損傷を受けた細胞を修復するために働き始める」　2「血小板と呼ばれる特別な細胞が，×細菌が体内に入るのを防いでくれる」　3×「昆虫だけでなく人間にも新しい腕や足を生やすことができる人がいる」…本文にない内容。　4「Lee Spievack の指の上部は×薬がなくても再生した」

5○「風邪やインフルエンザはあなたの体をきれいにする自然の方法だから，悪いことではない」

【本文の要約】

私たちの体は何百万もの非常に小さな細胞[1]でできています(＝be made of)。これらのうち数千個の細胞が毎日損傷を受けていますが，自分で修復できます。通常は痛みを(a)感じる(＝feel)ことができないため，このようなことが起こっていることさえわかりません。しかし，問5．1指を切るとすぐに，体はまさに働き始めているのです。

まず，血小板と呼ばれる特別な細胞が血液の流出を防ぎます。次に，かさぶたと呼ばれる硬い皮膚を作ります。これは傷口を覆います。かさぶたは，細菌の侵入も防ぎます。

かさぶたの下で，各細胞が新しい細胞を作ります。それからこれら数百万個の新しい細胞が，傷口が作った空間を満たします。

動物の中には新しい細胞以上のものを作ることができるものもいます。彼らは全く新しい体の部位を作ることができます！昆虫は新しい足を生やし，サメは新しい歯を生やすことができます。私たちの体もそんなことができるでしょうか？髪を切っても再び元の長さに戻ります。指の爪を切っても，元に戻ります。しかし，新しい腕や脚を生やすことはできません。とにかくまだできないのです。

しかし，多くの医師が，人間は将来的には体の新しい部位を作ることができるようになると信じています。たぶん，私たちはすでに(b)動き出しています(＝started)。2005年に，Lee Spievack という男が事故(c)に遭いました(＝had)。彼は1本の指の上部を切り落としました。医師が動物の体の一部[2]から(＝from)特別な薬を作りました。次に，これを損傷した指に塗りました。4週間[3]のうちに(＝in)，指の上部が元に戻りました。

風邪やインフルエンザにかかったとき，それが[4]どのような感じ(＝like)かあなたはご存知でしょう。だるさや熱っぽさを感じ，くしゃみをし，熱も出ます。いい気分はしないですよね。しかし，風邪やインフルエンザはあなた[5]にとって(＝for)良いものになり得るでしょうか？

「ウイルス」と呼ばれるものが体(d)に入ってくる(＝comes into)と，風邪やインフルエンザになります。ウイルスは，不健康な細胞を含む体内の細胞を殺します。咳やくしゃみをする際に，口や鼻から出るものは死んだ細胞です。

問5．5このように，風邪やインフルエンザはあなたの体をきれいにする自然の方法です。健康な新しい細胞が，古く損傷した細胞に取って代わります。このようにしてあなたの体はより強くなります。

《2020　理科　解説》

1　**問2**　ア，ウ○…塩化水素(塩酸の溶質)や水酸化ナトリウムのように，水溶液に電流が流れる物質を電解質という。

問3　塩化銅は水に溶けると電離して，銅イオンと塩化物イオンに分かれる〔$CuCl_2 \rightarrow Cu^{2+}+2Cl^-$〕。

問4　ア○…塩化銅水溶液の青色のしみは銅イオンによるものである。銅イオンは陽イオンなので－極側に移動する。

問5　赤色の物質は銅であり，移動してきた銅イオンが電極Aから電子を2個受け取って銅原子になったものである〔$Cu^{2+}+2e^- \rightarrow Cu$〕。つまり，陽イオンである銅イオンが移動してきた電極Aが陰極だから，陽極は電極Bである。電極Bでは，陰イオンである塩化物イオンが移動してきて，電極Bに電子を1個渡して塩素原子になり，それが2個結びついて塩素分子になる〔$2Cl^- \rightarrow Cl_2+2e^-$〕。

2　**問1**　亜鉛と硫酸が反応し，硫酸亜鉛と水素ができる〔$Zn+H_2SO_4 \rightarrow ZnSO_4+H_2$〕。

問2　エ○…水素に火を近づけると，空気中の酸素と反応して爆発的に燃える。

問3　表より，亜鉛が0.2g反応すると気体が75㎤発生し，うすい硫酸A20gがすべて反応すると気体が300㎤発生することがわかる。よって，うすい硫酸A20gは$0.2\times\frac{300}{75}=0.8$(g)の亜鉛と過不足なく反応するから，亜鉛を1.5g加えたときに残る亜鉛は$1.5-0.8=0.7$(g)である。

問4　問3解説より，残った亜鉛0.7gと過不足なく反応する硫酸Aは$20\times\frac{0.7}{0.8}=17.5$(g)である。

問5　ア○…濃度を2倍にしても，亜鉛が不足していれば，発生する気体の体積は大きくならない。よって，加えた亜鉛が0.2gであれば，うすい硫酸Aのときと同様に発生する気体の体積は75㎤である。

問6　ウ○…問１の化学反応式より，亜鉛原子〔Zn〕が１個反応したとき水素分子〔H_2〕が１個できる。亜鉛が0.8ｇ反応すると水素が300㎤→0.025ｇ発生するから，水素分子１個と亜鉛原子１個の質量比は，0.025：0.8＝１：32であり，水素原子１個と亜鉛原子１個の質量比は，(１÷２)：32＝１：64である。

3 **問1**　ア×…卵細胞の核と精細胞の核が合体するから有性生殖である。

問5　オ○…分離の法則により，対になった染色体は別々の生殖細胞に入る。これが23対それぞれについて起こるから，2^{23}通りある。

問6　オ○…2^{23}通りずつある生殖細胞が合体することで受精卵ができるから，$2^{23}\times 2^{23}=2^{46}$(通り)になる。

問7　ウ×…ホニュウ類は有性生殖で子孫を残す。

4 **問2**　アは風力１，イは風力４，ウは風力７，エは風力９である。

問3　〔湿度(%)＝$\dfrac{\text{空気に含まれる水蒸気量(g/m}^3\text{)}}{\text{その気温での飽和水蒸気量(g/m}^3\text{)}}\times 100$〕で求める。また，手順４で測定した水温が実験室の露点であり，空気に含まれる水蒸気量は露点での飽和水蒸気量と等しいから，表より，$\dfrac{10.7}{15.4}\times 100=69.4\cdots\rightarrow 69\%$である。

問4　中心付近で上昇気流が生じている低気圧の中心では，アのように風が反時計回りに吹きこむ。これに対し，中心付近で下降急流が生じている高気圧の中心では，イのように風が時計回りに吹き出す。

問6　エ○…寒気の密度は暖気より大きいので，寒気が暖気の下にもぐりこみ，暖気を押し上げるように進む。

問7　ウ○…問６の寒気と暖気の関係は，寒冷前線付近のようすである。寒冷前線通過後は寒気におおわれるため，気温が急に下がる。また，寒冷前線付近では，暖気が激しく持ち上げられることで積乱雲が発達するので，激しい雨が短時間降る。

5 **問1**　図１で，電圧が２Ｖのときに0.1Ａの電流が流れるから，〔抵抗(Ω)＝$\dfrac{\text{電圧(V)}}{\text{電流(A)}}$〕より，$\dfrac{2}{0.1}=20$(Ω)である。

問2　〔電流(A)＝$\dfrac{\text{電圧(V)}}{\text{抵抗(Ω)}}$〕より，電圧が20Ｖのときに流れる電流は$\dfrac{20}{20}=1$(A)だから，電熱線ａの消費電力は，〔電力(W)＝電圧(V)×電流(A)〕より，20×１＝20(W)である。

問3　１ｇの水の温度を１℃上げるのに必要な熱量が4.2Ｊだから，100ｇの水を40－30＝10(℃)上げるのに必要な熱量は4.2×100×10＝4200(Ｊ)である。よって，〔発熱量(Ｊ)＝電力(W)×時間(ｓ)〕を利用して，電力が20Wの電熱線ａで4200Ｊの熱を発生するのにかかる時間を求めると，$\dfrac{4200}{20}=210$(秒)となる。

問4　水の温度上昇の比より，電熱線ｂと電熱線ｃの発熱量は１：４である。電流を流した時間は同じだから，発熱量は電力に比例し，直列つなぎでは電流が同じだから，電力は電圧に比例する。よって，電熱線ｂと電熱線ｃにかかる電圧の比は１：４であり，電熱線ｃにかかる電圧は$20\times\dfrac{4}{1+4}=16$(V)だから，電熱線ｃの抵抗は$\dfrac{16\text{(V)}}{0.4\text{(A)}}=40$(Ω)である。なお，電熱線ｂにかかる電圧は20－16＝４(V)だから，電熱線ｂの抵抗は$\dfrac{4}{0.4}=10$(Ω)である。

問5　並列つなぎの図４の電熱線ｂと電熱線ｃにかかる電圧は同じだから，電流は抵抗に反比例する。このとき，電流を流す時間と水の質量が同じであれば，水の上昇温度は電流に比例する。つまり，水の上昇温度は抵抗に反比例するということだから，(10Ωの電熱線ｂが入った)容器３と(40Ωの電熱線ｃが入った)容器４の水の温度上昇の比は，40：10＝４：１である。

問6　イ○…実験３より，$I_1=I_2=0.4$(A)である。また，容器３では10Ωの電熱線ｂに20Ｖの電圧がかかるから，$I_3=\dfrac{20}{10}=2$(A)であり，容器４では40Ωの電熱線ｃに20Ｖの電圧がかかるから，$I_4=\dfrac{20}{40}=0.5$(A)である。

問7　エ○…電流を流す時間が同じであれば，水の温度上昇は電力に比例する。それぞれの容器の電熱線の電力を求めると，容器１では４(V)×0.4(A)＝1.6(W)であり，同様に計算して，容器２では16×0.4＝6.4(W)，容器３では20×２＝40(W)，容器４では20×0.5＝10(W)である。よって，水の温度上昇が小さい順に，$T_1<T_2<T_4<T_3$となる。

《2020　社会　解説》

1 問1　エが最も長い。緯線と経線が垂直に交わるメルカトル図法やミラー図法で同じ経度を見た場合，低緯度ほど実際の距離は長くなり，高緯度ほど実際の距離は短くなる。

問2　アが正しい。経度差 15 度で１時間の時差が生じるので，大阪(標準時子午線は東経 135 度)とロンドン(経度０度)の時差は，(135－０)÷15＝９(時間)になる。大阪を出発したときのロンドンの時刻は８月 10 日の午後９時だから，飛行時間と乗り継ぎのための滞在時間(トランジット)の和は，８月 11 日午後２時－８月 10 日午後９時＝17(時間)になる。よって，飛行時間が２＋13＝15(時間)だから，乗り継ぎのための滞在時間は，17－15＝２(時間)

問3　Ｙが誤りだからイを選ぶ。Ａのフランスは，ＥＵ加盟国で生産された部品を組み立てて航空機を製造する。

問4　暖流である北大西洋海流の上を偏西風が吹くことで，暖かな空気が西ヨーロッパに広がる。

問5　エが正しい。フィリピンはスペインの植民地支配を受けていた影響でカトリック教徒の割合が多い。Ｂのインドではヒンドゥー教，Ｃのカンボジアでは仏教，Ｄのインドネシアではイスラム教が広く信仰されている。

問6　ウが正しい。高温多湿なインドネシアでは，高床の家がつくられる。アは西アジアなどに見られる日干しレンガの家，イは冷帯地域で見られる高床のマンション，エは地中海沿岸で見られる白壁の家。

問7　エが正しい。オーストラリアでは，東部で石炭，北西部で鉄鉱石，北部でボーキサイトが産出される。

問8　エが正しい。Ｆ国はケニアである。ケニアの首都ナイロビあたりは，赤道直下ではあるが標高が高いため，平均気温は 17 度程度で，茶の栽培に適している。ア＝ガーナ，イ＝ナイジェリア，ウ＝コートジボワール。

2 問1　エが正しい。３都市を比べた場合，内陸の旭川は年較差が大きくなり，太平洋側の釧路は，千島海流の影響で夏の気温が上がらない。また，日本海側に近い札幌は他の２都市より冬の降水量(降雪量)が多くなる。

問2　アが正しい。祇園祭は京都府，博多どんたくは福岡県，阿波おどりは徳島県。

問3　ウの山梨県が正しい。山梨県は，日本で最も日照時間が長い県であり，扇状地が広がる甲府盆地などで，ぶどうやももなどの果実栽培が盛んである。

問4　アが正しい。イについて，原爆ドームや厳島神社は，世界自然遺産ではなく世界文化遺産に登録されている。ウについて，高知県で行われる野菜作りは抑制栽培ではなく促成栽培である。エについて，日本の石油化学工業は，岡山県や千葉県が中心である。

問5　アが正しい。2011 年の東日本大震災によって，ほとんどの原子力発電所が稼働を停止したために 2012 年の割合が急激に落ちこんだＣが原子力発電である。その不足分を補うために割合が増えたＢが火力発電である。

問6　イが誤り。太平洋ベルトは，四大工業地帯(京浜・中京・阪神・北九州)をつなげる太平洋側に，京葉・東海・瀬戸内などの工業地域をつくることで，ベルト状の工業地帯を形成する構想である。

問7　イが正しい。1970 年代から急激に減少しているウが遠洋漁業とわかれば，遠洋漁業の衰退と逆の動きをしているイが輸入量と判断できる。

3 問1　エが正しい。大宝律令は 701 年に制定された。防人・水城・山城などが築かれたのは，中大兄皇子が白村江の戦い(663 年)に敗れた後である。アとイは平安時代初期，ウは平安時代中期の出来事である。

問2　ウが正しい。桓武天皇は平安京に遷都した天皇。寝殿造は平安時代の中期の国風文化の建築様式である。

問3　アが正しい。保元の乱の記述である。イは前九年の役・後三年の役，ウは加賀一向一揆，エは関ヶ原の戦い。

問4　Ｙが誤りだから，イを選ぶ。北条時宗に服属要求をしたのは，元の皇帝フビライである。チンギス＝ハンはモンゴル帝国の建国者である。

問5　イが正しい。アは江戸時代，ウは鎌倉時代，エは飛鳥時代後半から奈良時代。

問６　アが誤り。東山に銀閣を建てたのは，鎌倉幕府８代将軍の足利義政である。

問７　イが正しい。徳川綱吉の治世に混乱した経済を，６代家宣・７代家継に仕えた新井白石が立て直した政治改革を正徳の治と呼ぶ。本居宣長は『古事記伝』で知られる国学者，水野忠邦は天保の改革で知られる老中。

問８　オが正しい。徳川吉宗の享保の改革→田沼の政治→松平定信の寛政の改革→水野忠邦の天保の改革の順番を覚えていれば，幕末のペリー来航と比較して，ｃ→ａ→ｂと判断できる。

問９　イが正しい。安政の大獄と日米修好通商条約の締結は，大老井伊直弼による。アは坂本龍馬，ウは徳川家斉，エは岩倉具視である。

問10　エが誤り。『学問のすゝめ』は明治初期の1871年に出版された。

問11　ｂ・ｃが正しいからウを選ぶ。ａは日本国憲法，ｄは版籍奉還の内容である。

4　問１　ウが正しい。太陰暦はメソポタミア文明，甲骨文字は中国文明で使われた。

問２　アが正しい。イについて，秦の始皇帝についての記述である。ウについて，女真族によって建国された国は，金や清である。エについて，中華民国についての記述である。

問３　ｂとｄが正しいからエを選ぶ。ａについて，インド大反乱を鎮圧したのはイギリスである。ｃについて，長崎の出島で貿易を許されたのはオランダである。

問４　アが正しい。ルソーは『社会契約論』，ロックは『市民政府二論』，ルターは『95ヶ条の論題』で知られる。

問５　エが誤り。アメリカのルーズベルト大統領とイギリスのチャーチル首相による大西洋憲章は，第二次世界大戦中の1941年に発表された。アは1851年，イは1871年，ウは1871年。

問６　Ｙが誤りだからイを選ぶ。『共産党宣言』はゴルバチョフではなくマルクスの著書である。

問７　ウが正しい。ニューヨークにあったワールドトレードセンタービルに，ハイジャックされた航空機が衝突・炎上している写真である。跡地はグラウンドゼロと呼ばれ，現在はワンワールドトレードセンターが建っている。

5　問１　ウが公正である。ア，イ，エは効率の例といえる。

問２　イが正しい。参議院議員通常選挙は，全国を１つとした比例代表区(非拘束名簿式)と，都道府県を単位とした選挙区制(合区を含む)に分かれている。

問３　エが正しい。高齢になったときに給付されるのは年金保険である。

問４　Ｘが誤りだから，ウを選ぶ。日本の労働者の非正規雇用の割合は，およそ35%程度である。

問５　アが正しい。不景気のときには，日本銀行は国債を一般銀行から買い，政府は減税や公共事業を増やすことで，流通する資金が増えるようにする。日本銀行の景気対策を金融政策，政府の景気対策を財政政策という。

問６　イが正しい。小さな政府をつくるためには，規制緩和をして，政府の仕事を地方公共団体や民間企業に委託する必要がある。

問７　ウが誤り。歳出で最も多いのは防衛関係費ではなく社会保障関係費である。

6　問１　イが誤り。解散があるのは，参議院ではなく衆議院である。

問２　アが正しい。17世紀に起きた名誉革命で，議会の権利を定め，国王の権利を制限した権利の章典が出された。

問３　エが正しい。ア，イ，ウはいずれも内閣の仕事内容である。

問４　どちらも正しいからアを選ぶ。衆議院議員総選挙が行われてから30日以内に召集される特別国会では，内閣総理大臣の指名に先立ち，内閣が必ず総辞職し，その後内閣総理大臣の指名が行われる。

問５　イが正しい。地方裁判所→控訴→高等裁判所→上告→最高裁判所の三審制となる。第一審が簡易裁判所だった場合には，簡易裁判所→控訴→地方裁判所→上告→高等裁判所となる。

■ ご使用にあたってのお願い・ご注意

（1）問題文等の非掲載

著作権上の都合により，問題文や図表などの一部を掲載できない場合があります。

誠に申し訳ございませんが，ご了承くださいますようお願いいたします。

（2）過去問における時事性

過去問題集は，学習指導要領の改訂や社会状況の変化，新たな発見などにより，現在とは異なる表記や解説になっている場合があります。過去問の特性上，出題当時のままで出版していますので，あらかじめご了承ください。

（3）配点

学校等から配点が公表されている場合は，記載しています。公表されていない場合は，記載していません。

独自の予想配点は，出題者の意図と異なる場合があり，お客様が学習するうえで誤った判断をしてしまう恐れがあるため記載していません。

（4）無断複製等の禁止

購入された個人のお客様が，ご家庭でご自身またはご家族の学習のためにコピーをすることは可能ですが，それ以外の目的でコピー，スキャン，転載（ブログ，ＳＮＳなどでの公開を含みます）などをすることは法律により禁止されています。学校や学習塾などで，児童生徒のためにコピーをして使用することも法律により禁止されています。

ご不明な点や，違法な疑いのある行為を確認された場合は，弊社までご連絡ください。

（5）けがに注意

この問題集は針を外して使用します。針を外すときは，けがをしないように注意してください。また，表紙カバーや問題用紙の端で手指を傷つけないように十分注意してください。

（6）正誤

制作には万全を期しておりますが，万が一誤りなどがございましたら，弊社までご連絡ください。

なお，誤りが判明した場合は，弊社ウェブサイトの「ご購入者様のページ」に掲載しておりますので，そちらもご確認ください。

■ お問い合わせ

解答例，解説，印刷，製本など，問題集発行におけるすべての責任は弊社にあります。

ご不明な点がございましたら，弊社ウェブサイトの「お問い合わせ」フォームよりご連絡ください。迅速に対応いたしますが，営業日の都合で回答に数日を要する場合があります。

ご入力いただいたメールアドレス宛に自動返信メールをお送りしています。自動返信メールが届かない場合は，「よくある質問」の「メールの問い合わせに対し返信がありません。」の項目をご確認ください。

また弊社営業日（平日）は，午前９時から午後５時まで，電話でのお問い合わせも受け付けています。

2025 春

株式会社教英出版

〒422-8054　静岡県静岡市駿河区南安倍３丁目 12-28

TEL　054-288-2131　　FAX　054-288-2133

URL　https://kyoei-syuppan.net/

MAIL siteform@kyoei-syuppan.net

教英出版

教英出版　2025年春受験用　高校入試問題集

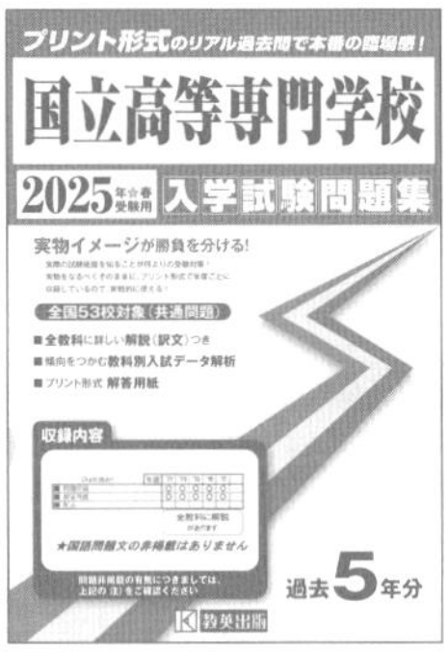

公立高等学校問題集

北海道公立高等学校
青森県公立高等学校
宮城県公立高等学校
秋田県公立高等学校
山形県公立高等学校
福島県公立高等学校
茨城県公立高等学校
埼玉県公立高等学校
千葉県公立高等学校
東京都立高等学校
神奈川県公立高等学校
新潟県公立高等学校
富山県公立高等学校
石川県公立高等学校
長野県公立高等学校
岐阜県公立高等学校
静岡県公立高等学校
愛知県公立高等学校
三重県公立高等学校（前期選抜）
三重県公立高等学校（後期選抜）
京都府公立高等学校（前期選抜）
京都府公立高等学校（中期選抜）
大阪府公立高等学校
兵庫県公立高等学校
島根県公立高等学校
岡山県公立高等学校
広島県公立高等学校
山口県公立高等学校
香川県公立高等学校
愛媛県公立高等学校
福岡県公立高等学校
佐賀県公立高等学校
長崎県公立高等学校
熊本県公立高等学校
大分県公立高等学校
宮崎県公立高等学校
鹿児島県公立高等学校
沖縄県公立高等学校

公立高 教科別8年分問題集

（2024年～2017年）

北海道（国・社・数・理・英）
宮城県（国・社・数・理・英）
山形県（国・社・数・理・英）
新潟県（国・社・数・理・英）
富山県（国・社・数・理・英）
長野県（国・社・数・理・英）
岐阜県（国・社・数・理・英）
静岡県（国・社・数・理・英）
愛知県（国・社・数・理・英）
兵庫県（国・社・数・理・英）
岡山県（国・社・数・理・英）
広島県（国・社・数・理・英）
山口県（国・社・数・理・英）
福岡県（国・社・数・理・英）

国立高等専門学校 最新5年分問題集

（2024年～2020年・全国共通）

対象の高等専門学校

釧路工業・旭川工業・
苫小牧工業・函館工業・
八戸工業・一関工業・仙台・
秋田工業・鶴岡工業・福島工業・
茨城工業・小山工業・群馬工業・
木更津工業・東京工業・
長岡工業・富山・石川工業・
福井工業・長野工業・岐阜工業・
沼津工業・豊田工業・鈴鹿工業・
鳥羽商船・舞鶴工業・
大阪府立大学工業・明石工業・
神戸市立工業・奈良工業・
和歌山工業・米子工業・
松江工業・津山工業・呉工業・
広島商船・徳山工業・宇部工業・
大島商船・阿南工業・香川・
新居浜工業・弓削商船・
高知工業・北九州工業・
久留米工業・有明工業・
佐世保工業・熊本・大分工業・
都城工業・鹿児島工業・
沖縄工業

高専 教科別10年分問題集

もっと過去問シリーズ

教科別

数学・理科・英語

（2019年～2010年）

学校別問題集

北海道

①札幌北斗高等学校
②北星学園大学附属高等学校
③東海大学付属札幌高等学校
④立命館慶祥高等学校
⑤北海高等学校
⑥北見藤高等学校
⑦札幌光星高等学校
⑧函館ラ・サール高等学校
⑨札幌大谷高等学校
⑩北海道科学大学高等学校
⑪遺愛女子高等学校
⑫札幌龍谷学園高等学校
⑬札幌日本大学高等学校
⑭札幌第一高等学校
⑮旭川実業高等学校
⑯北海学園札幌高等学校

青森県

①八戸工業大学第二高等学校

宮城県

①聖和学園高等学校(A日程)
②聖和学園高等学校(B日程)
③東北学院高等学校(A日程)
④東北学院高等学校(B日程)
⑤仙台大学附属明成高等学校
⑥仙台城南高等学校
⑦東北学院榴ケ岡高等学校
⑧古川学園高等学校
⑨仙台育英学園高等学校(A日程)
⑩仙台育英学園高等学校(B日程)
⑪聖ウルスラ学院英智高等学校
⑫宮城学院高等学校
⑬東北生活文化大学高等学校
⑭東北高等学校
⑮常盤木学園高等学校
⑯仙台白百合学園高等学校
⑰尚絅学院高等学校(A日程)
⑱尚絅学院高等学校(B日程)

山形県

①日本大学山形高等学校
②惺山高等学校
③東北文教大学山形城北高等学校
④東海大学山形高等学校
⑤山形学院高等学校

福島県

①日本大学東北高等学校

新潟県

①中越高等学校
②新潟第一高等学校
③東京学館新潟高等学校
④日本文理高等学校
⑤新潟青陵高等学校
⑥帝京長岡高等学校
⑦北越高等学校
⑧新潟明訓高等学校

富山県

①高岡第一高等学校
②富山第一高等学校

石川県

①金沢高等学校
②金沢学院大学附属高等学校
③遊学館高等学校
④星稜高等学校
⑤鵬学園高等学校

山梨県

①駿台甲府高等学校
②山梨学院高等学校(特進)
③山梨学院高等学校(進学)
④山梨英和高等学校

岐阜県

①鶯谷高等学校
②富田高等学校
③岐阜東高等学校
④岐阜聖徳学園高等学校
⑤大垣日本大学高等学校
⑥美濃加茂高等学校
⑦済美高等学校

静岡県

①御殿場西高等学校
②知徳高等学校
③日本大学三島高等学校
④沼津中央高等学校
⑤飛龍高等学校
⑥桐陽高等学校
⑦加藤学園高等学校
⑧加藤学園暁秀高等学校
⑨誠恵高等学校
⑩星陵高等学校
⑪静岡県富士見高等学校
⑫清水国際高等学校
⑬静岡サレジオ高等学校
⑭東海大学付属静岡翔洋高等学校
⑮静岡大成高等学校
⑯静岡英和女学院高等学校
⑰城南静岡高等学校
⑱静岡女子高等学校
⑲常葉大学附属常葉高等学校
　常葉大学附属橘高等学校
　常葉大学附属菊川高等学校
⑳静岡北高等学校
㉑静岡学園高等学校
㉒焼津高等学校
㉓藤枝明誠高等学校
㉔静清高等学校
㉕磐田東高等学校
㉖浜松学院高等学校
㉗浜松修学舎高等学校
㉘浜松開誠館高等学校
㉙浜松学芸高等学校
㉚浜松聖星高等学校
㉛浜松日体高等学校
㉜聖隷クリストファー高等学校
㉝浜松啓陽高等学校
㉞オイスカ浜松国際高等学校

愛知県

①[国立]愛知教育大学附属高等学校
②愛知高等学校
③名古屋経済大学市邨高等学校
④名古屋経済大学高蔵高等学校
⑤名古屋大谷高等学校
⑥享栄高等学校
⑦椙山女学園高等学校
⑧大同大学大同高等学校
⑨日本福祉大学付属高等学校
⑩中京大学附属中京高等学校
⑪至学館高等学校
⑫東海高等学校
⑬名古屋たちばな高等学校
⑭東邦高等学校
⑮名古屋高等学校
⑯名古屋工業高等学校
⑰名古屋葵大学高等学校
　(名古屋女子大学高等学校)
⑱中部大学第一高等学校
⑲桜花学園高等学校
⑳愛知工業大学名電高等学校
㉑愛知みずほ大学瑞穂高等学校
㉒名城大学附属高等学校
㉓修文学院高等学校
㉔愛知啓成高等学校
㉕聖カピタニオ女子高等学校
㉖滝高等学校
㉗中部大学春日丘高等学校
㉘清林館高等学校
㉙愛知黎明高等学校
㉚岡崎城西高等学校
㉛人間環境大学附属岡崎高等学校
㉜桜丘高等学校

㉝光ヶ丘女子高等学校
㉞藤ノ花女子高等学校
㉟栄徳高等学校
㊱同朋高等学校
㊲星城高等学校
㊳安城学園高等学校
㊴愛知産業大学三河高等学校
㊵大成高等学校
㊶豊田大谷高等学校
㊷東海学園高等学校
㊸名古屋国際高等学校
㊹啓明学館高等学校
㊺聖霊高等学校
㊻誠信高等学校
㊼誉高等学校
㊽杜若高等学校
㊾菊華高等学校
㊿豊川高等学校

三重県

①暁高等学校(3年制)
②暁高等学校(6年制)
③海星高等学校
④四日市メリノール学院高等学校
⑤鈴鹿高等学校
⑥高田高等学校
⑦三重高等学校
⑧皇學館高等学校
⑨伊勢学園高等学校
⑩津田学園高等学校

滋賀県

①近江高等学校

大阪府

①上宮高等学校
②大阪高等学校
③興國高等学校
④清風高等学校
⑤早稲田大阪高等学校
(早稲田摂陵高等学校)
⑥大商学園高等学校
⑦浪速高等学校
⑧大阪夕陽丘学園高等学校
⑨大阪成蹊女子高等学校
⑩四天王寺高等学校
⑪梅花高等学校
⑫追手門学院高等学校
⑬大阪学院大学高等学校
⑭大阪学芸高等学校
⑮常翔学園高等学校
⑯大阪桐蔭高等学校
⑰関西大倉高等学校
⑱近畿大学附属高等学校
⑲金光大阪高等学校
⑳星翔高等学校
㉑阪南大学高等学校
㉒箕面自由学園高等学校
㉓桃山学院高等学校
㉔関西大学北陽高等学校

兵庫県

①雲雀丘学園高等学校
②園田学園高等学校
③関西学院高等部
④灘高等学校
⑤神戸龍谷高等学校
⑥神戸第一高等学校
⑦神港学園高等学校
⑧神戸学院大学附属高等学校
⑨神戸弘陵学園高等学校
⑩彩星工科高等学校
⑪神戸野田高等学校
⑫滝川高等学校
⑬須磨学園高等学校
⑭神戸星城高等学校
⑮啓明学院高等学校
⑯神戸国際大学附属高等学校
⑰滝川第二高等学校
⑱三田松聖高等学校
⑲姫路女学院高等学校
⑳東洋大学附属姫路高等学校
㉑日ノ本学園高等学校
㉒市川高等学校
㉓近畿大学附属豊岡高等学校
㉔夙川高等学校
㉕仁川学院高等学校
㉖育英高等学校

奈良県

①西大和学園高等学校

岡山県

①[県立]岡山朝日高等学校
②清心女子高等学校
③就実高等学校
(特別進学コース〈ハイグレード・アドバンス〉)
④就実高等学校
(特別進学チャレンジコース・総合進学コース)
⑤岡山白陵高等学校
⑥山陽学園高等学校
⑦関西高等学校
⑧おかやま山陽高等学校
⑨岡山商科大学附属高等学校
⑩倉敷高等学校
⑪岡山学芸館高等学校(1期1日目)
⑫岡山学芸館高等学校(1期2日目)
⑬倉敷翠松高等学校
⑭岡山理科大学附属高等学校
⑮創志学園高等学校
⑯明誠学院高等学校
⑰岡山龍谷高等学校

広島県

①[国立]広島大学附属高等学校
②[国立]広島大学附属福山高等学校
③修道高等学校
④崇徳高等学校
⑤広島修道大学ひろしま協創高等学校
⑥比治山女子高等学校
⑦呉港高等学校
⑧清水ヶ丘高等学校
⑨盈進高等学校
⑩尾道高等学校
⑪如水館高等学校
⑫広島新庄高等学校
⑬広島文教大学附属高等学校
⑭銀河学院高等学校
⑮安田女子高等学校
⑯山陽高等学校
⑰広島工業大学高等学校
⑱広陵高等学校
⑲近畿大学附属広島高等学校福山校
⑳武田高等学校
㉑広島県瀬戸内高等学校(特別進学)
㉒広島県瀬戸内高等学校(一般)
㉓広島国際学院高等学校
㉔近畿大学附属広島高等学校東広島校
㉕広島桜が丘高等学校

山口県

①高水高等学校
②野田学園高等学校
③宇部フロンティア大学付属香川高等学校
(普通科〈特進・進学コース〉)
④宇部フロンティア大学付属香川高等学校
(生活デザイン・食物調理・保育科)
⑤宇部鴻城高等学校

徳島県

①徳島文理高等学校

香川県

①香川誠陵高等学校
②大手前高松高等学校

愛媛県

①愛光高等学校
②済美高等学校
③FC今治高等学校
④新田高等学校
⑤聖カタリナ学園高等学校

福岡県

①福岡大学附属若葉高等学校
②精華女子高等学校(専願試験)
③精華女子高等学校(前期試験)
④西南学院高等学校
⑤筑紫女学園高等学校
⑥中村学園女子高等学校(専願入試)
⑦中村学園女子高等学校(前期入試)
⑧博多女子高等学校
⑨博多高等学校
⑩東福岡高等学校
⑪福岡大学附属大濠高等学校
⑫自由ケ丘高等学校
⑬常磐高等学校
⑭東筑紫学園高等学校
⑮敬愛高等学校
⑯久留米大学附設高等学校
⑰久留米信愛高等学校
⑱福岡海星女子学院高等学校
⑲誠修高等学校
⑳筑陽学園高等学校(専願入試)
㉑筑陽学園高等学校(前期入試)
㉒真颯館高等学校
㉓筑紫台高等学校
㉔純真高等学校
㉕福岡舞鶴高等学校
㉖折尾愛真高等学校
㉗九州国際大学付属高等学校
㉘祐誠高等学校
㉙西日本短期大学附属高等学校
㉚東海大学付属福岡高等学校
㉛慶成高等学校
㉜高稜高等学校
㉝中村学園三陽高等学校
㉞柳川高等学校
㉟沖学園高等学校
㊱福岡常葉高等学校
㊲九州産業大学付属九州高等学校
㊳近畿大学附属福岡高等学校
㊴大牟田高等学校
㊵久留米学園高等学校
㊶福岡工業大学附属城東高等学校
(専願入試)
㊷福岡工業大学附属城東高等学校
(前期入試)
㊸八女学院高等学校
㊹星琳高等学校
㊺九州産業大学付属九州産業高等学校
㊻福岡雙葉高等学校

佐賀県

①龍谷高等学校
②佐賀学園高等学校
③佐賀女子短期大学付属佐賀女子高等学校
④弘学館高等学校
⑤東明館高等学校
⑥佐賀清和高等学校
⑦早稲田佐賀高等学校

長崎県

①海星高等学校(奨学生試験)
②海星高等学校(一般入試)
③活水高等学校
④純心女子高等学校
⑤長崎南山高等学校
⑥長崎日本大学高等学校(特別入試)
⑦長崎日本大学高等学校(一次入試)
⑧青雲高等学校
⑨向陽高等学校
⑩創成館高等学校
⑪鎮西学院高等学校

熊本県

①真和高等学校
②九州学院高等学校
(奨学生・専願生)
③九州学院高等学校
(一般生)
④ルーテル学院高等学校
(専願入試・奨学入試)
⑤ルーテル学院高等学校
(一般入試)
⑥熊本信愛女学院高等学校
⑦熊本学園大学付属高等学校
(奨学生試験・専願生試験)
⑧熊本学園大学付属高等学校
(一般生試験)
⑨熊本中央高等学校
⑩尚絅高等学校
⑪文徳高等学校
⑫熊本マリスト学園高等学校
⑬慶誠高等学校

大分県

①大分高等学校

宮崎県

①鵬翔高等学校
②宮崎日本大学高等学校
③宮崎学園高等学校
④日向学院高等学校
⑤宮崎第一高等学校
(文理科)
⑥宮崎第一高等学校
(普通科・国際マルチメディア科・電気科)

鹿児島県

①鹿児島高等学校
②鹿児島実業高等学校
③樟南高等学校
④れいめい高等学校
⑤ラ・サール高等学校

新刊
もっと過去問シリーズ

愛知県

愛知高等学校
7年分(数学・英語)
中京大学附属中京高等学校
7年分(数学・英語)
東海高等学校
7年分(数学・英語)
名古屋高等学校
7年分(数学・英語)
愛知工業大学名電高等学校
7年分(数学・英語)
名城大学附属高等学校
7年分(数学・英語)
滝高等学校
7年分(数学・英語)

※もっと過去問シリーズは入学試験の実施教科に関わらず、数学と英語のみの収録となります。

教英出版
〒422-8054
静岡県静岡市駿河区南安倍3丁目12−28
TEL 054-288-2131
FAX 054-288-2133
詳しくは教英出版で検索
教英出版 検索
URL https://kyoei-syuppan.net/

令和六年度

清風高等学校入学試験問題

国語（五〇分）

試験開始の合図があるまで、この「問題」冊子を開かず、左記の注意事項を読んでください。

【注意事項】

一、試験開始の合図で、解答用紙の所定の欄に「受験番号」、「名前」をはっきりと記入してください。

二、この「問題」冊子は、19ページあります。解答用紙は一枚です。ページが脱落している場合は手を挙げて試験監督の先生に知らせてください。

三、解答は、解答用紙の指定されたところに記入してください。

四、「問い」に「字数制限」がある場合、句読点やカギかっこなどの記号は、一字として数えて、解答してください。

五、試験終了の合図で、「問題」冊子の上に解答用紙を重ねてください。

六、「問題」冊子及び解答用紙は持ち帰ってはいけません。

【一】 次の文章は、辻村《つじむら》深月《みづき》の小説「この夏の星を見る」の冒頭に近い部分です。これを読んで、後の問いに答えなさい。

『中止だって、コンクール』

電話の向こうで、美琴《みこと》がそう言った後、どう答えるのが正解だったのか。

①通話を終えた今も、溪本亜紗《たにもとあさ》はまだずっと考えている。

正解——なんてたぶん、ない。だけど、あの瞬間の美琴にとって欲しかった言葉、一番、心に寄り添う言葉が何かきっとあった。だけど、電話は唐突で、a咄嗟《とっさ》に受け答えをするには心の準備ができていなさすぎた。

「え、そうなの?」

亜紗が反射的に尋ね返すと、美琴が『うん』と言った。静かな声だった。泣いたり、怒ったり、大騒ぎする感じがまるでなくて、それが美琴らしくない。

『まあ、仕方ないよね。合唱って今、一番やりにくいことになっちゃったし』

「や、でもさ」

『覚悟してたし。(注)インターハイだってなくなって、なっちゃん、泣いてたじゃん。ダブルス組んでた先輩、今年がラストチャンスだったから』

「あーうん」

亜紗と美琴と、今名前が出たなっちゃん——菜南子《ななこ》は小学校から一緒の幼馴染《おさななじ》みだ。高校でも、クラスこそ違うけど、昼休みは去年まで中庭か音楽室に集まって一緒にお弁当を食べていた。

——去年まで、というのは「今年」がまだないからだ。

今年——正確には、今年度。つまり、二〇二〇年度。

三月、新型コロナウイルス感染症(COVID-19)が世界的に流行したことに伴い、日本では感染予防のため小中高の学校は全国一斉休校の措置が取られた。新型コロナウイルス感染症の主な症状は発熱やせき、喉の痛み、急性呼吸器疾患等。重症化し死亡する例も世界的に多い。そのため、高齢者や持病を持つ人は特に注意が呼びかけられている。

　感染予防のための休校で、亜紗たちの学校は「三月」と「四月」がごそっと消えた。いつの間にやら一年生が終わり、亜紗たちは茨城県立砂浦《すなうら》第三高校の二年生に進級したらしい。五月になっても、まだ限られた登校日にしか学校に行っていないから、全然実感が湧かないけれど。

『バド部はさ、うちの高校強豪だし、特になっちゃんは去年、一年だけど県大会で結構いいところまで行ったから、悔しくて当然だと思う。それに比べたら、うちの部は別に強豪ってわけじゃないし、コンクール、出られたとしても上位には食い込めなかったと思うから、こんなことで落ち込むのも図々《ずうずう》しいのかもしれないけど』

「そんなことないでしょ。だって」

『あ、あと、さっき、うちの先輩がクラスのグループLINEで中止のこと書いたら、放送部の子に、めっちゃクールなこと書かれたって言ってた。「私たちにとったら、〝コンクール〟って放送コンクールの意味なのに、合唱は扱い大きくていいよね」って』

「え！　それ、クールっていうか……」

『放送コンは先月にはもう中止の決定、出てたんだよね』

「そうだったんだ」

　電話の向こうから、美琴の小さなため息が聞こえた。

『まー、仕方ないよ。放送コンと合唱コン、主催団体が一緒だからさ。放送の方は早々に中止が決まったのに、なんで合唱だけ特別なの？　って思ってたんじゃないかなぁー。同じこと、甲子園とかも言われてるよね。インターハイ中止になったのに、野球だけ特別なのか？　みたいな』

「うちは野球部、ないけどね」

『うん。でも、あったら、そういうこと、言われたりしてたのかな』

　亜紗たちが通う砂浦第三高校は五年前まで女子校だった。五年前から、県の学校再編だとかで共学化され、男子の入学も可能になったのだ。——と言っても、それまで長く女子校だったイメージが強いせいか、男子生徒は全校でもたった十二人で、亜紗の学年にも三人しかいない。甲子園を目指す野球部もない。

「いつになったら、学校、普通に毎日行けるのかな」

亜紗が思わず言うと、それまで沈んだ雰囲気だった美琴が、かかっと笑った。

『なんかうちら、後の世に〝コロナ世代〟って呼ばれるのかもって、テレビで言ってたよ。コロナで休校になって、勉強も遅れちゃう世代だから』

「後の世って、美琴さぁ」

『ねぇ、知らんよね。この後にどう歴史になるかなんて関係ない。うちらには今しかないのに』

言葉に詰まった。美琴が軽い声で『あー、あー』と呟《つぶや》く。

『なんで、うちの代なんだろ』

美琴は気づいているだろうか。たったその二音だけなのに、美琴の長い『あー、あー』は、亜紗や菜南子や、他の子たちと違う。発声練習でずっとそうしているくせなのか、腹式呼吸のおなかから出ている感じがする。歌うようなその感じが、亜紗は好きだ。好きだと思っている自覚すらなかったけど、今、気づいた。

『天文部はどうなの？　学校再開したら、活動ありそう？』

美琴からふいに聞かれ、亜紗は「わかんない」と答える。

「綿引《わたびき》先生とも新学期はまだ一度も会えてないし。夏の合宿までにコロナが収まっててくれるといいけど」

言いながら、なんだか後ろめたい気持ちがこみ上げてくる。コンクールがなくなった美琴にしてみたら、天文部の合宿なんて、遊びみたいに思えるかもしれない。

けれど、美琴が言った。

『できてほしいな。天文部、屋外だし』

呟くような言い方だった。亜紗はまた言葉に詰まる。思いがけない言葉だったからだ。②うまく返せずにいると、電話の向こうで、美琴が誰かに呼ばれる気配がして、『はあーい』と返す声が聞こえた。

『ごめん、ママだ。亜紗、急に電話してごめんね。また今度』

「あ、うん」

『次の登校日にまた話そうねー。あ、会ってもあんまり話しちゃダメなんだっけか。ま、いっか』

電話越しに美琴が笑う気配がして、ＬＩＮＥの音声通話が切れる、トゥン、という音がした。

通話を終えてからも、スマホをベッドに投げ出して、亜紗は仰向《あおむ》けになり、ずっと考え続けた。どんな言葉をかけたら、よかったんだろう。

亜紗はもともと、すぐに言葉が出てくるタイプじゃない。その場で気の利いたことを言える瞬発力が高い同年代の子もたくさんいるけど、ＬＩＮＥでも返事にゆっくり時間をかける方だ。だから今も、文章で来てたら、何か気の利いたことを返せたんじゃないか、と考えてしまう。

だけど——。

クリーム色の天井を見つめながら、気づいた。

普段は文章のやり取りが中心で、電話も「かけていい？」ってまずはＬＩＮＥで聞いてくるはずの美琴が、急に電話してきた。

それこそが、美琴の今の気持ちそのものなんじゃないか。

電話で聞いたばかりの、親友の言葉を耳の奥から拾い集める。

——まあ、仕方ないよね。

——覚悟してたし。

——うちの部は別に強豪ってわけじゃないし、

——こんなことで落ち込むのも図々しいのかもしれないけど。

思い出したら、そうか、と思った。図々しい、の前。美琴は、たぶんものすごく落ち込んでいる。

自分に言い聞かせるようにしていたたくさんの言葉は、ひょっとすると、合唱部の他のメンバーとの会話の中で出たものもたくさんあるのかもしれない。みんなが、互いの言葉を言い聞かせるように自分のものにして、無理矢理にでも納得しようとしている。

合唱だけ特別、甲子園だけ特別、という話題が出たのもそうなのかもしれない。特別なんてないって、言い聞かせている。だけど、美琴も――今、この瞬間、うちの高校にはないけれど、どこかにいる全国の野球部の人たちだって――、誰も自分たちが特別かどうかなんて考えてないはずだ。そんなことを思う間もなく、三月からはもうずっと、私たちは決められたことに従うしかなくて、考える自由なんてなかったのに。

「分断が進むなぁ……」

口から勝手に呟きが出た。分断。この言葉も、三月以降、テレビとかネットで多く使われるようになって、亜紗の日常に降りてきた言葉のひとつだ。学校が休校になっていたのと同じ時期、世界のあちこちでも大規模なロックダウンがあり、さまざまなイベントが中止、延期をb余儀なくされた。国と国とが入国制限を行い、皆が家にこもる日々は、これまで誰も経験したことがないc未曾《みぞ》有《う》の事態で、つまり、今いる人類の誰もどうしていいのかわかっていない。正解がない中で、さまざまな意見があり、対立もまたある。

③胸がぎゅっとなる。天文部の合宿は、亜紗が、とても楽しみにしているものだった。夏と冬、年に二回あって、茨城県北の天文台を有する研修センターで行われる。亜紗の家の周辺や学校の屋上でも星は見られるけれど、山の上の研修センターからの眺めは格別に素晴らしくて、去年初めて参加できた時には、心の底から天文部に入ってよかった、と思った。

ベッドに寝転んだまま顔を横に向けると、勉強机が見えた。座ると目に入る高さに、望遠鏡の設計図が貼ってある。亜紗たちが去年から取り組んでいる望遠鏡作りのプロジェクトは、順調にいけば、今年のうちに完成するはずだった。天文部の活動は確かに屋外だけど、望遠鏡作りは地学室でやる屋内作業だから、今後どうなるかはまだわからない。

屋内作業で密閉状態になるのがダメとか、飛沫《ひまつ》が飛ぶ活動が最もよくないとか、今年の初めには誰も知らなかった〝常識〟が、この身に沁《し》み込んでいる。距離を取るとか、マスクをするとか、人と会わない、とか、初めは、「嘘《うそ》でしょ？」って思うくらいナンセンスな対策だと思った。だって、相手も自分も感染していないかもしれないのに、それなのに互いを避け合ってるって、なんかシュールでおかしくない？　って。

だけど、それくらいしか、自分たちが今できることはないらしい。あとは、アルコールによるこまめな消毒。手洗い。大真面目な話、感染してるかどうかが自分たちですらわからないこの病気を前にしては、そういう地道でシュールな方法で対抗するしかないらしい。

　集まらないこととか、歌わないことも、そこでは重要になる。起こらないかもしれないけれど、起こってしまう可能性を最初から潰すことができるのなら、それに越したことはないから。

　ゆっくりと時間をかけて考えて、次の瞬間、がばっと跳ね起きる。

　コンクールが中止になった友達に、かけたい言葉。

　電話しようかと思ったけど、残る形になってほしくて、美琴にＬＩＮＥを送る。

『悲しみとかくやしさに、大きいとか小さいとか、特別とかないよ』

　すぐには返せなかったけど、たぶん、亜紗はこういうことが言いたかった。［　　X　　］

　すぐに言えなくてごめん、と念じていると、すぐに、美琴から既読がついた。返事が来る。

『ありがと』

　それからすぐにもう一文。

『亜紗に会いたいな』

　会いたい、という言葉が、こんなに意味を持つようになるなんて。スマホを握りしめて、亜紗は静かに深く、息を吸い込む。

　学校に行きたい、なんて気持ちが自分の中にあるなんて夢にも思わなかった。

（辻村深月『この夏の星を見る』ＫＡＤＯＫＡＷＡ）

㊟　インターハイ――「全国高等学校総合体育大会」の通称。高校生を対象とする全国規模の総合スポーツ選手権大会のこと。通常は八月ごろに開催される。

問一 〰〰線部a〜cの語句の本文中の意味として最も適切なものを、それぞれ次の中から選び、記号で答えなさい。

a 「咄嗟に」

ア 慌てふためき　イ 驚きのあまり　ウ その瞬間すぐ　エ われを忘れて

b 「余儀なくされた」

ア しなくてもよかった　イ したほうがよかった　ウ するかもしれなかった　エ せざるを得なかった

c 「未曾有の」

ア 大規模な　イ 前例のない　ウ きわめて悲惨な　エ たとえようのない

問二 ――線部①「通話を終えた今も、溪本亜紗はまだずっと考えている」とありますが、亜紗はどのようなことを「考えている」のですか。**本文六行目以降**で、その内容が書かれている最初の一文を抜き出し、最初の五字で答えなさい。

問三 ――線部②「うまく返せずにいる」とありますが、それはなぜですか。最も適切なものを次の中から選び、記号で答えなさい。

ア 美琴は、意外にも、天文部の合宿があればいいと言ってくれはしたものの、合唱コンクールが中止になって失望しているはずの美琴が本当にそう思っているのかどうか、真意をはかりかねたから。

イ 亜紗の予期に反して、美琴が発した言葉は、亜紗の希望の実現をしみじみと願ってくれるような言い方であり、自分自身がつらいはずの美琴に対してどう言えばよいかわからなかったから。

ウ いつもなら明るく亜紗に共感してくれる美琴が、亜紗の楽しみの話を呟くような言い方をしたことが予想外で、言葉には出さなくても美琴がつらい思いをしているということを感じとったから。

エ 合唱コンクールが中止になった美琴に対して、天文部の合宿の実施を願う自分の素直な気持ちを表すのはうしろめたくもあり、自分の本心を隠して発した美琴の言葉にうかつな返答はできないから。

問四 ――線部③「胸がぎゅっとなる」とありますが、ここでの亜紗の心情はどのようなものですか。最も適切なものを次の中から選び、記号で答えなさい。

ア 合唱コンクールが中止になった状況を、仕方のないことだと言って気丈に受けいれようとしている美琴のことを思うと、胸が痛むほど悲しい気持ちになっている。

イ 何が正解なのか誰もわかっていないにもかかわらず、制限をかけることが正解であると言いつのる世間の風潮に、胸が苦しくなるほど反発する気持ちを抱いている。

ウ 美琴や自分、世の中の人々が、どうすべきなのかわからないまま、息苦しい生活に耐えなければならない状況に、胸が締め付けられるような不安な気持ちになっている。

エ 合唱コンクールが中止になったのはまだしも、自分が楽しみにしていた天文部の合宿までもなくなるだろうと考えると、胸に迫ってくるような無念な気持ちになっている。

問五 空欄 X に入る言葉として最も適切なものを次の中から選び、記号で答えなさい。

ア 美琴の悲しみは特別なものでもなんでもない。だって、この時期、みんなが味わっていることなんだし。

イ 今は悲しいと思うけど、そんなに落ち込まないで。だって、いつかまた楽しいときがくるよ、きっと。

ウ 美琴だけじゃなくて悲しいのは私も一緒だよ。だって、私、美琴の歌うの、聴きに行きたかったんだ。

エ 強豪だから悲しむ権利があるとかないとか、そういうことでもない。だって、誰とも比べられない。

問六　本文について、次の六人で意見を述べ合いました。本文の内容や表現について**適切でない**意見を述べているのは誰ですか。**二人**選び、記号で答えなさい。

ア　生徒ア「美琴から合唱コンクールが中止になったと聞いて、亜紗は美琴の気持ちに寄り添って何とか彼女を慰めたいと思っているようだね。でも、どういう言葉をかけたらいいのかがわからず、戸惑いながら話している感じだよ。そのせいか、はっきりとした言い方ができていないところも多いね。」

イ　生徒イ「その一方で、美琴は亜紗の言葉に割り込むようにして話しているところもあるね。コンクールの中止は仕方なく、自分たちのレベルでは落ち込むほどのことでもないと亜紗に説明しているけど、その様子は、何か割り切れない思いを抑えるため、無理に自分に言い聞かせているようにも見えるなあ。」

ウ　生徒ウ「確かにそうだね。がっかりした気持ちや悔しそうな気持ちはきっと心の中にあるだろうけど、それをはっきり言葉に出しては言っていないよね。そんなふうにして自分の感情を抑えることのできる美琴は、きっと普段から冷静にふるまえる人物なのだろうと推察できるね。」

エ　生徒エ「二人のやりとりの合間に地の文があって、そこではコロナに影響される世の中の状況を説明するだけでなく、亜紗の内面も詳しく描写されていたね。地の文では登場人物が『亜紗』や『美琴』といった三人称で書かれてはいるけれども、亜紗の視点から物語が描かれているんだね。」

オ　生徒オ「なるほどね。地の文と会話文ということで言うと、地の文ではダッシュ記号（――）が用いられ、会話文ではリーダ記号（……）が用いられていたよね。前者は、直前の語句を補足説明するところや、考え込んでしまうところ、相手の言葉を思い出すところなど、いくつかの使い方がされているよ。」

カ　生徒カ「それから、リーダ記号の方は、亜紗が語尾を強めているところで使われているね。他にも記号では、一重かぎかっこ（「　」）と二重かぎかっこ（『　』）が使い分けられているよ。前者はどれも亜紗の言葉に使われ、後者はどれも美琴の言葉に使われていて、かぎかっこを見るだけで、誰の言葉なのかが分かる工夫がされているね。」

【二】　次の文章を読んで、後の問いに答えなさい。

特定の目的に向けて他者をコントロールすること。私は、これが利他の最大の敵なのではないかと思っています。

冒頭で、私は「利他ぎらい」から研究を出発したとお話ししました。なぜそこまで利他に警戒心を抱いていたのかというと、これまでの研究のなかで、他者のために何かよいことをしようとする思いが、しばしば、その他者をコントロールし、支配することにつながると感じていたからです。①善意が、むしろ壁になるのです。

たとえば、全盲になって一〇年以上になる西島《にしじま》玲《れ》那《な》さんは、一九歳のときに失明して以来、自分の生活が「毎日はとバスツアーに乗っている感じ」になってしまったと話します。「ここはコンビニですよ」。「ちょっと段差がありますよ」。どこに出かけるにも、周りにいる晴眼者が、まるでバスガイドのように、言葉でことこまかに教えてくれます。それはたしかにありがたいのですが、すべてを先回りして言葉にされてしまうと、自分の聴覚や触覚を使って自分なりに世界を感じることができなくなってしまいます。たまに出かける観光だったら人に説明してもらうのもいいかもしれない。けれど、それが毎日だったらどうでしょう。「障害者を演じなきゃいけない窮屈さがある」と彼女は言います。晴眼者が障害のある人を助けたいという思いそのものは、すばらしいものです。けれども、それがしばしば「善意の押しつけ」という形をとってしまう。障害者が、健常者の思う「正義」を実行するための道具にさせられてしまうのです。

若年性アルツハイマー型認知症当事者の丹野《たんの》智文《ともふみ》さんも、私によるインタビューのなかで、同じようなことを話しています。

　助けてって言ってないのに助ける人が多いから、イライラするんじゃないかな。家族の会に行っても、家族が当事者のお弁当を持ってきてあげて、ふたを開けてあげて、割り箸を割って、はい食べなさい、というのが当たり前だからね。「それ、おかしくない？　できるのになぜそこまでするの？」って聞いたら、「やさしいからでしょ」って。「でもこれは本人の自立を奪ってない？」って言ったら、一回怒られたよ。でもぼくは言い続けるよ。だってこれをずっとやられたら、本人はどんどんできなくなっちゃう。

認知症の当事者が怒りっぽいのは、周りの人が助けすぎるからなんじゃないか、と丹野さんは言います。何かを自分でやろうと思うと、先回りしてぱっとサポートが入る。お弁当を食べるときにも、割り箸をぱっと割ってくれるといったように、やってくれることがむしろ本人たちの自立を奪っている。病気になったことで失敗が許されなくなり、挑戦ができなくなり、自己肯定感が下がっていく。丹野さんは、周りの人のやさしさが、当事者を追い込んでいると言います。

ここにａアットウ的に欠けているのは、他者に対する信頼です。目が見えなかったり、認知症があったりと、自分と違う世界を生きている人に対して、その力を信じ、ｂマカせること。やさしさからつい先回りしてしまうのは、その人を信じていないことの裏返しだともいえます。

社会心理学がｃセンモンの山岸俊男《やまぎしとしお》は、②信頼と安心はまったく別のものだと論じています。どちらも似た言葉のように思えますが、ある一点において、ふたつはまったく逆のベクトルを向いているのです。

その一点とは「不確実性」に開かれているか、閉じているか。山岸は『安心社会から信頼社会へ』のなかで、その違いをこんなふうに語っています。

> 信頼は、社会的不確実性が存在しているにもかかわらず、相手の（自分に対する感情までも含めた意味での）人間性のゆえに、相手が自分に対してひどい行動はとらないだろうと考えることです。これに対して安心は、そもそもそのような社会的不確実性が存在していないと感じることを意味します。

安心は、相手が想定外の行動をとる可能性を意識していない状態です。要するに、相手の行動が自分のコントロール下に置かれていると感じている。

それに対して、信頼とは、相手が想定外の行動をとるかもしれないこと、それによって自分が不利益をｄ被るかもしれないことを前提としています。つまり「社会的不確実性」が存在する。にもかかわらず、それでもなお、相手はひどい行動をとらないだろうと信じること。これが信頼です。

つまり信頼するとき、人は相手の自律性を尊重し、支配するのではなくゆだねているのです。これがないと、ついつい自分の価値観を押しつけてしまい、結果的に相手のためにならない、というすれ違いが起こる。③相手の力を信じることは、利他にとって絶対的に必要なことです。

(注)私が出産直後に数字ばかり気にしてしまい、うまく授乳できなかったのも、赤ん坊の力を信じられていなかったからです。

もちろん、安心の追求は重要です。問題は、安心の追求には終わりがないことです。一〇〇%の安心はありえない。

信頼はリスクを意識しているのに大丈夫だと思う点で、不合理な感情だと思われるかもしれません。しかし、この安心の終わりのなさを考えるならば、むしろ、「ここから先は人を信じよう」という判断をしたほうが、合理的であるということができます。

利他的な行動には、本質的に、「これをしてあげたら相手にとって利になるだろう」という、「私の思い」が含まれています。重要なのは、それが「私の思い」でしかないことです。

思いは思い込みです。そう願うことは自由ですが、相手が実際に同じように思っているかどうかは分からない。「これをしてあげたら相手にとって利になるだろう」が「これをしてあげるんだから相手は喜ぶはずだ」に変わり、さらには「相手は喜ぶべきだ」になるとき、利他の心は、eヨウイに相手を支配することにつながってしまいます。

つまり、利他の大原則は、「自分の行為の結果は［　X　］」ということなのではないかと思います。やってみて、相手が実際にどう思うかは分からない。分からないけど、それでもやってみる。この不確実性を意識していない利他は、押しつけであり、ひどい場合には暴力になります。

「自分の行為の結果は［　X　］」とは、別の言い方をすれば、「見返りは期待できない」ということです。「自分がこれをしてあげるんだから相手は喜ぶはずだ」という押しつけが始まるとき、人は利他を自己犠牲ととらえており、その見返りを相手に求めていることになります。

私たちのなかにもつい芽生えてしまいがちな、見返りを求める心。先述の(注)ハリファックスは、警鐘を鳴らします。「自分自身を、他者を助け問題を解決する救済者と見なすと、気づかぬうちに権力志向、うぬぼれ、自己陶酔へと傾きかねません」
（『Compassion』）。

（伊藤《い》藤《とう》亜《あ》紗《さ》「『うつわ』的利他——ケアの現場から」〔伊藤亜紗編著『「利他」とは何か』所収〕）

㊟ 私が出産直後……できなかった —— 筆者はかつて自分が出産したあと、育児のマニュアルにしたがって、授乳の量やタイミングを厳密に守らなければならないと思い込んで、苦労した経験がある。

ハリファックス —— アメリカの人類学者で禅僧。本文の少し前の部分で、国際支援についての考え方が紹介されている。『Compassion』は、その著書。

問一 〰〰線部a〜eについて、カタカナは漢字に直し、漢字は読み方をひらがなで答えなさい。

問二 ——線部①「善意が、むしろ壁になる」とありますが、それはどういうことですか。最も適切なものを次の中から選び、記号で答えなさい。

ア せっかく他者のためを思って行動したのに、それが独りよがりなものになってしまうと、結果的に利他への警戒心を相手に抱かせることにつながってしまうということ。

イ 他者のために善かれと思ってやったことが善意の押しつけになってしまうと、結果的に相手の自立心を奪い、かえって相手を苦しめることになりかねないということ。

ウ 困っている人を助けようという善意から出た行動が先回りした行動につながると、結果的に相手は自分が馬鹿にされたように感じて、相手を怒らせてしまうということ。

エ 他者のために何かよいことをしようという意気込みが、結果的に自分をよく見せようとすることだけにつながって、相手のことがなおざりになってしまうということ。

問三　――線部②「信頼と安心はまったく別のものだ」とありますが、「信頼」と「安心」の違いを百字以内で説明しなさい。

問四　――線部③「相手の力を信じることは、利他にとって絶対的に必要なことです」とありますが、筆者がこのように述べるのはなぜですか。最も適切なものを次の中から選び、記号で答えなさい。

ア　自分の行動が相手の利になると考えるのは思い込みにすぎず、相手の能力を信じ、たとえ失敗したとしても自分で挑戦しようとする相手の気持ちを尊重してはじめて、単なる押しつけではなく本当に相手を思いやることにつながるから。

イ　相手の自律性を尊重し、ゆだねる姿勢を貫けば、相手にとって良いことになるはずだという思いに基づく行為の結果が、たとえ相手からどのように受け止められたとしても、それを気にすることなく堂々と行動できるようになるから。

ウ　支配するのではなく相手が持つ能力を信じてゆだねることによって、相手の利益だけを考えて行動しようとする自分の価値観などは取るに足りないものだと考え、謙虚な姿勢で誠実に相手と向き合うことができるようになるから。

エ　相手が想定外の行動をとる可能性を意識し、先回りすることで、たとえ相手からありがた迷惑だと思われたとしても、自分は相手にとって本当のやさしさを発揮することができたのだと、自分の信念に基づく行為を正当化できるから。

問五　空欄　X　に入る語句として最も適切なものを次の中から選び、記号で答えなさい。

ア　責任を問われない　　イ　コントロールできない　　ウ　善悪とは関係がない　　エ　数字では計れない

問六　筆者は「利他的な行動」とは、どのようであるべきだと考えていますか。その具体的事例として、最も適切なものを次の中から選び、記号で答えなさい。

ア　クラスの中で自分が孤立しないように、積極的に面白いことを言ってみんなを笑わせ、場を盛り上げる努力をした。

イ　人には親切にしなさいと、お母さんから言われていたのを思い出して、電車で立っていたお年寄りに席を譲った。

ウ　数学が得意な自分に、問題が解けなくて困っている友だちが質問してきたので、解くためのヒントをいくつか教えた。

エ　家で自分が作ったサンドイッチがあまりに美味《おい》しかったので、学校へ持っていって友だちにも食べるように勧めた。

【三】 次の文章は、「俵藤太《たわらとうだ》物語」の一節です。これを読んで、後の問いに答えなさい。

近江国《あふみ》（現在の滋賀県）勢田《せた》の橋で人々の往来をはばむ化物《ばけもの》を、退治してほしいとある女から頼まれた藤太は、約束の時刻に間に合うように勢田の橋へと出発した。勢田が近くなった頃、恐ろしいほどの無数の雷鳴（いかづち）がとどろき、雨や風が激しくなり、化物が現れた。

されども藤太は、①世に聞こふる剛のものなれば、すこしもさはがず、「竜宮《りうぐう》の敵《かたき》といふは是《これ》ならん」と、思ひさだめて、㊟くだんの弓矢をさしくはへ、化物のちかづくを待つほどに、㊟矢ごろにも成《な》りしかば、あくまで引きしぼり、眉間《みけん》のまん中とおぼしきところを射たりしに、その手ごたへ、㊟くろがねの板などを射るやうに聞こえて、㊟筈《はず》をかへして②たたざりければ、やすからず思ひて、又二の矢をとつてつがひ、おなじ㊟矢つぼを心がけ、㊟忘るるばかり引きしぼりて射たりけるが、この矢も又おどりかへつて、身にはすこしもたたざりけり。ただ、三すぢ持つたる矢を、二すぢは射そんじたり。たのむところはただ一すぢ、③これを射そんじてはいかがせんと、とりどりに思ひめぐらしつつ、このたびのやじりには、つばきをはきかけ、うちつがひ、㊟南無《なむ》八幡大《はちまんだい》菩薩《ぼさつ》と心中に祈念《きねん》して、またおなじ矢つぼとこころがけ、よつぴいてひやうど放ちければ、こんどは手ごたへして、はたとあたるとおぼえしより、[X]一度に㊟はつと消え、百千万のいかづちも、㊟ひしひしなりやみけり。さては、化物は滅《めつ》したる事うたがひなしと思ひ、㊟下《しも》部《べ》どもにたいまつともさせ、くだんの化物をよくよく見れば、まがふべくもなきむかで也《なり》。百千万のいかづちと聞こえしは、大地をひびかす音なるべし。二三千のたいまつと見えしは、足にてやあるらん。頭《かしら》は牛鬼《うしおに》のごとくにて、そのかたち大なることたとへんかたもなし。くだんの矢は、眉間のただ中を通つて、のんどの下まで、くつとぬけ通りけり。急所なれば、ことはりといひながら、かほどの大きなる化物、一すぢ通る矢に、いたみ滅びける弓勢《ゆんぜい》のほどこそ㊟ゆゆしけれ。

㊟ くだんの —— 例の。ここでは、藤太が使用している弓が五人がかりで弦《つる》を張るほどの強い弓であることを指す。
矢ごろ —— 矢の射程距離。
くろがね —— 鉄。
筈 —— 矢の末端で、弓の弦に引っかけるところ。
矢つぼ —— 矢を射るときのねらい所。
忘るるばかり引きしぼりて —— 矢をかけたのを忘れるほどに十分に引きしぼって。
南無八幡大菩薩 —— 成功を祈る言葉。「八幡大菩薩」とは武家の守護神。
はっと —— パッと。
ひしひしなりやみけり —— ぴたりと鳴り止んだ。
下部ども —— 召使いたち。
ゆゆしけれ —— 大したものだ。

問一 ——線部①「世に聞こふる剛のものなれば」の解釈として最も適切なものを次の中から選び、記号で答えなさい。

ア 世間でよく聞く強い精神を持つ者なのに
イ 世の中を騒がすほどの怪力を持つ者なのに
ウ 世間で名の通った強情な性格の者なので
エ 世の中に知られた強くて勇敢な者なので

問二 ——線部②「たたざりければ」の解釈として最も適切なものを次の中から選び、記号で答えなさい。

ア 矢を射る藤太の足腰が立たないのに
イ 矢がはね返って立たないので
ウ 化物を矢で成敗する見通しが立たないのに
エ 矢が刺さった音が立たないので

問三 ――線部③「これを射そんじてはいかがせん」の解釈として最も適切なものを次の中から選び、記号で答えなさい。

ア この矢を射ることをためらっていてはどんなに恥ずかしいだろう
イ この矢を射さえすればなんとか化物を倒すことができるだろう
ウ この矢を射ることをしくじってしまえばどうしようもないだろう
エ この矢を射て化物に命中させるといったいどうなることだろう

問四 空欄 X に入る語句として最も適切なものを、本文中から十字以内で抜き出して答えなさい。

問五 藤太が戦った「化物」は何の化物だったのですか。それを表す語を本文中から抜き出して答えなさい。

問六　本文について、次の六人で意見を述べ合いました。本文の内容や表現について**適切でない**ことを述べているのは誰ですか。次の中から**二人**選び、記号で答えなさい。

ア　生徒ア「藤太が射た一本目の矢は眉間のまん中辺りに当たったね。けれども、まるで鉄板を射たかのような音がして、二本目の矢を用意したよ。」

イ　生徒イ「二本目の矢も同様に狙いを定めて、今度は弓を十分に引きしぼって化物を射たけれど、その矢も跳ね返って、結局はかすり傷すら負わせられなかったよ。」

ウ　生徒ウ「三本目の矢を射るときに、心の中で『南無八幡大菩薩』と武家の守護神に祈りながら射たので、その霊験もあったのか化物を見事射抜いたよ。化物が倒れて大地を響かせるような音が鳴ったんだね。」

エ　生徒エ「その矢が弦から放たれて飛ぶ音を表す『ひやう』や、音がぴたりと鳴り止む様子を表す『ひしひし』などのように、擬音語や擬態語が巧みに使用されて臨場感ある表現になっているね。」

オ　生徒オ「その矢が見事に化物の急所を射た様子も、『くつとぬけ通りけり』と、擬態語を使って表現しているね。そうやって藤太が倒した化物の大きさについて、作者は『ゆゆしけれ』と感想を述べているよ。」

カ　生徒カ「『とりて』を『とつて』、『おどりかへりて』を『おどりかへつて』のように表現し、話し言葉に近いものになっているね。音便表現を使ったリズム感のある文章になっているよ。」

（以　上）

令和6年度

清風高等学校入学試験問題

数　学 (50分)

試験開始の合図があるまで，この「問題」冊子を開かず，下記の注意事項を読んでください。

【注　意　事　項】

1．試験開始の合図で，解答用紙の所定の欄に「受験番号」,「名前」をはっきりと記入してください。

2．この「問題」冊子は，５ページあります。解答用紙は１枚です。ページが脱落している場合は手を挙げて試験監督の先生に知らせてください。

3．解答は，解答用紙の指定されたところに記入してください。

4．各ページの余白は下書きに使用してもかまいません。

5．試験終了の合図で,「問題」冊子の上に解答用紙を重ねてください。

6．「問題」冊子及び解答用紙は持ち帰ってはいけません。

1　次の各問いに答えなさい。

（1）$\dfrac{6a-b}{5}-\dfrac{a-2b}{3}$ を計算しなさい。

（2）$x^2y-4xy+3y$ を因数分解しなさい。

（3）右の図の円Oにおいて，$\angle x$ の大きさを求めなさい。

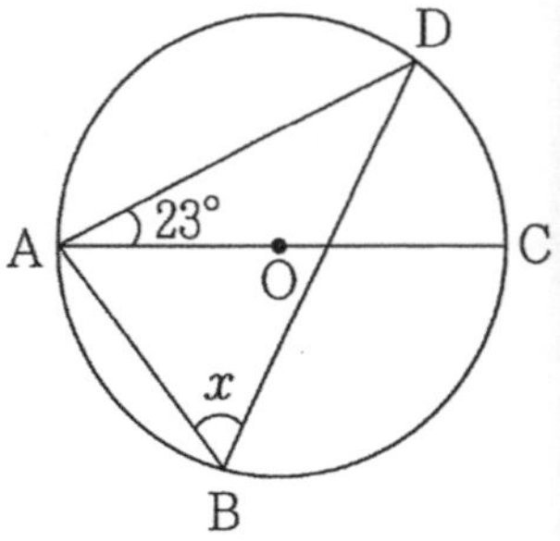

（4）右の図のような，AD∥BCの台形ABCDがあり，辺AB，対角線BDの中点をそれぞれE，Fとし，EFの延長と辺CDの交点をGとする。
AD＝10 cm，BC＝12 cm のとき，EG の長さを求めなさい。

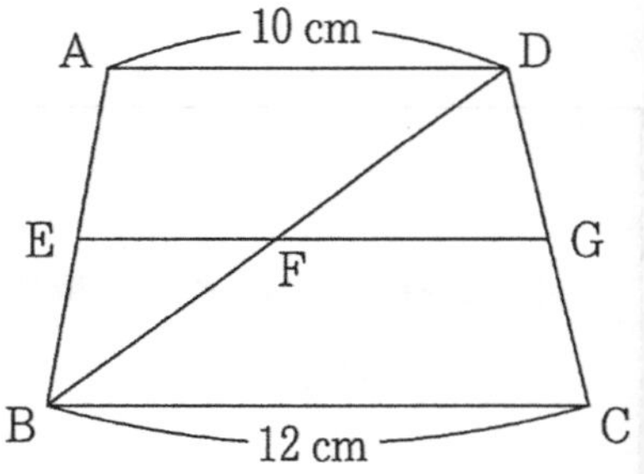

（5）下のヒストグラムは，a～cの箱ひげ図のいずれかに対応している。その箱ひげ図を記号で答えなさい。

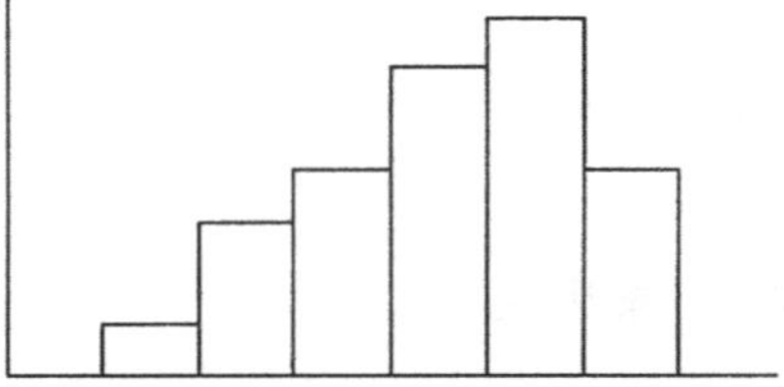

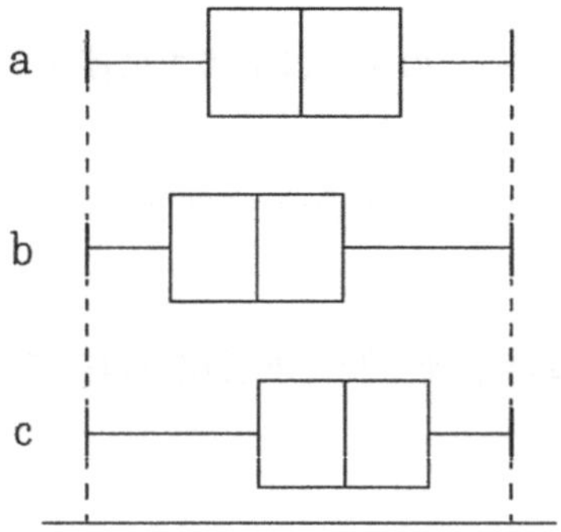

2024(R6) 清風高
教英出版

2

1個の定価が400円の商品がある。この商品を定価で売ると1日に60個売れ，売り値を定価の$5x$%引きにすると，定価で売るときと比べ1日に売れる個数が$10x$%増える。売り値を定価の$5x$%引きにして売るとき，次の問いに答えなさい。ただし，xは正の整数とし，消費税は考えないものとする。

(1) $x=2$のとき，この商品の1個の売り値と1日に売れる個数をそれぞれ求めなさい。

(2) この商品1個の売り値をxを用いて表すと，$\left(400-\boxed{\text{あ}}\,x\right)$円である。ⓐにあてはまる正の整数を答えなさい。

(3) この商品が1日に78個売れたとき，xの値を求めなさい。

(4) この商品の1日の売り上げが27000円であったとき，xの値を求めなさい。

3　図のように，関数 $y=x^2$ のグラフ上に2点A，Bがあり，それぞれの x 座標は -2，3である。また，直線ABと y 軸との交点をCとし，傾きが2で点Bを通る直線と y 軸との交点をDとする。このとき，次の問いに答えなさい。

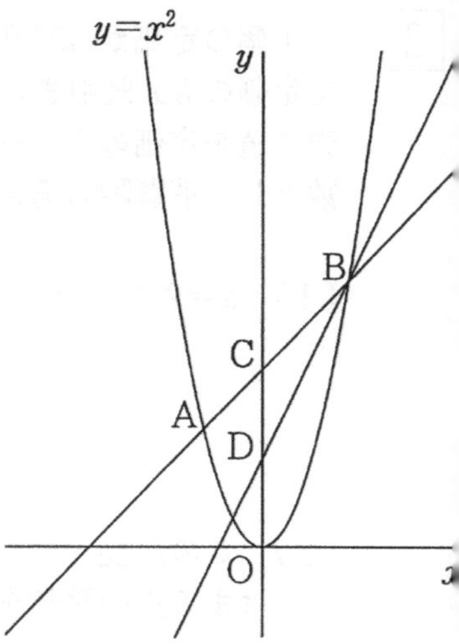

（1）　点Dの座標を求めなさい。

（2）　直線ABの式を求めなさい。

（3）　△ADBの面積を求めなさい。

（4）　△BCDの面積と△BCPの面積が等しくなるような x 軸上の点Pは2つある。このとき，点Pの x 座標を求めなさい。

（5）　△AQBの周の長さが最小になるように x 軸上に点Qをとる。このとき，点Qの x 座標を求めなさい。

4　図のように，BC＝3 cm，∠ACB＝90°の直角三角形ABCがあり，辺AC上にAD：DE：EC＝3：1：1となるように2点D，Eをとる。また，3点B，D，Eを通る円の中心をOとし，円Oと辺ABの交点のうちBでない方をFとする。∠BED＝120°のとき，次の問いに答えなさい。

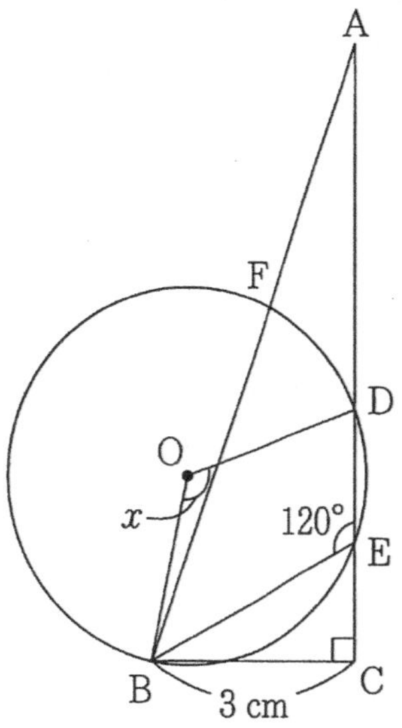

（1）　CEの長さを求めなさい。

（2）　ABの長さを求めなさい。

（3）　∠xの大きさを求めなさい。

（4）　円Oの半径を求めなさい。

（5）　△AFEの面積を求めなさい。

5　図のように，1辺の長さが6 cmの正方形ABCDを底面とする正四角錐O－ABCDがあり，OA＝OB＝OC＝OD＝9 cmである。辺AB，CDの中点をそれぞれM，Nとし，辺OA，OB上にそれぞれOP：PA＝1：2，OQ：QB＝1：2となるようにP，Qをとる。また，OMとPQの交点をEとし，点NからOMに垂線NKを引くとき，次の問いに答えなさい。

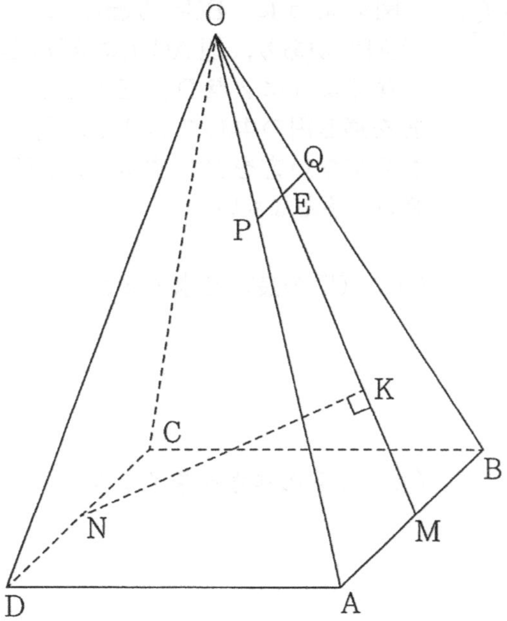

（1） PQおよびOMの長さを求めなさい。

（2） KM＝x cm，NK＝y cmとおく。
△ONKおよび△KNMが直角三角形であることに注目して，x，yの値をそれぞれ求めなさい。

（3） OE：OKを，最も簡単な整数を用いて表しなさい。

（4） 正四角錐O－ABCDを，PQを含み面OABに垂直な平面で切断するとき，

(ア) 切断面の面積を求めなさい。

(イ) 2つに分けられた立体のうち，点Oを含む方の立体の体積を求めなさい。

令和６年度

清 風 高 等 学 校 入 学 試 験 問 題

英　　語（50分）

試験開始の合図があるまで，この「問題」冊子を開かず，下記の注意事項を読んでください。

【注　意　事　項】

1．試験開始の合図で，解答用紙の所定の欄に「受験番号」，「名前」をはっきりと記入してください。

2．この「問題」冊子は，11ページあります。解答用紙は１枚です。ページが脱落している場合は手を挙げて試験監督の先生に知らせてください。

3．解答は，解答用紙の指定されたところに記入してください。

4．試験終了の合図で，「問題」冊子の上に解答用紙を重ねてください。

5．「問題」冊子及び解答用紙は持ち帰ってはいけません。

I　次の各組の［　　　］内の語をそれぞれ日本語の意味になるように並べかえたとき，それぞれの（　a　），（　b　）に当てはまるものを答えなさい。ただし，文頭にくる語を大文字にしてあるとは限りません。

1　トムがその夜道を歩くのは危険だ。

［ dangerous / along / it / for / Tom / is / to / walk ］ the street at night.

(　　　)(　　　)(　a　)(　　　)(　b　)(　　　)(　　　)(　　　) the street at night.

2　君と彼女は，一か月で同じぐらい本を読む。

［ many / you / books / she / read / does / as / as ］ in a month.

(　　　)(　　　)(　a　)(　　　)(　b　)(　　　)(　　　)(　　　) in a month.

3　何か冷たい飲み物はいかがですか。

［ something / would / to / you / like / cold ］ drink?

(　　　)(　　　)(　a　)(　　　)(　b　)(　　　) drink?

4　ケンと話をしている少女は英語が上手です。

［ the / English / speaks / Ken / girl / well / talking / with ］.

(　　　)(　　　)(　a　)(　　　)(　　　)(　b　)(　　　)(　　　).

Ⅱ は次のページにあります。

Ⅱ　次の文を読んで，後の問いに答えなさい。

Fred : Hey, the exams are coming. Are you prepared for them?

Jack : [A]

Fred : No, I'm not, either. ①I don't know [begin / I / which / to / should / study / subject].

Jack : Don't worry. I hear that nobody has begun to study.

Fred : Oh, really? Everyone says so, but I think they are studying for the exams. *What if nobody is prepared for the exams?

Jack : I don't think ②that will happen. Students will come well prepared.

Fred : Okay. Though you have said that you haven't started studying yet, what are your plans? How are you going to study?

Jack : I don't really know.

Fred : Hey, I have an idea!

Jack : [B]

Fred : Shall we study together? If we do so, ③we will understand [we / the important points / study / need / to]!

Jack : [C]

Fred : Studying with a friend is more fun than studying (X)!

Jack : That's true! Students understand more when they study in a group!

Fred : Exactly! So, when shall we begin?

Jack : Tomorrow?

Fred : Yeah! ④Tomorrow works for me. We can set a target of 25 questions tomorrow and 25 questions on the next day. And we can *review them on the third day. [D]

Jack : That sounds perfect!

㊟ What if：もし～ならどうなるのだろうか　　review：～を復習する

問1 [A] ～ [D] に入る適切なものを，次のア～エからそれぞれ1つずつ選び，記号で答えなさい。ただし，同じ記号を2回以上使ってはいけません。

ア　What is it?
イ　No, not yet. Are you?
ウ　What do you think about that?
エ　Actually, that is not a bad idea!

問2　下線部①が「どの教科から勉強をしたらいいのかわからないよ。」という内容になるように，[　　　] 内の語を並べかえたとき，次の（　a　），（　b　），（　c　）に当てはまるものを答えなさい。

I don't know（　　　）（　a　）（　　　）（　b　）（　　　）（　　　）（　c　）.

問3　下線部②が指す内容を日本語で答えなさい。

問4　下線部③の [　　　] 内の語（句）を文意が通るように並べかえなさい。

問5　本文の流れに合うように，（　X　）に当てはまる1語を英語で答えなさい。

問6　下線部④の内容として適切なものを，次のア～エから1つ選び，記号で答えなさい。

ア　明日は仕事なんだ。
イ　その仕事は明日やるよ。
ウ　明日で大丈夫だよ。
エ　明日はやめておこう。

Ⅲ　次の文を読んで，後の問いに答えなさい。

Most people love chocolate. Some enjoy sweet milk chocolate and others like strong dark chocolate. But most chocolate lovers agree — ①there is no other food like it. It has a wonderful rich taste which stays (1) your mouth. Did you know that there are more than 300 different *flavors of chocolate? Now, chocolate is more and more popular in countries all around the world.

But what is chocolate and where did it first come from? Chocolate is made from the beans of the cacao tree. These trees first grew in the *rainforests of Central and South America and people began to use the beans a very long time ago. The tree has large fruit called *pods and these have the beans inside. The scientific name for the cacao tree is *Theobroma cacao*. *Theobroma* means 'food of the gods.' ②People thought [the / the / tree / fruit / from / that / was / came] wonderful.

The people who first used the pods of the cacao tree were perhaps *the Olmecs three thousand years ago. The Olmecs lived deep in the rainforest in the country that is now called Mexico. People think that the Olmecs broke the large pods of the tree [A] food. However, they did not use the cacao beans, and they only ate the sweet white *pulp around the beans. In Brazil and other places in South America, people still make a drink from this soft pulp.

Since the 1970s people have also asked questions about the word 'cacao'. Where did it come from and who first used it? They have found the word 'kakawa' in the old Olmec language and they now think that 'cacao' came from there.

The earliest examples of making chocolate from cacao beans come from *the Maya people 1,500 years ago. These clever people lived in the same area as the Olmecs. ③They were the first people to grow cacao trees and make food from the beans. We know from their stories that chocolate was very [B] to them. On special days, they gave chocolate to their gods as gifts.

The Maya made a strong chocolate drink from the beans. First, they took them to a warm, dark place. Next, they put them in the sun to cook the beans. Then, they *ground them to make *paste. After that, when the paste was hard and dry, they put it into water. Finally, they *poured the water between two cups, from one to [C] and back again, for a long time. This made a special drink (2) a lot of *bubbles, and the Maya loved it.

From around *AD 1200, the *Aztec people started to become more powerful than the Maya and they ruled the area. The center of the Aztec world was the city of Tenochtitlan — today's Mexico City. Cacao trees did not grow well there [D] it was too dry. So, the Aztec people (they loved chocolate like the Maya) began to buy cacao beans from the Maya. In the end, these beans were very valuable and they were used as money.

Like the Maya, the Aztec people made cacao beans (3) a drink. They called it *chocolatl*, and it gave us the word 'chocolate'. They drank a lot of *chocolatl* and it is said that the last Aztec ruler, Moctezuma Ⅱ (1466-1520), had fifty cups of chocolate a day!

Moctezuma Ⅱ was a very rich man and he was famous (4) his large 'bank' —but that was full of cacao beans, not [X]. It is said that Moctezuma Ⅱ had 960 million beans in his bank. Today we can make around 25 million chocolate bars from that number of beans.

㊟ flavor：風味　rainforest：熱帯雨林　pod：さや（豆の殻）
the Olmecs：オルメカ人　pulp：果肉　the Maya（people）：マヤ人
ground：grind（～をすりつぶす・粉にする）の過去形
paste：ペースト・のり状にすりつぶした食べ物
pour：～を注ぐ　bubble：泡　AD 1200：西暦1200年　Aztec：アステカ人の

問1　下線部①の内容として適切なものを，次のア～エから1つ選び，記号で答えなさい。

ア　チョコレート以上に好まれる食べ物はない。
イ　チョコレートのような食べ物は他にはない。
ウ　チョコレート味がする食べ物を嫌いな人はいない。
エ　チョコレートが好きな人に悪い人はいない。

問2　（ 1 ）～（ 4 ）に入る適切なものを，次のア～エからそれぞれ1つずつ選び，記号で答えなさい。ただし，同じ記号を2回以上使ってはいけません。

ア with　　イ in　　ウ for　　エ into

問3　下線部②の［　　］内の語を文意が通るように並べかえたとき，次の（ a ），（ b ）に当てはまるものを答えなさい。

People thought (　) (　) (a) (　) (　) (　) (b) (　) wonderful.

問4　[　A　]～[　D　]に当てはまる適切なものを，次のア～エからそれぞれ1つずつ選び，記号で答えなさい。

[　A　]：	ア　find	イ　finding	ウ　to find	エ　to finding
[　B　]：	ア　important	イ　helpful	ウ　cheap	エ　sweet
[　C　]：	ア　another	イ　the other	ウ　other	エ　others
[　D　]：	ア　but	イ　and	ウ　so	エ　because

問5　下線部③を日本語に直しなさい。

問6　本文の流れに合うように，[X] に入る1語を英語で答えなさい。

問7　次の1～4が本文の内容と一致すれば○，一致しなければ×を書きなさい。

1　The Olmecs were the first people that ate cacao beans in the world.
2　The word ‘cacao’ comes from the old language which the Maya used.
3　The Maya people put the chocolate paste into water and drank it.
4　Moctezuma Ⅱ was very rich because his bank produced many chocolate bars.

Ⅳ は次のページにあります。

IV 次の文を読んで，後の問いに答えなさい。

When Mikkel Frandsen was 19, he left his high school in Denmark and traveled to Nigeria. There, he soon began (A) used clothing and truck parts. His main purpose was to make money, and he did quite well. However, his experience in Nigeria touched his heart, so it changed his career and would change the lives of many others for the better.

[X] He found that children suffer and die every day from diseases that are not big problems in rich countries. In the developing countries, many children die because the water they drink is not clean and makes ①them sick. *Mosquitoes also carry diseases. Frandsen realized that he could save them with very simple things like *water filters and *mosquito nets.

After a year in Nigeria, Frandsen went home in 1992 and began working at his family's *textile business. But he saw the business in ②a new way. He found that his family's company could make things that helped to save lives in poor countries. Within a year, the company began (B) *blankets and tents for *aid workers in poor countries. Then, his company made mosquito nets — a simple thing that saves lives.

[Y] He thought there must be a way to help people in developing countries get clean drinking water. He began (C) with a *human rights organization in the United States, and then a new idea was created. Children in Nigeria often drank unclean water from streams and ponds. He decided to make something to filter that water.

[Z] When someone drinks water through it, the filter removes almost all the *harmful bacteria and viruses. Frandsen's family's company developed and made the new product, and it has become a great success. ③The product [useful / that / has / it / is / so] won several awards.

Aid groups also keep (D) a lot of LifeStraw for people who are faced with danger from diseases. Two factories now make LifeStraw, and they are working 24 hours a day to fill the many orders from groups that help people in developing countries.

㊟ mosquito：蚊　water filter：浄水器　mosquito nets：蚊帳
textile：繊維製品　blanket：毛布　aid worker：援助隊員
human rights organization：人権団体　harmful：有害な

問1　（　A　）～（　D　）に入る適切なものを，次のア～エからそれぞれ1つずつ選び，記号で答えなさい。ただし，同じ記号を2回以上使ってはいけません。

ア　buying　　イ　making　　ウ　working　　エ　selling

問2　[　X　]～[　Z　]に入る適切なものを，次のア～ウからそれぞれ1つずつ選び，記号で答えなさい。ただし，同じ記号を2回以上使ってはいけません。

ア　The result was LifeStraw, a small water filter.
イ　But Frandsen wanted to do more.
ウ　In Nigeria, Frandsen got faced with its reality.

問3　下線部①が指す内容を日本語で答えなさい。

問4　下線部②の内容として適切なものを，次のア～エから1つ選び，記号で答えなさい。

ア　フランドセンの家業の会社が，貧しい国の人々の命を救うためのものを見つけることができる方法。
イ　フランドセンの家業の会社が，貧しい国の人々の命を救うために役に立つものを作ることができる方法。
ウ　フランドセンの家業の会社が，貧しい国の人々の命を救うことによって，お金もうけができる方法。
エ　フランドセンの家業の会社が，繊維製品の新しい会社を設立することができる方法。

問5　下線部③の［　　　］内の語を文意が通るように並べかえたとき，次の（　a　），（　b　）に当てはまるものを答えなさい。

The product（　　　）（　a　）（　　　）（　　　）（　b　）（　　　）won several awards.

問6　次のア～オの中で，本文の内容と合っているものを2つ選び，記号で答えなさい。

ア　フランドセンがナイジェリアの旅の後，すぐに始めた商売ではあまりお金を稼げなかった。

イ　フランドセンの家業の会社が人々の命を守るために初めて作ったのは，蚊帳である。

ウ　ナイジェリアの子どもたちは，川や池から汚れた水を飲むことがよくあった。

エ　フランドセンの家業の会社は，LifeStrawという新製品を開発・製造した結果，大成功を収めた。

オ　フランドセンの家業の会社では，他の会社の2つの工場とともにLifeStrawを作るために1日24時間ずっと働いている。

〔以上〕

令和６年度

清風高等学校入学試験問題

理　　科（50分）

試験開始の合図があるまで，この「問題」冊子を開かず，下記の注意事項を読んでください。

【注　意　事　項】

1．試験開始の合図で，解答用紙の所定の欄に「受験番号」,「名前」をはっきりと記入してください。

2．この「問題」冊子は，15ページあります。解答用紙は１枚です。ページが脱落している場合は手を挙げて試験監督の先生に知らせてください。

3．解答は，解答用紙の指定されたところに記入してください。

4．試験終了の合図で,「問題」冊子の上に解答用紙を重ねてください。

5．「問題」冊子及び解答用紙は持ち帰ってはいけません。

1　次の文章を読み，下の各問いに答えなさい。

主成分がメタンCH_4である天然ガスは化石燃料の一種です。この化石燃料を燃焼させることで様々なエネルギーを得ることができますが，燃焼の際に生成される二酸化炭素は，地球温暖化の原因物質の１つとされています。そこで，エネルギーを得るために燃焼させても，二酸化炭素が生成されない物質であるアンモニアが，次世代の燃料として注目されています。しかし，アンモニアも生成過程では二酸化炭素が生成されます。

問１　燃焼させたときに二酸化炭素が生成されない物質として適するものを，次の**ア**～**エ**のうちから１つ選び，記号で答えなさい。

ア　プラスチック　　**イ**　ロウ　　**ウ**　マグネシウム　　**エ**　エタノール

問２　アンモニアの性質に関する文として**誤っているもの**を，次の**ア**～**エ**のうちから１つ選び，記号で答えなさい。

ア　水に非常に溶けやすい。　　**イ**　空気より密度が大きい。
ウ　水溶液はアルカリ性を示す。　　**エ**　鼻をさすような刺激臭がある。

(i)メタンを燃焼させると，水と二酸化炭素が生成されます。メタンの質量を変え，そのすべてを燃焼させたときに生成された水と二酸化炭素の質量を**表１**にまとめました。

表１

燃焼させたメタン〔g〕	4	8	12
生成された水〔g〕	9	18	27
生成された二酸化炭素〔g〕	11	22	33

問３　下線部(i)の反応を，化学反応式で表しなさい。

問４　下線部(i)について，メタン24gを燃焼させたとき，生成された水と二酸化炭素はそれぞれ何gですか。

アンモニアを次の過程で生成させました。まず，(ii)メタンを高温の水蒸気と反応させて，水素と二酸化炭素を生成させます。次に，(iii)生成させたすべての水素を窒素と反応させて，アンモニアを生成させます。

下線部(ii)について，メタンの質量を変え，そのすべてを高温の水蒸気と反応させたとき，生成された水素と二酸化炭素の質量を**表 2** にまとめました。

表 2

反応させたメタン〔g〕	6	12	18
生成された水素〔g〕	3	6	9
生成された二酸化炭素〔g〕	16.5	33	49.5

下線部(iii)について，下線部(ii)の反応により生成されたすべての水素を窒素と反応させたとき，生成されたアンモニアの質量を**表 3** にまとめました。

表 3

反応させた水素〔g〕	3	6	9
生成されたアンモニア〔g〕	17	34	51

(iv)生成されたすべてのアンモニアを燃焼させると，窒素と水が生成されます。

下線部(iv)について，下線部(iii)の反応により生成されたすべてのアンモニアを燃焼させたとき，生成された水の質量を**表 4** にまとめました。

表 4

燃焼させたアンモニア〔g〕	17	34	51
生成された水〔g〕	27	54	81

問 5　メタン24gを用いて下線部(ii)，(iii)の反応をさせたとき，生成されたアンモニアは何gですか。

問６　下線部(iii)の反応を表した次の化学反応式の空欄（　①　），（　②　）に当てはまる数値をそれぞれ答えなさい。

$$N_2 + (\ ①\ ) H_2 \rightarrow (\ ②\ ) NH_3$$

問７　下線部(i)の反応をさせたときと，下線部(ii)，(iii)，(iv)の反応をさせたときについて，次の(1)，(2)に答えなさい。

(1)　下線部(ii)，(iii)，(iv)の反応をさせ，下線部(iv)の反応により水81gが生成されました。このとき，下線部(ii)の反応により生成された二酸化炭素は何gですか。

(2)　下線部(i)の反応により生成された水の質量と，下線部(ii)，(iii)，(iv)の反応で下線部(iv)の反応により生成された水の質量とが同じでした。下線部(i)の反応により生成された二酸化炭素（Ａ）と，下線部(ii)の反応により生成された二酸化炭素（Ｂ）との質量比はどうなりますか。適するものを，次の**ア**～**オ**のうちから１つ選び，記号で答えなさい。

ア　Ａ：Ｂ＝１：１　　**イ**　Ａ：Ｂ＝１：２　　**ウ**　Ａ：Ｂ＝１：３
エ　Ａ：Ｂ＝２：１　　**オ**　Ａ：Ｂ＝３：１

2 次の文章を読み，下の各問いに答えなさい。

植物の種子には，炭水化物やタンパク質，脂肪などの栄養分が含まれています。ヒトはトウモロコシの種子の部分を食べることで，このような栄養分を取り込んでいます。また，植物の種子の(i)細胞内では，これらの栄養分を酸素を用いて分解し，(ii)発芽するためのエネルギーを取り出しています。

問1　トウモロコシの特徴として**誤っているもの**を，次の**ア**～**エ**のうちから1つ選び，記号で答えなさい。

ア　葉脈は網目状である。
イ　根はひげ根である。
ウ　子葉は1枚である。
エ　胚珠は子房の中にある。

問2　次の文章の空欄（　①　），（　②　）に当てはまる語句の組み合わせとして適するものを，下の**ア**～**エ**のうちから1つ選び，記号で答えなさい。

葉などで（　①　）によってつくられたデンプンなどの養分は，水に溶けやすい物質に変化して維管束の（　②　）を通って運ばれ，種子などに蓄えられる。

	（　①　）	（　②　）
ア	呼吸	師管
イ	呼吸	道管
ウ	光合成	師管
エ	光合成	道管

問3　植物は，種類によって種子以外の部分にも栄養分を多く含むものがあり，ヒトはその部分を主に食べます。バナナとサツマイモについて，ヒトが食べる部分の組み合わせとして最も適するものを，次の**ア**～**エ**のうちから選び，記号で答えなさい。

	バナナ	サツマイモ
ア	花弁	茎
イ	花弁	根
ウ	果実	茎
エ	果実	根

問4　下線部(i)について，動物と植物の細胞に共通してみられるつくりとして適するものを，次の**ア**～**エ**のうちから1つ選び，記号で答えなさい。

ア　細胞壁　　**イ**　細胞膜　　**ウ**　葉緑体　　**エ**　発達した液胞

問5　下線部(ii)について，ある種子Xの発芽の条件を調べるために，**〔実験1〕**～**〔実験4〕**を行いました。これらの実験から判断できる種子Xの発芽に必要な条件として適するものを，下の**ア**～**エ**のうちから1つ選び，記号で答えなさい。

〔実験1〕　室温が0℃の光のあたらない暗い部屋で，水で湿らせた脱脂綿の上に種子Xを置いたところ，種子Xは発芽しなかった。

〔実験2〕　室温が0℃の光のあたる明るい部屋で，水で湿らせた脱脂綿の上に種子Xを置いたところ，種子Xは発芽しなかった。

〔実験3〕　室温が25℃の光のあたらない暗い部屋で，水で湿らせた脱脂綿の上に種子Xを置いたところ，種子Xは発芽した。

〔実験4〕　室温が25℃の光のあたる明るい部屋で，水で湿らせた脱脂綿の上に種子Xを置いたところ，種子Xは発芽した。

ア　25℃の室温　　**イ**　光　　**ウ**　水　　**エ**　空気

種子の細胞内でどのような栄養分からエネルギーを取り出しているかを調べるために，呼吸商という次の式で表される値を求めることにしました。

$$\text{呼吸商} = \frac{\text{放出する二酸化炭素の体積〔}\mathrm{cm^3}\text{〕}}{\text{吸収する酸素の体積〔}\mathrm{cm^3}\text{〕}}$$

呼吸商によって，呼吸の際にどのような栄養分からエネルギーを取り出しているのかを判断でき，呼吸商の値が1.0なら炭水化物，0.8ならタンパク質，0.7なら脂肪からエネルギーを取り出していることがわかります。

ある種子Yの呼吸商を調べるために，次のような**〔実験〕**を行いました。

〔実験〕 **図**のように，同じような大きさの種子Yをそれぞれ10個ずつフラスコ内に入れた実験装置1と実験装置2を用意した。実験装置1のフラスコ内には水酸化カリウム水溶液が入った試験管を，実験装置2のフラスコ内には水が入った試験管を入れた。また，各実験装置のガラス管内には，フラスコ内の気体の増減を調べるための目印としてインクを入れた。

各実験装置をしばらく放置して，インクの移動のようすを観察した。なお，実験装置1のフラスコ内の二酸化炭素は，すべてフラスコ内の試験管の水酸化カリウム水溶液に溶けるものとし，実験装置2のフラスコ内の二酸化炭素は，フラスコ内の試験管の水に溶けないものとする。

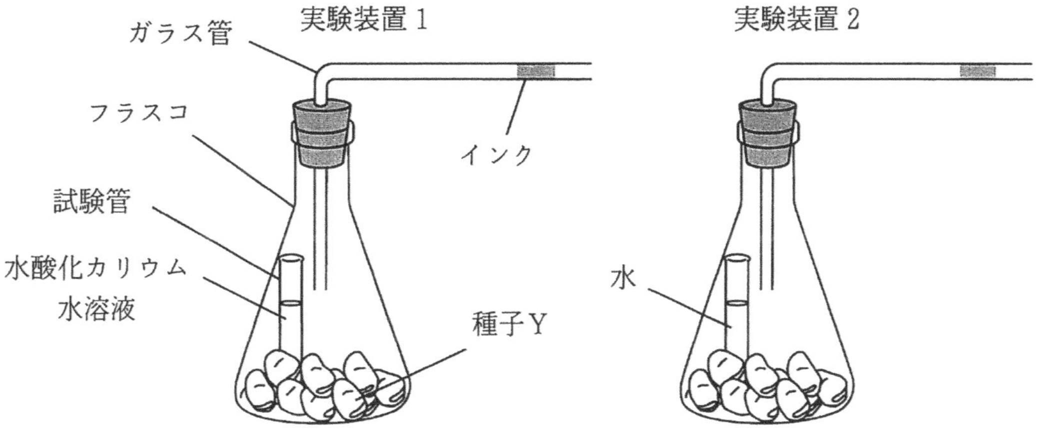

図

表は，各実験装置のガラス管内のインクの移動のようすをまとめたものです。

表

実験装置１	左に10cm移動した。
実験装置２	左に３cm移動した。

問６　〔**実験**〕について，次の(1)～(3)に答えなさい。ただし，各実験装置の種子Ｙはすべて発芽したものとし，ガラス管の断面積は0.5cm^2とします。また，はじめのフラスコ内の空気中に含まれる二酸化炭素の量は考えないものとします。

(1)　次の文章の空欄（　③　）に当てはまる語句を，下の**ア**～**エ**のうちから１つ選び，記号で答えなさい。また，空欄（　④　）に当てはまる数値を答えなさい。

実験装置１のフラスコ内には空気が入っており，種子Ｙは酸素を吸収し，二酸化炭素を放出した。また，フラスコ内の二酸化炭素はすべて試験管内の水酸化カリウム水溶液に溶けるため，インクが左に移動した距離から求められる体積の変化分は，（　③　）の体積として考えられる。したがって，実験装置１の10個の種子Ｙが吸収した酸素の体積は（　④　）cm^3であるとわかる。

ア　吸収した酸素
イ　放出した二酸化炭素
ウ　吸収した酸素と放出した二酸化炭素を足したもの
エ　吸収した酸素から放出した二酸化炭素を引いたもの

(2)　10個の種子Ｙが放出した二酸化炭素の体積は何cm^3ですか。

(3)　種子Ｙの呼吸商の値と，呼吸の際に種子Ｙがエネルギーを取り出している栄養分が何かを答えなさい。ただし，呼吸の際にエネルギーを取り出した栄養分は，炭水化物，タンパク質，脂肪のうちの１種類のみであったものとします。

3　次の文章を読み，下の各問いに答えなさい。

地下深くまで穴をあけて岩石や堆積物を取り出す方法をボーリングといいます。ボーリングによって得られる試料を調べると，過去に起こった火山の噴火や地層が堆積した年代などを推測することができます。

問1　火山の噴火によって噴出した火山灰などが堆積し固まった岩石を何といいますか。適するものを，次の**ア**～**エ**のうちから1つ選び，記号で答えなさい。

ア　凝灰岩　　**イ**　石灰岩　　**ウ**　チャート　　**エ**　れき岩

問2　ある地層からフズリナの化石が発見されました。次の(1)，(2)に答えなさい。

(1)　フズリナの化石のように，地層が堆積した年代を知ることができる化石のことを何といいますか。

(2)　この地層が堆積した地質年代と，その地質年代に生息していたと考えられる生物の組み合わせとして適するものを，次の**ア**～**エ**のうちから1つ選び，記号で答えなさい。

	地質年代	生物
ア	新生代	マンモス
イ	新生代	三葉虫
ウ	古生代	マンモス
エ	古生代	三葉虫

ある地域の地点A，B，C，Dでボーリングを行いました。地点Aから見て地点Bは南に，地点Bから見て地点Cは東に，地点Cから見て地点Dは北に，地点Dから見て地点Aは西に位置しており，AB間，BC間，CD間，DA間の水平方向の距離はいずれも100mでした。また，地点A，B，Cの標高はそれぞれ40m，50m，65mでした。**図1**は，真上から見た地点A，B，C，Dの位置関係を，**図2**は，西から見た地点A，Bの位置関係を表しています。**図3**は，地点A，B，C，Dでのボーリングの結果を柱状図で表したものです。ただし，この地域では，地層はほぼ平行でその傾きは一定であり，断層やしゅう曲，地層の逆転などはないものとします。

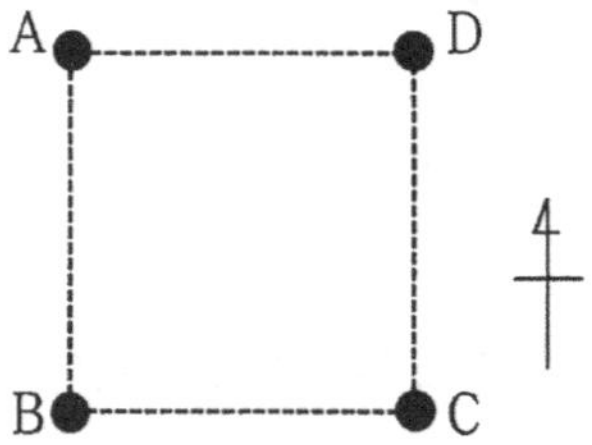

図1

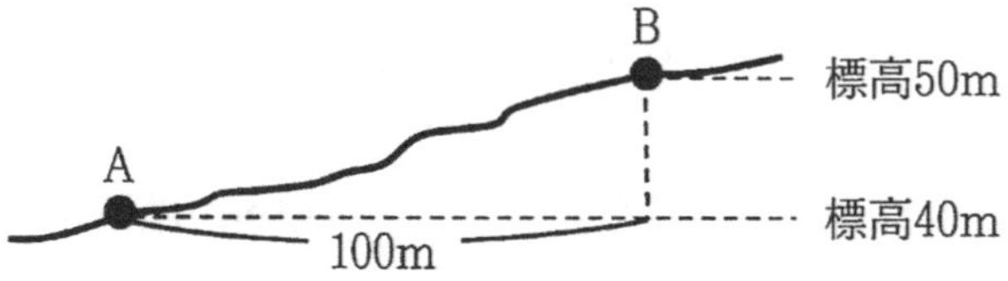

図2

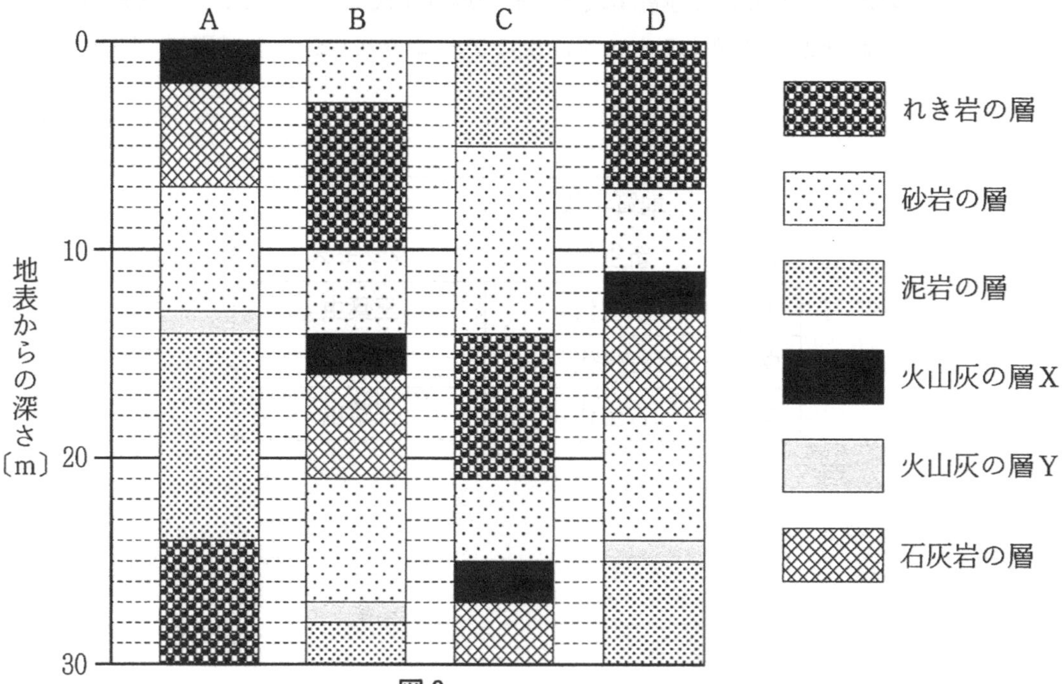

図3

問3　地点Cでのボーリングの結果について，次の文章の空欄（　①　），（　②　）に当てはまる語句の組み合わせとして適するものを，下の**ア**～**エ**のうちから1つ選び，記号で答えなさい。

れき岩の層が堆積してから砂岩の層，泥岩の層が堆積するまでの間について，海面の水位に変化がなかったものとすると，土地は（　①　）したと考えられる。また，土地の隆起・沈降がなかったものとすると，海面の水位は（　②　）したと考えられる。

	（　①　）	（　②　）
ア	隆起	上昇
イ	隆起	下降
ウ	沈降	上昇
エ	沈降	下降

問4　地点Cにおいて，地表からの深さが30mから35mまでの間で見られる地層として適するものを，次の**ア**～**カ**のうちから**すべて**選び，記号で答えなさい。

ア　れき岩の層　　**イ**　砂岩の層　　**ウ**　泥岩の層
エ　火山灰の層X　　**オ**　火山灰の層Y　　**カ**　石灰岩の層

問5　この地域の地層は，どの方位に向かって下がっていますか。適するものを，次の**ア**～**エ**のうちから1つ選び，記号で答えなさい。

ア　北東　　**イ**　北西　　**ウ**　南西　　**エ**　南東

問6　地点Dの標高は何mですか。

問７　地点Ａから見て地点Ｅは南に位置しており，ＡＥ間の水平方向の距離は25mでした。また，地点Ｅの標高は42mでした。次の⑴，⑵に答えなさい。

⑴　地点Ｅにおいて，地表に現れている層として適するものを，次の**ア**～**オ**のうちから１つ選び，記号で答えなさい。

ア　れき岩の層　　**イ**　砂岩の層　　**ウ**　泥岩の層
エ　火山灰の層Ｘ　　**オ**　石灰岩の層

⑵　地点Ｅにおいて，火山灰の層Ｙが初めて現れるのは，地表からの深さが何mのところですか。

4　次の文章を読み，下の各問いに答えなさい。

厚紙の上に，点Oを中心とする半円形ガラスを置き，光源を用いて光の道筋を調べました。

問1　**図1**のように，点Oに置いた光源から曲面上の点Aに向けて赤い光を入射すると，光は点Aを通過して空気中に進みました。点Aを通過した後の空気中を進む光の道筋として適するものを，**図1**の**ア**～**ウ**のうちから1つ選び，記号で答えなさい。

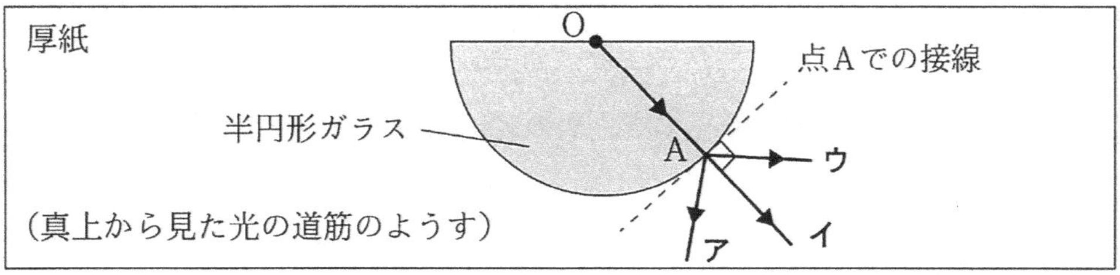

図1

図2のように，点Bに置いた光源から点Aに向けて赤い光を入射すると，光は点Aで屈折して空気中に進み，点Cを通過しました。このとき，点Aでの接線を境界面とみなすことができ，屈折角 b は，入射角 a よりも大きくなりました。

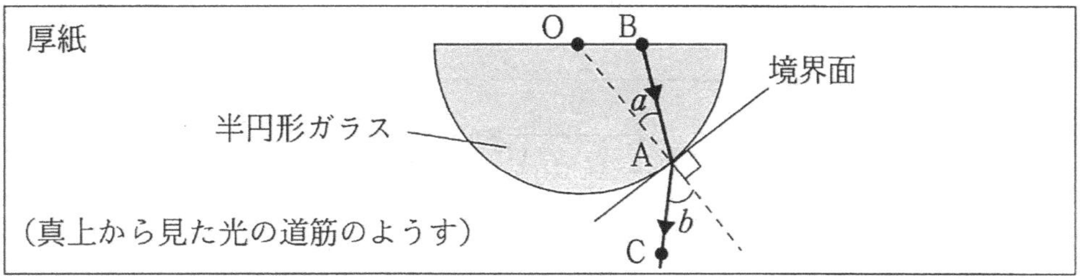

図2

問2　点Cから見ると，光源はどこに見えますか。適するものを，**図3**の**ア**～**ウ**のうちから1つ選び，記号で答えなさい。

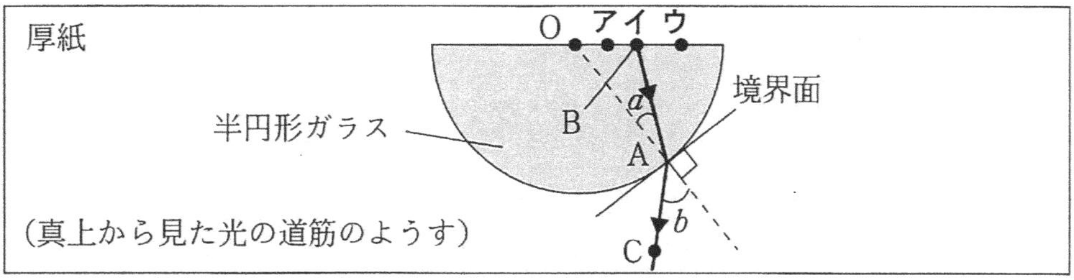

図3

図4のように，点Oに長方形の板を置き，半円形ガラスの中央付近から板を観察しました。このとき，半円形ガラスより上側に板の一部が出ていました。

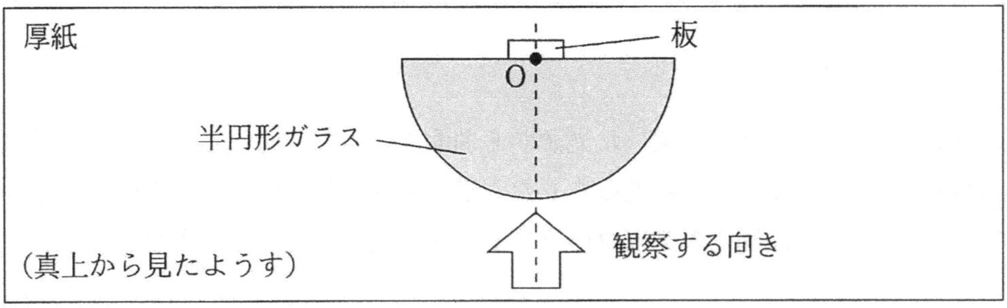

図4

問3　板の見え方として適するものを，次の**ア～オ**のうちから1つ選び，記号で答えなさい。

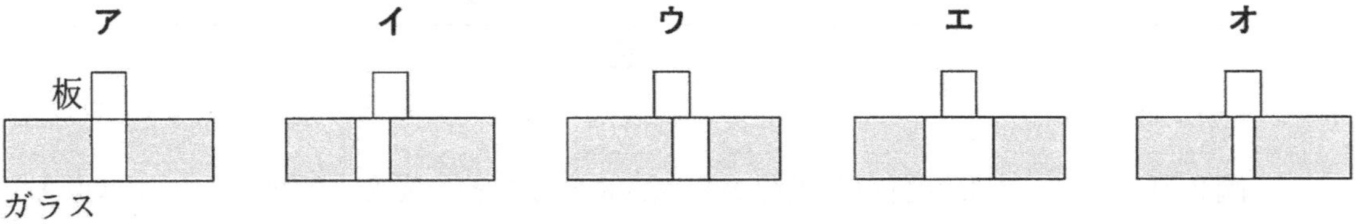

図5のように，点Oから板をずらして置き，半円形ガラスの中央付近から板を観察しました。

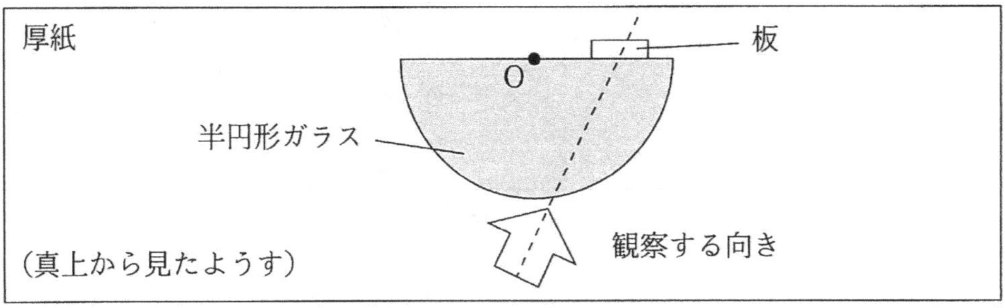

図5

問4　板の見え方として適するものを，次の**ア～オ**のうちから1つ選び，記号で答えなさい。

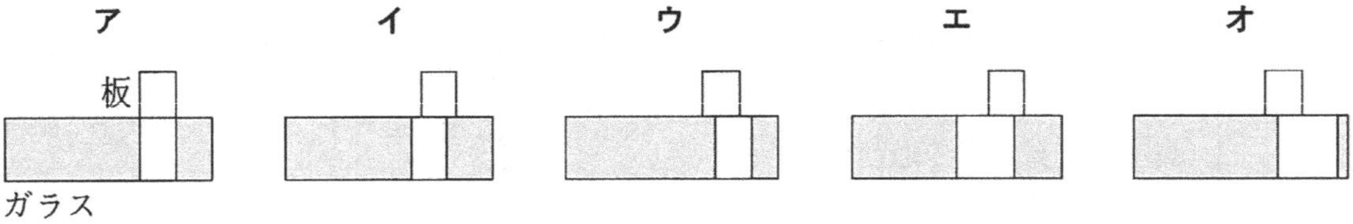

厚紙の上に，点Oを中心とする円形のガラスを置きました。**図6**のように，厚紙の上に描いた直線ＰＱと平行に，円形のガラスの曲面上の点Aに赤い光を入射しました。はじめ，点Aに入射角xで入射した光は，屈折角yで屈折してガラス中を進み，点Bで反射し，点Cで屈折角xで屈折して空気中に進み，直線ＰＱ上の点Dを通過しました。

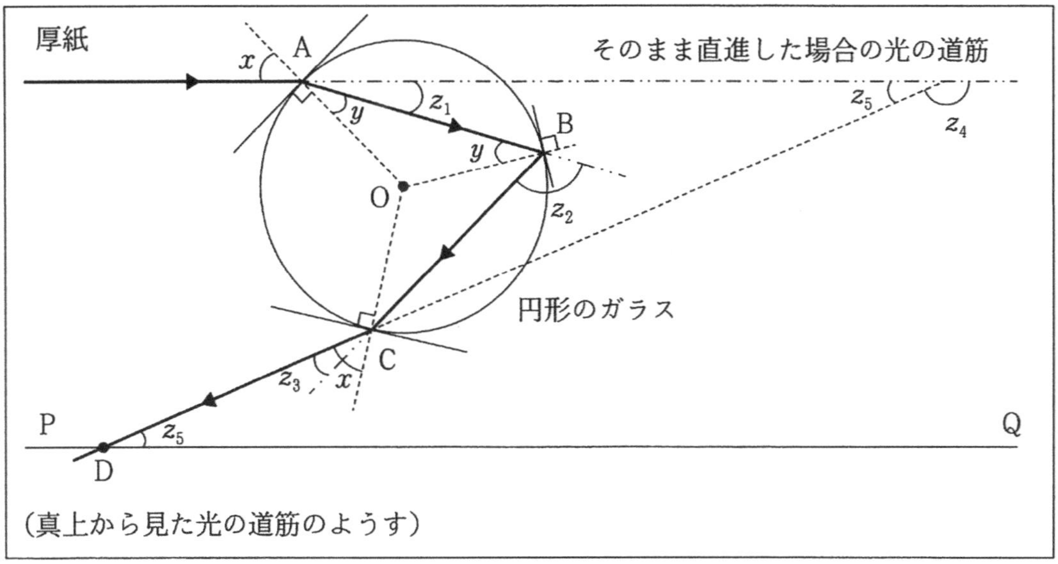

図6

問5　光の道筋について述べた次の文章の空欄（　①　）～（　③　）に当てはまる式として適するものを，あとの選択肢のうちからそれぞれ1つずつ選び，記号で答えなさい。

点Aに入射した光は，そのまま直進した場合と比べて，時計回りに角$z_1 = x - y$だけ曲げられて進む。次に，点Bで反射した光は，そのまま直進した場合と比べて，時計回りに角z_2＝（　①　）だけ曲げられて進む。さらに，点Cで屈折した光は，そのまま直進した場合と比べて，時計回りに角z_3＝（　②　）だけ曲げられて進む。

これらのことから，点Aに入射した光は，そのまま直進した場合と比べて，最終的に時計回りに角$z_4 = z_1 + z_2 + z_3$だけ曲げられたことがわかる。したがって，直線ＣＤと直線ＰＱとのなす角度z_5は，z_5＝（　③　）となる。

（　①　）の選択肢

ア　$180^\circ - x$　　**イ**　$180^\circ - y$　　**ウ**　$180^\circ - 2x$　　**エ**　$180^\circ - 2y$

（　②　）の選択肢

ア　$x - y$　　**イ**　$2x - y$　　**ウ**　$y - x$　　**エ**　$2y - x$

（　③　）の選択肢

ア　$x - 2y$　　**イ**　$2y - x$　　**ウ**　$2x - 4y$　　**エ**　$4y - 2x$

図7のように，**図6**の赤い光を太陽光，円形のガラスを空気中に浮遊する水滴の断面，直線ＰＱを地面，点Ｄにおける角z_5を太陽光が水滴内を進んで観測者に届くときの地面とのなす角と置き換えることで，虹について考えてみましょう。

太陽光には赤色や青色などのいろいろな色の光が含まれており，これらの光が同じ入射角xで入射して屈折するとき，青い光は赤い光に比べて大きく曲げられて屈折角yが小さくなり，赤い光と青い光はそれぞれ違った道筋で進んでいきます。

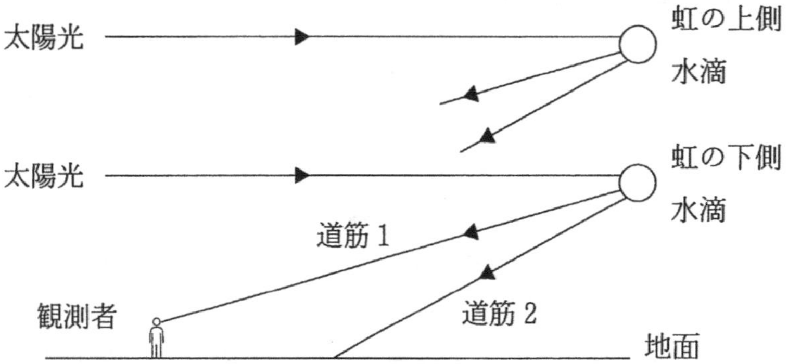

図7

問６　虹について述べた次の文章の空欄（　④　），（　⑤　）に当てはまる色は何色ですか。赤，青のいずれかで答えなさい。

虹の下側に浮遊する水滴に入射した太陽光に含まれる赤い光と青い光は，屈折による曲げられ方の違いによって，道筋１と道筋２に分かれて進む。このとき，道筋１の光の色は（　④　）色である。したがって，空気中にたくさんある水滴から観測者に届く光の色を考えると，虹の上側に現れる色は（　⑤　）色であることがわかる。

〔以上〕

令和６年度

清 風 高 等 学 校 入 学 試 験 問 題

社　　会（50分）

試験開始の合図があるまで，この「問題」冊子を開かず，下記の注意事項を読んでください。

【注　意　事　項】

1．試験開始の合図で，解答用紙の所定の欄に「受験番号」，「名前」をはっきりと記入してください。

2．この「問題」冊子は，24ページあります。解答用紙は１枚です。ページが脱落している場合は手を挙げて試験監督の先生に知らせてください。

3．解答は，解答用紙の指定されたところに記入してください。

4．試験終了の合図で，「問題」冊子の上に解答用紙を重ねてください。

5．「問題」冊子及び解答用紙は持ち帰ってはいけません。

社 会 問 題

（ 問題番号 1 ～ 6 ）

1 次の略地図を見て，東北地方に関するあとの各問いに答えなさい。

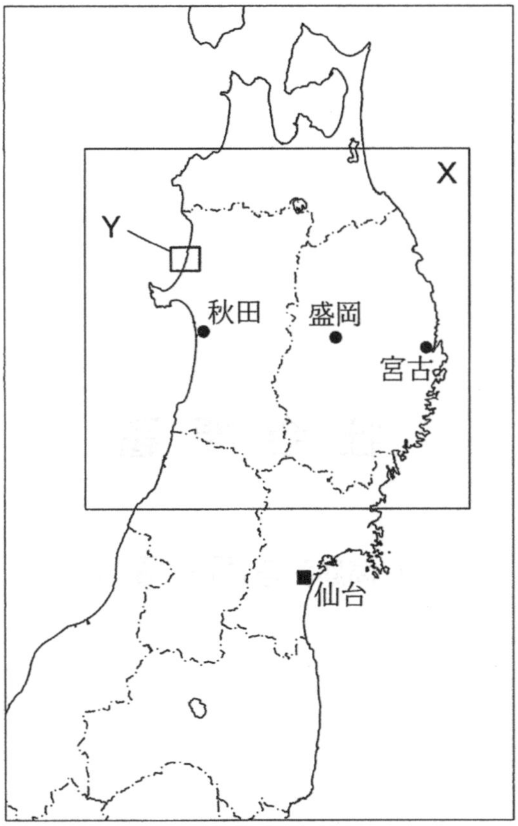

問１　次のA～Cの図は，略地図中の秋田，盛岡，宮古のいずれかの月別の平均気温と降水量を表したものである。都市名とA～Cの組み合わせとして正しいものを，あとのア～カから一つ選び，記号で答えなさい。

A

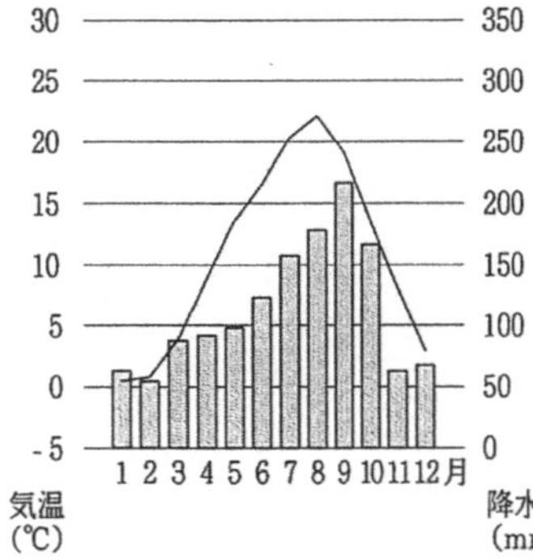

年平均気温：10.8℃
年降水量：1,371mm

B

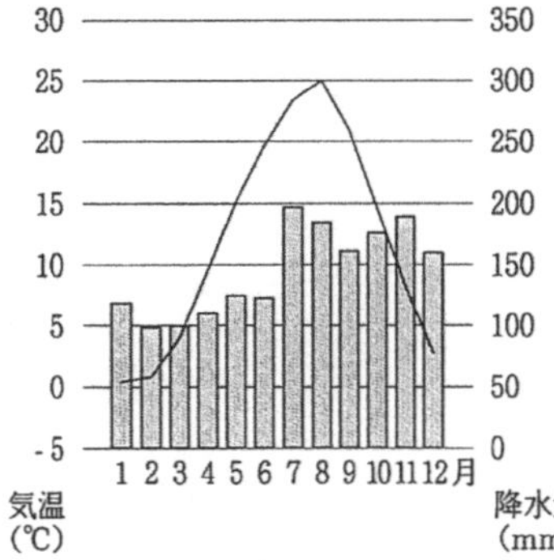

年平均気温：12.1℃
年降水量：1,742mm

C

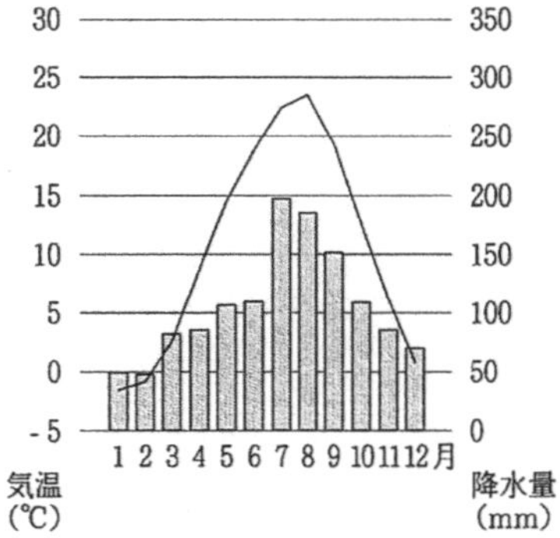

年平均気温：10.6℃
年降水量：1,280mm

気象庁資料により作成。

	ア	イ	ウ	エ	オ	カ
秋田	A	A	B	B	C	C
盛岡	B	C	A	C	A	B
宮古	C	B	C	A	B	A

問２　次の図は，略地図中のXの範囲を拡大したものである。線D－Eに沿った地形断面図として最も適当なものを，あとのア～エから一つ選び，記号で答えなさい。

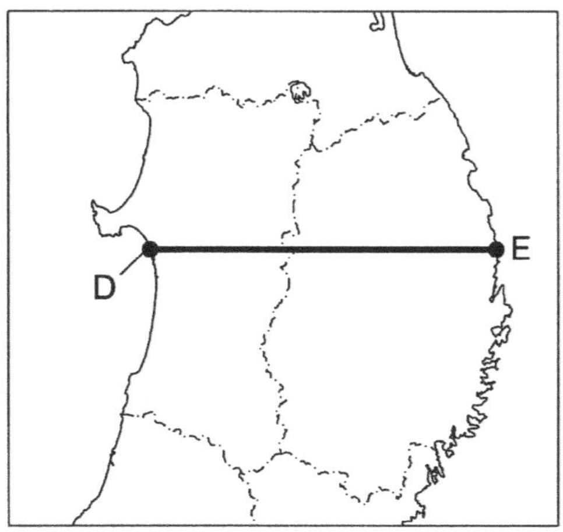

ア

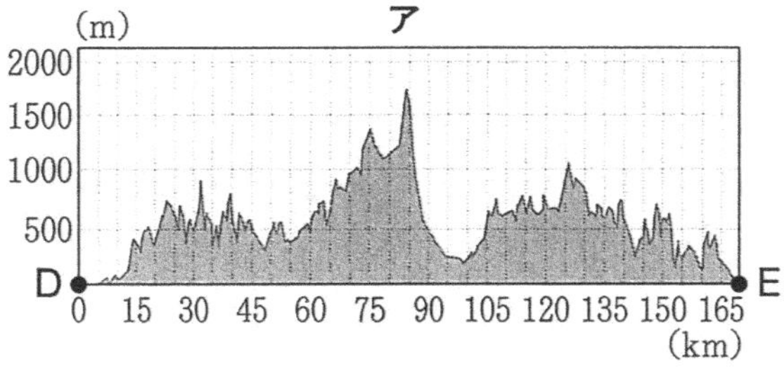

イ

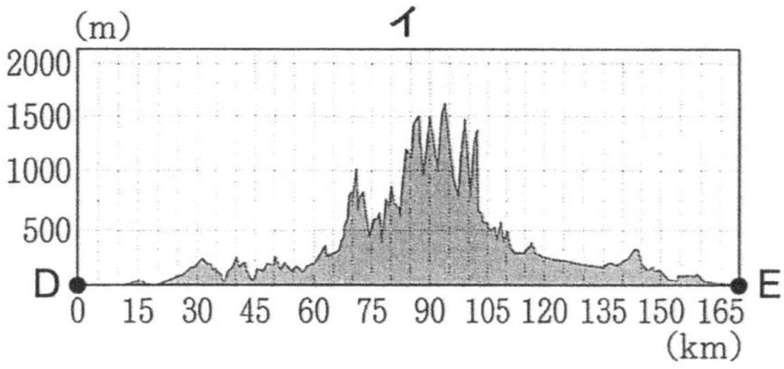

ウ

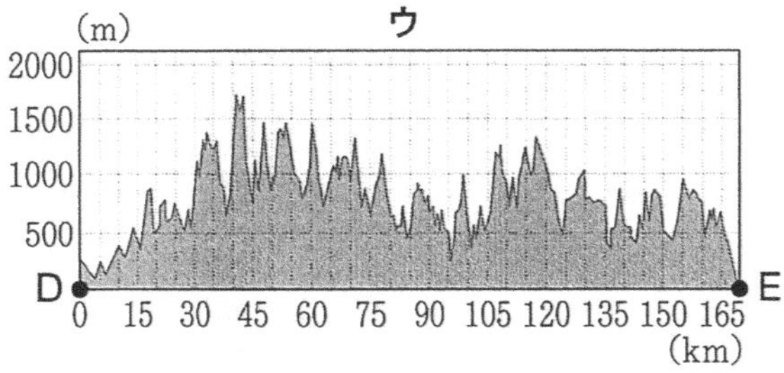

エ

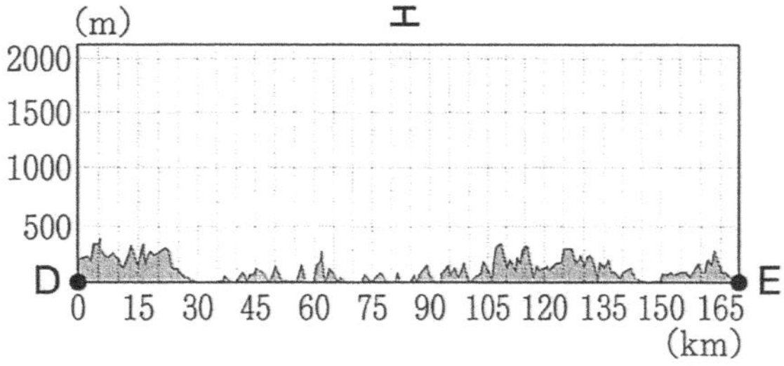

地理院地図により作成。

問3　次の図は，略地図中の**Y**の範囲を表したものである。図中の ▬ には同じ施設が連続して十数個並んでいる。この施設の地図記号として正しいものを，あとの**ア**～**エ**から一つ選び，記号で答えなさい。

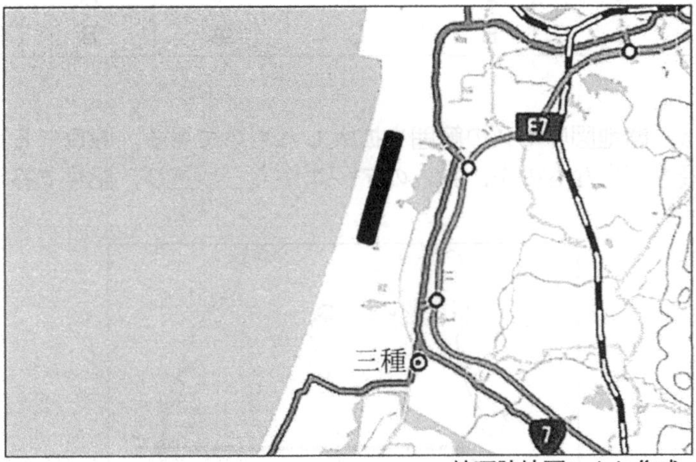

地理院地図により作成。

ア 　　**イ** 　　**ウ** 　　**エ** 

問4　東北地方の伝統工芸品と，それらがつくられる県の組み合わせとして**適当でないもの**を，次の**ア**～**エ**から一つ選び，記号で答えなさい。

ア　天童将棋駒－山形県　　**イ**　津軽塗－青森県
ウ　南部鉄器－岩手県　　**エ**　会津塗－宮城県

問5　仙台市は東北地方の中心都市で，同地方唯一の政令指定都市である。政令指定都市が**存在しない道府県**を，次の**ア**～**エ**から一つ選び，記号で答えなさい。

ア　北海道　　**イ**　神奈川県　　**ウ**　大阪府　　**エ**　鹿児島県

問6　東北地方を表した右の図の ▬ は，ある年の米の作況指数*が20未満であった地域を示している。このときに米の収穫量が減少した要因として最も適当なものを，次の**ア**～**エ**から一つ選び，記号で答えなさい。

*作況指数とは，平年の収穫量を100とした場合の，その年の収穫量の比率を示す。

ア　干ばつ
イ　冷害
ウ　高温
エ　暴風

農研機構東北農業研究センター資料により作成。

問７　次の図は，東北地方で生産量の多いりんご，さくらんぼ，もものいずれかの生産量と都道府県別生産割合を表したものである。作物名とⅠ～Ⅲの組み合わせとして正しいものを，あとの**ア～カ**から一つ選び，記号で答えなさい。

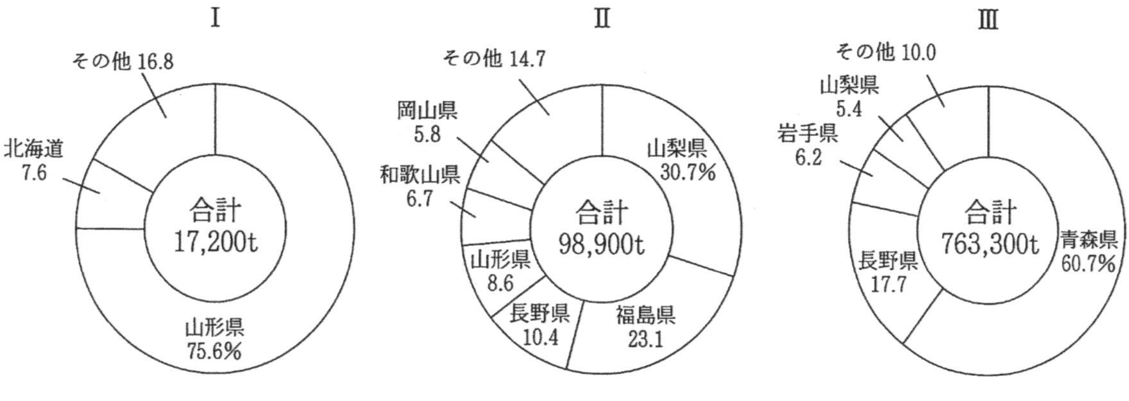

統計年次は2020年。
『日本国勢図会　2022/23』により作成。

	ア	**イ**	**ウ**	**エ**	**オ**	**カ**
りんご	Ⅰ	Ⅰ	Ⅱ	Ⅱ	Ⅲ	Ⅲ
さくらんぼ	Ⅱ	Ⅲ	Ⅰ	Ⅲ	Ⅰ	Ⅱ
もも	Ⅲ	Ⅱ	Ⅲ	Ⅰ	Ⅱ	Ⅰ

問８　次の図は，東北地方の太平洋側にある陸前高田市付近における，津波による浸水の危険の程度を予測した地図である。日本各地で，津波以外にも火山の噴火や洪水など，さまざまな自然災害発生時の被害予測や，避難場所などを示した地図がつくられているが，このような地図を何というか。解答欄に合うように**カタカナ４字**で答えなさい。

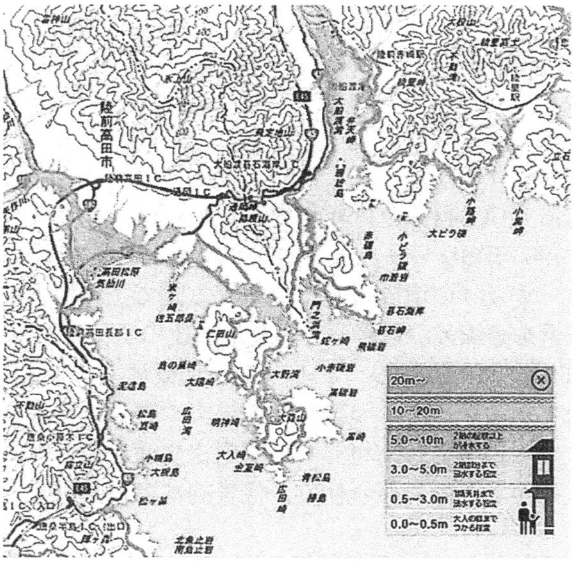

地理院地図により作成。

2 次の図1・図2を見て，あとの各問いに答えなさい。

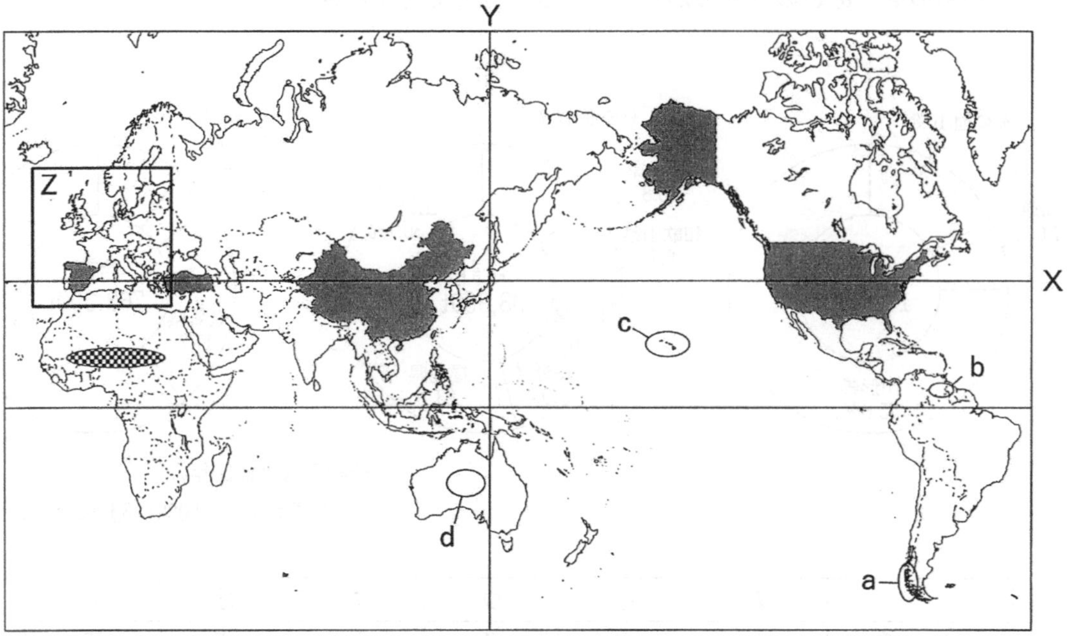

図1

問1 図1中の緯線Xと経線Yの経緯度の組み合わせとして最も適当なものを，次の**ア**～**エ**から一つ選び，記号で答えなさい。

	ア	イ	ウ	エ
緯線X	北緯40度	北緯40度	北緯60度	北緯60度
経線Y	東経120度	東経140度	東経120度	東経140度

問2 次の**ア**～**エ**の文は，図1中の緯線Xが通過する国のうち，▇▇ で示した4か国のいずれかについて述べたものである。このうち内容が**適当でないもの**を，**ア**～**エ**から一つ選び，記号で答えなさい。

ア 14億を超える人口を持ち，近年世界有数の経済大国へと発展した。人口増加を抑制するため，1980年頃から一人っ子政策が行われ，現在もその政策は継続している。

イ アジアとヨーロッパの境界付近に位置する国で，黒海と地中海に面している。首都アンカラ付近を緯線Xが通過しており，国民の多くはイスラム教を信仰している。

ウ 国土のほぼ中央部に首都のマドリードが位置する。EU加盟国で，主にキリスト教が信仰されている。かんきつ類などの果実や野菜の生産量が多い。

エ 世界第3位の人口を有し，世界一の国内総生産を誇る経済大国である。世界各地から多くの人々がこの国に移り住み，代表的な多民族国家となっている。

問3　次の図は，図1中の**Z**の範囲を拡大したものである。図中の**A**～**C**はぶどう，オリーブ，小麦のいずれかが栽培できる北限を示している。作物名と**A**～**C**の組み合わせとして正しいものを，あとの**ア**～**カ**から一つ選び，記号で答えなさい。

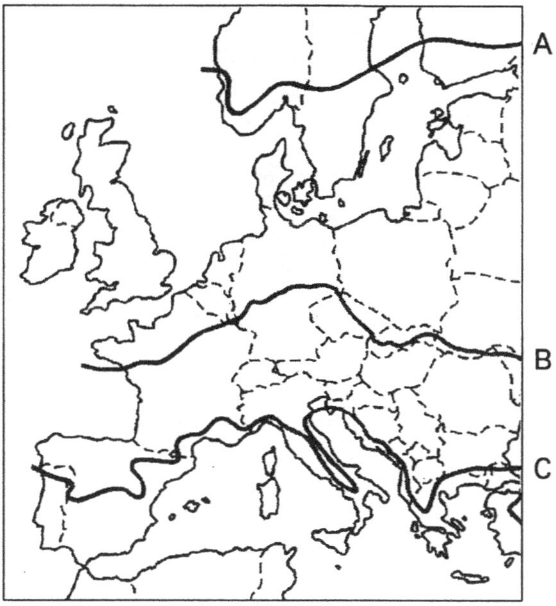

	ア	**イ**	**ウ**	**エ**	**オ**	**カ**
ぶどう	A	A	B	B	C	C
オリーブ	B	C	A	C	A	B
小麦	C	B	C	A	B	A

問4　図1中の**a**～**d**に見られる自然景観について述べた文の波線部が**適当でないもの**を，次の**ア**～**エ**から一つ選び，記号で答えなさい。

ア　**a**には国境の山岳地帯に氷河が見られ，付近は国立公園に指定されている。
イ　**b**には山頂がテーブル状に平らな山や，世界最大の落差をもつ滝が見られる。
ウ　**c**はアメリカ合衆国の州のひとつであり，複数の火山が見られる。
エ　**d**にあるウルルは，この地の先住民であるマオリの聖地となっている。

問5　図1中ので起こっている環境問題について述べた文として最も適当なものを，次の**ア**～**エ**から一つ選び，記号で答えなさい。

ア　紫外線を吸収するオゾン層の破壊が起こり，皮膚や目の病気が心配されている。
イ　炭鉱や工業地帯から排出される大気汚染物質の影響で，酸性雨の被害が見られる。
ウ　人口や家畜の増加による耕作や放牧のし過ぎによって，砂漠化が進行している。
エ　経済発展にともなう熱帯林の伐採が深刻化し，温室効果ガスが増加している。

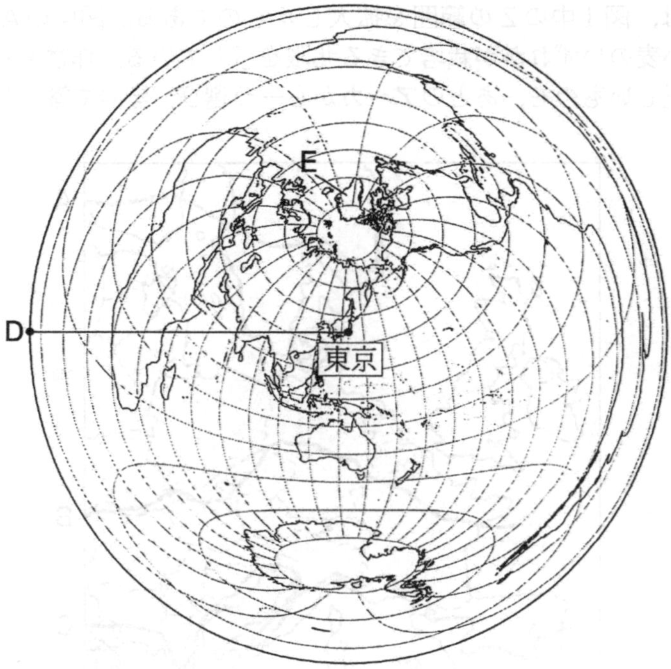

図2

問6　図2は，東京を中心とする正距方位図法で描かれた世界地図である。この図について述べた文として適当なものを，次の**ア**～**エ**から一つ選び，記号で答えなさい。

ア　東京から真東に進むと南アメリカ大陸に到達する。
イ　東京から見てカナダは北西の方角にある。
ウ　図中のどの2地点をとっても，その2地点間の距離は正しく表される。
エ　この図には描かれていない大陸がある。

問7　東京から点**D**までのおおよその距離として最も適当なものを，次の**ア**～**エ**から一つ選び，記号で答えなさい。

ア　5,000km　　**イ**　10,000km　　**ウ**　15,000km　　**エ**　20,000km

問8　図2中の**E**は世界最大の島である。この島の名称を**カタカナ7字**で答えなさい。

3　次の文章を読んで，あとの各問いに答えなさい。

Ⅰ　経済学では経済の発展を，物々交換にもとづく現物経済から，貨幣と①モノを交換する貨幣経済，そして，小切手など信用にもとづく手段を用いる信用経済へという理論で説明する。さまざまな国・地域の貨幣史を通じて，事実にもとづいてこの理論を見直してみたい。
　例えば，②古代の中国とヨーロッパの貨幣には明確な違いがある。その違いを明らかにする視点として，貨幣の素材，流通範囲，貨幣の代わりに使われるモノに注目することが挙げられる。こうして総合的に貨幣を分析することで，貨幣の一般的性質だけでなく，それぞれの地域・国の貨幣の特性を明らかにすることができる。

問1　下線部①に関連して，各時代につくられた道具について述べた文として**誤っているもの**を，次の**ア**～**エ**から一つ選び，記号で答えなさい。

ア　旧石器時代に磨製石器が作製された。
イ　縄文時代に土偶が作製された。
ウ　弥生時代に木製農具が作製された。
エ　古墳時代に鉄製の甲冑《かっちゅう》が作製された。

問2　下線部②について，次の二つの貨幣について説明したあとの文章中の（　a　）・（　b　）にあてはまる語句の組み合わせとして正しいものを，下の**ア**～**エ**から一つ選び，記号で答えなさい。

【貨幣A】

【貨幣B】

【貨幣A】は紀元前3世紀に中国を統一した（　a　）が，中央集権を進めるために鋳造した半両銭と呼ばれる青銅貨幣である。一方，【貨幣B】は，（　b　）ローマ帝国で鋳造された金貨で，中央に皇帝の肖像が浮き彫りにされている。

ア（a）隋　　（b）インダス川流域までを領土とした
イ（a）隋　　（b）水道や道路網，円形闘技場を建設した
ウ（a）秦　　（b）インダス川流域までを領土とした
エ（a）秦　　（b）水道や道路網，円形闘技場を建設した

Ⅱ　20世紀後半に，③藤原京や平城京跡から富本銭と呼ばれる貨幣が出土した。この貨幣は，藤原京の造営における労働者への給料の支払いや，必要物資を購入するための貨幣として使用されたと考えられてきた。一方で，中国の④漢代には厭勝銭《えんしょうせん》という貨幣があり，これを所持することによって幸福を招いたり，悪事を避けたりすることができるとされた。こうしたまじない目的で貨幣を使うという考え方が，朝鮮半島を経由して日本列島に伝わっていることをふまえれば，富本銭は厭勝銭であって，支払いや交換以外で用いられた貨幣であると解釈することができる。

問3　下線部③について，この都の場所として正しいものを，次の図中の**ア**～**エ**から一つ選び，記号で答えなさい。

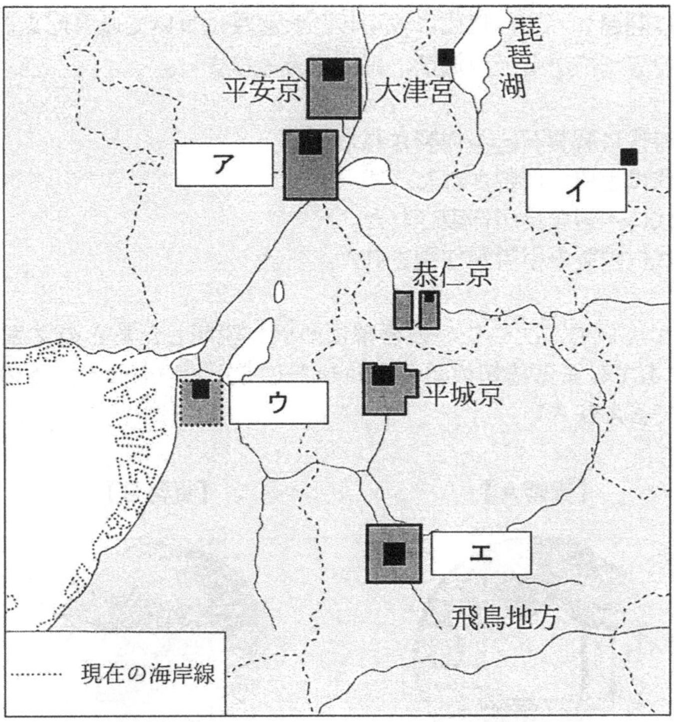

問4　下線部④に関連して，漢代の中国や同時代の日本の出来事について述べた文として正しいものを，次の**ア**～**エ**から一つ選び，記号で答えなさい。

ア　漢で紙が発明された。
イ　漢が新羅と結んで高句麗を攻撃した。
ウ　小野妹子が漢に派遣された。
エ　漢の影響で大宝律令が制定された。

Ⅲ　708年に武蔵国で天然の⑤銅が産出したことによって，和同開珎と呼ばれる貨幣が発行された。しかし，十分な銅が産出したわけではないため，最初に出された和同開珎は銀銭で，3か月後に銅銭が発行された。しかし，銀銭が銅銭よりも価値が高いために私鋳銭（贋金《にせがね》）が横行した結果，まず国家は銀銭の偽造を禁止し，次に銀銭の廃止を命じて銅銭に一本化した。ここで重要なのは，天皇が貨幣の使用を人々に強制するにあたって，天皇の命令に違反する人々に対して違勅罪という罪を科したことである。したがって，和同開珎は，単に社会に貨幣を根付かせるだけでなく，⑥天皇の支配を広げるために鋳造されたと考えられる。

問5　下線部⑤に関連して，日本の銅に関わる出来事を説明した文として正しいものを，次の**ア～エ**から一つ選び，記号で答えなさい。

ア　弥生時代の遺跡からは，銅鐸や銅剣などの青銅器が多数出土している。
イ　江戸時代の長崎貿易では，銅の輸出をおさえ，金の輸出が奨励されるようになった。
ウ　明治維新後，あらたに佐渡金山や別子銅山が開かれた。
エ　衆議院議員の大隈重信は，足尾銅山の操業停止を求め天皇に直訴した。

問6　下線部⑥について，次の各問いに答えなさい。

(1)　天皇の支配に関連して，口分田が不足したため743年に新たな土地の開発を奨励する法令が出された。この法令の名称を**漢字7字**で答えなさい。

(2)　一般民衆が税を納入することは，天皇の支配がその地域に及んでいることを示している。次の**【木簡】**は荷札木簡といって，各地域の人々が税として都に運んだ品物に付けた荷札，**【地図】**は奈良時代における各地域から都までの移動日数を示したもの，**【資料】**は『延喜式』（10世紀の法律書）の内容を説明した文章である。**【木簡】**・**【地図】**・**【資料】**を用いて，税を運ぶ人が都に到着するまでの日数と，都から地元に帰るまでの日数について考えられることを説明したあとの文**X**・**Y**の正誤の組み合わせとして正しいものを，下の**ア**～**エ**から一つ選び，記号で答えなさい。

【木簡】

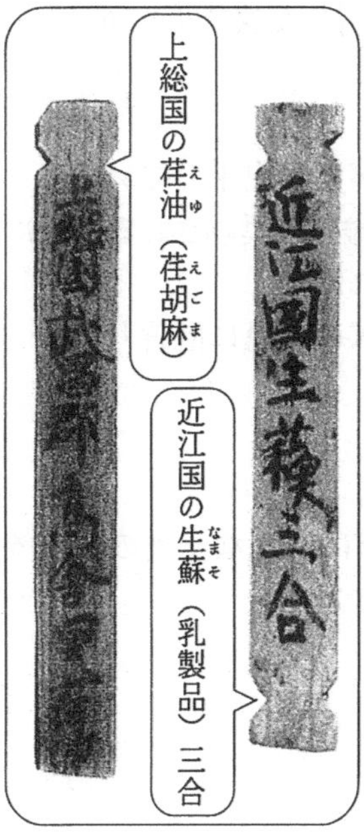

【地図】

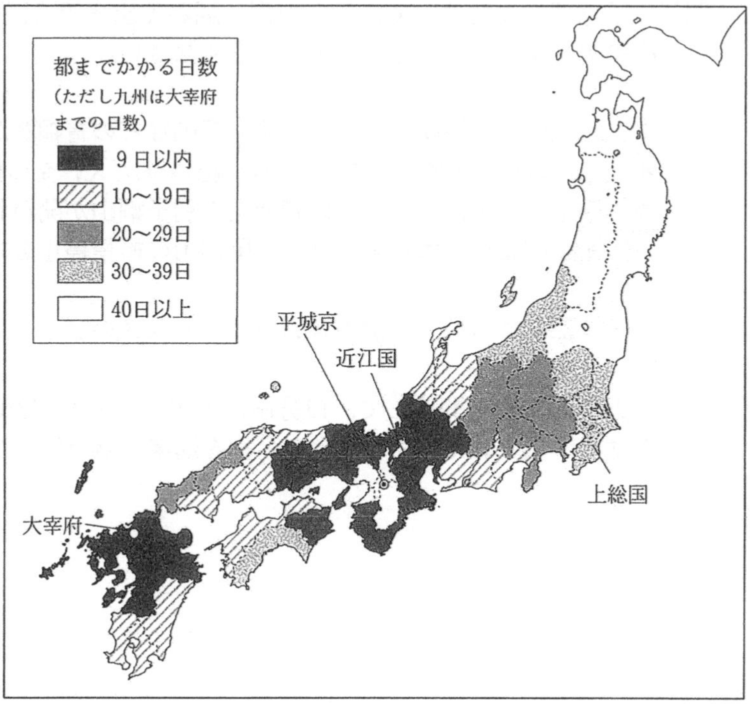

【資料】

『延喜式』には，近江国の場合上京に１日，下国（地元に帰ること）に半日かかるのに対して，上総国の場合上京に30日，下国に15日かかると記されている。このことから，上京にかかる日数よりも，下国にかかる日数の方が短いことがわかる。

X　近江国から都に税を運ぶ日数は，奈良時代の場合10日から19日かかるのに対して，平安時代の場合１日と，かかる日数が大幅に減っている。

Y　『延喜式』によると，都から上総国に帰るのにかかる日数は，30日かからないと判断できる。

ア　X　正	Y　正	**イ**　X　正	Y　誤
ウ　X　誤	Y　正	**エ**　X　誤	Y　誤

令和六年度　国語　解答用紙

小計

【一】

（　）問一

a

b

c

（　）問二

問三

問四

問五

問六

・

問一.　3点×3
問二.　4点
問三.　4点
問四.　4点
問五.　4点
問六.　4点×2

小計

【二】

（　）問一

a

b

せる

c

d

る

e

（　）問二

（　）問三

）

×5

3

(1)	(2)	(3)	(4)		(5)
(　　,　　)	$y =$				

(1) 4点
(2) 4点
(3) 4点
(4) 2点×2
(5) 4点

2	3
小　計	

4

(1)	(2)	(3)	(4)	(5)
cm	cm	度	cm	cm^2

4点×5

5

(1)		(2)		(3)	(4)	
PQ　cm	OM　cm	x	y	OE：OK ：	(ア)　cm^2	(イ)　cm^3

(1) PQ…2点
　OM…3点
(2) 3点×2
(3) 3点
(4) 3点×2

4	5
小　計	

Ⅲ 問1

問2

(1)	(2)	(3)	(4)

問3

(a)	(b)

問4

[A]	[B]	[C]	[D]

問5

問6

問7

1	2	3	4

問１．２点
問２．２点×４
問３．完答３点
問４．２点×４
問５．３点
問６．３点
問７．１点×４

小　計

Ⅳ 問1

(A)	(B)	(C)	(D)

問2

X	Y	Z

問3

問4

問5

(a)	(b)

問6

問１．２点×４
問２．３点×３
問３．３点
問４．３点
問５．完答３点
問６．２点×２

小　計

問4．3点
問5．3点
問6．2点×5

問6				
(1) ③	④	(2) cm^3	(3) 呼吸商の値	栄養分

1・2の小計

3

問1	問2		問3	問4
	(1)	(2)		

問5	問6	問7	
	m	(1)	(2) m

問1．3点
問2．3点×2
問3．3点
問4．3点
問5．3点
問6．3点
問7．2点×2

4

問1	問2	問3	問4

問5			問6	
①	②	③	④	⑤

問1．3点
問2．3点
問3．3点
問4．3点
問5．3点×3
問6．2点×2

3・4の小計

3

問1	問2	問3	問4	問5	問6 (1)

問6 (2)	問7	問8	問9	問10	問11

問１．３点　問２．２点
問３．３点　問４．２点
問５．２点　問６．(1)３点 (2)２点
問７．２点　問８．２点
問９．２点　問10．２点
問11．２点

3の小計

4の小計

4

問1	問2	問3	問4	問5	問6	問7

4問１．２点
問２．２点
問３．３点
問４．３点
問５．２点
問６．３点
問７．２点

5２点×６

5

問1	問2	問3	問4	問5	問6

5・6の小計

6

問1	問2	問3	問4

２点×４

受験番号					
名　　前					

令和6年度　社会　解答用紙

合計	

※100点満点

1

問1	問2	問3	問4	問5

問1．２点
問2．２点
問3．２点
問4．２点
問5．２点
問6．２点
問7．３点
問8．３点

問6	問7	問8			
					マップ

1の小計

2

問1	問2	問3	問4	問5	問6

問1．２点
問2．２点
問3．２点
問4．２点
問5．３点
問6．２点

【解答用

受験番号					
名　　前					

令和６年度　理科　解答用紙

合計	

※100点満点

1

問 1	問 2	問 3
		→

問 4		問 5
水　g	二酸化炭素　g	g

問 6		問 7	
①	②	(1)　g	(2)

問１．３点
問２．３点
問３．３点
問４．３点×２
問５．３点
問６．完答３点
問７．２点×２

（　　）

【解答】

受験番号					
名　　前					

令和6年度　英語　解答用紙

合計	

※100点満点

I

1	(a)	(b)	2	(a)	(b)
3	(a)	(b)	4	(a)	(b)

完答4点×4

小　計

II

問1

A	B	C	D

問2

(a)	(b)	(c)

問1．２点×４
問2．完答３点
問3．３点
問4．完答３点
問5．３点
問6．３点

問3

問4

【解答

受験番号	
名　　前	

令和6年度　数学　解答用紙

合計	

※100点満点

1

(1)	(2)	(3)	(4)	(5)
		度	cm	

4点×5

1
小　計

2

(1)		(2)	(3)	(4)
売り値	売れる個数			

4点×5

【解答

小計

【三】

(　)

問一

問二

問三

(　)

問四

問五

問六

・

問一.　４点
問二.　４点
問三.　４点
問四.　４点
問五.　４点
問六.　４点×２

合計

※100点満点

受験番号

名前

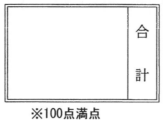

Ⅳ　958年に鋳造された乾元大宝を最後に，日本では長い間貨幣が鋳造されなくなった。貨幣の鋳造が行われなくなると，しばらくは米や絹布などが貨幣の代わりを果たしたが，⑦12世紀後半になると大量の宋銭が日本列島に流入した。日本は宋銭の使用を禁止しており，また当時の中国も銅銭の国外持ち出しを禁じていたため，こうした宋銭は⑧民間商人の密貿易により日本列島に持ち込まれることが多かった。こうして貨幣経済が浸透してくると，14世紀初頭には商取引などに割符という定額為替が用いられるようになった。

問７　下線部⑦に関連して，この時期の出来事として正しいものを，次の**ア**～**エ**から一つ選び，記号で答えなさい。

ア　栄西が中国から日本へ禅宗を伝えた。
イ　北条時宗が御成敗式目を制定した。
ウ　坂上田村麻呂が征夷大将軍に任命された。
エ　チンギス＝ハンが宋を滅ぼした。

問８　下線部⑧に関連して，鎌倉時代から室町時代にかけての産業について述べた文として正しいものを，次の**ア**～**エ**から一つ選び，記号で答えなさい。

ア　貿易で栄えた門前町では，町衆によって町政が行われた。
イ　商人たちは座という同業者の団体を結成し，営業を独占した。
ウ　運送業者である馬借は，高利貸し業を営んで富を得た。
エ　鉄製農具や肥料の開発によって，米と茶の二毛作が行われた。

Ⅴ　14世紀後半，中国に明が成立すると，明銭が日本に流入したが，国内では評判が悪く，明銭の使用を拒否する撰銭《えりぜに》が頻繁に起こった。16世紀には，日本に銅銭が流入しなくなる一方，石見など大量の銀が採掘された⑨戦国大名の領国では，銀銭が流通し始めた。しかし，銀銭が銅銭に取って代わったわけではなかった。16世紀半ばになると，私鋳銭が宋銭などの貨幣より多く流通するようになり，各地で撰銭令が頻繁に出された。これは私鋳銭のような悪銭を強制的に使用させることを意図したものであって，商取引が円滑に進むのであれば，私鋳銭も積極的に使用させていたことがうかがえる。このように銅銭が不足する状況では，私鋳銭は経済混乱の原因とはいえず，むしろ銅銭の流通量を増やすために役立ったと考えられる。

問９　下線部⑨に関連して，戦国大名の支配について述べた次の文**X**・**Y**の正誤の組み合わせとして正しいものを，あとの**ア**～**エ**から一つ選び，記号で答えなさい。

X　戦国大名の中には武田氏のように，独自に分国法を制定する者もいた。
Y　戦国大名は交通路の整備や鉱山の開発を行った。

ア　**X**　正　**Y**　正　　　**イ**　**X**　正　**Y**　誤
ウ　**X**　誤　**Y**　正　　　**エ**　**X**　誤　**Y**　誤

Ⅵ　江戸時代には金貨・銀貨が発行され，次いで寛永通宝が発行されて統一的な貨幣制度が完成した。17世紀半ば以降幕府は慢性的な赤字財政となり，年貢を多く取り立てたり，改鋳により貨幣を増やすことで⑩財政再建をめざしたが結局は成功せず，代わって財政難を克服した有力な藩（雄藩）が台頭することになった。江戸幕府が倒れると，明治政府によって⑪欧米流の貨幣制度が模索される中，1871年に新貨条例が制定され新たな貨幣制度に移行した。

このように日本の貨幣史から浮上した事実は，現物経済→貨幣経済→信用経済と直線的に説明する経済学的理論に見直しの余地があることを示している。したがって，こうした事実も説明できる，より有効な理論の登場が期待される。

問10　下線部⑩について述べた文として正しいものを，次の**ア～エ**から一つ選び，記号で答えなさい。

ア　新井白石は質の悪い貨幣を大量に発行して財政を改善しようとした。
イ　田沼意次は蝦夷地の開拓や俵物の輸出の拡大をめざした。
ウ　松平定信は参勤交代を緩和する代わりに上げ米を実施して米を献上させた。
エ　水野忠邦は黒砂糖を幕府の専売にして大きな利益を得た。

問11　下線部⑪に関連して，明治政府が欧米の影響を受けて行った次の政策**a～c**を古いものから順に並べたときの順序として正しいものを，あとの**ア～カ**から一つ選び，記号で答えなさい。

a　日英通商航海条約の締結
b　学制の制定
c　大日本帝国憲法の発布

ア　a→b→c	**イ**　a→c→b	**ウ**　b→a→c
エ　b→c→a	**オ**　c→a→b	**カ**　c→b→a

4　次の文章を読んで，あとの各問いに答えなさい。

Ⅰ　久しく歴史学の危機が語られ，歴史学は進むべき方向について考えざるを得ない状況にある。現在の歴史学の成果と課題を明らかにする意味でも，どのような模索がなされているのか，①フランス歴史学を素材に考えてみたい。

1870年代に成立した第三共和政という新しい支配体制にふさわしい歴史を明らかにするために，フランス近代歴史学が形成された。②ドイツのランケ歴史学の影響を受けたこの実証主義歴史学は，③史料を厳密に読み解いて事実を明らかにし，事実同士を結びつけ，一つの歴史像を生み出そうとした。その際，④何を研究対象とするかが問題になるが，この段階のフランス歴史学は，第三共和政にとって必要であるという判断にもとづいて，政治的な出来事が研究対象とされた。

問１　下線部①に関連して，フランスに関係した出来事について述べた文として正しいものを，次の**ア～エ**から一つ選び，記号で答えなさい。

ア　フランスは1864年にイギリスなどとともに長州藩を攻撃した。
イ　明治政府はフランスの憲法を参考にして，憲法草案の作成を始めた。
ウ　アヘン戦争に勝利したフランスは，中国に租借地を獲得した。
エ　フランス・アメリカ・イギリスの名でポツダム宣言が出された。

問２　下線部②に関連して，ドイツに関係した出来事について述べた次の文**a～c**を古いものから順に並べたときの順序として正しいものを，あとの**ア～カ**から一つ選び，記号で答えなさい。

a　日本・イタリアと日独伊三国同盟を結んだ。
b　ルターが宗教改革を始めた。
c　ビスマルクの指導のもと，フランスとの戦争に勝利した。

ア　a→b→c　　**イ**　a→c→b　　**ウ**　b→a→c
エ　b→c→a　　**オ**　c→a→b　　**カ**　c→b→a

問３　下線部③について，次の【資料Ａ】・【資料Ｂ】を用いて明らかになる歴史を説明したあとの文章中の空欄（　ａ　）・（　ｂ　）にあてはまる語・文の組み合わせとして正しいものを，下の**ア～エ**から一つ選び，記号で答えなさい。

【資料Ａ】

【資料Ｂ】

【資料Ａ】で紙幣を燃やしているのは（　ａ　）といって，1914年に始まった第一次世界大戦中に短期間で巨万の富を得た金持ちのことである。このことから当時の日本経済が好景気（大戦景気）を迎えていたことがわかる。しかし，1929年の世界恐慌の影響が日本に及ぶと，1930年代から昭和恐慌という深刻な経済状況に一変し，【資料Ｂ】から読み取れるように，農村では不景気で米や生糸の（　ｂ　）。

ア　（ａ）　成金
　　（ｂ）　値段が上がり，収入が増加したため食生活は豊かになった
イ　（ａ）　成金
　　（ｂ）　値段が下がり，収入が減少したため食生活が苦しくなった
ウ　（ａ）　財閥
　　（ｂ）　値段が上がり，収入が増加したため食生活は豊かになった
エ　（ａ）　財閥
　　（ｂ）　値段が下がり，収入が減少したため食生活が苦しくなった

問４　下線部④に関連して，エンゲルスとともに労働者に注目して歴史を研究し，平等な社会の実現を説く社会主義の考えを提唱した，『資本論』の著者の名前を答えなさい。

Ⅱ　フランス近代歴史学が政治に着目したことに対して，社会史と称される新しいフランス歴史学は，人間を取り巻く社会全体を明らかにするため，マルク＝ブロックやリュシアン＝フェーブルが中心となって積極的にさまざまな学問と提携し，今まで無視されてきた事柄に光を当てた。その後⑤第二次世界大戦中にマルク＝ブロックが，⑥大戦後にリュシアン＝フェーブルが亡くなると，フェルナン＝ブローデルが中心的役割を担った。しかし，フランス歴史学は⑦人々の日常生活や心の在り方に注目するなど，研究対象を細分化し過ぎたため，「パンくずみたいになった歴史」と批判されるようになった。

現在の歴史学は，突き付けられた課題に対して果敢に立ち向かっている段階にある。さまざまな批判に対して挑戦し続けることが重要で，その努力を止め歴史に対する見方を見直さなくなれば，それだけ人類の未来は狭まってしまうのではないだろうか。

問５　下線部⑤の出来事として正しいものを，次の**ア**～**エ**から一つ選び，記号で答えなさい。

ア　シベリア出兵が行われた。
イ　五・四運動が起こった。
ウ　国際連盟が発足した。
エ　ヤルタ会談が開かれた。

問６　下線部⑥に関連して，第二次世界大戦後の国際社会について述べた次の文章中の下線部**ア**～**エ**から，**誤っているもの**を一つ選び，記号で答えなさい。

1945年に発足した国際機関には**ア**安全保障理事会が設置され，アメリカ・イギリス・フランス・ソ連・**イ**インドが常任理事国になった。しかし，戦後の国際社会は，アメリカを中心とする**ウ**資本主義国とソ連を中心とする社会主義国という陣営に分かれ，直接戦火を交えないこの対立は，**エ**冷たい戦争（冷戦）と呼ばれるようになった。

問７　下線部⑦に関連して，人々の生活や宗教・思想について述べた文として**誤っているもの**を，次の**ア**～**エ**から一つ選び，記号で答えなさい。

ア　産業革命が起きたイギリスでは，児童労働者が低賃金で劣悪な環境のもと，働かされた。
イ　大航海時代にヨーロッパからジャガイモ・トマト・たばこがアメリカ大陸に伝えられ，生活が大きく変わった。
ウ　キリスト教は神の前で人は平等であり，神の愛によってすべての人は救われると説き，ヨーロッパで広く信仰された。
エ　日本では教育勅語が発布され，忠君愛国の思想や父母への孝行の道徳が国民に広まり，精神的なよりどころになった。

5　次の資料を読んで，あとの各問いに答えなさい。

資料A

第1条　人は，自由かつ諸権利において（　　　）なものとして生まれ，そして生存する。社会的差別は，共同の利益の上にのみ設けることができる。

第2条　あらゆる政治的団結の目的は，人の消滅することのない自然権を保全することである。これらの権利，自由・所有権・安全および圧制に対する抵抗である。

第3条　あらゆる主権の原理は本質的に国民に存する。いずれの団体，いずれの個人も，国民から明示的に発するものではない権威を行い得ない。

第5条　法は，①社会に有害な行為でなければ，禁止する権利をもたない。法により禁止されないすべてのことは，妨げることができず，また，何人も法の命じないことをなすように強制されることがない。

第11条　思想および意見の自由な伝達は，人の最も貴重な権利のひとつである。したがってすべての市民は，自由に発言し，記述し，印刷することができる。ただし，法律により規定された場合におけるこの自由の濫用については，責任を負わなければならない。

第16条　権利の保障が確保されず，②権力の分立も定められていない社会は，憲法をもたない。

（一部抜粋・要約）

資料B

第12条　（略）自由および権利は，③国民の不断の努力によつて，これを保持しなければならない。又，国民は，これを濫用してはならないのであつて，常に公共の福祉のためにこれを利用する責任を負ふ。

第13条　すべて国民は，個人として尊重される。生命，自由及び幸福追求に対する国民の権利については，公共の福祉に反しない限り，④立法その他の国政の上で，最大の尊重を必要とする。

第14条　すべて国民は，法の下に（　　　）であつて，人種，信条，性別，社会的身分又は門地により，政治的，経済的又は社会的関係において，差別されない。

第32条　何人も，⑤裁判所において裁判を受ける権利を妨げられない。

第66条　③　⑥内閣は，行政権の行使について，国会に連帯して責任を負ふ。

（一部抜粋）

資料**C**

第1条　すべての人間は，生れながらにして自由であり，かつ，尊厳と権利とについて（　　　）である。人間は，理性と良心とを授けられており，互いに同胞の精神をもって行動しなければならない。 第2条　①　すべて人は，人種，皮膚の色，性，言語，宗教，政治上その他の意見，国民的若しくは社会的出身，財産，門地その他の地位又はこれに類するいかなる事由による差別をも受けることなく，この宣言に掲げるすべての権利と自由とを享有することができる。 ②　さらに，個人の属する国又は地域が独立国であると，信託統治地域であると，非自治地域であると，又は他のなんらかの主権制限の下にあるとを問わず，その国又は地域の政治上，管轄上又は国際上の地位に基づくいかなる差別もしてはならない。 第3条　すべて人は，生命，自由及び身体の安全に対する権利を有する。 （一部抜粋）

問1　資料**A**～**C**の空欄（　　　）に共通して入る語を，次の**ア**～**エ**から一つ選び，記号で答えなさい。

ア　独立　　　　**イ**　神聖　　　　**ウ**　平等　　　　**エ**　隷従

問2　下線部①は，法が例外的に人々の権利を制限するのは「社会的に有害な行為や社会全体の利益を優先する必要のある場合」と述べている。この「社会全体の利益」を何というか。資料**B**の条文から**5字**で抜き出しなさい。

問3　下線部②について述べた文として正しいものを，次の**ア**～**エ**から一つ選び，記号で答えなさい。

ア　ルソーは演説の中で「人民の，人民による，人民のための政治」を唱えた。
イ　モンテスキューは『法の精神』の中で，権力の均衡と抑制を説いた。
ウ　ロックは「マグナ・カルタ」の中で，専制政治を批判し，民主政治を訴えた。
エ　ワシントンは「権利章典」を発表して，民主主義の理念を説いた。

問４　資料Ｂの下線部③～⑥に関連して，日本の国民・国会・裁判所・内閣の関係性を示した図として正しいものを，次の**ア**～**エ**から一つ選び，記号で答えなさい。

ア

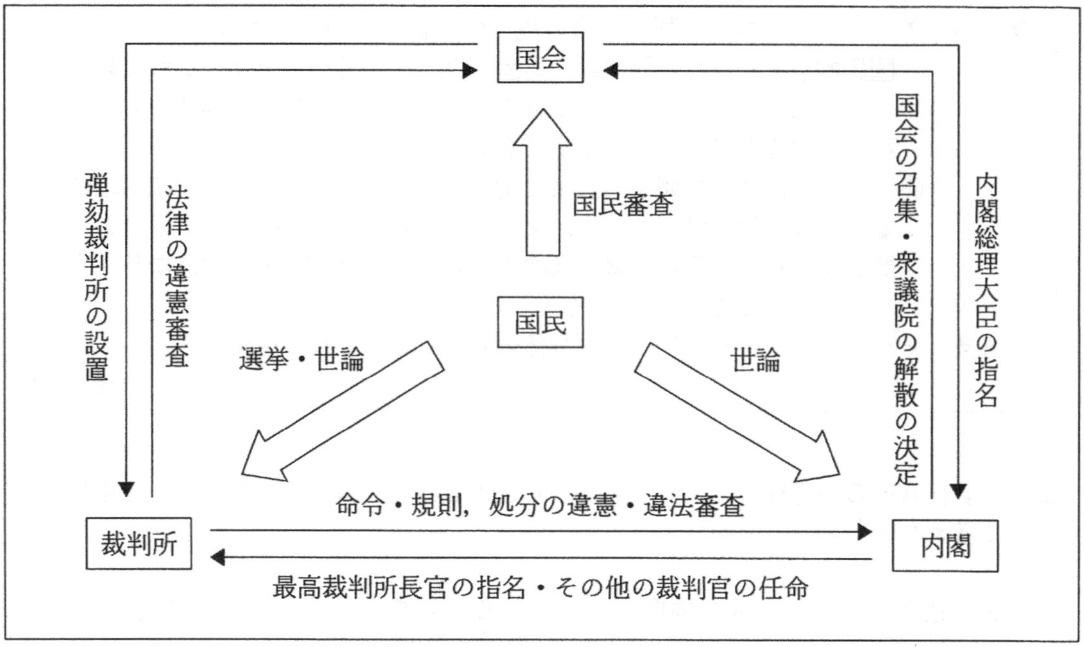

イ

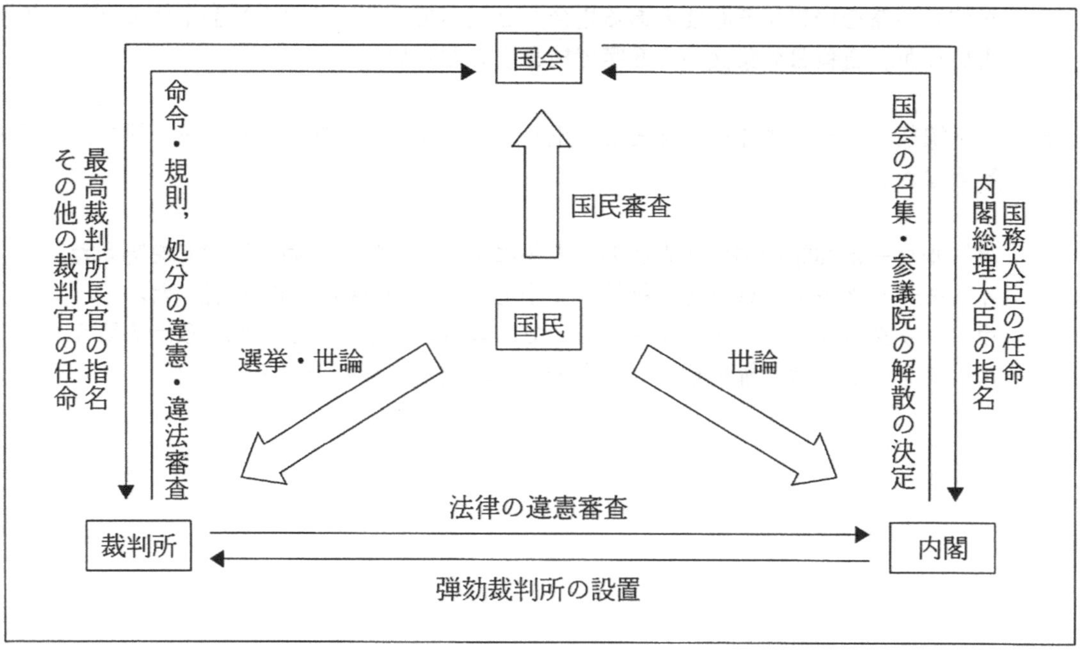

ウ

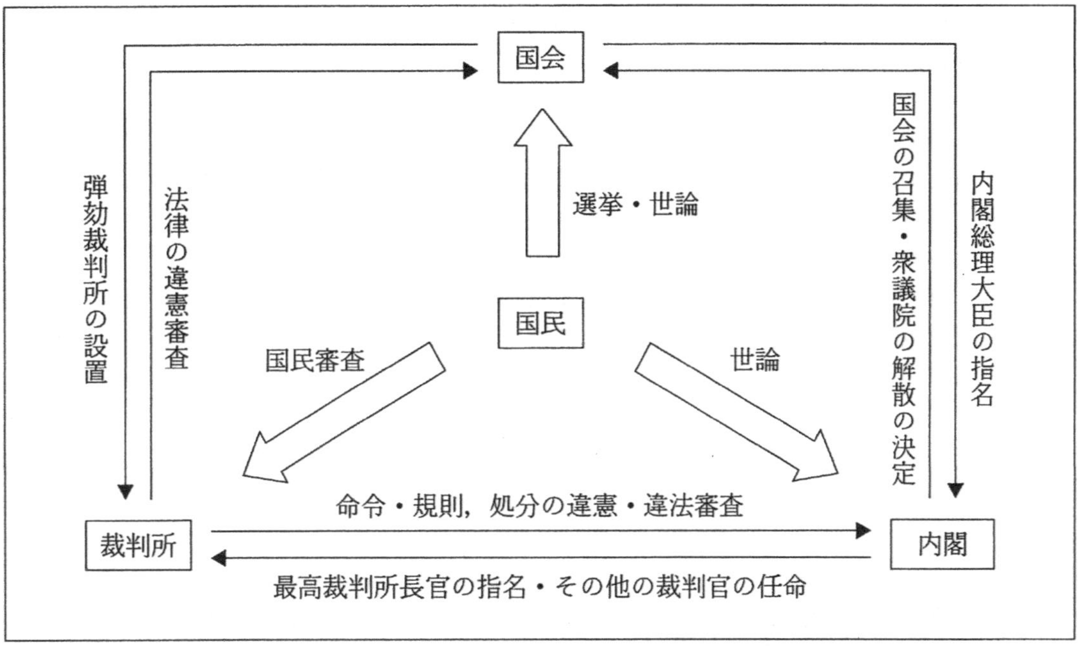
国会
弾劾裁判所の設置
法律の違憲審査
選挙・世論
国会の召集・衆議院の解散の決定
内閣総理大臣の指名
国民
国民審査
世論
命令・規則，処分の違憲・違法審査
裁判所
内閣
最高裁判所長官の指名・その他の裁判官の任命

エ

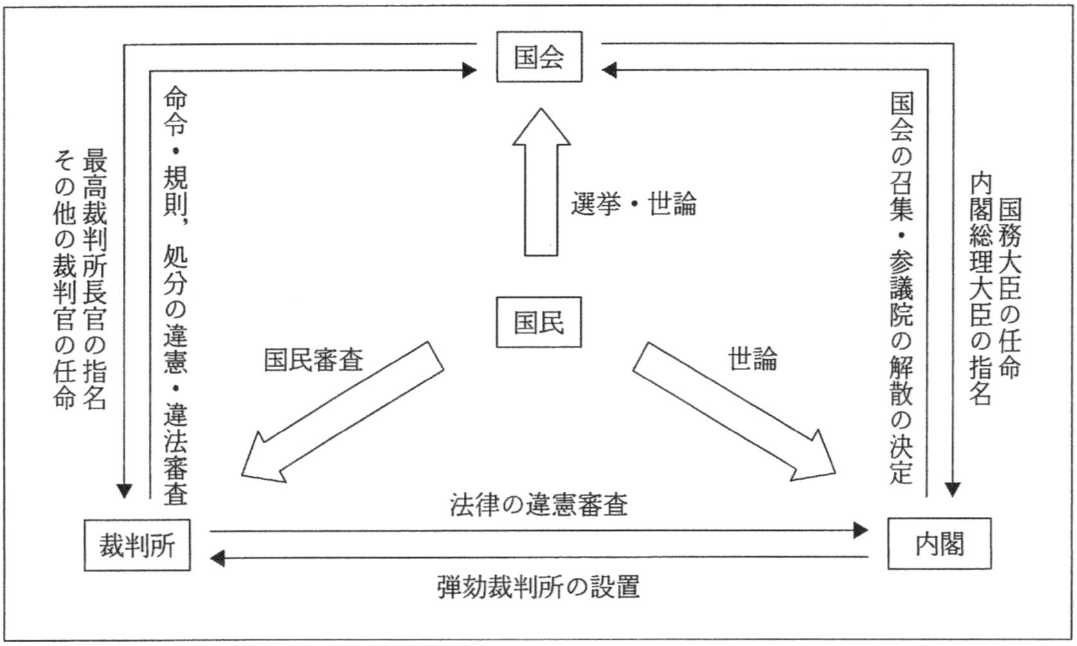
国会
最高裁判所長官の指名
その他の裁判官の任命
命令・規則，処分の違憲・違法審査
選挙・世論
国会の召集・参議院の解散の決定
国務大臣の任命
内閣総理大臣の指名
国民
国民審査
世論
法律の違憲審査
裁判所
内閣
弾劾裁判所の設置

問5　資料A～Cの内容として**誤っているもの**を，次の**ア～エ**から一つ選び，記号で答えなさい。

ア　資料Aでは，思想および意見の自由な伝達は，人の最も貴重な権利のひとつであるため，自由を濫用した場合でも責任を負わなくてもよいと述べている。
イ　資料Bでは，国民に保障する自由及び権利は，国民の不断の努力によって保持しなければならないと述べている。
ウ　資料Cでは，すべての人はいかなる事由があっても差別を受けることなく，権利と自由を享有することができると述べている。
エ　資料A～Cのいずれも，自由や権利の尊重について述べている。

問6　資料A～Cの名称の組み合わせとして正しいものを，次の**ア～カ**から一つ選び，記号で答えなさい。

ア	A－日本国憲法	B－世界人権宣言	C－フランス人権宣言
イ	A－日本国憲法	B－フランス人権宣言	C－世界人権宣言
ウ	A－世界人権宣言	B－日本国憲法	C－フランス人権宣言
エ	A－世界人権宣言	B－フランス人権宣言	C－日本国憲法
オ	A－フランス人権宣言	B－日本国憲法	C－世界人権宣言
カ	A－フランス人権宣言	B－世界人権宣言	C－日本国憲法

6　次の文章を読んで，あとの各問いに答えなさい。

自由な経済活動を行う①私企業が中心となった経済を資本主義経済という。資本主義経済の特徴としては，第一に生産手段の私的所有が認められていること，第二にほとんどの生産物が商品となるばかりでなく，労働力までもが商品となること，第三に利潤追求が保障されていることである。資本主義経済のもとでは，生産量や②価格が市場によって調整されている。また，自由競争が展開されると，産業分野が拡大し，③景気循環をくり返していくうちに，次第に企業間格差が拡大し，少数の巨大企業が成立するようになる。

独占市場が成立するような資本主義のもとでは，資本の集中によって成立した巨大企業が多くの産業部門で強い支配力を行使するようになる。そのため，④国は法律を制定し，不当な取引制限や不公正な取引を防止している。それにより，企業間の公正で自由な競争が維持され，資本主義経済の発展に寄与している。

問１　下線部①に関連して，企業について述べた文として**誤っているもの**を，次の**ア**～**エ**から一つ選び，記号で答えなさい。

ア　株式会社や個人商店は私企業に含まれる。
イ　国や地方公共団体が経営する企業を公企業という。
ウ　大企業は日本の全企業数の約99％を占めている。
エ　新たな技術やビジネスモデルで挑戦する企業をベンチャー企業という。

問２　下線部②に関連して，次の図は市場における需要・供給と価格の関係を表したものである。ホテルや旅館の宿泊費Ｐが，観光客の増加が見込まれる大型連休にP_1へと変化することを示した図として正しいものを，次の**ア～エ**から一つ選び，記号で答えなさい。

ア

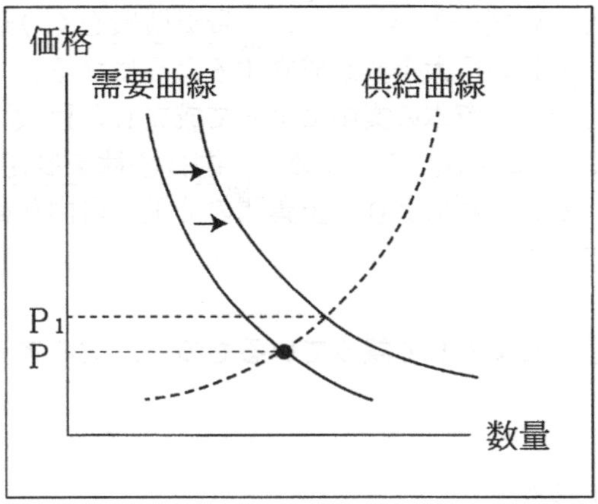

イ

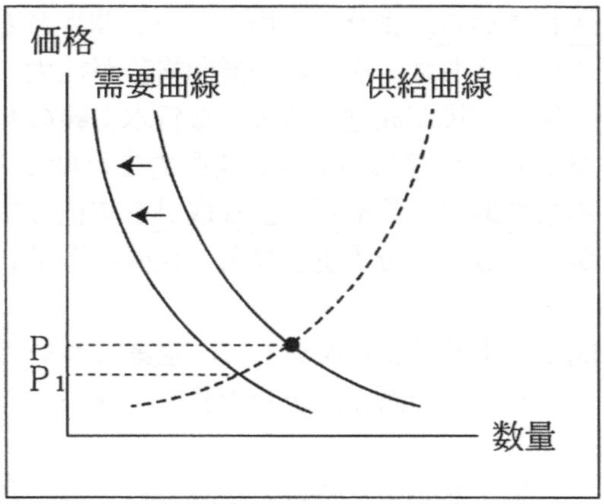

ウ

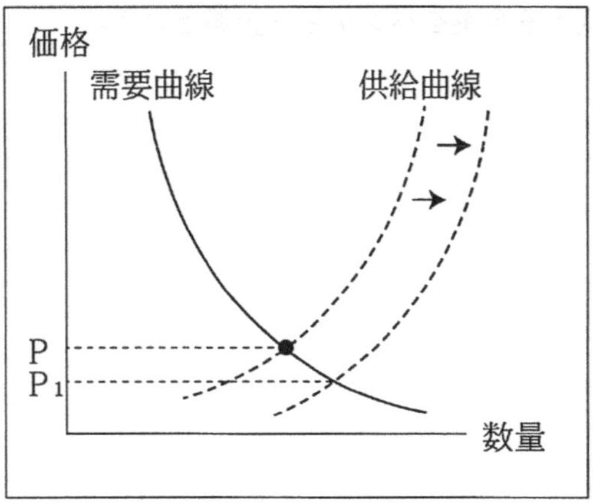

エ

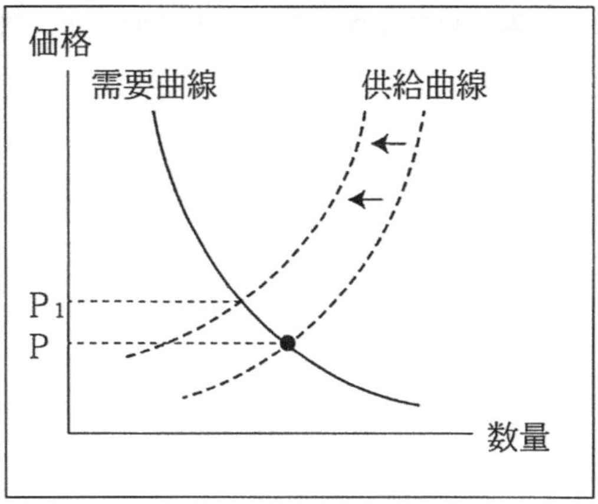

問3　下線部③に関連して，次の図は日本・中国・アメリカ・ドイツの経済成長率の推移を表したものである。日本の経済成長率の推移を示したものを，図中の**ア～エ**から一つ選び，記号で答えなさい。

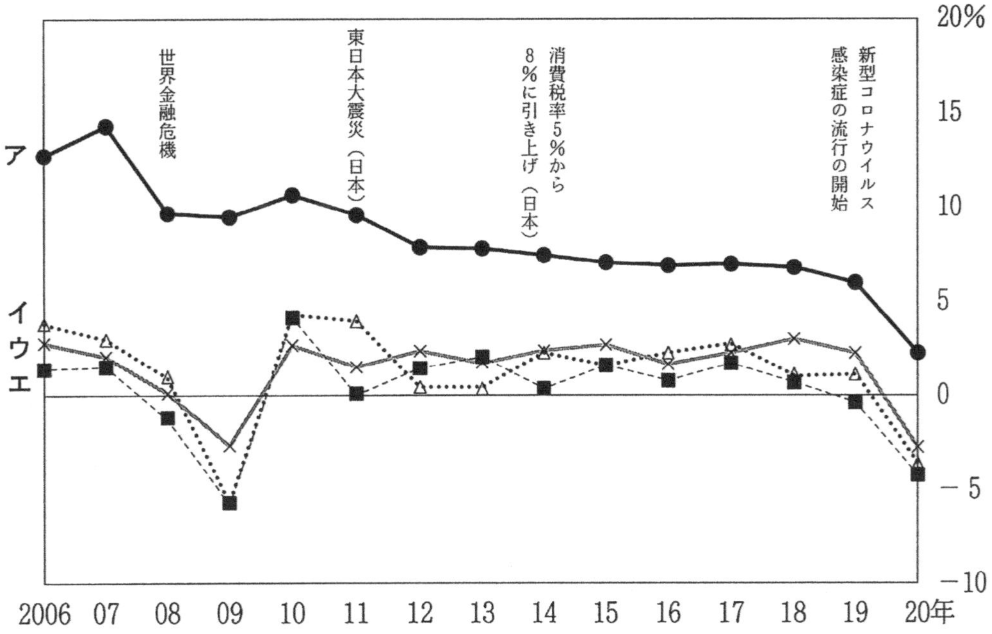

IMF -「World Economic Outlook Databases」により作成。

問4　下線部④に関連して，企業間の公正で自由な競争を維持するために1947年に制定された法律と，その法律にもとづいて設置された機関の組み合わせとして正しいものを，次の**ア～エ**から一つ選び，記号で答えなさい。

ア　民法－国家公安委員会　　　**イ**　民法－公正取引委員会
ウ　独占禁止法－国家公安委員会　　　**エ**　独占禁止法－公正取引委員会

〔以上〕

令和五年度

清風高等学校入学試験問題

国語

（五〇分）

試験開始の合図があるまで、この「問題」冊子を開かず、左記の注意事項を読んでください。

【注意事項】

一、試験開始の合図で、解答用紙の所定の欄に「受験番号」、「名前」をはっきりと記入してください。

二、この「問題」冊子は、20ページあります。解答用紙は一枚です。ページが脱落している場合は手を挙げて試験監督の先生に知らせてください。

三、解答は、解答用紙の指定されたところに記入してください。

四、「問い」に「字数制限」がある場合、句読点やカギかっこなどの記号は、一字として数えて、解答してください。

五、試験終了の合図で、「問題」冊子の上に解答用紙を重ねてください。

六、「問題」冊子及び解答用紙は持ち帰ってはいけません。

国語問題

（問題番号【一】～【三】）

【一】 次の文章は幸田文《こうだあや》の随筆「壁っち」（一九七一年九月初出）の全文です。これを読んで、後の問いに答えなさい。

死なせるとか、ころすとか、まことに穏やかならぬことを、これはまた至極《しごく》おだやかな調子でいっているので、なんのことなのかaときき耳をたてたら、壁土づくりの話をしているのだった。死なすの殺すのとは、腐らせることなのである。念入りな建物には、壁もまた念入りになるが、そういう時、壁の材料である土は、二年も三年もかけて、いちど十分に腐らせてから使う。その腐らせることを、話していたのである。

職人さんたちは、よく、たいへん的確なものいいかたをする。いかにもその職らしい、たくみな言葉をつかう。死なす、ころす、はどの職の人もよく使う言葉だが、この激しい言葉がいわれるときには、その状況や感情が、実に目に見るようにわかることが多い。しかしそれにしても、土をころすとは、どういうことなのかとおもった。ものを腐熟させることは、寝かす、寝かせるなどという、やさしい言葉も使うのだから、それを殺すと荒々しくいうのには、①それ相当のなにかがあるのだろうと察した。するとその私の気持《きもち》を見抜いたように、なにしろ土は生きているのだから、殺さなければ思うようには使えない。それに土は性根の強いものだから、死なすには相当ほねを折らなければならないのだ、という。やはり、ただ使っている言葉ではなくて、激しいいいかたに釣合うだけのものが、あるらしく察しられた。

土を死なすには、用量の土に、適当な水を加えて、捏《こ》ねる。土はやわらかくなる。それを縁高、中くぼみに形づける。窪《くぼ》みの中にb水をたたえる、縁高だから、水が外へ流れだしてしまうことはない。そのまま放置しておく。四季がめぐる。春の蒸すような暖気、つゆの長雨、夏のひでり、秋の冷え、厳冬の凍上と、土はいためつけられて、だんだんと腐っていく。しかも、より万遍なく腐らせるために、この間に何度も捏ねなおされる。人の足で、踏みこねるのだという。つい思わず、その作業を想像しておかしくなった。子供のどろんこ遊びと㊟おなしで、なんと汚ならしく、そして滑稽である。

遊びなどとはとんでもない、難行だという。鼻のもげそうな悪臭で、口もなにもききたくないほどな、我慢のいる仕事だと、いまただ話すのにさえ顔をしかめる。嗅いだことのない人には、話しても到底わからないが、あの嫌な臭いのなかで、くちゃくちゃ踏んで捏ねるのは、とてもとても、㊟けぶりにもおかしいなんてものじゃない——ときびしくいったものの、ちょっと戸惑って考えているふうで「へんだな、こうして実地の仕事でなく、話だけのことでしゃべってみると、あの作業は、やはりなんだか可笑《おか》しいな。話だと、臭いということ自体が、もうおかしさをくすぐるし、しかもそれを足で捏ねる、とくればいかにも滑稽だ」ととうとう自分が笑いだす始末になった。

　が、当人にそう笑われると、今度は逆にこちらが笑えなくなって、もし自分がその作業をやらされたとしたら、どんな思いがするか。鼻のもげるようなにおいと、こねかえした土の汚ならしい色や、ぬらぬらする触感などを想像すると、それがどんなに気色のわるい仕事か、ほぼ推察がつくのだった。悪臭とよごれの実作業からは、滑稽感など毛ほどもありはしない。だのに、ただ話できけば、なにかおかしくなるのは、どういうわけだろう。それが実地と話とのちがい、というものだろうか。

　それはさておき、そういう作業をくり返すのが、つまり、生きている土をころす、ことなのである。では、②土が生きている、とはどういうことなのか。土が、本来持っている自分の性質を持ち続けているかぎりは、生きている土なのだという。それなら、土本来の性質とはなにか、といえばそれは、固まる、ということなのだ。時や場合によっては、固まるというその本来の性質が、本来のままで非常に役にたつ。しかし、念入りな壁をつくろうとする際の壁土としては、土本来の性質のままに固まられたのでは、いい壁にはならない。勝手に固まるから、壁にぬり上げたあと、干割れ、ひびわれが入ってしまうからである。だからどうしても、性来の固まる性質を一度くさらせ、殺して、いわば癖抜きをするのである。癖をぬかれて、仕上がった土は、さらさらしているし、色も曝《さら》されて淡くなっている、という。そうなってはじめて、壁土として役にたつのだが、実際に壁に塗る段になれば、そこで(注)苆《すさ》と呼ばれるつなぎを入れることになる。固まる癖をぬかれた土なのだから、つなぎをまぜるのである。

　こうきいてくると、③死なす殺すという激しい言葉が、無理ないものだということがよくわかる。本来の性質をもったままの土を、生きている土と考える考え方もおもしろいし、本来の性質を抜いてしまう操作を、ころす死なす、という言葉で表現するのもおもしろい。そのものの形態も、そのもの本来の性質も、ともに消し去ってしまうのが死というものだが、この場合は、本来の固まるという性質だけを消して、土そのものの形は残る。しかし、本来の性質をもっている土を、生きている土と考えるのだから、その性質を消そうとする時、それはまさに、死なす、というほかないのである。こちらの意志や力を敢《あ》えて加えて、死なせるのである。その死なす、殺すという言葉は、みごとにぴたりと、事柄にあてはまっているのだった。

生きている土という考え方、そしてそれを死なすといういいかた——職の人が、その職のことを話すとき、言葉と事柄にズレがないのが心にしみた。そしてもう一つ、心にしみたのは、鼻ももげそうだという悪臭のことである。その話のときつい、くさいものを捏ねる人の姿を想像して、子供の遊びのような、と私はcロをすべらせたのだが「とんでもない、けぶりにもおかしいなんてものじゃない」と真顔ではねかえしてきた、それほどのその悪臭のことである。ものがいのちをおえれば、たいがいは臭気をはなつ。それが自然の仕組、筋道である。土といえども、その筋道はおなじといえる。死なされて、悪臭を放つのは当たりまえだ。だが、思えば死なされたのは、土のからだ——からだといえるかどうか心許《こころもと》ないが、とにかく土の形そのもの——ではなくて、持っている性質なのである。生れつきの性質というか、自我の強いままにある性質というか、それが殺されたのである。死なされたのは、気ままに固まりたがる、本来の性質だった。だから、鼻のもげそうな悪臭は、あるがままの、勝手気ままなその性質がころされようとする時、抵抗し、抵抗し続けて、うめいて、身をしぼって放った臭気だ、とそんなふうに私はおもう。

　そう思ったとき、なにかしきりに感情を去来するものがあった。そんな悪臭をあげなければ、死ぬにも死なれない持って生れた性質というもの。自分自身も踠《もが》いて苦しまなければ捨てられないもの、そしてそれは周囲の人をも辟易《へきえき》させるものなのである。持って生れたのがいい性質ばかりなら、いうことはない。だが、自他をともにいためる嫌な性質を、誰でも、多少はいわず、かならず持って生れているのである。その性質を捨てなければ、という忠告は誰でもが身におぼえがあろう。親から師から友人から、多かれ少なかれ、注意された筈《はず》である。持って生れた性質——それを思いあわせれば、ひどい悪臭を放って、最後まで人を困らせながら、ついにその性質を抜き去っていく土は、私にはひとごとの話ではなく身にしみた。最初にきいたときは笑った悪臭だが、④いまは心惹《ひ》かれる悪臭である。我が身にも内蔵していることがたしかな、哀《かな》しい悪臭といえるのだった。癖を去って、新しく素直な性質に生れかわる、壁土あわれ、といいたい。職の人達《たち》が、臭気の強さを、土の根性の強さに比例するもののように考え、従って自分たちの作業もまた、その割合で我慢を強いられるのも、仕方のない自然の筋道だ、というように素朴で、しかも動じない態度をもっているのにも、心をうたれる。

　いま私たちの住居には、土を塗りあげてこしらえる壁は、ほとんど消えかけている。多く板壁、貼壁である。時代で、住居の造りかたがちがってくるのである。とくに望む以外、一般のいまの家庭に塗壁はない。趣味にしろ工事にしろ、貼壁には貼壁のよさがあり、土壁には土のよさがあり、その長短は時代によって評価もちがうだろう。時代から消えていくものを、なんでもかでも惜しむというのではないが、昭和という今この時代に、昔むかしから長い間かけて、だんだんに磨き上げてきた職方のわざが、一つまた一つと減っていきそうなのは淋《さび》しい。

死なすの殺すのという、激しい言葉からたまたま聞きだした、㊟左官職のはなしであり、実作業を目で見たことではなく、ただ話だけのことだけれど、おそらく死なすという一語も、その先その先の代々が、使いつけてきた、いちばんぴたりと合う言葉だったのだ、とおもう。その語る職人さんたちは、別になにも思わず話しているらしかったが、⑤伝統というものの持つ深みは、一語一言の端々にも、こんなに情感をたたえた現れかたをしているのである。

ついでながら、ここで話されていた壁土は、富家の豪華な住宅に使われるものではなく、富まぬ寺の、祈念のために造られる建築物に使用されるものである。この夏、土は捏ねはじめられるという。

㊟ おなし ―― 「同じ」という意味。

けぶりにも……ない ―― 「ほんの少しも……ない」という意味。

苆 ―― 壁土に混ぜて固めるための材料。わらや麻などが用いられる。

左官職 ―― 建物の壁や土塀などを塗り仕上げる仕事を専門とする職種。

問一　〰〰線部a～cの本文中における意味として最も適切なものを、それぞれ次の中から選び、記号で答えなさい。

a　「きき耳をたてたら」

ア　意味をよく考えて聞いてみたら　　イ　こっそり隠れて聞いてみたら

ウ　聞きやすい方の耳で聞いてみたら　　エ　注意深く聞いてみたら

b　「水をたたえる」

ア　水をいっぱいに満たす　　イ　水を半分ぐらい入れる　　ウ　水をひたすらほめる　　エ　水をゆっくりと注ぐ

c　「口をすべらせた」

ア　つい冗談を言った　　イ　相手をからかった　　ウ　うっかり失言した　　エ　思わず本音を言った

問二　——線部①「それ相当のなにかがあるのだろう」とありますが、このあとの職人との会話で筆者はどのようなことに気づきましたか。その説明として最も適切なものを次の中から選び、記号で答えなさい。

ア　食べものを熟成させる場合は、「寝かせる」という言葉が適切であるが、悪臭に耐えながら足で踏みこねる土の場合は、実際にぞんざいに扱っているので、激しい言葉が適当であるということ。

イ　性根の強い土を人間の意のままに扱えるようにするには、職人たちの並大抵ではない苦労を必要とするのであり、「寝かせる」などというやさしい言葉では物足りない激しさがあるということ。

ウ　生きている土を思うように使えるようにするために、実地に体を使った過酷な労働に従事しているうちに、職人の話す言葉づかいそのものが次第に激しく荒々しいものになってきたということ。

エ　よい壁土をつくるためには、鼻ももげそうな悪臭の中で土を踏みこねるという我慢を強いられるため、たとえ周りにどれだけ笑われたとしても、激しい言葉で対抗するしかないということ。

問三 ――線部②「土が生きている」とありますが、本文で述べられている内容の具体例として**適切でないもの**を一つ選び、記号で答えなさい。

ア 乾燥した土は白っぽい色をしていたが、水を加えて湿らせると黒っぽい色に変化した。

イ 拭いても取れにくかった靴の泥汚れが、二、三日たって乾燥すると簡単にはがれ落ちた。

ウ 田んぼに水が張ってあるときはドロドロしていた土が、水が引いて時間がたつと固まった。

エ 弟と協力して丁寧に土団子を作ったが、ひと晩たって起きてみるとほとんどが割れていた。

問四 ――線部③「死なす殺すという激しい言葉が、無理ないものだ」とありますが、「死なす」という言葉を用いた場合と、「死ぬ」という言葉を用いた場合とでは、どのように違いますか。次の空欄に入れるのに適切な表現を、本文中から十五字で抜き出して答えなさい。

「死ぬ」という場合は、自然に土の本来の性質が消えるという内容を表すが、

「死なす」という場合は、［　　（十五字）　　］、土の本来の性質を消し去るという内容を表す。

問五 ――線部④「いまは心惹かれる悪臭である」とありますが、筆者がこのように感じるようになったのはなぜですか。最も適切なものを次の中から選び、記号で答えなさい。

ア　勝手気ままな性質が殺されようとするときに、それに抵抗して悪臭を放つ壁土のありさまが、持って生まれた性質のせいで周囲の人々を辟易させる自分の姿と重なり、壁土と人間とでは立場が異なるとはいえ、個性の強いものが背負わざるをえない宿命を感じて共感を覚えるようになったから。

イ　人間でも周囲の人々を困らせるような嫌な性質を誰もが持っているのだから、壁土が生まれながらに持っている性質を殺されようとするときにひどい悪臭を放つのも当然だと思うようになる一方で、そんな悪臭に耐えながら壁土を仕立てていく職人達の我慢強さに頭が下がる思いがしたから。

ウ　最初に壁土の作業の話を聞いたときには、子どもの泥んこ遊びのようだと思わず笑ってしまった悪臭だったが、そこには壁土の最後の抵抗があったのだと思うと、人間のひどい仕打ちにもがき苦しむ壁土に哀愁を感じ、笑ってすませることのできない運命に同情を感じるようになったから。

エ　癖の強い性質が殺されようとするときに、その個性を消されまいと悪臭を放つ壁土のありさまと、嫌な性質であると知りながら捨て去ることもできずに生きている自分自身とを重ねて思いを巡らせると、持って生まれた性質に苦しみながら生きる人間の悲哀をしみじみと感じるようになったから。

問六　――線部⑤「伝統というものの持つ深みは、一語一言の端々にも、こんなに情感をたたえた現れかたをしている」とありますが、それはどういうことですか。最も適切なものを次の中から選び、記号で答えなさい。

ア　実作業ではなく、ただの言葉のうえでの話ではあっても、そこには職人仕事の誠実さが表れているということ。

イ　職人が使う何気ない言葉の中に、代々受け継がれてきた経験を通じて得られた実感がこめられているということ。

ウ　日々の仕事で職人が使い続けるうちに、曖昧だった内容がだんだんと正確な表現へと洗練されていったということ。

エ　職人にとっては現実の経験こそが重要なので、ふだん使いの言葉は別になにも思わずに話されているということ。

問七 ═══線部「実地と話とのちがい」について理解をさらに深めるために、清太《せいた》くんは自分で調べた内容を研究ノートにまとめました。ノートを読んで、後の［設問］に答えなさい。

清太くんの研究ノート

◎表現についての研究

実地

「遊びなどとはとんでもない、難行」

↓

（具体的表現）

・「鼻のもげそうな悪臭」

・「嫌な臭いのなかで、くちゃくちゃ踏んで捏ねる」

話

「子供のどろんこ遊びとおなしで、なんと汚ならしく、そして滑稽」

↓

（具体的表現）

・「臭いということ自体が、もうおかしさをくすぐる」

・「それを足で捏ねる、とくればいかにも滑稽」

違いが生じる！

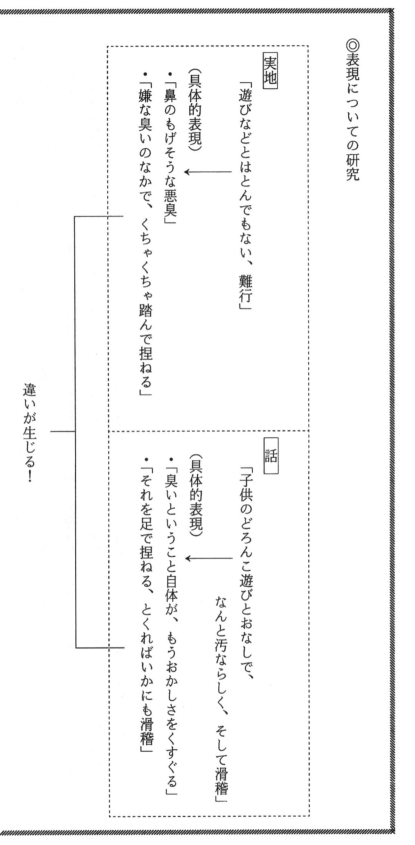

《考察》「実地」が「話」になると、右のような違いが生じるのはなぜか?

言葉の働きに注目してみた結果、考えられる可能性は以下の六つである。

ア　言葉は、現実の臭いや姿などを持たない。

イ　言葉は、多くの人に意味を伝えられる。

ウ　言葉は、国や地域によって異なっており、多様である。

エ　言葉は、人にさまざまなイメージを思い浮かべさせる。

オ　言葉は、人に多くの学びを与える。

カ　言葉は、駄洒落《だじゃれ》のように、同音異義語で人を楽しませることができる。

［設問］　このノートを先生に見せて相談したところ、清太くんの考えた可能性の中には、「実地」と「話」とで違いが生じる理由として「当てはまるもの」と「当てはまらないもの」があると指摘されました。先生が指摘した「当てはまるもの」として適切なものを、ノートにまとめたア～カの中から**二つ**選び、記号で答えなさい。

【二】　次の文章を読んで、後の問いに答えなさい。

芸術って笑われるときがあります。「センスあるぶるな」㊟と斜めからの視線で。そのやり方はセコいんじゃないか、簡単なんじゃないかと思います。気持ちはわかります。

たまに、情熱や技術では戦えないと判断した人が、なんとなくで作ったものに「芸術」というタイトルだけつけて宝くじ的な評価を得ようとすることもあるでしょう。そういうものに対する不信の蓄積が、芸術を馬鹿にする理由になっているのかもしれません。難しくて意味がわからないから、消滅して欲しいという願いから自己防衛で馬鹿にしている人もいるでしょう。

だけど、①「ピカソって本当にすごいの？　褒めてるやつらもわかってんの？」と言ってしまう人は、山で熊に遭遇しても「かわいい！」と近寄っていって殺されてしまう恐れがあるのではないかと不安になります。意味はわからなくても、圧倒的な迫力は感じるやろと思うんです。

僕にとって芸術は、表現をしている人がその行為を信じているかどうかだと思っています。疑いながらやって欲しくはない。「芸術ってこんな感じだよね」でやって欲しくない。自分が作品をaカンショウしてすごいかすごくないかと、表現者が作品を信じているかどうかが僕の中での大きな基準です。

僕もいつも考えすぎてしまいます。どれだけ自分が信じていても、横から「お前、それ本当か？」などと言われたら、本当だと思っていてもだんだん不安になる時があります。誰になんと言われようと自分の表現を貫けばいいんだ。でも、恐怖を与えない［　X　］な表現にとどめておいた方がいいのではないか。その方が日常生活は上手《うま》くいくのではないか。その狭間《はざま》を行ったり来たりしています。

太宰治に『芸術ぎらい』というエッセイがあります。

> 創作に於《お》いて最も当然に努めなければならぬ事は、〈正確を期する事〉であります。その他には、何もありません。風車が悪魔に見えた時には、ためらわず悪魔の描写となすべきであります。また風車が、やはり風車以外のものには見えなかった時は、

そのまま風車の描写をするがよい。風車が、実は、風車そのものに見えているのだけれども、それを悪魔のように描写しなければ〈芸術的〉でないかと思って、さまざま見え透いた工夫をして、ロマンチックを気取っている馬鹿な作家もありますが、あんなのは、一生かかったって何一つ摑《つか》めない。小説に於いては、決して芸術的bフンイキをねらっては、いけません。

（太宰治『芸術ぎらい』）

ふたつの選択肢で揺れている時、こういう言葉に出会うと迷っていた自分の背中を押してくれます。信じたままでいいんだと思わせてくれる。

でもこの言葉だけを抜き出したら、こんなことはみんなが言っていることです。「自分の思ったように描きなさい」という言葉は、幼い頃から何度も聞かされています。でも、その言葉では僕は信じられません。言葉として弱い。

やはり、「風車が悪魔に見えた時」という言葉が必要なのだと思います。「風車が悪魔に見えた」とは、すぐにイメージしにくい言葉です。理解はできるけど、普段の生活からはちょっと遠い言葉です。そんなことは普通はありえない。だからこそ、「風車が悪魔に見えた時」というのは、何かを獲得した瞬間でもあるのです。そんな瞬間を経験したことのある人間にとってはかなりの説得力があります。

「センスあるぶるな」という斜めから小石を投げてくるような言葉をはね返すことができる。言い回しが上手いということではありません。②<u>体重が乗っていて重いんです。</u>これだけ疑《うたぐ》り深い僕が納得させられました。信じること以外は書くまいと思えました。どんな言葉にでも対抗できる。それが文学の力によってできるのだと思い知りました。

純文学は回りくどいとか、何を書いているかわからないと言われることがあります。でも、そんな簡単な、簡潔な表現では納得できない時があるんです。本の中から一行だけ抜かれても、言葉を差し出されても無理です。そこには物語が必要です。その上で体重の乗った言葉が、そのために過不足のない表現が必要です。たまに、ふと目にしたり耳にした言葉からcケイジを受ける時がありますが、それも言葉だけがすごいのではなくて、自分の人生という物語に、その言葉が奇跡的に乗ることができたからなんです。

親に同じようなことを言われても、「やかましいわ」で終わってしまうようなことも、小説、文学を通じて、物語を読んできた末に出会った言葉にグッときた経験は、みんな一度は体験していると思います。

本を読むことは無駄足じゃないし、遠回りでもない。純文学は知的なことをアピールするために難解にしたり、回りくどくしているわけではありません。必要だからやっていることです。③一言では駄目なんです。あるいは、省略しまくった上での一言でないと駄目な瞬間もあるのです。

自分はどういう人間かと考えた時、誰かひとりの意見だけで決めるのは不安です。Aは僕のことを「暗くて残酷だ」と言うし、Bは「意外と優しい」と言う。ひとりの人間を知ろうとしたら何十人もの意見が必要になります。その中にはそれぞれ矛盾することも出てきます。でもその矛盾も含めて、いろいろな目線があって、ようやくその人がどういう人間かという全体像が浮かび上がってきます。

純文学を読んで感じるのはそういう誠実さです。様々な視点から見ることによって実像が浮かんでくるのが、純文学のおもしろさです。だからこそ、ある程度の長さが必要ですし、それぞれの言い回しや幅のある表現が必要になります。反対に文章を省略することで余韻が生まれたり、欠乏感が何かの象徴として表現されることもあるでしょう。それこそ新しく更新され続けていくものが純文学でもあり得るわけですから、可能性は無限です。

（中　略）

純文学の中では、ひとりの人間がすごく優しくて、すごく残酷であるということも書けます。白と黒を混ぜているようなものです。現実の世界も、白か黒だけの単純なものではありません。白と黒が混じっている、そしてそこには様々な濃淡がある。それが世界です。

ひとりの人間が優しくて残酷。その両方の話をぶつけられた時、僕の中で何かが立ち上がります。読むところはここだと思うのです。僕はこう読んでおもしろかったけど、あなたは読んでも全然おもしろくなかった、でもいいんです。

読むのは僕なんです。④それぞれがひとりで読むんです。物語の中で何かと何かがぶつかり合うのを読んだ時、そこにそれぞれの人生が結びつきます。それは本当に素晴らしい瞬間です。それぞれ反応する場所も違うだろうし、反応の仕方も様々だと思います。ひとりの人間でも、読む年齢によって異なる反応があります。

文学は自分の人生に返ってきます。それが最高のエンタテインメントであり、文学のおもしろさです。一方で、全然なんの役にも立たないという看板をdカカげる作品もあるでしょう。役に立たないからこそ、おもしろいものもあります。それは、おもしろいということによって、役に立ってしまいます。

（又吉直樹《またよしなおき》「夜を乗り越える」）

㊟ センスあるぶるな —— ここでは「わざとらしくセンスがある風を装うな」という意味のくだけた表現。

問一 〰〰線部a〜dのカタカナを漢字に直しなさい。

問二 空欄 X に入る語句として最も適切なものを次の中から選び、記号で答えなさい。

ア 創造的　イ 平均的　ウ 主観的　エ 具体的

問三　――線部①「『ピカソって本当にすごいの？　褒めてるやつらもわかってんの？』と言ってしまう人は、山で熊に遭遇しても『かわいい！』と近寄っていって殺されてしまう恐れがあるのではないか」とありますが、それはなぜですか。最も適切なものを次の中から選び、記号で答えなさい。

ア　圧倒的な迫力を持っているものに対して、表面的な認識だけですべてを理解したと思うために、自分はすぐれていると勘違いし、周りを見下して油断してしまうから。

イ　圧倒的な迫力を持っているものに対して、自らの情熱や技術ではかなわないと感じてしまうために、芸術家としての信念を曲げ、運に頼った評価を得ようとしてしまうから。

ウ　自分にとってわからないものに対して、心を閉ざしてしまうため、本当に価値のあるものを認識できず、それは芸術ではないという決めつけた態度をとってしまうから。

エ　自分にとってわからないものに対して、わからないなりに何か感じようとしないため、圧倒的な迫力を持っていても、そのことに気づかないまま過ごしてしまうから。

問四　――線部②「体重が乗っていて重いんです」とありますが、それはどういうことですか。最も適切なものを次の中から選び、記号で答えなさい。

ア　人生における実感に裏打ちされた作者の確信や信念が言葉にこめられていて、説得力があるということ。

イ　すぐには理解できない難解な言い回しを使用することによって、言葉に深みが与えられるということ。

ウ　作者の好みを色濃く反映した表現であるため、他者からの批判に動じない力を持っているということ。

エ　他の人にはなかなかできない特殊な体験をすることによって、言葉が確かなものになるということ。

問五　――線部③「一言では駄目なんです。あるいは、省略しまくった上での一言でないと駄目な瞬間もあるのです」とありますが、それはなぜですか。次の文の空欄Ⅰ・Ⅱに入れるのに適切な語句を、本文中からそれぞれ指定の字数で抜き出して答えなさい。

純文学は、［Ⅰ（五字）］から見て、描かれるものの全体像を浮かび上がらせる。そのためには、文章にある程度の長さが必要であり、また、ときには文章を省略することによって［Ⅱ（二字）］を生じさせる必要があるから。

問六　――線部④「それぞれがひとりで読むんです」とありますが、それはどういうことですか。八十字以内で説明しなさい。

【三】　次の文章を読んで、後の問いに答えなさい。

㊟行基《ぎやうき》、もろもろの病人を助けんがために、㊟有馬《ありま》の温泉に向《むか》ひ給ふに、㊟武庫《むこの》山の中に①一人の病者臥《ふ》したり。上人、あはれみを垂れて問ひ給ふやう、「ａなんぢ、何によりてか、この山の中に臥したる」。病者答へていはく、「病身を助けんがために温泉へ向ひ侍《はべ》る。筋力絶え尽きて、㊟前途《せんど》達しがたくして、山中にとどまれる間、㊟粮食《りやうしよく》与ふる者なくして、やうやく日数を送れり。願はくは上人、あはれみを垂れて、Ⅰ身命を助け給へ」と申す。上人、この言葉を聞きて、いよいよ悲嘆の心深し。ｂすなはち、わが食を与へて、付き添ひて養ひ給ふに、病者いはく、「われ、あざやかなる魚肉にあらでは食することを得ず」と。これによりて、㊟長洲《ながす》の浜に至りて、生しき魚を求めて、これを勧《すす》め給ふに、Ⅱ「同じくは味はひを調へて与へ給へ」と申せば、上人、みづから塩梅《あんばい》を和して、その魚味を試みて、味はひ調ふる時、勧め給ふに、病者②これを服す。

かくて日を送る。またいはく、「わが病、温泉の効験《こうげん》を頼むといへども、たちまちに癒《い》へんことかたし。苦痛しばらくも忍びがたし。㊟譬《たと》へをとるにものなし。③上人の慈悲にあらでは、誰かわれを助けん。願はくは上人、Ⅲわが痛む所の肌《はだへ》をねぶり給へ。しからば、ｃおのづから苦痛助かりなん」と言ふ。その体㊟焼爛《せうらん》して、その香はなはだ臭くして、少しも耐《た》へこらふべくもなし。しかれども、慈悲いたりて深きがゆゑに、あひ忍びて、病者の言ふにしたがひて、その肌をねぶり給ふに、舌の跡、㊟紫磨金色《しまごんじき》となりぬ。そのひとを見れば、また㊟薬師如来《やくしによらい》の御身なり。その時、仏告げてのたまはく、「われはこれ温泉の行者《ぎやうじや》なり。上人の慈悲を試みんがために、仮に病者の身に現じつるなり」とて、忽然《こつぜん》として隠れ給ひぬ。

（「古今著聞集《ここんちよもんじふ》」）

㊟　行基 ―― 奈良時代の僧。後出の「上人」も行基を指す。
有馬・武庫山 ―― いずれも兵庫県南東部にある地名。
前途 ―― 目的地までの道のり。
粮食 ―― 食料。

長洲の浜 ―― 兵庫県南東部にある地名。
譬へをとるにものなし ―― たとえようがない。
焼爛 ―― 焼けただれていること。
紫磨金色 ―― 最上級の金の色。
薬師如来 ―― 人々の病患を救うとともに悟りに導くことを誓った仏。「如来」は最高位の仏を表す。

問一 〰〰線部a～cの本文中における意味として最も適切なものを、それぞれ次の中から選び、記号で答えなさい。

a 「なんぢ」
ア いつから　イ どうして　ウ おまえ　エ わたし

b 「すなはち」
ア いいかえれば　イ つまり　ウ とうとう　エ すぐに

c 「おのづから」
ア 意図せず　イ 自然と　ウ 自分の力で　エ 思い通りに

問二 ――線部①「一人の病者臥したり」とありますが、「病者」はそうなった理由をどのように述べていますか。最も適切なものを次の中から選び、記号で答えなさい。

ア さまざまな病人を救いたい一心で有馬の温泉に向かったが、その道中の武庫山で自分が病気になってしまったから。
イ 病に侵されているにもかかわらず、好きな温泉を探して武庫山をさまようちに、病が悪化してしまったから。
ウ 病を癒すために温泉に向かう途中、体力が尽きてしまい、食べる物もなく、身動きがとれなくなってしまったから。
エ 有馬までの道のりが想像以上に遠いことに気づき、さまざまな病人を治療する志をあきらめてしまったから。

問三　――線部②「これを服す」の解釈として最も適切なものを次の中から選び、記号で答えなさい。

ア　行基に勧められた魚料理を食べることをしぶしぶ了承する。
イ　買い付けから調理まですべて行基にしてもらった魚を食べる。
ウ　行基に買い求めさせた新鮮な魚の骨で調合した薬を飲む。
エ　長洲の浜で行基に買ってきてもらった新鮮な魚を料理する。

問四　――線部③「上人の慈悲にあらでは、誰かわれを助けん」の解釈として最も適切なものを次の中から選び、記号で答えなさい。

ア　上人様のお慈悲がなくても、誰か私を助けていただきたいものです。
イ　上人様のお慈悲でなくては、誰が私を助けてくれるでしょうか。
ウ　上人様のお慈悲があっても、誰か私を助けてくださいませ。
エ　上人様のお慈悲のおかげで、誰かが私を助けてくださるでしょう。

問五　＝＝線部Ⅰ「身命を助け給へ」、Ⅱ「同じくは味はひを調へて与へ給へ」、Ⅲ「わが痛む所の肌をねぶり給へ」とありますが、これらの本当の目的は何ですか。本文中から十二字で抜き出して答えなさい。

問六　生徒六人で本文について話し合いました。本文の内容と**合わない**ことを述べているのは誰ですか。次の中から**二人**選び、記号で答えなさい。

ア　生徒ア「行基はたくさんの病人を助けるために有馬温泉に向かったんだね。」

イ　生徒イ「病者の話を聞いて、行基は慈悲の心を起こし、献身的に看病したね。」

ウ　生徒ウ「行基はしばらくの間病者の看病をしたけれど、なかなか治らなかったよね。」

エ　生徒エ「病者のわがままとも思える要望に対して、行基は親身に対応していたね。」

オ　生徒オ「行基が病者の焼けただれた肌をなめると、行基の舌は黄金色に輝きだしたよ。」

カ　生徒カ「病者と思っていた人が実は薬師如来だと知った行基は、驚いて姿を隠したんだね。」

（以　上）

令和５年度

清 風 高 等 学 校 入 学 試 験 問 題

数　　学（50分）

試験開始の合図があるまで，この「問題」冊子を開かず，下記の注意事項を読んでください。

【注　意　事　項】

1．試験開始の合図で，解答用紙の所定の欄に「受験番号」,「名前」をはっきりと記入してください。

2．この「問題」冊子は，５ページあります。解答用紙は１枚です。ページが脱落している場合は手を挙げて試験監督の先生に知らせてください。

3．解答は，解答用紙の指定されたところに記入してください。

4．各ページの余白は下書きに使用してもかまいません。

5．試験終了の合図で,「問題」冊子の上に解答用紙を重ねてください。

6．「問題」冊子及び解答用紙は持ち帰ってはいけません。

1 次の各問いに答えなさい。

（1） $2\sqrt{5}(\sqrt{5}+1)+(1-\sqrt{5})^2$ を計算しなさい。

（2） 右の図のように，円周を6等分する点をA，B，C，D，E，Fとする。

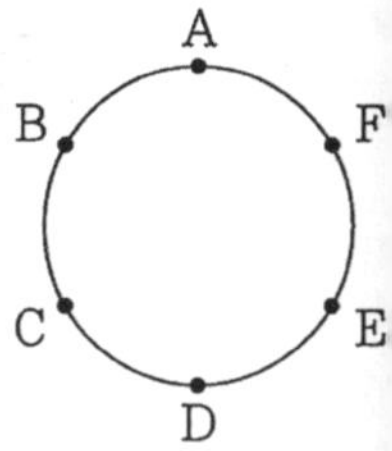

(ア) 6つの点から3つを選んで，それらを頂点とする三角形を作るとき，三角形は全部で何個できますか。

(イ) (ア)のうち，点Aを頂点にもつ直角三角形は何個ありますか。

（3） 右の図で，$\angle x$ の大きさを求めなさい。ただし，同じ印の角の大きさは等しいものとする。

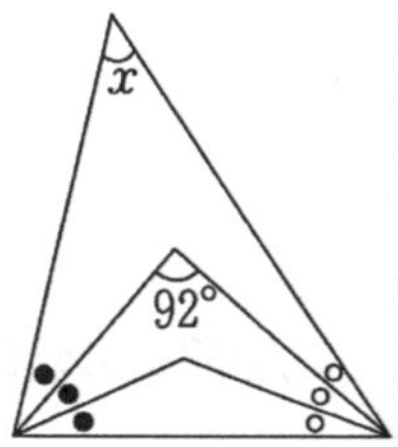

（4） 半径が3 cmの半球の体積を求めなさい。ただし，円周率を π とする。

（5） 下の図は，あるクラスの男子生徒15人の1日あたりの学習時間（単位は分）を箱ひげ図で表したものである。

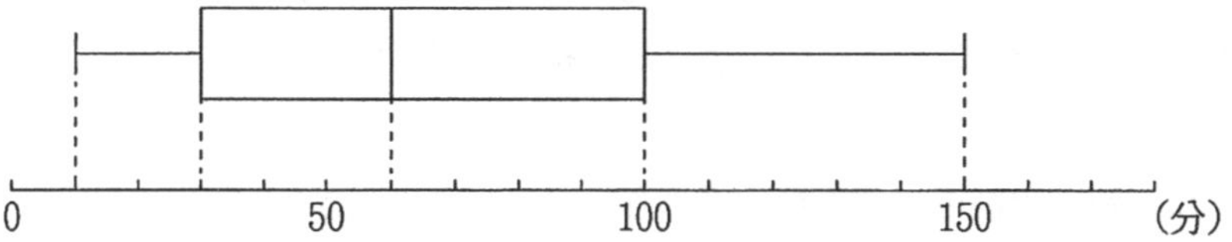

(ア) 四分位範囲を求めなさい。

(イ) この箱ひげ図から読みとれることとして，正しいものを2つ選び，記号で答えなさい。

a．学習時間の平均値は60分である。
b．学習時間が0分の生徒はいない。
c．学習時間が20分台の生徒がいる。
d．学習時間が60分以上の生徒は8人以上いる。
e．学習時間が30分以下の生徒はちょうど4人いる。

2　2チームが対戦するゲームを行い，勝ったチームには3点，負けたチームには0点が与えられ，引き分けたときは両チームに1点ずつが与えられる。このゲームにnチームが参加し，どの2チームも1回ずつ対戦して合計得点を競うとき，次の問いに答えなさい。ただし，nチームが参加したときに行われるゲームの総数が$\dfrac{n(n-1)}{2}$であることは用いてよい。

（1） $n=5$とする。

(ア) すべてのゲームで勝負がついたとき，5チームの得点の合計は何点ですか。

(イ) 勝負がついたゲームの数と引き分けたゲームの数が等しいとき，5チームの得点の合計は何点ですか。

（2） nチームの得点の合計が146点で，勝負がついたゲームの数が引き分けたゲームの数より17ゲーム多かったとき，

(ア) 引き分けたゲームの数を求めなさい。

(イ) nの値を求めなさい。

3　図のように，Oを原点として関数 $y=ax^2$ ……①のグラフがあり，直線 ℓ は①のグラフと2点A，Bで交わっている。Aの座標は $(-2,\ 2)$ であり，直線 ℓ と y 軸の交点をCとすると，AC：CB＝1：2となっている。このとき，次の問いに答えなさい。

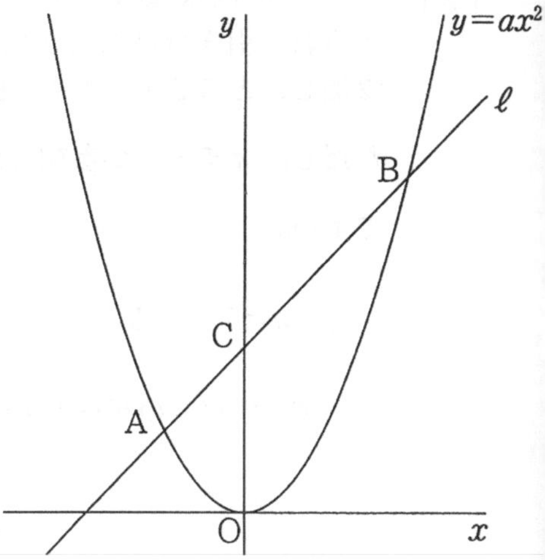

（1）　a の値を求めなさい。

（2）　直線 ℓ の式を求めなさい。

（3）　点Cを通り△AOBの面積を2等分する直線と，直線OBの交点をDとする。Dの座標を求めなさい。

（4）　（3）のとき，①のグラフの直線 ℓ より下側にある部分に点Eをとり，△AEBの面積と△ADBの面積が等しくなるようにする。このような点Eは2個存在し，x 座標の小さい方を E_1，x 座標の大きい方を E_2 とする。

(ア)　E_1 の x 座標を求めなさい。

(イ)　四角形 AE_1E_2B の面積を求めなさい。

4　図のように，線分 AB を直径とする円 O の周上に，BC $=\sqrt{34}$ cm となる点 C をとる。また，直線 ℓ は円 O の点 B における接線で，C から直線 ℓ に垂線 CD を引くと，BD $=3$ cm となり，CD と円 O の交点のうち，C でない方を E とし，AE と BC の交点を F とする。このとき，次の問いに答えなさい。

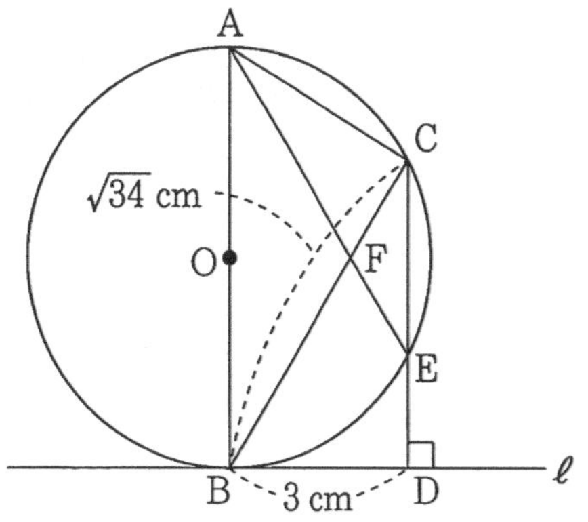

（1）　CD の長さを求めなさい。

（2）　(ア)　∠DBC＝［　　］が成り立つ。

空欄［　　］にあてはまるものを，次の①～④の中から選び，番号で答えなさい。

① ∠ABC	② ∠AFC	③ ∠CAF	④ ∠BAC

(イ)　AC の長さを求めなさい。

（3）　△AFC の周の長さ AF＋FC＋CA を求めなさい。

（4）　四角形 ABEC の面積を求めなさい。

5　下の図のように，1辺の長さが4cmの立方体ABCD－EFGHがあり，辺AB，ADの中点をそれぞれM，Nとする。この立方体を3点E，M，Nを通る平面で切断したときにできる三角錐AEMNについて，次の問いに答えなさい。

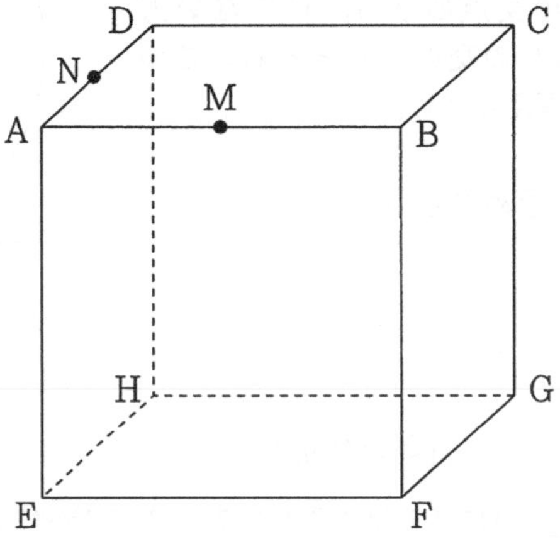

（1）三角錐AEMNの体積を求めなさい。

（2）△EMNの面積を求めなさい。

（3）点Aから面EMNに引いた垂線の長さを求めなさい。

（4）三角錐AEMNのすべての面に接する球の半径を求めなさい。

令和５年度

清風高等学校入学試験問題

英　　語（50分）

試験開始の合図があるまで，この「問題」冊子を開かず，下記の注意事項を読んでください。

【注　意　事　項】

1．試験開始の合図で，解答用紙の所定の欄に「受験番号」,「名前」をはっきりと記入してください。

2．この「問題」冊子は，10ページあります。解答用紙は１枚です。ページが脱落している場合は手を挙げて試験監督の先生に知らせてください。

3．解答は，解答用紙の指定されたところに記入してください。

4．試験終了の合図で，「問題」冊子の上に解答用紙を重ねてください。

5．「問題」冊子及び解答用紙は持ち帰ってはいけません。

I　次の各組の［　　］内の語句をそれぞれの日本語の意味になるように並べかえたとき，（ a ），（ b ）に当てはまるものを答えなさい。ただし，文頭にくる語も小文字で表記されています。

1　私に電話をするように彼に伝えていただけますか。
［ you / me / call / ask / him / to / could ］?
（　）（　）（　）（ a ）（　）（ b ）（　）?

2　いつからパリでは雨が降っていますか。
［ long / raining / has / how / it / been ］ in Paris?
（　）（　）（ a ）（　）（ b ）（　） in Paris?

3　富士山は日本で一番高い山です。
［ mountain / Mt. Fuji / is / than / any / higher / other ］ in Japan.
（　）（　）（ a ）（　）（ b ）（　）（　） in Japan.

4　日本語でこの花を何というか知っていますか。
［ what / do / called / flower / you / know / this / is ］ in Japanese?
（　）（　）（　）（ a ）（　）（　）（ b ）（　） in Japanese?

Ⅱ　次のSeikoとAllenとの対話を読んで，後の問いに答えなさい。

Seiko : Hi, Allen. You look a little down, are you OK? ①[bad / happen / did / something]?

Allen : Hi, Seiko. Yes... I got a bad score on the test. I studied very hard for it, but I didn't do well...

Seiko : [A]

Allen : How about you, Seiko?

Seiko : Me? Well, I got a better score this time.

Allen : Really? I'm so *jealous! Do you have any *tips for me?

Seiko : [B]

Allen : Come on! Please tell me!

Seiko : Oh, I just remembered something. I studied with my friends. If you study alone and don't do well, ②[it / for / may / better / to / be / you / study] in a group.

Allen : Study in a group? Umm... I don't like that idea. I think we should study alone.

Seiko : [C]

Allen : Why? I don't know why, but I think I should study alone...

Seiko : I don't think so. There are a lot of good points to studying in groups.

Allen : Like what?

Seiko : First, we can ask other friends questions. For example, when you do math exercises and can't find the answers, you can ask your friends soon.

Allen : Right. I do a lot of math exercises, but I sometimes have problems I can't solve, and I don't know what to do. Each time this happens, I *realize that I should ask my teacher about them the next day at school, but I always forget about ③it.

Seiko : Also, when you study with your friends, you can teach (X) other. Some friends can probably answer the questions which you can't, and you may be able to answer the questions which they can't. If you teach (X) other, you can solve most of the questions.

Allen : That's probably right.

Seiko : There is also an important point to teaching (X) other. You can't teach the thing you can't understand. *That is, if you can teach your friends, then you can understand it correctly.

Allen : [D]

Seiko : It is a lot of fun for me to study with my friends! I think it is the most important reason. I enjoyed (Y) with my friends for the test, so I could do well, I think.

Allen : OK, *I get it.

Seiko : If you feel you can't do well now, you should change the way of studying.

Allen : I agree. I'll try! But... I have few friends to study together.

Seiko : [E] I will study with you! Actually, I'm going to study with my friends this Saturday for the next test. Do you want to join us?

Allen : Really? Yes! This will be my first time to study in a group! ④Please tell me (　　)(　　)(　　).

Seiko : Sure. I hope you will enjoy it!

㊟ jealous：うらやましい　tip：ヒント，コツ　realize：〜だと気づく
That is：つまり　I get it.：わかったよ。

問1　下線部①の［　　］内の語を文意が通るように並べかえなさい。ただし，文頭にくる語も小文字で表記されています。

問2　文中の [A] 〜 [E] に入る適切なものを，次のア〜オからそれぞれ1つずつ選び，記号で答えなさい。ただし，同じ記号を2回以上使ってはいけません。

ア　Oh, I have never thought about that!
イ　No. I don't think I have.
ウ　That's too bad.
エ　Don't worry.
オ　Why do you say that?

問3　下線部②の［　　］内の語を文意が通るように並べかえたとき，次の（ a ），（ b ），（ c ）に当てはまるものを答えなさい。

(　　)(　　)(a)(　　)(b)(　　)(c)(　　) in a group.

問4　下線部③の指す内容を，10字以上15字以内の日本語で答えなさい。なお，句読点も字数に含むものとする。

問5　本文の流れに合うよう，すべての（ X ）に共通して当てはまる1語を英語で答えなさい。

問6　(　Y　) に当てはまる適切なものを，次のア～エから1つ選び，記号で答えなさい。

ア　study　　イ　studied　　ウ　studying　　エ　to study

問7　下線部④が「勉強の仕方を私に教えてね」という内容の英文になるように，(　　) に当てはまる語を答えなさい。

問8　次のア～オの中で，本文の内容と合っているものを2つ選び，記号で答えなさい。

ア　Allen had a bad score on the test because he did not study enough.
イ　Seiko does not want Allen to do well on the test.
ウ　Seiko thinks that if Allen studies with his friends, he will get a better score.
エ　When he studies alone, Allen has some problems he can't solve.
オ　Allen will not study with friends for the next test.

Ⅲ　次の文を読んで，後の問いに答えなさい。

Are you afraid of *insects? Samuel Ramsey was afraid of them when he was a kid Today, it's his job to study these small *creatures.

His nickname is Dr. Sammy. He's a scientist who studies bees. He works at the United States Department of Agriculture. He wants to keep them (1).

Some of Dr. Sammy's work is done outdoors. Some is done in the *lab. He looks at (2) bees. He makes medicines to help them get (3). "Every day I learn many things from them and have a lot of things to do," Dr. Sammy said.

How did Dr. Sammy *overcome his fear of insects? He read about them. He says learning about insects can teach us about ourselves. In fact, ①insects are more similar to us than we think.

"*Crickets kept me up at night," Dr. Sammy says. "I hated it." Then he discovered some interesting things. Crickets don't make noise to be *annoying. ②They do it [they're / crickets / tell / that / to / other] lonely. Many insects are social creatures, just like we are. Dr. Sammy thinks the study of insects is a wonderful field There is one important thing to study insects. "Studying insects needs *diversity," Dr Sammy says. He hopes many children will be interested in insects. "When you have diversity, you're able to solve problems in new ways," he says.

What is Dr. Sammy's favorite insect? ③That's a hard question! He has too many favorites to pick just one. "I have a different favorite insect for every *category," he said

Three of his favorites are the next insects. Dr. Sammy likes them for different reasons. Do you have a favorite insect? What do you find interesting about it?

Honeybees *sip nectar. They get it from flowers. They work together and communicate by dancing. "Their ability to dance to communicate is one of the most interesting things in the world," Dr. Sammy says.

Dr. Sammy's favorite *predatory insect is a mantis. It is small but strong. "Mantises eat snakes and birds and all kinds of small *mammals that are running around," Dr Sammy says. "And when I say snakes, I mean big snakes."

He also loves beetles. There are thousands of different kinds of beetles. They have a hard outer shell. "Beetles are some of the best-defended insects I can think of," Dr Sammy says. "They have their own suit of armor." A beetle's outer shell protects it from other creatures that may want to hurt or eat it.

㊟ insect：昆虫　creature：生物　lab：研究室　overcome：～を克服する
cricket：コオロギ　annoying：いらいらさせる　diversity：多様性
category：種類，区分　sip nectar：花の蜜を吸う　predatory：肉食の
mammal：哺乳類

問1　(　1　) ～ (　3　) に入る適切な語を，次のア～ウからそれぞれ1つずつ選び，記号で答えなさい。ただし，同じ記号を2回以上使ってはいけません。

ア　sick　　イ　better　　ウ　healthy

問2　下線部①の意味として適切なものを，次のア～エから1つ選び，記号で答えなさい。

ア　昆虫は私たちが思っているよりも私たちに似ている。
イ　昆虫は私たちが思っているほど私たちには似ていない。
ウ　昆虫は私たちが思っているよりも知能が優れている。
エ　昆虫は私たちが思っているよりも生命力が強い。

問3　下線部②の [　　　] 内の語を文意が通るように並べかえたとき，次の (　a　)，(　b　) に当てはまるものを答えなさい。

They do it (　　　) (　a　) (　　　) (　　　) (　b　) (　　　) lonely.

問4　下線部③と述べた理由として適切なものを，次のア～エから1つ選び，記号で答えなさい。

ア　生物の多様性の問題は解決するのが難しいから。
イ　種類を判別するのが難しい昆虫がいるから。
ウ　すべての種類の昆虫を知っているわけではないから。
エ　好きな昆虫が多すぎて選べないから。

問5　Dr. Sammyが好む昆虫について，下記の表の [　A　] ～ [　D　] に当てはまる日本語を答えなさい。ただし，[　C　]，[　D　] は5字以上10字以内で答えなさい。

好きな昆虫	その理由
[　　A　　]	[　　　　　C　　　　　] でお互いの意思疎通を図っているから。
カマキリ	[　　　　　D　　　　　] から。
[　　B　　]	硬い鎧《よろい》を身に付けていて防衛力に優れているから。

問6　次の1～4が本文の内容と一致すれば○，一致しなければ×を書きなさい。

1　Dr. Sammy has been afraid of insects since he was a kid.
2　Dr. Sammy says we can learn about ourselves by knowing about insects.
3　Dr. Sammy wants many children to become scientists who study insects.
4　A mantis' outer shell protects it from snakes and birds.

IV　次の文を読んで，後の問いに答えなさい。

A man came home from work late at night. He was tired and angry because he found that his 5-year-old son was not in bed. He was waiting for the man at the door.

"Daddy, I have a question."

"You should be in bed! What is it?" said the man.

"How much money do you make an hour?"

"Why are you asking me that? ①What's gotten into you?" said the man.

"I just want to know. Please tell me. How much do you make an hour?" asked the little boy.

"If you really want to know, I make ②(　　　　) an hour."

"Oh," the little boy said sadly. He looked up and said, "Daddy, may I borrow $10, please?"

The father got (　A　). "Is that why you wanted to know how much money I make? So you can get some to buy a little toy or something? Go to your room and go to bed. I work very hard every day and I don't want to (　B　) my money."

[　X　] The man thought for a while about why his son asked such questions.

After some time, he started to think he *was a little hard on his son. ③Maybe there [he really / buy / needed / something / to / was] with that $10 and he didn't *ask for money very often. The man went to the little boy's room and opened the door.

"Are you sleeping?" he asked.

"No, Daddy, I'm awake," said the boy.

"I've been thinking, maybe I was too hard on you (　C　)," said the man. "I'm sorry. It's been a hard day and I *took my anger out on you. Here's that $10 you wanted."

[　Y　] "Oh, thank you, Daddy!" he said loudly. Then he reached under his pillow and pulled out some more *crushed bills. The man started to get angry again because he saw the boy already had ④enough money.

[　Z　] Then, he looked up at his father.

"Why did you want more money if you already had some?" the father asked.

"Because I didn't have enough, but now I do," said the little boy.

"Daddy, I have $20 now. Can I ⑤(　　　　)? Please come home early tomorrow. I want to have dinner with you."

The father *was crushed and he put his arms around his little son.

㊟ be hard on：～にきつく当たる　　ask for：～を求める
take one's anger out on：～に八つ当たりする
crushed bills：しわくちゃになったお札　　be crushed：打ちひしがれる

問1　下線部①の意味として適切なものを，次のア～エから1つ選び，記号で答えなさい。

ア　一体どうしたんだい？
イ　何が欲しいんだい？
ウ　誰かに何かを聞かれたのかい？
エ　何か分かったのかい？

問2　下線部②に入る適切なものを，次のア～エから1つ選び，記号で答えなさい。

ア　$10　　イ　$20　　ウ　$30　　エ　$40

問3　（　A　）～（　C　）に入る適切なものを，次のア～エからそれぞれ1つずつ選び，記号で答えなさい。

（　A　）：	ア　richer	イ　poorer	ウ　happier	エ　angrier
（　B　）：	ア　waste	イ　make	ウ　keep	エ　miss
（　C　）：	ア　earlier	イ　later	ウ　faster	エ　slower

問4　文中の［　X　］～［　Z　］に入る適切なものを，次のア～ウからそれぞれ1つずつ選び，記号で答えなさい。ただし，同じ記号を2回以上使ってはいけません。

ア　The little boy sat straight up with a smile.
イ　The little boy slowly counted out his money.
ウ　The little boy quietly went to his room and shut the door.

問5　下線部③の［　　］内の語句を文意が通るように並べかえたとき，次の（　a　），（　b　）に当てはまるものを答えなさい。

Maybe there（　　）（　a　）（　　）（　b　）（　　）（　　）with that $10

問6　下線部④の内容として適切なものを，次のア～エから1つ選び，記号で答えなさい。

ア　$5　　イ　$10　　ウ　$20　　エ　$30

問7　下線部⑤に入る適切なものを，次のア～エから１つ選び，記号で答えなさい。

ア　go to your office
イ　help you with your work
ウ　buy an hour of your time
エ　watch TV for an hour

問8　次のア～オの中で，本文の内容と合っているものを２つ選び，記号で答えなさい。

ア　父親の帰りを待っていた男の子は，遅くまで起きていたので父親に怒られた。
イ　男の子は父親に時給を尋ねたが，教えてもらえなかった。
ウ　男の子はとても頻繁に父親にお金をくれと頼んでいた。
エ　父親がくれたお金では十分ではなかったので，男の子は怒り出した。
オ　父親は男の子の本当の気持ちに気づき，彼を抱きしめた。

〔以上〕

令和５年度

清風高等学校入学試験問題

理　科（50分）

試験開始の合図があるまで，この「問題」冊子を開かず，下記の注意事項を読んでください。

【注　意　事　項】

1．試験開始の合図で，解答用紙の所定の欄に「受験番号」，「名前」をはっきりと記入してください。

2．この「問題」冊子は，12ページあります。解答用紙は１枚です。ページが脱落している場合は手を挙げて試験監督の先生に知らせてください。

3．解答は，解答用紙の指定されたところに記入してください。

4．試験終了の合図で，「問題」冊子の上に解答用紙を重ねてください。

5．「問題」冊子及び解答用紙は持ち帰ってはいけません。

理 科 問 題

（ 問題番号 1 ～ 4 ）

1　次の文章を読み，下の各問いに答えなさい。

鉄と硫黄の化学変化について，**〔実験1〕**～**〔実験4〕**を行いました。

〔実験1〕　鉄粉1.4gと硫黄の粉末3gの混合物を，試験管A，Bにそれぞれ入れた。

〔実験2〕　**図**のように，試験管Aをガスバーナーで加熱して混合物を反応させ，混合物の上部が赤くなりはじめたところで加熱をやめた。その後も反応が続き，（　①　）色の物質が生じたが，硫黄の一部は反応せずに残った。また，試験管Bには何もしなかった。

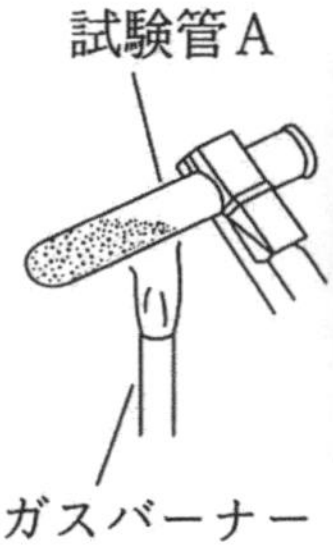

図

〔実験3〕　**〔実験2〕**のあと，磁石を試験管A，Bに近づけると，試験管Aは磁石に引きつけられず，試験管Bは磁石に引きつけられた。

〔実験4〕　**〔実験3〕**のあと，十分な量の塩酸を試験管A，Bにそれぞれ加えると，試験管A，Bからそれぞれ気体が発生した。このとき，試験管Aで発生した気体の質量は0.85gであった。

問1　**〔実験2〕**の試験管Aで起こった化学変化として適するものを，次の**ア**～**エ**のうちから1つ選び，記号で答えなさい。

ア　中和　　**イ**　燃焼　　**ウ**　化合　　**エ**　熱分解

問2　**〔実験2〕**の試験管Aで起こった化学変化を，化学反応式で表しなさい。

問3　**〔実験2〕**で，空欄（　①　）に当てはまる色として最も適するものを，次の**ア**～**エ**のうちから選び，記号で答えなさい。

ア　白　　**イ**　黒　　**ウ**　緑　　**エ**　青

問4　下線部について，試験管Aで反応が続いた理由として最も適するものを，次の**ア**～**エ**のうちから選び，記号で答えなさい。

ア　熱を発生して試験管内の温度を上げるから。
イ　熱を発生して試験管内の温度を下げるから。
ウ　熱を吸収して試験管内の温度を上げるから。
エ　熱を吸収して試験管内の温度を下げるから。

問５　〔**実験４**〕で，試験管Ａ，Ｂから発生した気体の名称をそれぞれ答えなさい。

問６　〔**実験４**〕で，試験管Ａ，Ｂから発生した気体の性質として適するものを，次の**ア**～**エ**のうちからそれぞれ１つずつ選び，記号で答えなさい。

ア　物質を燃やすはたらきがある。
イ　空気中で火をつけると，音を立てて燃える。
ウ　黄緑色の気体である。
エ　卵の腐ったようなにおいがする。

問７　次の(1)，(2)に答えなさい。ただし，水素と硫黄の原子１個の質量比は１：32であるものとします。また，〔**実験２**〕の試験管Ａで生じた物質に含まれる硫黄は，すべて〔**実験４**〕の試験管Ａで発生した気体に含まれています。

(1)　鉄と硫黄の原子１個の質量比を，最も簡単な整数で答えなさい。

(2)　〔**実験２**〕の試験管Ａで反応せずに残った硫黄は何gですか。

2 次の文章を読み，下の各問いに答えなさい。

(i)シオマネキというカニは，海の沿岸に生息しており，引き潮になると巣穴の外でエサを食べるなどの活動をし，引き潮に合わせて行動しています。そのシオマネキを室内の容器で飼育すると，生息していた沿岸の引き潮の時刻に合わせて活動します。これは，シオマネキが体内で時間を測定しているためであり，この体内で時間を測定するしくみのことを体内時計といいます。シオマネキと同様に，マウスにも体内時計があるので，**〔実験〕**によってマウスの体内時計の周期（マウスが活発に活動し始めてから，次に活発に活動し始めるまでの時間）について調べました。

〔実験〕 ある室内で，8時から20時までは照明を点灯させた明るい状態で，20時から8時までは照明を消灯させた暗い状態で，マウスを3日間飼育した。その後，常に照明を消灯させた暗い状態で，マウスをさらに11日間飼育した。**図1**のように，この14日間でマウスが活発に活動した時間（斜線部分）を記録した。ただし，ここでの1日間とは24時間とする。

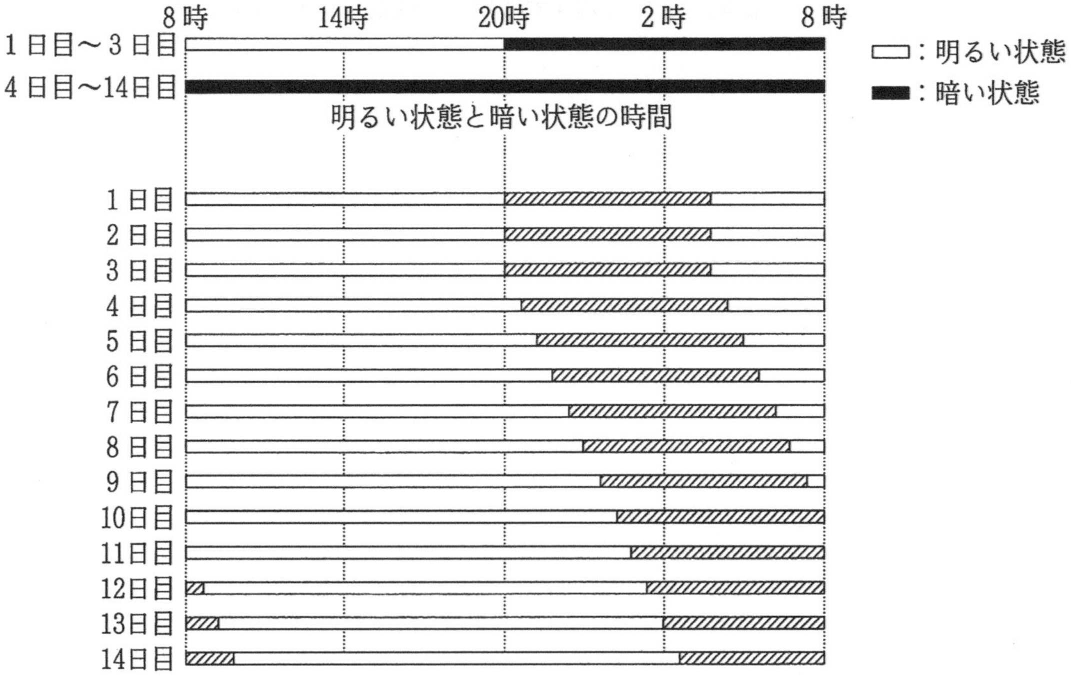

マウスが活発に活動した時間（斜線部分）

図1

図1から，３日目までの体内時計の周期は24時間であったが，４日目以降の体内時計の周期は24時間より長いことがわかりました。自然な状態のマウスでは，３日目までと同様に太陽によって明るい状態があるので，体内時計の周期は24時間になることが知られています。このことから，マウスは体内時計の周期を，(ii)目に入る光によって明るさを感じることで24時間に調整していると考えられます。

問１　下線部(i)について，次の(1)，(2)に答えなさい。

(1)　次の文章中の空欄（　①　）～（　③　）に当てはまる語句の組み合わせとして適するものを，下の**ア**～**ク**のうちから１つ選び，記号で答えなさい。

シオマネキは，背骨の有無で判断すると（　①　）動物に分類され，からだの外側は（　②　）でおおわれている。また，セキツイ動物の種類の数は，無セキツイ動物の種類の数より（　③　）。

	（　①　）	（　②　）	（　③　）
ア	無セキツイ	殻	多い
イ	無セキツイ	殻	少ない
ウ	無セキツイ	筋肉	多い
エ	無セキツイ	筋肉	少ない
オ	セキツイ	殻	多い
カ	セキツイ	殻	少ない
キ	セキツイ	筋肉	多い
ク	セキツイ	筋肉	少ない

(2)　背骨の有無で分類したときにシオマネキと同じ分類となる生物として適するものを，次の**ア**～**オ**のうちから**すべて**選び，記号で答えなさい。

ア　タツノオトシゴ　　**イ**　サンショウウオ　　**ウ**　プラナリア
エ　ウニ　　**オ**　カモノハシ

問2　下線部(ii)について，**図2**はヒトの目の横断面です。次の(1)～(3)に答えなさい。

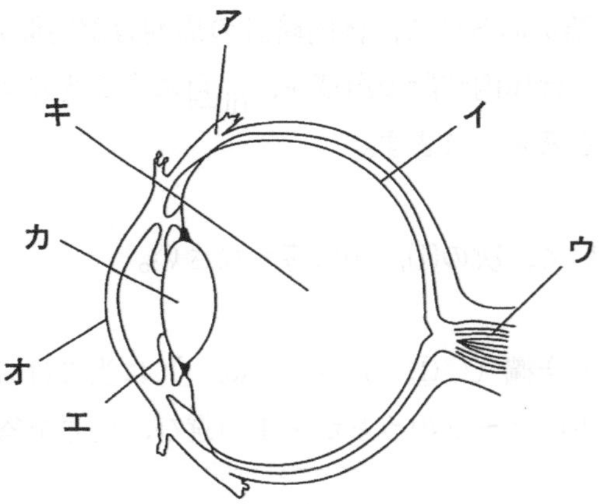

図2

(1)　網膜，水晶体，視神経を示す部分として適するものを，**図2**の**ア**～**キ**のうちからそれぞれ1つずつ選び，記号で答えなさい。

(2)　次の文章中の空欄（　④　），（　⑤　）に当てはまる語句の組み合わせとして適するものを，下の**ア**～**エ**のうちから1つ選び，記号で答えなさい。

ヒトが明るい部屋から暗い部屋に移動すると，瞳の大きさが（　④　）なる。この反応は，意識して止めることが（　⑤　）反応である。

	（　④　）	（　⑤　）
ア	大きく	できない
イ	大きく	できる
ウ	小さく	できない
エ	小さく	できる

(3)　(2)の瞳の反応と同じ仕組みで起こる反応として最も適するものを，次の**ア**～**エ**のうちから選び，記号で答えなさい。

ア　熱いやかんに触れて，とっさに手をひいた。
イ　花瓶が倒れかけたのを見て，とっさに手でささえた。
ウ　目覚まし時計の音をきいて，とっさに音を止めた。
エ　肩をたたかれて，とっさに振り返った。

問3　次の文章中の空欄（　⑥　），（　⑦　）に当てはまる数値の組み合わせとして適するものを，下の**ア～ク**のうちから1つ選び，記号で答えなさい。また，空欄（　⑧　）に当てはまる時間を答えなさい。ただし，マウスが活発に活動した時間は，明るい状態・暗い状態にかかわらず一定で，暗い状態では活発に活動した時間は一定の時間ずつずれているものとします。

暗い状態では，マウスが活発に活動を始める時刻は，10日間で（　⑥　）時間遅れているので，1日間では（　⑦　）分遅れていることがわかる。このことから，暗い状態でのマウスの体内時計の周期は，24時間（　⑦　）分であることがわかる。また，マウスが活発に活動する時間は，1日間で（　⑧　）であることがわかる。

	（　⑥　）	（　⑦　）
ア	3	18
イ	3	24
ウ	4	18
エ	4	24
オ	5	30
カ	5	36
キ	6	30
ク	6	36

3　次の文章を読み，下の各問いに答えなさい。

次の会話文は，先生と清太さんの会話です。

清太：寒くなってくると窓ガラスの表面に水滴がつくのはなぜですか。
先生：(i)空気中の水蒸気が冷やされて水滴に変わるからです。
清太：空気中にはどれくらい水蒸気が含まれているのですか。
先生：(ii)乾湿計を使って調べることができます。

問１　水蒸気が水滴に変わる現象として適するものを，次の**ア**～**エ**のうちから１つ選び，記号で答えなさい。

ア　洗濯物が乾く。
イ　草木に霜が降りる。
ウ　やかんの口から湯気が出る。
エ　氷がとけて小さくなる。

問２　下線部(i)について，空気中の水蒸気が水滴に変わりはじめるときの温度を何といいますか。

問３　下線部(ii)について，乾球温度計と湿球温度計の示度に差が生じるのは，湿球温度計の液だめに水でぬれたガーゼが巻かれているためです。このことによって，湿球温度計の示度は乾球温度計の示度に比べてどうなりますか。適するものを，次の**ア**～**エ**のうちから１つ選び，記号で答えなさい。

ア　水が蒸発するとき，熱を吸収するので示度が下がる。
イ　水が蒸発するとき，熱を放出するので示度が上がる。
ウ　水蒸気が凝結するとき，熱を吸収するので示度が下がる。
エ　水蒸気が凝結するとき，熱を放出するので示度が上がる。

問４　下線部(ii)について，乾湿計の２つの温度計の示度が18℃と16℃のとき，湿度は何%ですか。また，このとき，空気１m³中の水蒸気量は何gですか。小数第２位を四捨五入して小数第１位まで答えなさい。ただし，**表１**は湿度表の一部を，**表２**は気温と飽和水蒸気量との関係を表しています。

表１

		示度の差〔℃〕					
		0	0.5	1.0	1.5	2.0	2.5
乾球温度計の示度〔℃〕	20	100	95	91	86	81	77
	19	100	95	90	85	81	76
	18	100	95	90	85	80	76
	17	100	95	90	85	80	75
	16	100	95	89	84	79	74

表２

気温〔℃〕	飽和水蒸気量〔g/m³〕
20	17.3
19	16.3
18	15.4
17	14.5
16	13.6

清太さんは別の地域にいる風太さんと，天気について電話で話をしました。次の会話文は，そのときの会話です。ただし，清太さんは風太さんより西側の地域にいます。

清太：私のいる地域に(iii)前線を伴う低気圧が近づいてきていたから，その影響で少し前に激しい(iv)雨が降り，急に気温が下がったんだ。でも，今は雨が降っていないよ。風太さんのいる地域の天気はどうかな。

風太：同じ低気圧の影響を受けて，少し前は穏やかな雨が降っていたけど，こちらも今は雨が降っていないよ。

清太：同じ低気圧の影響で，私のいる地域も風太さんのいる地域もそれぞれ天気が変化したんだね。

問５　下線部(iii)について，前線に関する文として**適さないもの**を，次の**ア**～**エ**のうちから１つ選び，記号で答えなさい。

ア　停滞前線は，寒気と暖気の勢力が同じぐらいのときにできる。
イ　６月ごろになると，梅雨前線とよばれる停滞前線ができる。
ウ　閉塞前線ができると，前線付近は寒気におおわれる。
エ　閉塞前線は，温暖前線が寒冷前線に追いついてできる。

問６　下線部(iv)について，次の文章中の空欄（　①　）～（　③　）に当てはまる語句の組み合わせとして適するものを，下の**ア**～**ク**のうちから１つ選び，記号で答えなさい。

水蒸気を含んだ空気のかたまりが上昇すると，周囲の気圧が（　①　）ので空気のかたまりが（　②　）して，気温が（　③　）。その結果，やがて空気中の水蒸気が小さな水滴になり，その水滴がぶつかり合って成長すると雨となって地上に落ちてくる。

	（　①　）	（　②　）	（　③　）
ア	上がる	膨張	上がる
イ	上がる	膨張	下がる
ウ	上がる	圧縮	上がる
エ	上がる	圧縮	下がる
オ	下がる	膨張	上がる
カ	下がる	膨張	下がる
キ	下がる	圧縮	上がる
ク	下がる	圧縮	下がる

問7　清太さんと風太さんが電話で話しているときの，前線を伴う低気圧と二人の位置関係として最も適するものを，次の**ア～エ**のうちから選び，記号で答えなさい。ただし，低 は低気圧の中心付近を，清 は清太さんのいる地域を，風 は風太さんのいる地域を表しています。また，図の曲線は前線を表していますが，その種類を示す記号は省略しています。

ア

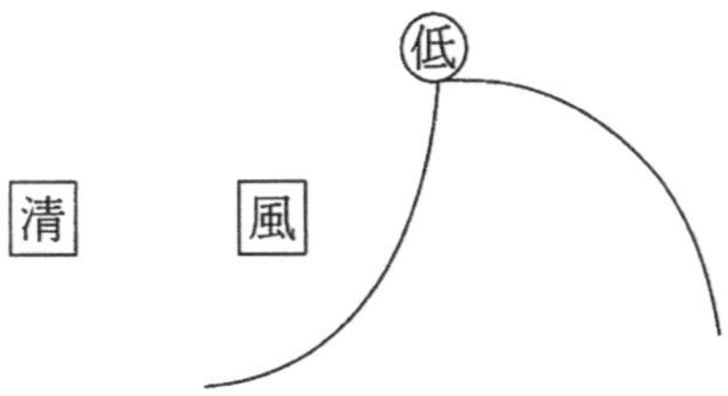

イ

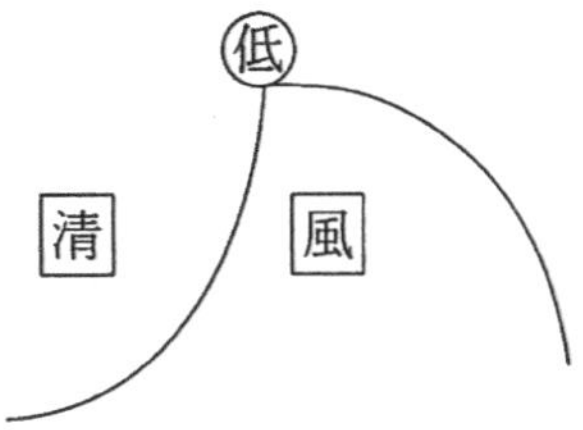

ウ

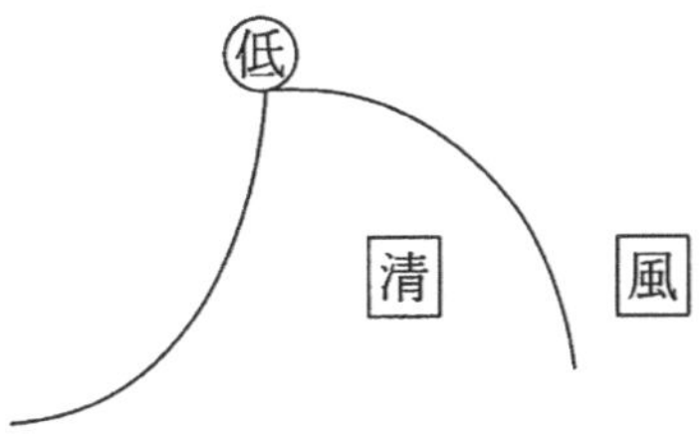

エ

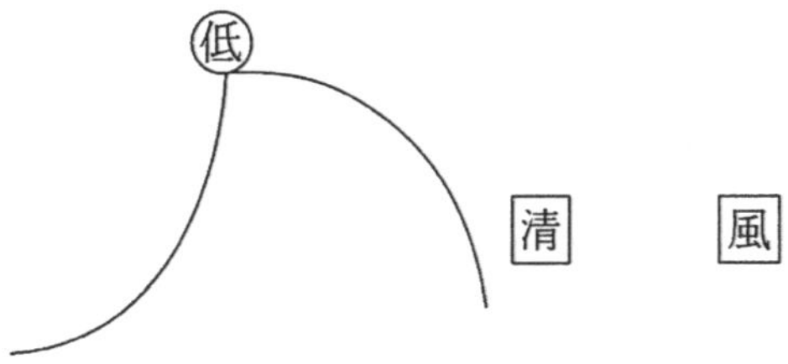

4　次の文章を読み，下の各問いに答えなさい。

抵抗値のわからない抵抗Xに電源装置をつなぎ，電圧を変えて抵抗Xに流れる電流を調べました。**図1**は，その結果を表したグラフです。

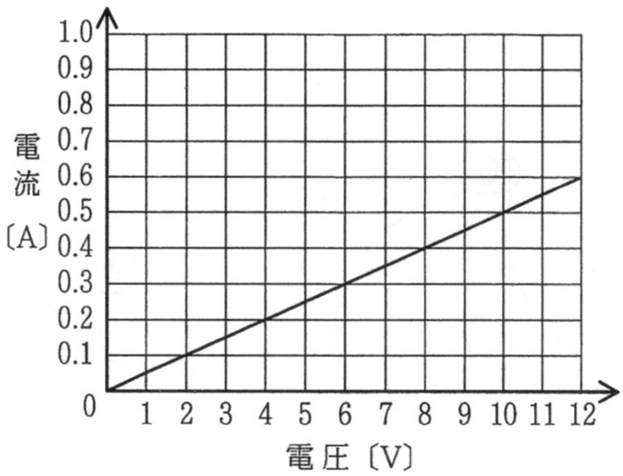

図1

問1　抵抗Xの抵抗値は何Ωですか。

次に，抵抗値のわからない抵抗Yを2つ用意しました。この2つの抵抗Yと電源装置，および電流計を用いて，**図2**，**図3**のような回路を作りました。**図2**では電源装置の電圧を12Vにすると，電流計の値は0.25Aとなりました。また，**図3**では電源装置の電圧を6Vにしました。

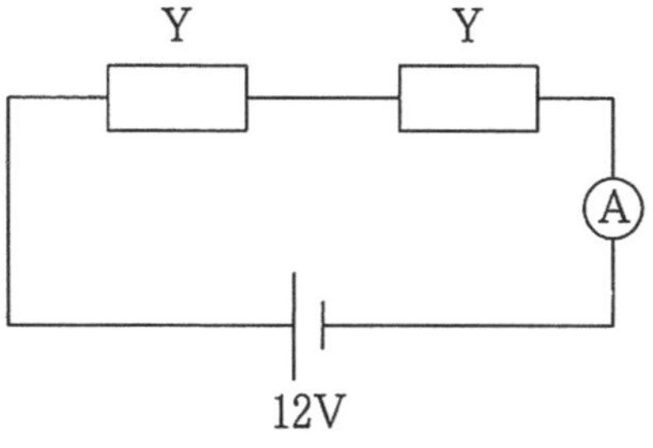

図2

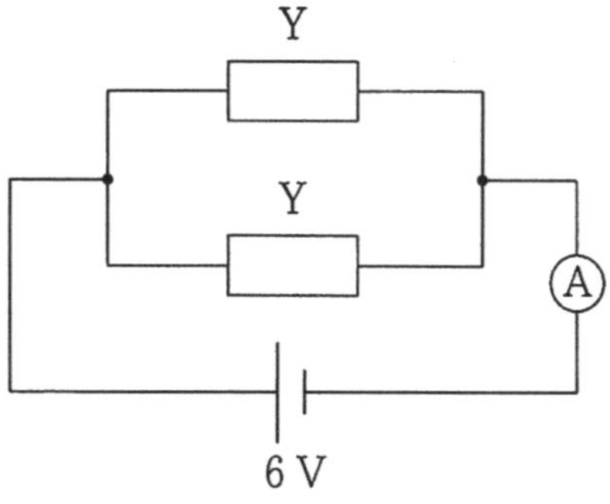

図3

問2　抵抗Yの抵抗値は何Ωですか。

問3　**図3**の電流計の値は何Aですか。

問4　**図2**と**図3**の回路全体で消費する電力の値の比を，最も簡単な整数で答えなさい。

次に，電球を用意しました。この電球に電源装置をつなぎ，電圧を変えて電球に流れる電流を調べました。**図4**は，その結果を表したグラフです。**図4**のグラフからわかるように，電圧と電流との間には比例関係が成り立たず，電球の抵抗値は電圧によって変わります。ただし，ある電圧がかかっているときの電球の抵抗値は，そのときに流れている電流を用いて次の式で表されます。

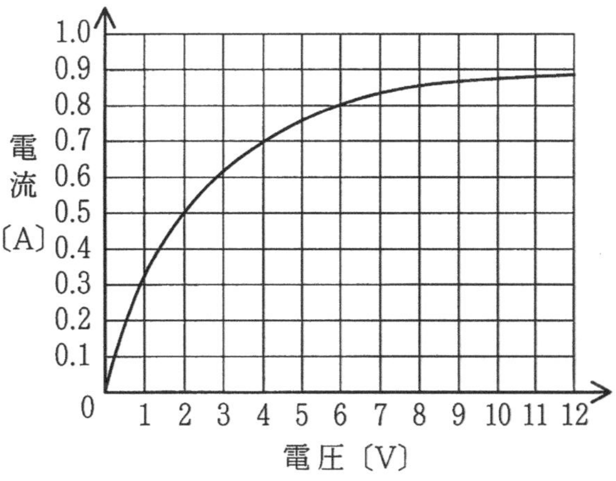

図4

$$\text{抵抗値} = \frac{\text{電圧}}{\text{電流}}$$

問5　次の文章中の空欄（　①　），（　②　）に当てはまる数値をそれぞれ答えなさい。ただし，（　②　）については小数第2位を四捨五入して小数第1位まで答えなさい。

電球に2Vの電圧をかけた場合は，その抵抗値は（　①　）Ωとなります。また，6Vの電圧をかけた場合は，その抵抗値は（　①　）Ωの（　②　）倍になります。

同じ電球，30Ωの抵抗，10Ωの抵抗，抵抗値のわからない抵抗Zを用意しました。これらと電源装置，および電流計を用いて，**図5**，**図6**のような回路を作りました。**図5**では電流計の値は0.8Aとなりました。また，**図6**では電源装置の電圧を30Vにすると，電流計の値は0.2Aとなりました。

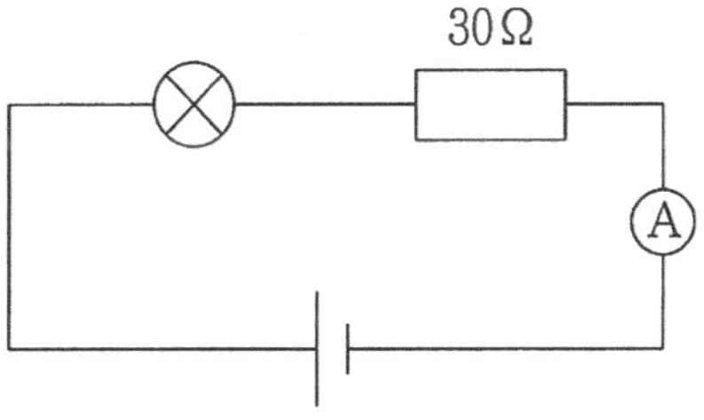

図5

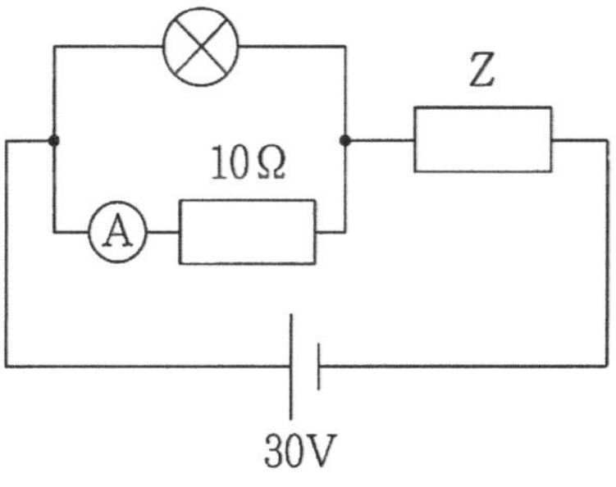

図6

問6　**図5**の電源装置の電圧は何Vですか。

問7　**図6**の電球に流れる電流は何Aですか。

問8　抵抗Zの抵抗値は何Ωですか。

〔以上〕

令和5年度

清風高等学校入学試験問題

社　　会（50分）

試験開始の合図があるまで，この「問題」冊子を開かず，下記の注意事項を読んでください。

【注 意 事 項】

1．試験開始の合図で，解答用紙の所定の欄に「受験番号」，「名前」をはっきりと記入してください。

2．この「問題」冊子は，20ページあります。解答用紙は1枚です。ページが脱落している場合は手を挙げて試験監督の先生に知らせてください。

3．解答は，解答用紙の指定されたところに記入してください。

4．試験終了の合図で，「問題」冊子の上に解答用紙を重ねてください。

5．「問題」冊子及び解答用紙は持ち帰ってはいけません。

令和5年度

清風高等学校入学試験問題

社　会（50分）

試験開始の合図があるまで、この「問題」冊子を開かず、下記の注意事項を読んでおくこと。

【注　意　事　項】

社 会 問 題

（ 問題番号1～6 ）

1　九州地方に関する次の文章を読んで，あとの問１～問８に答えなさい。

日本列島の南西部に位置する九州地方は，鹿児島県南部から沖縄県にかけて分布する南西諸島を含めて南北およそ1,000km以上にもおよぶ範囲に広がっている。南西諸島のうち，沖縄県に属する先島諸島には，日本の最（　A　）端にあたる（　B　）島がある。九州地方は日本列島の中でも緯度が低いことや，近くに暖流が流れていることから①気候が比較的温暖であるため，プロ野球の春季キャンプの開催地に選ばれている。

九州は全体的に山がちで，阿蘇山には巨大な②カルデラが見られるほか，雲仙岳，霧島山，桜島といった火山がある。これらは現在も活発に活動しており，たびたび噴火して周辺に被害をもたらすことがある。しかし一方で，温泉を中心とする観光業や③地熱発電など，火山が人々に恩恵をもたらす例も見られる。九州北西部の海岸には④リアス海岸があり，その西方には大陸棚が広がっていて日本有数の漁場となっている。また日本最大の干潟をもつ有明海では（　C　）の養殖が盛んに行われており，全国一の生産量を誇る。

農業に目を向けると，九州北部の筑紫平野では米の栽培が盛んである。ここでは冬でも温暖な気候を生かし，稲作が終わったあとの水田で小麦などほかの作物を栽培する（　D　）が古くから行われてきた。九州北部では大消費地である福岡市が近いこと，九州南部ではシラスという火山灰土が広く分布していることなどを生かし，⑤各地でさまざまな農産物の栽培が盛んに行われている。

問１　文章中の（　A　）・（　B　）にあてはまる語句の組み合わせとして正しいものを，次の**ア**～**エ**から一つ選び，記号で答えなさい。

ア　（A）南　（B）沖ノ鳥　　**イ**　（A）南　（B）与那国
ウ　（A）西　（B）沖ノ鳥　　**エ**　（A）西　（B）与那国

問２　文章中の（　C　）にあてはまる語句を，次の**ア**～**エ**から一つ選び，記号で答えなさい。

ア　たい　　**イ**　まぐろ　　**ウ**　のり　　**エ**　かき

問３　文章中の（　D　）にあてはまる語句を，**漢字３字**で答えなさい。

問4　下線部①に関連して，次のX～Zの図は日本海に面する福岡市，鳥取市，新潟市のいずれかの月別の平均気温と降水量を表したものである。3つの都市とX～Zの組み合わせとして正しいものを，あとの**ア**～**カ**から一つ選び，記号で答えなさい。

X

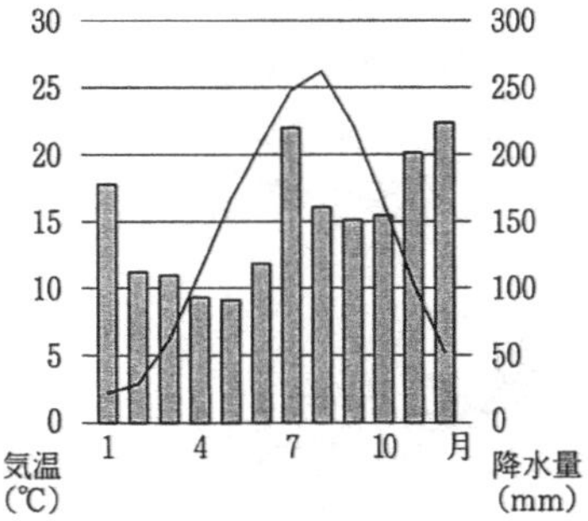

年平均気温：13.9℃
年降水量：1,846mm

Y

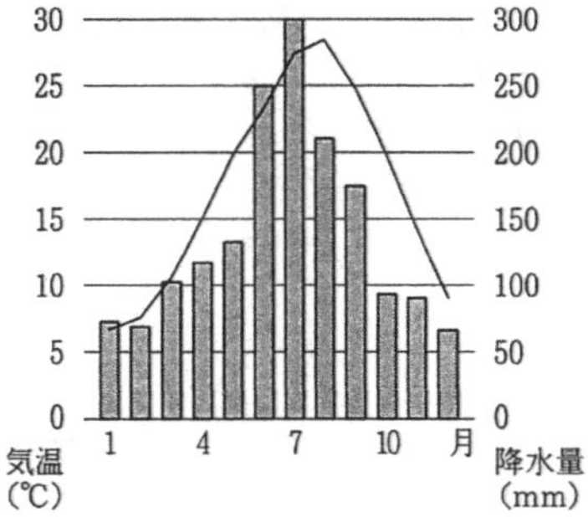

年平均気温：17.3℃
年降水量：1,687mm

Z

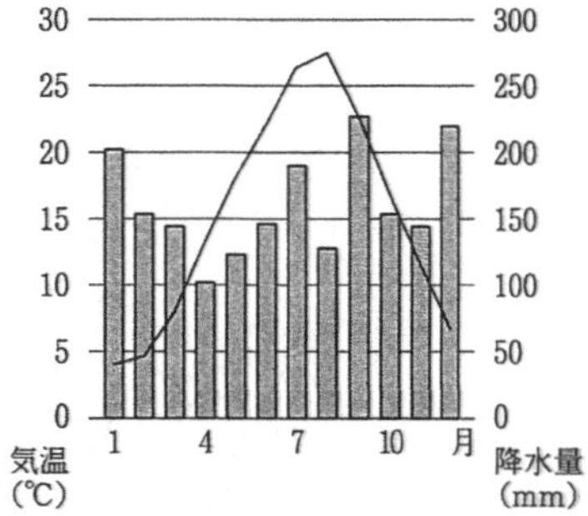

年平均気温：15.2℃
年降水量：1,931mm

気象庁資料により作成。

	ア	イ	ウ	エ	オ	カ
福岡市	X	X	Y	Y	Z	Z
鳥取市	Y	Z	X	Z	X	Y
新潟市	Z	Y	Z	X	Y	X

問5　下線部②について述べた文として**適当でないもの**を，次の**ア**～**エ**から一つ選び，記号で答えなさい。

ア　火山の爆発や噴火による陥没などによってできた大きなくぼ地のことである。
イ　熊本県の北東部に位置する阿蘇山のカルデラは，世界最大級の規模を誇る。
ウ　今後も噴火の可能性があり，阿蘇山のカルデラ内の平野に人は暮らしていない。
エ　北海道の洞爺湖は，カルデラに水がたまってできた湖である。

問６　下線部③に関連して，地熱発電が盛んに行われている環太平洋造山帯に位置する国として**適当でないもの**を，次の図中の**ア～エ**から一つ選び，記号で答えなさい。

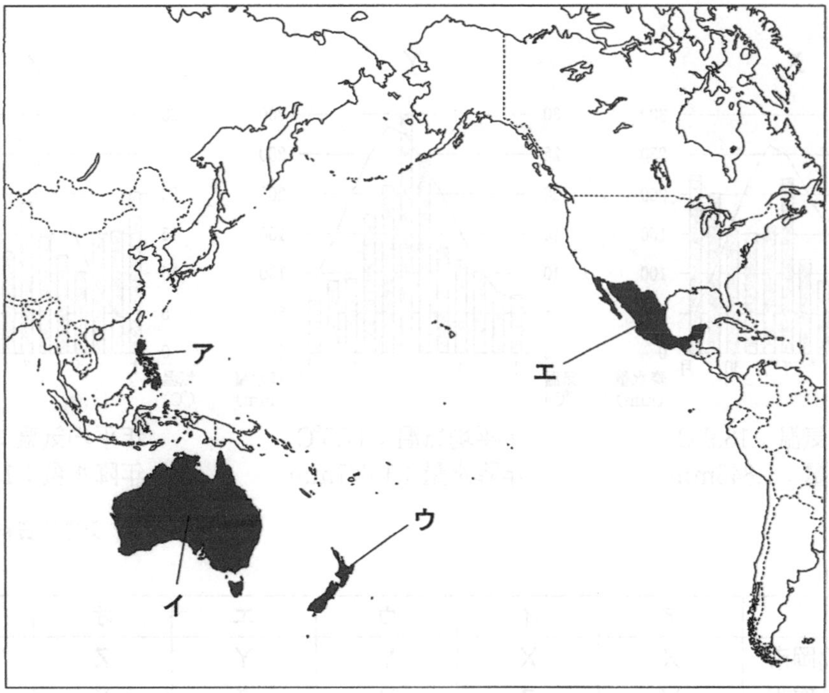

問７　下線部④に関連して，リアス海岸の見られる場所として**適当でないもの**を，次の図中の**ア～エ**から一つ選び，記号で答えなさい。

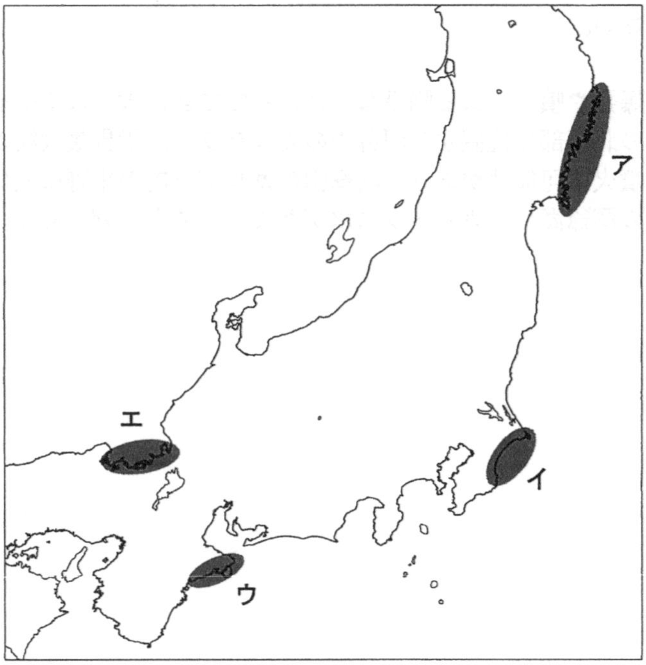

問８　下線部⑤に関連して，次の図は九州地方で生産量の多いトマト，ピーマン，茶，いちごのいずれかの都道府県別生産割合を表したものである。いちごにあてはまるものを，図中の**ア**～**エ**から一つ選び，記号で答えなさい。

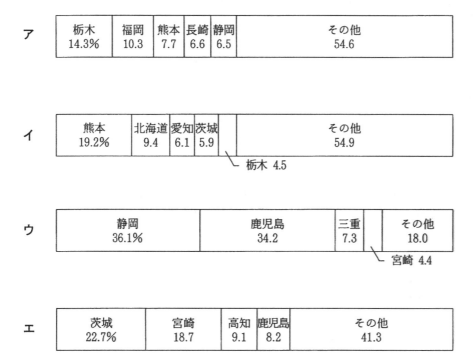

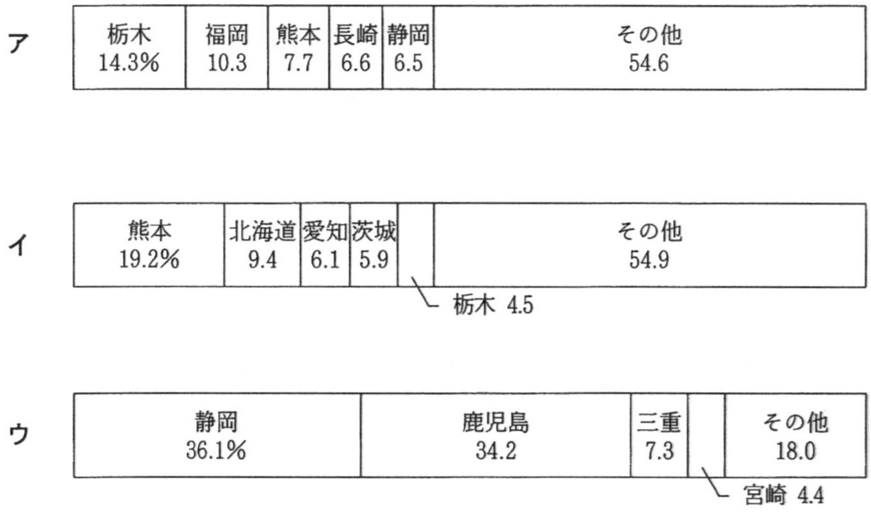

統計年次は2020年。
『日本国勢図会　2022/23』により作成。

2　インドとアメリカ合衆国は，文化や習慣など異なる部分が多いが，いくつかの共通点も見られる。このことに関して，次の問1～問6に答えなさい。

問1　両国の人口のおおよその数（2020年）の組み合わせとして正しいものを，次の**ア**～**エ**から一つ選び，記号で答えなさい。

ア　（インド）10.5億人　　（アメリカ合衆国）3.3億人
イ　（インド）10.5億人　　（アメリカ合衆国）5.5億人
ウ　（インド）13.8億人　　（アメリカ合衆国）3.3億人
エ　（インド）13.8億人　　（アメリカ合衆国）5.5億人

問2　両国の農業について，次の各問いに答えなさい。

(1)　次の図中の●では同じ作物が多く栽培されている。この作物にあてはまる説明文と写真の組み合わせとして正しいものを，あとの**ア**～**カ**から一つ選び，記号で答えなさい。

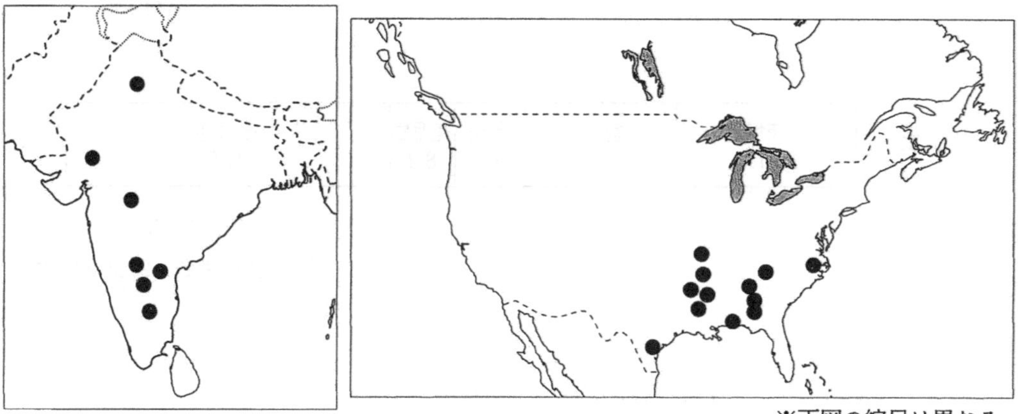

※両図の縮尺は異なる。
Alexander Kombiatlas 2003，Goode's World Atlas 2010ほかにより作成。

A　主に熱帯で降水量の多い地域が栽培に適しており，果実から採れる油は洗剤やマーガリンの材料として利用されている。
B　主に温帯から熱帯で乾燥する時期のある地域が栽培に適しており，世界各地で古くから布や衣服の原料として利用されている。

X

Y

Z

	ア	イ	ウ	エ	オ	カ
説明文	A	A	A	B	B	B
写　真	X	Y	Z	X	Y	Z

(2)　小麦は両国ともに生産量の多い穀物である。次の図は，北アメリカにおけるいくつかの農作物の主な栽培地域を表している。主に小麦が栽培されている地域として最も適当なものを，図中の**ア～エ**から一つ選び，記号で答えなさい。

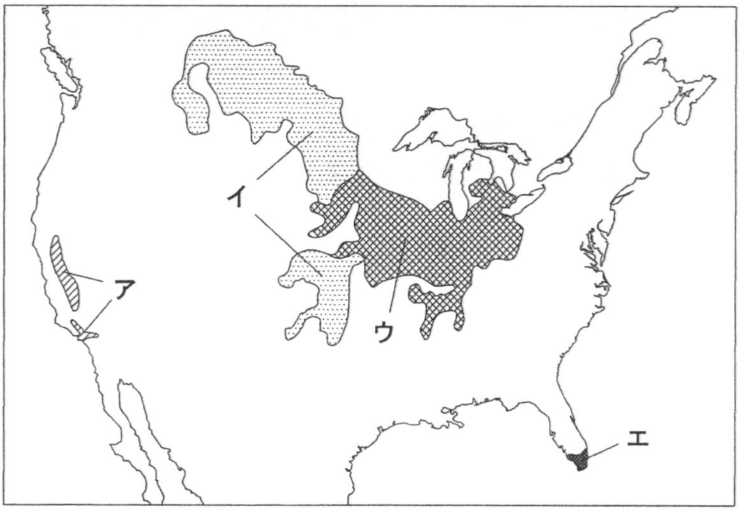

Goode's World Atlas 2010ほかにより作成。

問3　両国で主に信仰されている宗教は異なっている。両国の宗教に関連して述べた次の文**X**・**Y**の正誤の組み合わせとして正しいものを，あとの**ア**～**エ**から一つ選び，記号で答えなさい。

X　インドではヒンドゥー教徒が多数派を占めるが，人口が多いため少数派であるイスラム教徒も１億人以上いる。
Y　アメリカ合衆国ではキリスト教徒の人数が最も多いが，世界全体で見るとイスラム教徒の人数の方がキリスト教徒より多い。

ア　X　正　Y　正　　　**イ**　X　正　Y　誤
ウ　X　誤　Y　正　　　**エ**　X　誤　Y　誤

問4　アメリカ合衆国ではおおよそ西経100度以西の乾燥地域で，肉牛の放牧が行われている。放牧された牛は，次の写真のような大規模な施設に送られ肥育される。この施設の名称を，あとの**ア**～**エ**から一つ選び，記号で答えなさい。

ア　センターピボット　　　**イ**　シリコンバレー
ウ　アグリビジネス　　　**エ**　フィードロット

問5　両国のICT産業について，次の各問いに答えなさい。

(1)　アメリカ合衆国の北緯37度以南の地域は，温暖で人件費や工場用地が比較的安く，ICT産業などの先端技術産業が発達している。この地域を指して何というか，**カタカナ５字**で答えなさい。

(2)　インドでICT産業が発達した要因について述べた文として**誤っているもの**を，次の**ア**～**エ**から一つ選び，記号で答えなさい。

ア　高度な理科系の教育を受け，技術力の高い人材が豊富である。
イ　新しい産業であるICT関連産業は，旧来のカースト制度の影響をあまり受けない。
ウ　アメリカ合衆国の植民地支配を受けていた影響で，英語の堪能な技術者が多い。
エ　アメリカ合衆国との時差を利用し，24時間体制の業務を行うことができる。

問６　両国について述べた次の文章中の下線部**ア～エ**から，**適当でないもの**を一つ選び，記号で答えなさい。

インドは<u>ア中央アジア</u>に位置し，周辺には言語や文化の異なるさまざまな国がある。東部のガンジス川河口部にはバングラデシュ，北東部のヒマラヤ山脈南麓にはネパールやブータンなどがある。西部は<u>イパキスタン</u>と接しているが，北部のカシミール地方には国境の定まっていない地域も見られる。また，インドでは地域によって異なる多くの言語が使われている。

アメリカ合衆国は，カナダとは北緯49度線および西経141度線が，メキシコとは<u>ウリオグランデ川</u>が，それぞれ国境の一部となっている。アメリカ合衆国にはさまざまな人種・民族が暮らしている。最も人数が多いのはヨーロッパ系の白人だが，近年<u>エスペイン語</u>を話すヒスパニックと呼ばれる人々が増加している。

3　次のⅠ～Ⅴの文章を読んで，あとの問1～問12に答えなさい。

Ⅰ　弥生時代から各地に「王」と称する首長が存在し，その中から倭国を代表する「倭王」が選ばれた。過去の文献から，確実な倭王は邪馬台国の初代女王である（　A　）と考えられている。①5世紀になると新たに大王という称号が成立し，国内では倭王は大王と呼ばれるようになった。しかし，この時期倭王（大王）の地位を継承する血筋は一つではなかった。6世紀前半に王位を継承する血筋が一つの血筋に定まっても，依然として王位継承争いが起こる危険性があった。そこで，②6世紀末に王位継承争いを避けるため，前大王の妻で統治能力の高い女性が即位した。以後，即位した何人かの女性大王（天皇）は，男性の大王（天皇）が即位するための時間稼ぎとしてではなく，豊富な政治経験を持ち，さまざまな政治情勢に対応できる人物として即位したのである。

問1　文章中の（　A　）にあてはまる語句を**漢字**で答えなさい。

問2　下線部①について述べた次の文**X**・**Y**の正誤の組み合わせとして正しいものを，あとの**ア**～**エ**から一つ選び，記号で答えなさい。

X　この時期の大王に，ワカタケル大王がいた。
Y　この時期の大王は，たびたび中国の南朝に使者を派遣した。

ア　X　正　Y　正　　**イ**　X　正　Y　誤
ウ　X　誤　Y　正　　**エ**　X　誤　Y　誤

問3　下線部②について，この時期の女性の大王（天皇）として正しいものを，次の**ア**～**エ**から一つ選び，記号で答えなさい。

ア　推古天皇　**イ**　天智天皇　**ウ**　聖武天皇　**エ**　持統天皇

Ⅱ　飛鳥池遺跡出土木簡に「天皇」と記されていたことから，7世紀末の③天武天皇の時代に新たに天皇という称号が成立したと考えられている。律令国家が成立する中で，天照大神の子孫とされた者が代々皇位を継承するという考え方が生まれた。現実的に天皇よりも強い権力を手に入れた者たちは，これに代わる考え方をつくり出すことができなかった。そのため，天皇の地位をこえることができず，代わりに④自分の娘を天皇に嫁がせて，天皇との間に産まれた皇子を次の天皇に即位させることで，自らは天皇の母方の祖父もしくは母の兄弟として天皇を補佐するという政治制度をつくった。これが平安時代の摂関政治であり，天皇の母方の祖父となったのは藤原良房・兼家・道長であった。

令和五年度　国語　解答用紙

【一】

（　）問一　a　b　c

（　）問二

問三

問四

問五

問六

問七　・

問一．２点×３
問二．４点
問三．４点
問四．４点
問五．４点
問六．４点
問七．４点×２

小計

【二】

（　）問一　a　b　c　d

（　）問二

問三

問四

問五　Ⅰ　Ⅱ

（　）問六

問一．２点×４
問二．４点
問三．４点
問四．４点
問五．４点×２
問六．14点

小計

3

(1)	(2)	(3)	(4)	
			(ア)	(イ)
	$y =$	(,)		

4点×5

2 3
小　計

4

(1)	(2)		(3)	(4)
	(ア)	(イ)		
cm		cm	cm	cm^2

4点×5

5

(1)	(2)	(3)	(4)
cm^3	cm^2	cm	cm

(1) 4点
(2) 4点
(3) 5点
(4) 5点

4 5
小　計

問７

問８

Ⅲ 問１ (1) (2) (3)

問２

問３ (a) (b)

問４

問５ [A] [C] 5 10

[B] [D] 5 10

問６ 1 2 3 4

問１．２点×３
問２．２点
問３．完答３点
問４．２点
問５．[A][B]２点×２
[C][D]３点×２
問６．１点×４

小　計

Ⅳ 問１

問２

問３ (A) (B) (C)

問４ X Y Z

問５ (a) (b)

問６

問７

問８

問１．２点
問２．２点
問３．２点×３
問４．２点×３
問５．完答３点
問６．３点
問７．３点
問８．２点×２

小　計

問2		問3	
(2)	(3)	記号	⑧ 時間　　分

1・2の小計

3

問1	問2	問3	問4	
			%	g

問5	問6	問7

3点×8

4

問1	問2	問3	問4
Ω	Ω	A	**図2：図3 ＝　　：**

問5		問6	問7
①	②	V	A

問8
Ω

3点×9

3・4の小計

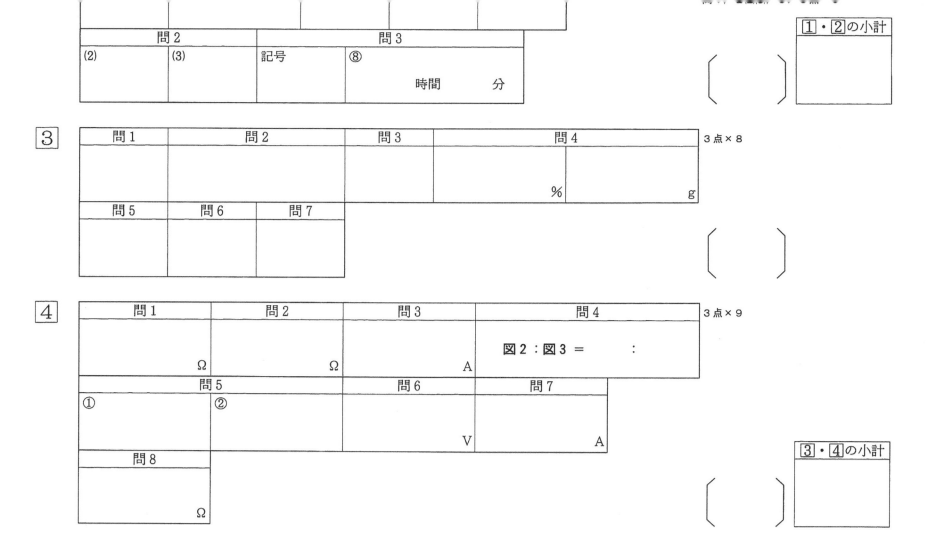

問5(1), 6. 3点×2
問1, 2, 3, 4, 5(2). 2点×6

3

問1	問2	問3	問4	問5	問6

問7	問8	問9	問10	問11	問12

問3, 4, 5, 6. 3点×4
問1, 2, 7, 8, 9, 10, 11, 12. 2点×8

3の小計

4

問1	問2	問3	問4	問5	問6	問7

問1, 4. 3点×2　問2, 3, 5, 6, 7. 2点×5

4の小計

5

問1	問2 (1)	問2 (2)	問3

問4	問5
コントロール	

2点×6

6

問1	問2	問3	問4

2点×4

5・6の小計

受験番号					
名　前					

令和5年度　社会　解答用紙

合計	

※100点満点

1

問1	問2	問3			問4	問5

問6	問7	問8

問1，３．３点×２
問2，４，５，６，７，８．２点×６

1の小計

2

問1	問2 (1)	問2 (2)	問3	問4

【解答

受験番号					
名　　前					

令和5年度　理科　解答用紙

合計	

※100点満点

1

問1	問2

問3	問4	問5	
		A	B

問6		問7	
A	B	(1) 鉄：硫黄 ＝　　：	(2) g

問1，3，4，6．2点×5
問2，5，7．3点×5

（　　）

【解答

受験番号					
名　　前					

令和５年度　英 語　解 答 用 紙

合計	

※100点満点

I

1	(a)	(b)	2	(a)	(b)
3	(a)	(b)	4	(a)	(b)

完答４点×４

小　　計

II

問１ ________________________________ ?

問２

A	B	C	D	E

問３

(a)	(b)	(c)

問４

									10					15

問１．２点
問２．２点×５
問３．完答３点
問４．３点
問５．２点
問６．２点
問７．完答２点
問８．２点×２

【解答

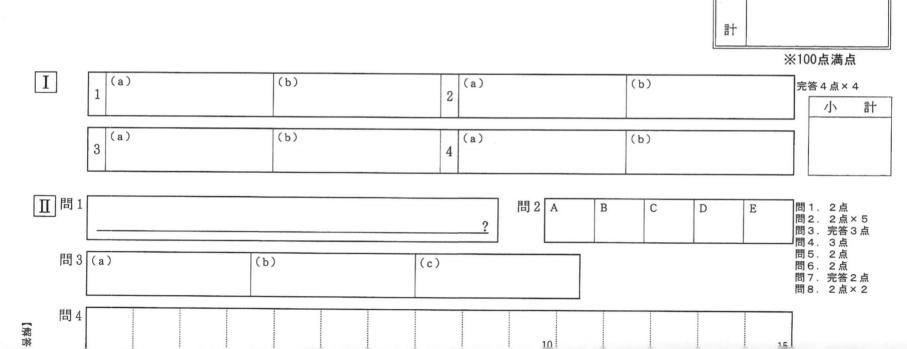

受験番号					
名　　前					

令和5年度　数学　解答用紙

合計	

※100点満点

1

(1)	(2)		(3)	(4)	(5)		
	(ア) 個	(イ) 個	度	cm^3	(ア) 分	(イ)	

(1) 4点
(2) 3点×2
(3) 4点
(4) 4点
(5) 2点×3

1 小計

2

(1)		(2)	
(ア)	(イ)	(ア)	(イ)

(1) 4点×2
(2) 5点×2

【解答

小計

合計	

※100点満点

【三】

（　）（

問一

a

b

c

問二

問三

問四

問五

問六

・

問一．２点×
問二．３点
問三．３点
問四．３点
問五．３点
問六．３点×

受験番号				

名前	

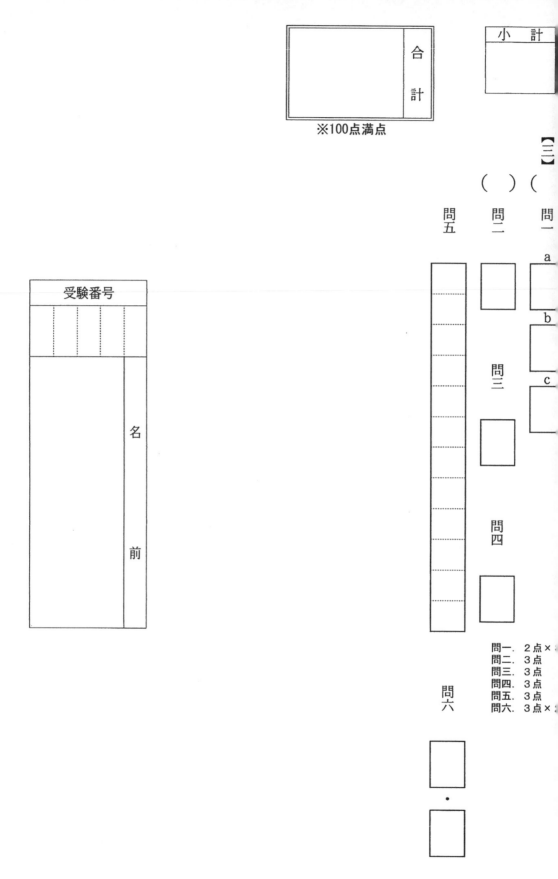

問４　下線部③について述べた文として正しいものを，次の**ア**～**エ**から一つ選び，記号で答えなさい。

ア　大化の改新という政治改革を行った。
イ　天皇の跡継ぎをめぐる戦いに勝利した。
ウ　和同開珎という貨幣をつくった。
エ　守護や地頭を設置した。

問５　下線部④に関連して，次の系図中の天皇のうち，藤原道長の娘を母に持たず，藤原氏と関係が薄い天皇を，あとの**ア**～**エ**から一つ選び，記号で答えなさい。

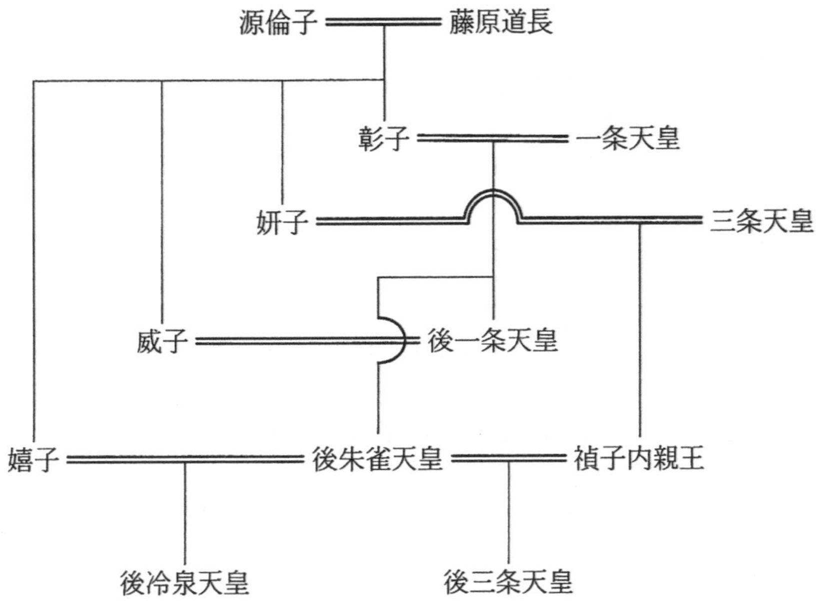

ア　後一条天皇　　**イ**　後朱雀天皇　　**ウ**　後冷泉天皇　　**エ**　後三条天皇

Ⅲ　藤原頼通の娘と天皇との間に皇子が生まれなかったため，これ以後，藤原道長の血筋は天皇の母方の親族になれず，摂政・関白の地位だけを継承したので，藤原氏の権力は低下した。その結果，上皇が天皇に代わって政治を担当する院政が行われた。しかし，政治権力をめぐって上皇と天皇が激しく対立すると，この抗争を一挙に解決すべく大規模な戦争が勃発した。こうした中で⑤存在感を増した武士は，天皇から征夷大将軍に任命され，天皇の政治を支えるという考えのもとに政治を担当した。したがって，武士の時代になっても天皇は重要な存在であった。その後，1221年の⑥承久の乱によって，朝廷は決定的な打撃を受け，鎌倉幕府は上皇・天皇や摂政・関白の人事に対して決定権を持つ立場になったが，それでもなお天皇を支えるために，幕府が政治を行うことに変わりはなかった。

問6　下線部⑤に関連して，平清盛について述べた文として**誤っているもの**を，次の**ア**～**エ**から一つ選び，記号で答えなさい。

ア　後白河上皇と対立した。
イ　娘を天皇に嫁がせた。
ウ　太政大臣に就いた。
エ　唐との貿易を行った。

問7　下線部⑥について，承久の乱に関連した資料として正しいものを，次の**ア**～**エ**から一つ選び，記号で答えなさい。

ア「頼朝公が朝廷の敵を倒し幕府を開いて以来，その御恩は山より高く海より深い。（中略）名誉を大事にする者は，京都に向かい逆臣を打ち取り，幕府を守りなさい。」
イ「本拠である朝倉館のほか，国内に城を構えてはならない。すべての有力な家臣は，一乗谷に引っ越し，村には代官を置くようにしなさい。」
ウ「大名が自分の領地と江戸とを交代で住むように定める。毎年4月に江戸へ参勤せよ。」
エ「我らは，民を苦しめている役人や金持ちの町人たちを討って，その財産を貧しい人々に分け与えたいと思う。だから，みな大阪にかけつけて欲しい。」

Ⅳ　鎌倉幕府が天皇の人事などに関わったことによって，天皇家の分裂は決定的となり南北朝の対立が始まった。そのため，南朝の天皇は，自らの皇子に皇位を継承させるために倒幕を決意した。その過程で1333年鎌倉幕府は滅亡し，建武の新政が始まった。しかし，⑦建武の新政は短期間で終わり，室町幕府が開かれた。その後，1467年の⑧応仁の乱によって，多くの公家は地方に下ったが，朝廷の財政が困窮する中で天皇は京都を離れることができなかった。

院政が始まって以来，江戸時代に至るまで，上皇が天皇家に関わるさまざまな行事を動かしていた。さらに，⑨江戸幕府は天皇の政治的な役割を制限するようになった。18世紀以降，短命で亡くなる上皇が続き，幕末には上皇が不在になる一方，幕府も機能しなくなったため，天皇の重要性が高まった。こうして天皇を中心とする中央集権国家の建設が目指されるようになった。

問8　下線部⑦に関連して，建武の新政の特徴とそれが短期間で終わった理由を説明した次の文a～dの正しいものの組み合わせを，あとの**ア**～**エ**から一つ選び，記号で答えなさい。

a　足利尊氏を中心とした政治だった。
b　後醍醐天皇を中心とした政治だった。
c　南北朝という二つの朝廷が統一したから。
d　公家を重視したために武士が不満を持ったから。

ア　a・c　　**イ**　a・d　　**ウ**　b・c　　**エ**　b・d

問9　下線部⑧に関連して，応仁の乱が与えた社会的影響について説明した次の文章中の下線部**ア～エ**から，**誤っているもの**を一つ選び，記号で答えなさい。

応仁の乱の影響は京都周辺に広がり，新たな動きが見られた。ア山城国では武士や農民がイ一向一揆を結び，京都から進出したウ守護大名を追い払い，約8年間エ自治を行った。

問10　下線部⑨に関連して，江戸時代の天皇と幕府の関係について述べた次の文**X～Z**の正誤の組み合わせとして正しいものを，あとの**ア～エ**から一つ選び，記号で答えなさい。

X　幕府は禁中並公家諸法度を制定して，朝廷を統制した。
Y　幕府は勘定奉行に朝廷の財政を監督させた。
Z　幕府は桜田門外の変後，権威を回復するために公武合体策を行った。

ア	X　正	Y　誤	Z　正
イ	X　正	Y　誤	Z　誤
ウ	X　誤	Y　正	Z　誤
エ	X　誤	Y　誤	Z　正

V　江戸時代までの天皇は民衆に姿を見せることがなかったが，明治時代になると，天皇は人前に姿を見せるようになった。明治政府が参考にした欧米列強の君主は，軍事的指導者でもあったため，大日本帝国憲法に天皇の神聖不可侵の地位と軍事指揮権が規定された。こうして，自ら軍隊を率いて戦う新しい天皇像がつくられることになった。

その後，⑩日本は諸外国と条約を締結しながら，国際的地位の向上を目指した。その過程で，欧米諸国と対立し⑪太平洋戦争を経験した。戦後，天皇の人間宣言によって，神ではなく人間であるとされ，象徴としての天皇像がつくられることになった。

このように，天皇は時代とともにさまざまな姿を持つが，私たちが将来の天皇制について考える際，歴史が多くのヒントを与えてくれるのではないだろうか。

問11　下線部⑩に関連して，日本が締結した次の条約**a～c**を古いものから順に並べたときの順序として正しいものを，あとの**ア～カ**から一つ選び，記号で答えなさい。

a　日朝修好条規　　b　日清修好条規　　c　下関条約

ア　a→b→c　　**イ**　a→c→b　　**ウ**　b→a→c
エ　b→c→a　　**オ**　c→a→b　　**カ**　c→b→a

問12　下線部⑪に関連して，次の図は太平洋戦争時に空襲を受けた主な地域の死者数を表したものである。この図から読み取れることやこの戦争について述べた文として正しいものを，あとの**ア**～**エ**から一つ選び，記号で答えなさい。

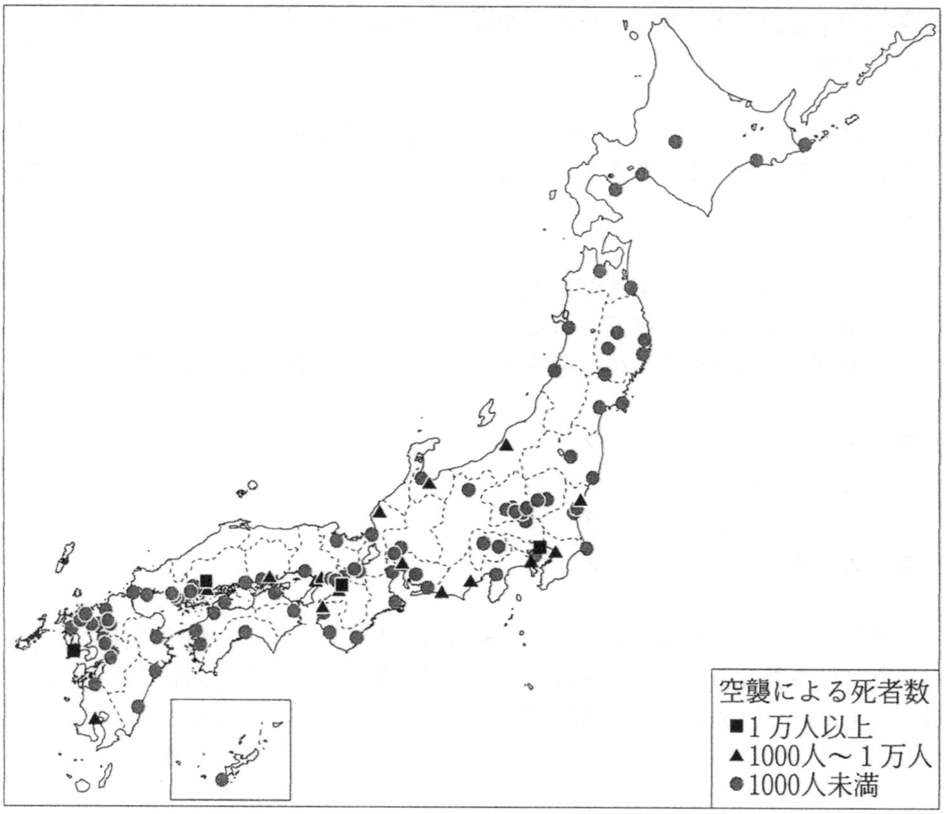

ア　上の図から空襲による死者数が「1万人以上」の都市は，東北地方や山陰地方に集中していることがわかる。

イ　上の図から空襲による死者数が「1000人～1万人」の都市は，沿岸部にはなく，内陸部に集中していることがわかる。

ウ　沖縄県の戦争中の死者数は，空襲による死者数に比べて，地上戦による死者数が圧倒的に多い。

エ　大阪や神戸の軍需工場が爆撃の対象になったのに対して，歴史的建造物の多い京都は空襲を受けなかった。

4　次のⅠ・Ⅱの文章を読んで，あとの問1～問7に答えなさい。

Ⅰ　①周の支配力が低下すると各地の国々が争うようになり，勝ち残った七つの大国の支配者は皆「王」を名乗ったため，最終的に中国を統一した秦はそれを上回る新たな称号が必要になった。中国最古の夏王朝以前に中国を支配していた伝説上の支配者を三皇といい，司馬遷の『史記』では天皇・地皇・泰皇のこととされた。中国を統一した秦王の政はこれらの称号に，天上の最高神を意味する文字を合わせて（　A　）という称号をつくり出した。以後②辛亥革命で清朝が倒れるまで，（　A　）による政治が続いた。

問1　文章中の（　A　）にあてはまる語句を**漢字**で答えなさい。

問2　下線部①に関連して，この時代の中国について述べた次の文**X**・**Y**の正誤の組み合わせとして正しいものを，あとの**ア**～**エ**から一つ選び，記号で答えなさい。

X　鉄製の農具が広まり，農業が発達した。
Y　この時代の「王」の一人が，倭の奴国王に金印を与えた。

ア　X　正　Y　正　　　**イ**　X　正　Y　誤
ウ　X　誤　Y　正　　　**エ**　X　誤　Y　誤

問3　下線部②以前に起きた出来事について述べた文として正しいものを，次の**ア**～**エ**から一つ選び，記号で答えなさい。

ア　ワシントン会議が開かれた。
イ　第一次世界大戦が始まった。
ウ　ポーツマス条約が締結された。
エ　日中戦争が始まった。

Ⅱ　イギリス王室では③12世紀以降，ヘンリ1世の娘マティルダの子孫が王位を継承していった。④14世紀前半になるとエドワード3世がイギリス王となったが，フィリップ6世がフランスの王位継承者に選ばれると，エドワード3世は，母がフランス王の娘であることを理由にフランス王位を要求した。しかし，フィリップ6世が反対したこともあって百年戦争に発展した。こうした王位継承争いに加えて，両国は17世紀末には植民地をめぐって対立し，このことが⑤アメリカ独立戦争の原因にもなった。

イギリス王室では外国出身の母を持つ子どもには母の出身国の王位継承権があり，逆に⑥他国の王室に嫁いだ王女の子どもにはイギリスの王位継承権があるとされている。また，王室の血筋であれば，性別に関係なく王位を継承できる。こうした王位継承のあり方はイギリス王室の文化であり，国民にも共有されてきた価値観である。日本の皇位継承の問題を考えるにあたって，自国の皇位継承だけでなくさまざまな国の王位継承との違いを知り，広い視野で考えることが大切である。

問4　下線部③に関連して，12世紀以後の出来事について述べた次の文**a**～**c**を古いものから順に並べたときの順序として正しいものを，あとの**ア**～**カ**から一つ選び，記号で答えなさい。

a　フランシスコ＝ザビエルが日本にキリスト教を伝えた。
b　フビライ＝ハンが国号を元に変更した。
c　江戸幕府はポルトガル船が日本へ来航することを禁止した。

ア　a→b→c　　**イ**　a→c→b　　**ウ**　b→a→c
エ　b→c→a　　**オ**　c→a→b　　**カ**　c→b→a

問5　下線部④の世紀について述べた次の文章中の下線部**ア**～**エ**から，**誤っているもの**を一つ選び，記号で答えなさい。

ビザンツ帝国や**ア**イスラム教の国々との貿易で栄えた**イ**スペインの都市では，神を中心とする**ウ**カトリック教会の考え方ではなく，古代**エ**ギリシャやローマ文化を模範にして，人間について研究したり，生き生きとした姿を文学や美術で表現し始めた。この風潮を，ルネサンス（文芸復興）という。

問6　下線部⑤に関連して，アメリカ独立戦争や啓蒙思想の高まりなどを背景に起こった出来事と，その出来事に関連した次の**資料**の名称の組み合わせとして正しいものを，あとの**ア**～**エ**から一つ選び，記号で答えなさい。

資料

第1条	人は生まれながらにして，自由で平等な権利を持つ。
第2条	あらゆる政治的な団結の目的は，自由，所有，安全および圧政への抵抗の権利を保全することである。
第3条	あらゆる主権の根源は，本来的に国民にある。

ア　名誉革命・権利の章典　　**イ**　フランス革命・権利の章典
ウ　名誉革命・人権宣言　　**エ**　フランス革命・人権宣言

問７　下線部⑥に関連して，歴史上，イギリス王室の女性はヨーロッパ諸国の王室に嫁ぐことはあっても，インド王室に嫁ぐことはなかった。次の**X**・**Y**の文は，その理由として考えられる，19世紀の事情を説明したものである。これらの文の評価として最も適当なものを，あとの**ア**～**エ**から一つ選び，記号で答えなさい。

X　イギリスは安い綿織物をインドに輸出する一方でアヘンを栽培させるなど，インドを植民地として扱っていたから。

Y　イギリスはインドではなく，黒海から地中海地域に進出して工業製品を輸出する南下政策を取っていたから。

ア　**X**・**Y**ともに，理由として考えられる。
イ　**X**は理由として考えられるが，**Y**は考えられない。
ウ　**X**は理由として考えられないが，**Y**は考えられる。
エ　**X**・**Y**ともに，理由として考えられない。

5 次の文章を読んで，あとの問1～問5に答えなさい。

我が国の最高法規である①日本国憲法は，成立して以降，一度も改正されていない。2022年7月に行われた参議院議員選挙の結果，②衆議院・参議院ともに改憲勢力が③憲法改正の発議が可能な議席を獲得した。憲法改正に関しては，各党がさまざまな主張を行っている。なかでも大きな争点のひとつが，憲法第9条の改正であり，④自衛隊の明記を主張する政党もある。

憲法改正の国民投票が行われる場合には，国政選挙同様⑤18歳から投票でき，高校生にとっても主権者として権利を行使する大切な機会となる。さまざまな情報がSNSなどにも広がる中，主権者には，これまで以上に主体的に情報を選び取る力が求められている。

問1 下線部①に関連して，日本国憲法の条文のうち，自由権について述べた文として適当なものを，次の**ア**～**エ**から一つ選び，記号で答えなさい。

ア すべて国民は，健康で文化的な最低限度の生活を営む権利を有する。
イ 検閲は，これをしてはならない。通信の秘密は，これを侵してはならない。
ウ 公務員を選定し，及びこれを罷免することは，国民固有の権利である。
エ すべて国民は，法の下に平等であつて，人種，信条，性別，社会的身分又は門地により，政治的，経済的又は社会的関係において，差別されない。

問2 下線部②について，次の各問いに答えなさい。

(1) 次の文**X**・**Y**の正誤の組み合わせとして正しいものを，あとの**ア**～**エ**から一つ選び，記号で答えなさい。

X 衆議院の議員定数は，参議院よりも少ない。
Y 内閣不信任の決議は，衆議院でしか行うことができない。

ア X 正 Y 正　　**イ** X 正 Y 誤
ウ X 誤 Y 正　　**エ** X 誤 Y 誤

(2) 次の表は，衆議院議員選挙の比例代表選挙の結果を模式的に表したものである。比例代表選挙における各政党への議席配分は，ドント式で行われる。定数8名の場合，C党の当選者数を**算用数字**で答えなさい。

政党名	A党	B党	C党
得票数	1500票	960票	600票

問3　下線部③に関連して，次の日本国憲法第96条の条文中の（　A　）・（　B　）・（　C　）にあてはまる語句の組み合わせとして正しいものを，あとの**ア～カ**から一つ選び，記号で答えなさい。

> ①　この憲法の改正は，各議院の（　A　）の3分の2以上の賛成で，国会が，これを発議し，国民に提案してその承認を経なければならない。この承認には，特別の国民投票又は国会の定める選挙の際行はれる投票において，その（　B　）の賛成を必要とする。
> ②　憲法改正について前項の承認を経たときは，（　C　）は，国民の名で，この憲法と一体を成すものとして，直ちにこれを公布する。

ア　（A）出席議員　（B）3分の2　（C）内閣総理大臣
イ　（A）出席議員　（B）過半数　（C）天皇
ウ　（A）出席議員　（B）過半数　（C）内閣総理大臣
エ　（A）総議員　（B）過半数　（C）天皇
オ　（A）総議員　（B）3分の2　（C）内閣総理大臣
カ　（A）総議員　（B）3分の2　（C）天皇

問4　下線部④に関連して，自衛隊の最高指揮監督権は文民である内閣総理大臣が持つ。これを何というか。解答欄に合うように**カタカナ5字**で答えなさい。

問5　下線部⑤に関連して，2022年4月から成年年齢が18歳になった。18歳から認められることとして**誤っているもの**を，次の**ア～エ**から一つ選び，記号で答えなさい。

ア　携帯電話の契約　　**イ**　両性の同意に基づく婚姻
ウ　市議会議員への立候補　　**エ**　10年有効パスポート（旅券）の取得

6 次の文章を読んで，あとの問１～問４に答えなさい。

新型コロナウイルスによる世界的な①物流の停滞に加え，ロシアのウクライナ侵攻による影響で，物価が世界的に上昇しているため，②消費者の負担は増す一方である。この物価高に対応するために，欧米の中央銀行は金融引き締め政策を行ったが，日本銀行はこれまでの金融緩和政策を続けてきた。こうした政策の違いによって，③円安が進行した。

グローバル化が進む中，自国や他国で起こった出来事を，より良く理解するためには，国際的な視野を持つことが大切である。2015年に国連サミットにおいて提言されたSDGs（持続可能な開発目標）は，「④誰一人取り残さない」ことを原則としている。私たちも国際的な課題を知り，身近なできることから取り組んでいく必要があるだろう。

問１　下線部①に関連して，ICT技術の発達により，コンピュータを使い小売店での商品の販売状況を管理することができるようになった。このしくみの名称として正しいものを，次の**ア～エ**から一つ選び，記号で答えなさい。

ア　セーフティーネット　　　**イ**　フィンテック
ウ　POSシステム　　　**エ**　ベンチャーキャピタル

問２　下線部②に関連して，消費者保護に関する制度や法律の名称**a・b**と，これらが適用される具体的事例**c・d**の組み合わせとして正しいものを，あとの**ア～エ**から一つ選び，記号で答えなさい。

a　クーリング・オフ制度
b　消費者契約法
c　携帯型音楽プレーヤーを付属の充電器で充電していたら発火し，全治１か月のやけどを負ったため，メーカーを訴え賠償金を得た。
d　事故車ではないと説明を受け中古車を購入したが，実際は事故車であることがわかったため，契約の取り消しを求めた。

ア　a・c　　**イ**　a・d　　**ウ**　b・c　　**エ**　b・d

問３　下線部③に関連して，為替相場の変動による影響について述べた文として**適当でないもの**を，次の**ア～エ**から一つ選び，記号で答えなさい。

ア　アメリカ人が日本へ旅行するとき，関西国際空港でドルを円に交換して受け取る金額は，円安のときよりも円高のときの方が多くなる。
イ　アメリカ産牛肉を輸入している日本の卸売業者の仕入れ価格は，円高のときよりも円安のときの方が高くなる。
ウ　日本がアメリカから原油を輸入するとき，円安のときよりも円高のときの方が有利である。
エ　日本でつくった自動車をアメリカに輸出するとき，円安のときよりも円高のときの方が不利である。

問４　下線部④に関連して，日本では人々の生活を保障するために社会保障制度が設けられている。これについて述べた次の文**Ｘ**・**Ｙ**の正誤の組み合わせとして正しいものを，あとの**ア**～**エ**から一つ選び，記号で答えなさい。

Ｘ　「社会福祉」は，高齢者や障がいのある人，子どもなどへの支援を行う制度である。
Ｙ　「社会保険」は，生活保護法に基づき，生活費などを保障する制度である。

ア　Ｘ　正　　Ｙ　正　　　　**イ**　Ｘ　正　　Ｙ　誤
ウ　Ｘ　誤　　Ｙ　正　　　　**エ**　Ｘ　誤　　Ｙ　誤

〔以上〕

令和四年度
清風高等学校入学試験問題

国　語（五〇分）

試験開始の合図があるまで、この「問題」冊子を開かず、左記の注意事項を読んでください。

【注 意 事 項】

一、試験開始の合図で、解答用紙の所定の欄に「受験番号」、「名前」をはっきりと記入してください。
二、この「問題」冊子は、19ページあります。解答用紙は一枚です。ページが脱落している場合は手を挙げて試験監督の先生に知らせてください。
三、解答は、解答用紙の指定されたところに記入してください。
四、「問い」に「字数制限」がある場合、句読点やカギかっこなどの記号は、一字として数えて、解答してください。
五、試験終了の合図で、「問題」冊子の上に解答用紙を重ねてください。
六、「問題」冊子及び解答用紙は持ち帰ってはいけません。

【一】 次の文章は、江國《えくに》香織《かおり》の小説「夏の少し前」の全文です。これを読んで、後の問いに答えなさい。

職員室をでると、洋子はくるりとうしろにむきなおり、おじぎをして戸をしめた。そのまま廊下をはしって階段をおり、つきあたりの教室にとびこんだ。かかえていたさいほう箱がかたかたと鳴る。

ふう。

洋子は小さくためいきをついた。土曜の午後の教室には誰もいない。窓からあざやかな新緑が見える。なんてきれいに晴れているんだろう、と洋子は思った。放課後の教室はふしぎなにおいがする。

廊下がわから二列目の、前から四番目が洋子の席だった。つくえの中にさいほう箱をしまいながら、洋子は柴田《しばた》先生の言葉を思い出していた。

「どうしてかなぁ。あなたはまじめなのに、どうしてこんなに遅いのかなぁ」

洋子は家庭科がにがてだった。一年生の前期課題であるブラウス製作も、ほかの人はそろそろ仮縫いがおわろうとしているのに、洋子一人、最初の(注)ダーツ縫いでてまどっていた。だから今日のいのこりだって、しかたのないことではあった。

「女の子なんだからさいほうがへたでは困りますよ」

柴田先生はそうも言った。たしかにそうだ、と洋子は思う。女の子なんだから、さいほうがうまいほうがいいに決まっている。洋子は、いすにこしかけたまま、①大きくのびをしてみた。新しい制服から、棒のような足がにょっきりと二本、つきだした。あけはなした窓から、五月の風が胸元の白いりぼんにからまって吹きすぎてゆく。

中学に入学して一ヵ月。女子校って女の子ばかりだ、洋子はあたりまえのことを思ってもう一度ためいきをついた。せめて人見知りがなおってくれたら――。校庭から、バレー部員の練習する声がきこえる。

そういえば、涼ちゃんは念願の野球部に入れたんだろうか。洋子はaとうとつに、小学校時代にあこがれていた男の子のことを思った。卒業文集に、

中学にいったら野球部に入って、ピッチャーで、四番を打ちたいです。

と書いた、小柄な少年だった。あまり話もできなかったけれど、洋子はずっとあこがれていた。四年生の遠足のとき、バスの席がとなりどうしになったっけ。あのとき、いっしょに飴《あめ》を食べたこと、涼ちゃんはおぼえているかしら。

　　ははそはのははもそのこも、

　　はるののにあそぶあそびをふたたびはせず。

　国語の教科書にでていた詩の最後の二行が、何とはなしに口をついてでた。〝いにしへの日は〟という詩だった。詩の意味はよくわからなかったが、洋子はきれいな言葉だと感じた。はるののにあそぶあそびをふたたびはせず。春の野に遊ぶには、制服はたしかに少しきゅうくつだ、と思いながら、洋子は三度目のためいきをついた。

　いきなり教室の戸があいた。戸口には背の高い男の人が立っていた。

②「何してるんだ」

　男の人は、おこったようにそう言った。白いポロシャツ姿のその人は、すっかり大人になっているとはいえ、涼ちゃんにまちがいない。

「ほら、帰るぞ」

　そう言われて、洋子は思わず、

「はい」

と素直に返事をしていた。

　立ち上がった自分の姿に、洋子は声をあげておどろいた。大人なのである。水玉模様のブラウスを着ている。

「たった今制服を着ていたのに」

　男の人は笑って、

「……そうだね。僕もついこの間まで学生だった気がするよ」

　ひっそりとそう言った。

「さ、早くしないと、おもてでえみが待ってるぞ」

えみ。えみ。洋子は男の人のあとについて歩きながらぼんやりと考えた。——そうだ、えみは私の娘だ。全く、どうしてわすれていたんだろう。私は涼ちゃんと結婚したんだ。えみが生まれて、きょうは土曜日で、家族三人でお昼ごはんを食べに来たんだ。そしたら学校の前をとおって、なつかしくなって、ちょっとのぞいてみようと思って——そうだ、思い出した。

えみは、校門のわきで待っていた。

「ごめん、ごめん。お待ちどおさま」

「ママ、おそい」

しゃがみこんで、ほっぺたをふくらませてみせる小さな娘を見て、なんてかわいい子だろうと、洋子は思った。涼ちゃんと二人で、両側からえみの手をひいて歩きながら、なんとしあわせなのだろう、と思った。頭の上には、夏空がひろがっている。

しばらく歩くと、むこうから自転車にのった、中学生くらいの女の子が近づいてきた。

「お。えみ」

涼ちゃんが片手をあげて声をかけた。

「どこへ行くんだ」

「塾」

あれっと、洋子は思った。ぽっちゃりとふとった、目の大きなこの少女はたしかにえみである。ではえみのつもりで手をひいてきた、この小さな子どもは誰だろう。

「いいなぁ、健二はお散歩か」

自転車の上から少女が言った。健二……そうか、健二だ。ああ、しっかりしなくちゃ、と洋子は思った。私には子どもが二人いるんだった。

「ほらほら、遅刻しますよ。車に注意して、はやく行きなさい」

知らないうちに口からとびだした母親らしい言葉に、洋子は自分で b どぎまぎした。

「はぁい」

少女は弟の頭をなでてから、すうっと走り去って行った。

三人が信号で立ちどまると、すぐ左手のきんもくせいが、匂《にお》やかに咲いている。信号が青になり、洋子が健二の手をひこうとすると、

「何だよ」

ぞっとするほど低い声がして、ふりかえってみると、そこには洋子よりもはるかに大きな健二が立っていた。

「どうしたのさ、おふくろ」

おふくろ!! なんということだろう。洋子は c がくぜんとして、自分の息子を見つめた。

「手、はなしてよ。俺もう行かなくちゃ」

これが、あの、小さな健二だろうか。

「何してるんだ」

信号のむこうで、涼ちゃんが呼んだ。

「あ。はい」

洋子は健二の手をはなし、小走りで信号をわたった。

「私、今、小さい子の手をひいていたのに」

「僕がおぶってるよ。真理子はすぐ眠たがるんだな」

見ると小さな女の子が一人、涼ちゃんの背中で眠っていた。真理子……ああ、真理子か。えみは結婚して五年にもなるのに、土曜日になるときまってテニスに行ってしまう。赤い車にのってやって来て、

「じゃあ、おねがいしますね」

と言って、真理子をおいていくのだ。困ったものだとは言いながらも、孫がかわいくてつい、にこにことあずかってしまうのだった。

洋子は、涼ちゃんの頭が半分くらい白髪《しらが》になっていることに気がついた。やせた手はごつごつして、しわだらけだ。そしてふと自

分の手を見れば、やっぱり、涼ちゃんにおとらずしわだらけだった。そうか、ずいぶん年をとってしまったんだな、と洋子は思った。

「重いでしょ」

「はは。まだまだ平気だ。若いころはこれでも、エースピッチャーで、四番打者だったんだからな」

涼ちゃんは、少年のような目で笑った。

「うふふ。そうでしたね」

ふうわりと、雪がおちてきた。ふうわり、ふうわり、あとから、あとから。

「私ね」

歩きながら、洋子はぽつんと言った。

「私、ずっとながいこと、こんな光景にあこがれていたような気がします」

「こんなって、どんな」

「こんなって、③こうして……」

言葉をさがしている洋子の目の前に、汗をびっしょりかいたクラスメイトの顔があった。

「うわぁ。橋本さん」

橋本さんは、すらりと背の高い、日にやけた少女だった。

「こんなって、どんなよ」

「……なんでもない。バレー部の練習、もうおわったの」

「うん。一年生はばっちりしごかれるから、もうくったくた。それよりあなた、こんな時間まで何していたの」

「のこされちゃった。家庭科」

「やだぁ。④柴田のヤツ、土曜日にのこすなんてインケン」

橋本さんはひょいっと洋子の肩に手をのばした。

「あれ」

「なぁに」

「今、あなたの肩に白いものがのっかってたんだけど、とろうとしたら消えちゃったわ」

「ああ、［　X　］」

うくく、橋本さんは笑った。

「やぁだ、あなた」

うふふ、と洋子も笑った。

「まさかね、やぁだ」

「ね、アイスクリーム食べて帰ろ。ちょっと待ってて、着替えちゃうから」

「うん」

ははそはのははもそのこも、か。洋子は小さくつぶやいて、夕方の日ざしに目をほそめた。

（江國香織「夏の少し前」『つめたいよるに』新潮文庫刊より）

㊟　ダーツ縫い ―― 布をつまんで縫い、立体的にする縫い方。

問一 〰〰線部a～cの語句の本文中の意味として最も適切なものを、それぞれ次の中から選び、記号で答えなさい。

a 「とうとつに」

ア なんの疑いもなく　イ なんのためらいもなく　ウ なんの前ぶれもなく　エ なんの意味もなく

b 「どぎまぎした」

ア 自分の言葉に不安を感じた　イ 命令口調の自分に不快を感じた

ウ 突然の出来事にひどく混乱した　エ 予想外の状況にうろたえた

c 「がくぜんとして」

ア 怒りのあまり何もいうことができないで　イ 驚きのあまりただ立ちつくして

ウ 恐ろしさのあまり何もすることができないで　エ 心配のあまり相手を気づかって

問二 ――線部①「大きくのびをしてみた」とありますが、ここでの洋子の思いはどのようなものですか。最も適切なものを次の中から選び、記号で答えなさい。

ア 不器用で裁縫も満足にできない自分に劣等感を覚え、ふさぎ込みそうになる気分を少しでも晴らしたいと思っている。

イ 柴田先生の厳しい指導に反発を感じるものの、言っていることはもっともなので受け入れるしかないとあきらめている。

ウ 天気のいい土曜日なのに自分だけ居残りさせられたことを残念に思って、柴田先生をいつか見返したいと願っている。

エ 「女の子なんだから」という言葉を自分の心の中で繰り返すうちに、女性らしさを求められることにうんざりしている。

問三　――線部②「何してるんだ」とありますが、この言葉はどのような意図から発せられた言葉ですか。最も適切なものを次の中から選び、記号で答えなさい。

ア　土曜日の放課後に一人で教室に居残っている洋子をとがめる意図。

イ　家族から離れたままいつまでも戻ってこない洋子に注意を促す意図。

ウ　教室にぼんやりたたずんでいる洋子を不審に思って事情を尋ねる意図。

エ　誰もいない教室で妄想にふける洋子を正気に戻すために呼びかける意図。

問四　――線部③「こうして……」とありますが、「……」の部分に言葉を補うとすれば、どのような内容が考えられますか。次の文の空欄Ⅰ・Ⅱに補う語句として最も適切な組み合わせを次の中から選び、記号で答えなさい。

［　Ⅰ　］の中に［　Ⅱ　］が感じられる幸せな光景。

ア　Ⅰ＝何気ない日常　Ⅱ＝季節の移ろい

イ　Ⅰ＝華やかな生活　Ⅱ＝親子のぬくもり

ウ　Ⅰ＝華やかな生活　Ⅱ＝自然のありがたみ

エ　Ⅰ＝何気ない日常　Ⅱ＝家族のつながり

問五　――線部④「柴田のヤツ、土曜日にのこすなんてインケン」とありますが、「ヤツ」・「インケン」とカタカナで表記されていることの表現効果はどのようなものですか。最も適切なものを次の中から選び、記号で答えなさい。

ア　カタカナで表記することによって会話文であることを強調し、最後の場面だけに登場する橋本さんの存在を臨場感をもって読者に印象づける効果。

イ　カタカナで表記することによって漢字を使わずに、幼い子どもにも読み取れるように配慮して、幅広い読者に理解を促すことを可能にする効果。

ウ　カタカナで表記して音だけを表現することで、読者に多様な意味の読み取りを可能にし、それぞれの読者が自由に解釈の幅を広げられる効果。

エ　カタカナで表記して言葉の意味よりも音を強調することで、橋本さんのとげのある口調や、若者らしい軽い言葉の感じを、読者に印象づける効果。

問六　空欄Xに当てはまる漢字一字を本文中から抜き出して答えなさい。

問七　本文の表現や内容について、清太《せいた》くんと風太《ふうた》くんの二人が話し合いました。以下の会話を読んで、空欄に入る言葉を、それぞれ本文中から指定の字数で抜き出して答えなさい。

清太「この小説は、主人公である洋子の年齢がどんどん変わっていって、読み始めたときは何がどうなっているのか分からなくなって混乱したよ。」

風太「そうだね。おばあさんになったかと思うと、最後の場面では中学生に戻っていたから、洋子は空想の中で自分の半生を生きたということなのかな。」

清太「その空想に入るきっかけになったのが、『［ Ⅰ（十二字） ］』という言葉だね。これが呪文のような働きをしているのかな。」

風太「なるほど。それから、年代を追うごとに季節が移り変わっていたね。えみが幼い女の子だった、最初の空想の場面では『夏空がひろがっている』とあったけど、次の場面では『［ Ⅱ（十七字） ］』から秋だと分かるね。」

清太「そうか。そして、涼ちゃんと洋子がおじいさんとおばあさんになっていた最後の場面は冬だったね。そして季節が一周して現実に戻るのか。そうやって読むと、小説の面白さがさらに深まる気がするね。」

風太「そうだね。もっと勉強して、いろんな小説を読みたくなったよ。」

【二】 次の文章は、齋藤《さいとう》孝《たかし》著『声に出して読みたい論語』のあとがきの一節です。これを読んで、後の問いに答えなさい。

翻ってみて、この国のよさとは何かを考えてみたときに、一番に言えるのは、約束事をきちんと守り、基本的に信頼のおける人たちが多く住んでいるということだと思います。約束を守る、ごまかしをせずコツコツ積み上げるといった真面目な人間性は、日本人の弱みではなく、長所であるわけです。たとえば、aサイフを拾ったら、そのまま交番に届けることが常識として成り立っているのがこの国です。ほかの多くの国では必ずしもそれは常識ではないと聞きます。ごまかす、すきあらばbウバうということが、むしろ常識のようにまかり通っている国がけっして少なくないのです。

論語でいうところの「信」の実践、要するに言葉と行動を一致させる「信」、人を信じる「信」を本気で実践してきて、国民的な気質にまで浸透させてきたのが日本人です。つまり、論語の理念というものを千年以上かけて完全に国民性、もしくは国の雰囲気としてワザ化したのです。

［Ⅰ］、現代の日本人の生活のなかでは、論語は活用されない一古典になってしまった観があります。日常的に論語に親しんだり、孔子の言葉を口にしたりする習慣から私たちは離れてしまいました。このままでは長い歳月をかけてcツチカってきた①日本人の美徳がだんだんと薄れていき、その結果、信を失い、世の中が憂いに満たされてしまう危機感すら漂っています。

そうした状況を感じとるゆえか、ここ数年、論語のような古典や哲学書といったものが、世の中でふたたび注目を集めるようになってきています。②時代の閉塞感や不安感が背景にはありますが、見方を変えれば、日本人のあいだで精神的な成熟や心の充実を求める気運が高まっているともとらえられます。

世の中でもっとも大切なものは何だろうか、［Ⅱ］、すぐれた人間性とは何だろうかという、真剣な問いかけが湧きあがってきているのです。高度成長からバブルの物質的な豊かさを求める時代を経て、ようやく一種の落ち着きというものを取り戻しつつある、もともと日本人が大切にしてきた中庸を求める精神性を取り戻しつつあるようにも思えます。

たしかに、いまの日本は政治でも経済でもあらゆる分野において、さまざまなdムジュンやひずみが噴出していて、一大手術でもしなければならないところにまできています。それと同時に、日本人の「信」を中心とした底力を強化していくことも重要で、孔子の

「知者は惑わず仁者は憂えず」という言葉にあるように、こういう時代だからこそ、目先のことに惑わされず、過度に憂うことのない生き方を確立していく骨太の精神力が必要なのです。

その指針の一つとなりうるのが論語です。論語は中国の古典ですが、幸いにして、私たちの先人がこれを完全に吸収しようと、日本語の形で残してくれています。 Ⅲ 「温故而知新」という漢文を「故《ふる》きを温めて新しきを知る」と書き換えた「書き下し文」は、先人が成し遂げた大変な偉業で、原文の香りを損なわずして見事に日本語に再構成しています。

書き下し文は日本人が孔子の身体性をよみがえらせるのにふさわしい大発明でした。それによる論語の浸透力といったら、本家・中国をしのぐほどです。海を越えて日本に渡った論語は日本人に愛され、日本人の精神性とほとんど一体化してしまいました。 Ⅳ 、『声に出して読みたい日本語』に論語があっても、まったく違和感がない。③日本人の知恵と思いが、論語の精神性を日本人の気質としてワザ化してしまったのです。

この本を声に出して読んでいただくとおわかりいただけると思いますが、論語を音読していると自然と背筋を伸ばしたくなります。

腰をまっすぐに立てて、臍《せい》下《か》丹《たん》田《でん》というおへそから指三本分ぐらい下の位置に息をため、少しずつ吐きながらおだやかにはっきりした声で読み上げる。すると、なんだか自分が寺子屋の生徒にでもなったような初々しい気分になります。寺子屋に通ったことがないのに、寺子屋時代を思い出しているような懐かしさがこみ上げるのだから面白いものです。声に出してはきはきと読むことで、誰もが一瞬にして子どものように心を開けるからです。

ここに挙げた孔子の言葉を読み上げると、なぜこんなにしっくりくるのかと驚かれると思いますが、それは論語が孔子自身が話した言葉をそのまま収めているためです。

論語は、孔子の弟子たち、あるいは、弟子のまた弟子が「先生はこうおっしゃっていたものだ」と振り返りながら書き起こしたもので、いわば孔子先生の思い出文集のような作品です。孔子と弟子たちの共同生活、そのなかでおこなわれた真摯なやりとり、生きた孔子の姿を伝える言葉が記されています。

（中　略）

論語の魅力とは、生きた言葉の持つキレ味、生もの感があることです。だからこそ、声に出したときフィットして、孔子の言葉がそのまま耳元に届くような感覚に包まれるのです。さらには、孔子の言葉は、短く端的で無駄がないこと。純度が高いゆえに、すばやく確実に私たちの胸にとどく、名言的な決定力があるのです。

本書は、孔子の五一二の言葉が収められた『論語』から、一〇〇を厳選しています。論語は誰もがその名を知る古典中の古典であるわけですが、古典のとっつきにくさもあって、読みこなして完全に自分のものにしている人はそう多くはないと思います。

ですから、本書は「マイ古典」として親しんで読んでいただけるように、「孔子ベスト１００」というかたちをとりました。選ぶ際に心がけたのは、時代を超えて今の私たちの心に突き刺さる言葉であること、生きていく指針になる言葉、勇気づけになる言葉、あるいは、戒めとなる言葉であることを基準としました。

もし、私が孔子の弟子として同時代にいたならば、その言葉を頼りに人生を整えていったであろうとイメージをふくらませながら選んでいます。もちろん、論語にはまだまだ孔子の名言が数多く息づいています。ただ、時代的にかけ離れすぎているものや、政治のあり方や当時の祭典の礼などに関連するものなどは今回の選には入れませんでした。

一〇〇という数は、人によっては多いと思うかもしれませんし、少ないと感じる人もいるかもしれません。ただ、孔子の言葉は一つひとつが非常に意味深いものですから、たった一つ覚えるだけでも人生を変えるような力をもっています。

④一〇〇の孔子の言葉は、一〇〇の技となります。これを声に出して読み、そのうち、どれだけを自分のものにできるかというところでこの本の意義は決まるのですから、けっして少なすぎるということはないと思います。

問一　〰〰線部a〜dのカタカナを漢字に直しなさい。

問二　空欄［Ⅰ］～［Ⅳ］に入る語句として最も適切なものを、それぞれ次の中から選び、記号で答えなさい。ただし、同じ記号を二度以上使ってはいけません。

ア　ところで　　イ　あるいは　　ウ　しかし　　エ　それゆえに　　オ　たとえば

問三　――線部①「日本人の美徳」とは、日本人のどういうところを指しますか。それが述べられている箇所を本文中から三十三字で抜き出し、最初と最後の五字で答えなさい。

問四　――線部②「時代の閉塞感や不安感」とありますが、このような「時代」を生きるのに不可欠なものは何だと筆者は述べていますか。本文中から三十八字で抜き出し、最初と最後の五字で答えなさい。

問五　――線部③「日本人の知恵と思いが、論語の精神性を日本人の気質としてワザ化してしまったのです」とありますが、それはどういうことですか。最も適切なものを次の中から選び、記号で答えなさい。

ア　日本人は、論語がもつ原文の香りを損なわずに日本語に構成し直す書き下し文という見事な知恵によって、孔子の身体を通じて語られた論語の精神性を、そのまま原文通りに受け取るのに成功したということ。

イ　日本人は、中国の古典である論語を日本語に構成し直す書き下し文という知恵と、論語を愛する思いとによって、「信」を中心とした論語の精神性を実践しつつ、国民的な気質にまで浸透させてきたということ。

ウ　原文の香りを損なわずして日本語に構成し直す書き下し文という見事な知恵によって、中国の古典である論語が日本人にも違和感がなくなったので、本家・中国をしのぐほど日本人に広く愛されたということ。

エ　孔子が弟子たちとの共同生活のなかで話した言葉をそのまま収めている論語は、日本語に構成し直す書き下し文という知恵によって、声に出してはきはき読めるようになり、日本人に広く愛されたということ。

問六　――線部④「一〇〇の孔子の言葉は、一〇〇の技となります」とありますが、「孔子の言葉」が「技」になるのはなぜですか。解答欄に合わせて、七十五字以内で説明しなさい。

『論語』に書かれた孔子の言葉は、[　　　　（七十五字以内）　　　　]から。

【三】の問題は、次のページにあります。

【三】　次の文章を読んで、後の問いに答えなさい。

㊟孝子伝にのせたるを案ずるに、漢の董永《とうゑい》といふ人、母に別れて、ひとりの父をやしなへり。家まづしうして、人にやとはれて耕作をしたり。毎日、父を小さき車にのせてひきてはたけに率《ゐ》たり。父をば田のまくらや植ゐ木のかげにおきて、農行《のうぎやう》をつとむ。しかるに、父死したり。①主人につきて銭㊟十貫を借り、約束していはく、身をうりてきみの奉公をすべし、というて、銭を借り得て、それにて父を葬礼して、かへるときに道にてひとりの婦人に会ふ。そのすがたかたち美《いつく》しくうるはし。董永がつまにならんともとむ。董永とともに、主人のところにいたる。主人、董永がつまに、㊟かとりのきぬ三百匹を織りたらば、夫妻ともにゆるさん、といへり。そのつま、一月のあひだに三百匹のかとりを織れり。主人、そのはやきことをあやしみて、②二人ともにゆるせり。つま、董永にしたがひて、もとの会うたるところへいたる。つま、夫にかたりていはく、われは天の織女《おりひめ》なり、きみがいたりて孝行なるによりて、天帝きみをたすけて、銭を償《つぐの》はしむ、といひて、天にのぼれり。㊟列仙伝をみれば、この董永が子をのせたり。天の織女のうむところとあり。しからば、この一月のあひだにはやく子をまうけたるか、また、のちにあまくだりて子をまうけたるか、不審なることなり。その子、仙人となれりと、みえたり。

（「実《じつ》語《ご》教《けう》童《どう》子《じ》教《けう》諺《げん》解《かい》」）

㊟　孝子伝・列仙伝 ―― ともに書名。
十貫 ―― 「貫」はお金の単位。
かとりのきぬ三百匹 ―― 「かとり」は絹織物の一種で、「かたおり（固織）」の変化した語。「匹」は織物の長さの単位。

問一　―― 線部①「主人につきて銭十貫を借り」とありますが、董永は何のためにそのようにしたのですか。次の空欄Ⅰ・Ⅱに入る言葉を本文中からそれぞれ二字以内で抜き出して答えなさい。

［Ⅰ］の［Ⅱ］を行うため。

問二　本文では、会話文に「　」が付けられていません。⑴董永の会話文と、⑵主人の会話文を、それぞれ本文中から探し、最初と最後の三字で答えなさい（末尾の句読点は不要）。

問三　――線部②「二人ともにゆるせり」とありますが、それはなぜですか。最も適切なものを次の中から選び、記号で答えなさい。

ア　董永が美しい妻を連れてやって来て、一ヶ月でかとり三百匹を織ると誓ったから。
イ　董永の日頃の言動を見て、自分が何とか救いの手を差し伸べたいと思ったから。
ウ　二人を許す条件として自分が言い渡した仕事を、董永の妻がやり遂げたから。
エ　董永の妻があまりにも早くかとりを織り上げたことを、不審に思ったから。

問四　〰〰線部「董永がつまにならんともとむ」について、次の⑴、⑵に答えなさい。

⑴　〰〰線部の解釈として最も適切なものを次の中から選び、記号で答えなさい。

ア　董永が、道で出会った女性に、自分の妻になるかどうか、返事を求めた。
イ　董永が、道で出会った女性に、自分の妻になってもらいたいと求めた。
ウ　道で出会った女性が、董永の妻に、夫について行くように求めてきた。
エ　道で出会った女性が、自分が董永の妻になりましょうと求めてきた。

⑵　〰〰線部のようにしたのはどうしてですか。その目的が分かる箇所を本文中から三十五字以内で探し、最初と最後の三字で答えなさい（末尾の句読点は不要）。

問五　生徒六人で、本文について意見を述べ合いました。本文の内容として適切なことを述べているのは誰ですか。次の中から**二つ**選び、記号で答えなさい。

ア　生徒ア「董永には感心したなあ。毎日、農作業をする父親が少しでも楽になるように車に乗せて運んであげて、しかも、父親が木陰で休んでいる間に、農作業を進めておいてあげたんだから。」

イ　生徒イ「董永は、わが身を売って奉公すると約束までして、主人からお金を借りたよね。でも、妻と知恵を出し合って難を逃れる方法を思いついて、助かったよね。何事も協力し合うことが大切だなと思ったよ。」

ウ　生徒ウ「その主人の正体は、実は天帝だったのには驚いたよ。董永が苦労を重ねて立派に生きてきたのを見てきて、彼を救うために、ひそかに天の織女を董永のもとに遣わしたんだね。」

エ　生徒エ「董永の妻がかとり三百匹をわずか一ヶ月で織り上げたのは、彼女の正体が天の織女だからこそできたことなのかもしれないね。どうりで常人離れした仕事のスピードだよ。」

オ　生徒オ「織女が天に帰るとき、董永も織女も別れが辛かったろうと想像してしまうなあ。董永が織女の背に子どもを乗せてやったのは、一緒に天に昇らせて、織女がさびしがらないようにするためじゃないかな。」

カ　生徒カ「董永と織女との間に生まれた子どもについては『列仙伝』という書物に書いてあって、後に仙人になったとも言われているみたいだけど、母が天の織女だということと関係がありそうだね。」

（以　上）

令和４年度

清 風 高 等 学 校 入 学 試 験 問 題

数　　学（50分）

試験開始の合図があるまで，この「問題」冊子を開かず，下記の注意事項を読んでください。

【注　意　事　項】

1．試験開始の合図で，解答用紙の所定の欄に「受験番号」,「名前」をはっきりと記入してください。

2．この「問題」冊子は，５ページあります。解答用紙は１枚です。ページが脱落している場合は手を挙げて試験監督の先生に知らせてください。

3．解答は，解答用紙の指定されたところに記入してください。

4．各ページの余白は下書きに使用してもかまいません。

5．試験終了の合図で,「問題」冊子の上に解答用紙を重ねてください。

6.「問題」冊子及び解答用紙は持ち帰ってはいけません。

1　次の各問いに答えなさい。

（1）$(x-2)^2+4(x-2)-12$ を因数分解しなさい。

（2）$\dfrac{5a-6}{4}-\dfrac{2a-3}{3}$ を計算しなさい。

（3）大小２つのさいころを投げて，大きいさいころの出た目の数を x，小さいさいころの出た目の数を y とするとき，$x+2y=7$ となる確率を求めなさい。

（4）右の図で，BD＝CD＝ED のとき，$\angle x$ の大きさを求めなさい。

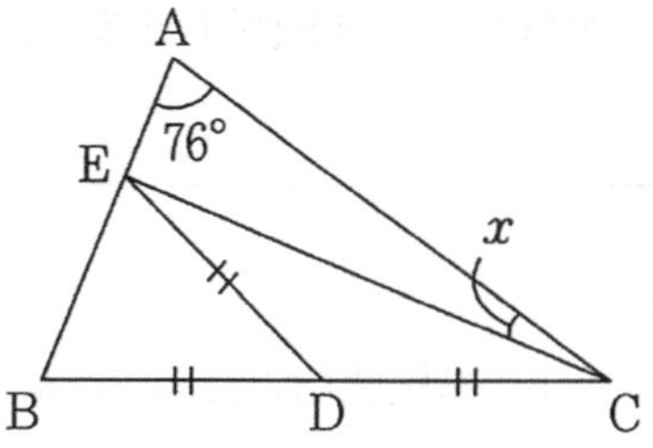

（5）右の図は円錐《すい》の展開図であり，おうぎ形の半径は 6 cm，中心角は120°である。このとき，底面の円の半径を求めなさい。

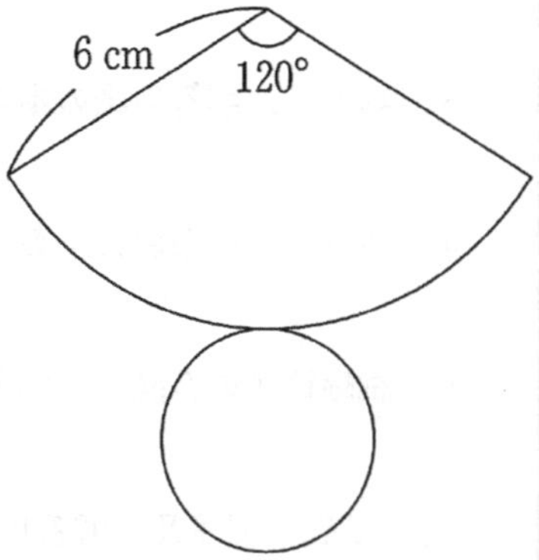

2 　現在，兄は1000円，弟は2500円のお金を持っている。来月から兄は毎月x円ずつ，弟は毎月y円ずつ貯金をして，持っているお金を増やしていくとき，次の問いに答えなさい。

(1)　$x=700$，$y=400$のとき，兄と弟の持っているお金が等しくなるのは何か月後ですか。

(2)　6か月後に兄と弟の持っているお金が等しくなるように，2人は貯金の計画を立てた。しかし，兄が2か月間貯金するのを忘れていたため，2人の持っているお金が等しくなったのはちょうど12か月後であった。このとき，xとyの値をそれぞれ求めなさい。

(3)　兄と弟は，12か月後に持っているお金を出し合ってゲーム機を買う計画を立てた。最初の計画では，12か月後に持っている兄のお金が弟のお金より2100円多くなり，2人のお金を合わせた金額がゲーム機の値段と等しくなるはずであった。しかし，10か月分の貯金を終えたとき，そのゲーム機が10%値上げされることになった。そこで，兄だけが，残りの2か月間は毎月貯金する金額を3倍に増やしたところ，2人の持っているお金を出し合ってゲーム機を買うことができ，さらに2人の手元には1450円が残った。消費税は考えないものとして，次の(ア)と(イ)に答えなさい。

(ア)　値上げ前のゲーム機の値段を，xとyを用いて表すと，

(［あ］x+［い］y+3500)円

となる。あといにあてはまる正の整数をそれぞれ答えなさい。

(イ)　xとyの値をそれぞれ求めなさい。

3　図のように，Oを原点として関数 $y=\frac{1}{2}x^2$ ……①と $y=ax^2\,(a>0)$ ……②のグラフがあり，直線 ℓ は①のグラフと2点で交わっていて，そのうち x 座標が -2 である方の点をAとする。また，ℓ は②のグラフとも2点B，Cで交わっていて，ℓ と y 軸の交点をDとすると，D(0, 4)である。点Bが線分ADの中点であるとき，次の問いに答えなさい。

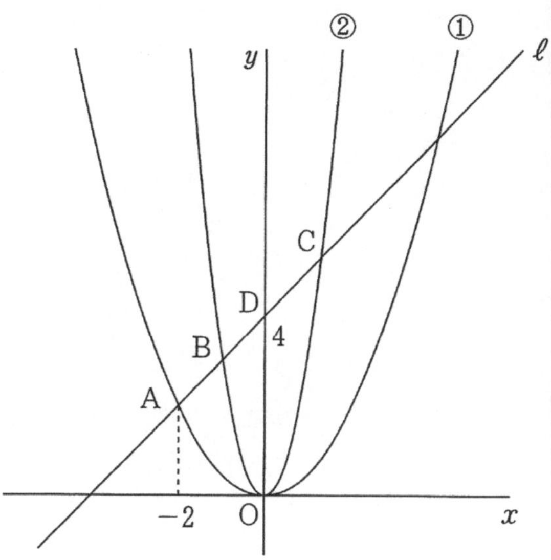

（1）　直線 ℓ の式を求めなさい。

（2）　a の値を求めなさい。

（3）　点Cの座標を求めなさい。

（4）　x 軸上に，x 座標が $t\,(t>0)$ である点Pをとり，Pを通って y 軸に平行な直線とグラフ①，②の交点をそれぞれQ，Rとする。また，点Rを通って x 軸に平行な直線とグラフ①の交点のうち，x 座標が負である方の点をSとする。$\angle SQR=45^\circ$ になるとき，t の値を求めなさい。

4　図のように，鋭角三角形ABCの点Aから辺BCに垂線AHをひく。次に，線分AHを直径とする円と辺AB，ACとの交点のうち，Aでない方の点をそれぞれD，Eとすると，AH＝2 cm，BH＝1 cm，CE＝3 cmとなった。このとき，次の問いに答えなさい。

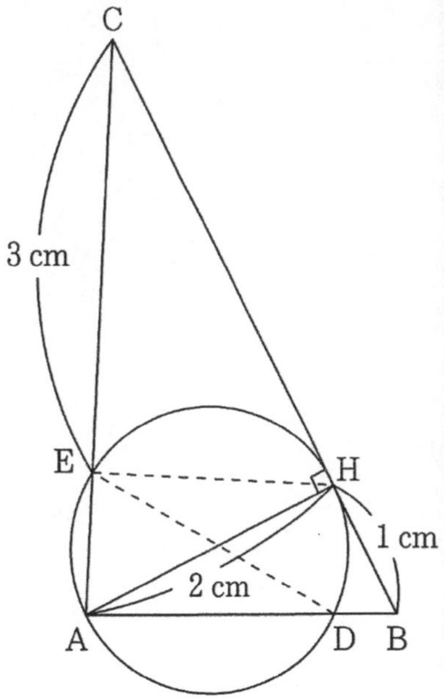

（1）　辺ABの長さを求めなさい。

（2）　(ア)　△AEHと相似な三角形を，次の①～④の中から1つ選び，番号で答えなさい。

① △ABC　　② △AHB　　③ △ADE　　④ △AHC

(イ)　(ア)を利用して，線分AEの長さを求めなさい。

（3）　△ABCの面積を求めなさい。

（4）　∠ADEの大きさを求めなさい。

（5）　△ADEの面積を求めなさい。

5　図のように，すべての辺の長さが 4 cm の正三角柱ABC−DEFがあり，辺AB，ACの中点をそれぞれM，Nとする。この正三角柱を3点E，M，Nを通る平面で切断するとき，次の問いに答えなさい。

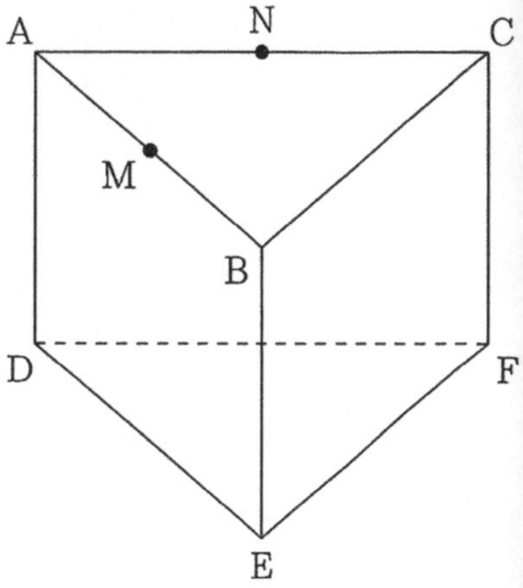

(1)　△DEFの面積を求めなさい。

(2)　(ア)　切断面の図形として最も適するものを，次の①～⑤の中から1つ選び，番号で答えなさい。

①　三角形　　②　平行四辺形　　③　長方形　　④　台形　　⑤　五角形

(イ)　(ア)の図形の面積を求めなさい。

(3)　切断してできた2つの立体のうち，点Aを含む立体の体積を求めなさい。

(4)　点Dから切断面に引いた垂線の長さを求めなさい。

令和４年度

清 風 高 等 学 校 入 学 試 験 問 題

英　　語（50分）

試験開始の合図があるまで，この「問題」冊子を開かず，下記の注意事項を読んでください。

【注　意　事　項】

1．試験開始の合図で，解答用紙の所定の欄に「受験番号」,「名前」をはっきりと記入してください。

2．この「問題」冊子は，10ページあります。解答用紙は１枚です。ページが脱落している場合は手を挙げて試験監督の先生に知らせてください。

3．解答は，解答用紙の指定されたところに記入してください。

4．試験終了の合図で,「問題」冊子の上に解答用紙を重ねてください。

5.「問題」冊子及び解答用紙は持ち帰ってはいけません。

I　次の各組の［　　　］内の語をそれぞれの日本語の意味になるように並べかえたとき，3番目と6番目にくる語を答えなさい。ただし，文頭にくる語を大文字にしてあるとは限りません。

1　彼が私に買ってくれたカバンは，フランス製だった。
［ France / he / made / bought / the / me / in / bag / was ］.

2　彼が東京に行ってから，何の便りもない。
［ from / he / I / since / haven't / him / moved / heard ］ to Tokyo.

3　あなたのクラスでは誰が一番速く走れますか。
［ class / in / who / run / fastest / your / the / can ］?

4　机の上のあの本はあなたのですか，それとも彼のですか。
［ his / book / or / on / the / that / yours / desk / is ］?

Ⅱ は次のページにあります。

Ⅱ　次のアンダーソン夫人と娘のデビーとの対話を読んで，後の問いに答えなさい。

Debbie : Mom, I am home.

Mrs. Anderson : How was school? How did you do on the test?

Debbie : School was OK, and I did great on the test. Mom, I was so worried about that test, but now I feel great. ①What a relief!

Mrs. Anderson : I am glad to hear that. You have been studying so hard for the past few weeks. Now, you can relax and enjoy life.

Debbie : What are you cooking? [A]

Mrs. Anderson : I am baking cakes. This is your favorite banana cake.

Debbie : It looks really *yummy. I see *muffins over there, too. [B]

Mrs. Anderson : Yes. Jeff has to take something to school tomorrow. So, those muffins are for him. [C]

Debbie : Can I have a piece of banana cake? [D]

Mrs. Anderson : You don't want to wait until after dinner?

Debbie : It looks *inviting, and I'm sure it is delicious. No, I don't want to wait. Can I eat it now, Mom?

Mrs. Anderson : OK, ②go ahead.

Debbie : Did you see the new recipe that was posted on Today Cooking's website? I believe it was called Hawaiian Pie.

Mrs. Anderson : No, I didn't. But I want to try that recipe. Your dad loves pie.

Debbie : [E]

㊟ yummy：おいしい　muffin：マフィン　inviting：魅力的な

問1　文中の [A] ～ [E] に入る適切なものを，次のア～オからそれぞれ1つずつ選び，記号で答えなさい。ただし，同じ記号を2回以上使ってはいけません。

ア　Me, too.
イ　It smells so good.
ウ　Don't touch them.
エ　I want to enjoy life right now.
オ　You were busy, weren't you?

問2　下線部①はDebbieのどのような気持ちを表しているのか，適切なものを次のア～エから1つ選び，記号で答えなさい。

ア　後悔　　イ　安心　　ウ　不安　　エ　驚き

問3　下線部②の内容として適切なものを，次のア～エから1つ選び，記号で答えなさい。

ア　食べていいですよ
イ　自分の部屋へ行きなさい
ウ　こっちに来なさい
エ　一緒にしましょう

問4　次のア～オの中で，本文の内容と合っているものを2つ選び，記号で答えなさい。

ア　Debbie didn't study very hard, but she did well on the test.
イ　Mrs. Anderson was making muffins for Debbie.
ウ　When Debbie got home, her mother was making banana cake.
エ　Debbie found muffins and she ate one of them.
オ　Mrs. Anderson wants to try the new recipe posted on Today Cooking's website.

Ⅲ　次の文を読んで，後の問いに答えなさい。

There are businesses with only one person and businesses with hundreds of people. But the main goal of all businesses is to do the same thing, to make money. When a company makes a lot of money and grows large enough, it may sell stocks. What are stocks and who buys them?

Stocks are like small pieces of a company. When a person buys one stock of a company, he or she buys one small piece of the company. If a small company has 100 stocks and five people each buy twenty stocks together, those five people *own the company. They "share" [X] parts of the company, so stocks are also called "shares." Usually, big companies have thousands or millions of shares, so thousands or millions of people can all own pieces of that company.

Stock buyers are just like business owners. They are trying to (1) money. People buy and sell stocks each day on the stock market. The price of a stock goes up and down. ①People can see [by / how / stocks / doing / are / their] watching the stock market. If the price of their stock goes up, they might choose to sell it. *Thus, they can make money. They (2) the stock when it is low and (3) it when it is high. However, if the price goes down, people usually (4) their stocks. They hope that the price will (5) again. Many people have become rich by buying and selling stocks.

But other people have lost all their money in the stock market. How can this happen? It happens when a company's stock keeps going down, and finally the company goes out of business. When this happens, anyone who owns stocks in that company loses their money. They cannot sell their stocks, so they cannot get their money back.

㊟　own：～を所有する　　Thus：このようにして

問1　［　X　］に入る適切な語を，次のア～エから1つ選び，記号で答えなさい。

ア　different　　イ　other　　ウ　equal　　エ　necessary

問2　（　1　）～（　5　）に入る適切な語を，次のア～オからそれぞれ1つずつ選び，記号で答えなさい。ただし，同じ記号を2回以上使ってはいけません。

ア　buy　　イ　rise　　ウ　sell　　エ　keep　　オ　make

問3　下線部①の［　　　］内の語を文意が通るように並べかえたとき，次の（　a　），（　b　）に当てはまるものを答えなさい。

People can see (　　　)(　a　)(　　　)(　　　)(　b　)(　　　) watching the stock market.

問4　本文中のstock(s)の意味を日本語で答えなさい。

問5　次の1～4が本文の内容と一致すれば○，一致しなければ×を書きなさい。

1　Before a company grows too large, it can sell stocks.
2　People can buy all of the company by buying a few stocks the company owns.
3　A big company may have a lot of stocks.
4　There is a way to get money back after the company goes out of business.

Ⅳ　次の文を読んで，後の問いに答えなさい。

Just before midnight on December 12, 1972, Eastern Airlines Flight 401 fell to the ground. The plane crashed in the Everglades area of Florida. There were 176 people *on board, and 99 people died, *including the pilot, Bob Loft, and the flight engineer, Don Repo.

About three months after the crash, an *executive of Eastern Airlines got on a plane for Miami, Florida. He saw a man in a pilot's uniform sitting alone in the first-class section and sat down next to him. The executive started a conversation with the man. After a few minutes he realized that he was talking to the pilot Bob Loft. Then the pilot ①faded away.

A week later, an Eastern Airlines pilot and two *crew members went into a staff room at John F. Kennedy Airport. They all saw Bob Loft in a chair. He talked to them for a while, and then disappeared. ②They ［ so / the / had / shocked / that / to / were / airline ］ cancel their flight.

Three weeks later, a passenger was sitting in the first-class section of a flight to Miami. She was worried about the man in an Eastern Airlines uniform sitting next to her. ③His face was white and he looked sick, so she called the flight attendant. The flight attendant spoke to the man but he didn't answer her. Then, when she touched his arm, he slowly disappeared and there was only an empty seat. When the plane landed in Miami, the passenger was taken to a hospital in a *state of shock. Later, when she saw some pictures, she found that the ghost was the flight engineer Don Repo.

Over the next few months, more than ten flight attendants said that they saw Don Repo. ④The ghost seemed to appear more often on some planes than on others. Many people began to believe that he appeared only on planes with *replacement parts from the crashed Flight 401. It was *usual for an airline （　A　） undamaged parts from a crashed plane in another plane if they passed safety tests.

The bosses of Eastern Airlines were worried about the stories. They ordered their engineers to remove all of the parts from the crashed Flight 401 from their planes.

It worked well. When all of the parts from the Flight 401 were removed, Bob Loft and Don Repo left Eastern Airlines and their planes in （　B　）. No one has seen their ghosts since then.

㊟ on board：～に乗って　including：～を含んで　executive：会社役員
crew member：乗組員　state：状態　replacement part：取り替えた部品
usual：よくある

問1　下線部①とほぼ同じ意味を表す語を，本文中から1語で抜き出しなさい。

問2　下線部②の［　　　］内の語を文意が通るように並べかえたとき，次の（　a　），（　b　）に当てはまるものを答えなさい。

They（　　　）（　　　）（　a　）（　　　）（　　　）（　b　）（　　　）（　　　）cancel their flight.

問3　下線部③のHisとは誰のことを指しているか，次のア～エから1つ選び，記号で答えなさい。

ア　Bob Loft
イ　Don Repo
ウ　an executive of Eastern Airlines
エ　the flight attendant of Eastern Airlines Flight 401

問4　下線部④の内容として適切なものを，次のア～エから1つ選び，記号で答えなさい。

ア　ほかの乗り物よりも，飛行機のほうが幽霊が出やすい。
イ　飛行機でも，幽霊がよく出る機体とそうでない機体がある。
ウ　いくつかの機体には，他の幽霊が出る。
エ　幽霊が出る機体のほうが，出ない機体よりも多い。

問5　（　A　），（　B　）に入る適切なものを，次のア～エからそれぞれ1つずつ選び，記号で答えなさい。

（　A　）：ア　use　　イ　to use　　ウ　using　　エ　used
（　B　）：ア　peace　　イ　danger　　ウ　war　　エ　surprise

問6　次のア～エの中で，本文の内容と合っているものを2つ選び，記号で答えなさい。

ア　Don Repo and Bob Loft died in an plane crash.
イ　The ghost of Don Repo appeared on all Eastern Airlines flights.
ウ　More than one person saw the ghost of Bob Loft.
エ　Flight 401 was probably using undamaged parts from another plane.

V　次の文を読んで，後の問いに答えなさい。

What happens if you don't get enough sleep? Randy Gardner, a high school student in US, wanted to find out. He did an ⓐexperiment on the *effect of sleeplessness for a school science project. Gardner stayed awake for 264 hours and 12 minutes and Dr. William from Stanford University and two friends watched him carefully. That's eleven days and nights without sleep!

What effect did sleeplessness have on Gardner? After 24 hours without sleep, Gardner started having trouble reading and watching television. The words and pictures were too *blurry. By the third day, he was having trouble doing things with his hands. By the fourth day, Gardner was ⓑhallucinating. For example, when he saw a street sign, he thought it was a person. Over the next few days, Gardner's speech became so ⓒslurred that people couldn't understand him. He also had trouble remembering things. By the eleventh day, Gardner couldn't pass a counting test, a test of saying numbers: 1,2,3,4, etc. While he was doing the test, he just stopped （　A　） numbers. He couldn't remember what he was doing.

When Gardner finally went to bed, he slept for 14 hours and 45 minutes. The second night he slept for twelve hours, and by the fourth night, he returned to his normal sleep.

*Even though Gardner got well again quickly, scientists believe that going [　　X　　] can be dangerous. They say that people should not do Randy's experiment. ①Tests on white rats have shown [sleeplessness / be / dangerous / how / can]. After a few weeks without sleep, the rats started losing hair. And even though the rats ate more food, they （　B　） weight. ⓓEventually the rats died.

During your lifetime, you will probably spend 25 years or more sleeping. But why? What's the reason for ②it? To your surprise, scientists don't know for sure. Scientists used to think we ③"turned our brains off" when we went to sleep. （　C　） sleep researchers now know that our brains are very active when we sleep. Some scientists think we sleep to build new brain *cells. （　D　） think that sleep helps the body to grow and *relieve stress. ④Anyway, we know [it / to / get / important / that / sleep / is / enough].

㊟　effect：影響　　blurry：ぼやけた　　even though：～ではあるが
cell：細胞　　relieve stress：ストレスを取り除く

問1　下線部ⓐ～ⓓの意味として正しいものを，次のア～エからそれぞれ1つずつ選び，記号で答えなさい。ただし，同じ記号を2回以上使ってはいけません。

ア　seeing things that aren't really there
イ　not spoken clearly
ウ　in the end
エ　a scientific test that is done to study what happens

問2　（　A　）～（　D　）に入る適切なものを，次のア～エからそれぞれ1つずつ選び，記号で選びなさい。

（　A　）：	ア　count	イ　to count	ウ　counting	エ　counted
（　B　）：	ア　lost	イ　took	ウ　fell	エ　got
（　C　）：	ア　But	イ　And	ウ　Because	エ　Then
（　D　）：	ア　Any others	イ　The others	ウ　Others	エ　Another

問3　［　X　］に入る適切な語句を，本文中から2語で抜き出しなさい。

問4　下線部①の［　　　］内の語を文意が通るように並べかえたとき，次の（　a　），（　b　）に当てはまるものを答えなさい。

Tests on white rats have shown（　　　）（　a　）（　　　）（　b　）（　　　）.

問5　下線部②が指す内容を，解答欄に合うように10字以上20字以内の日本語で答えなさい。

問6　下線部③の内容として適切なものを，次のア～エから1つ選び，記号で答えなさい。

ア　記憶を消去する　　　イ　記憶を整理する
ウ　脳の活動を停止させる　　エ　脳細胞を再生させる

問7　下線部④の［　　　］内の語を文意が通るように並べかえたとき，次の（　a　），（　b　）に当てはまるものを答えなさい。

Anyway, we know（　　　）（　　　）（　a　）（　　　）（　　　）（　b　）（　　　）（　　　）.

〔以 上〕

令和4年度

清風高等学校入学試験問題

理　　科（50分）

試験開始の合図があるまで，この「問題」冊子を開かず，下記の注意事項を読んでください。

【注　意　事　項】

1．試験開始の合図で，解答用紙の所定の欄に「受験番号」，「名前」をはっきりと記入してください。

2．この「問題」冊子は，14ページあります。解答用紙は1枚です。ページが脱落している場合は手を挙げて試験監督の先生に知らせてください。

3．解答は，解答用紙の指定されたところに記入してください。

4．試験終了の合図で，「問題」冊子の上に解答用紙を重ねてください。

5．「問題」冊子及び解答用紙は持ち帰ってはいけません。

1　次の文章を読み，下の各問いに答えなさい。

Ⅰ

(i)エタノール10cm^3と水40cm^3の混合物と，沸騰石を枝つきフラスコに入れ，**図1**のようにガスバーナーで加熱しました。加熱し始めてからしばらくすると，枝つきフラスコにつながれた試験管内に液体が出始めました。その液体を出てきた順に，3cm^3ずつ4本の試験管に集め，液体を集めた試験管の順に，試験管A～Dとしました。エタノールの密度を0.79 g/cm^3，水の密度を1.0g/cm^3とします。

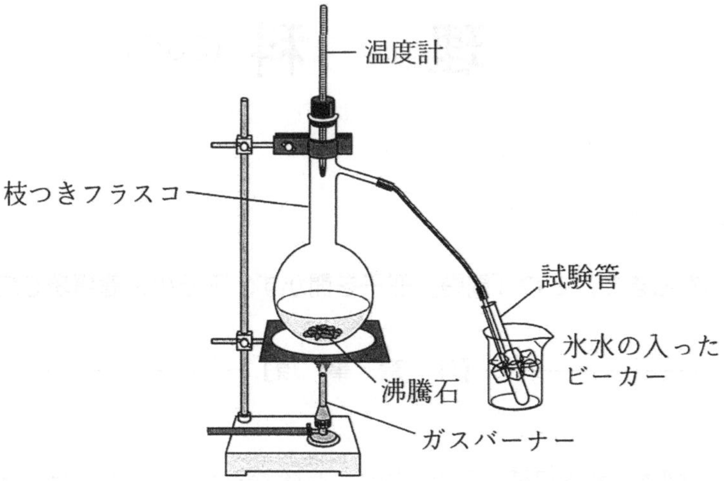

図1

問1　液体を沸騰させて出てくる気体を冷却し，再び液体として取り出す方法を何といいますか。

問2　混合物とともに沸騰石を枝つきフラスコに入れる理由として適するものを，次の**ア**～**エ**のうちから1つ選び，記号で答えなさい。

ア　エタノールと水を均一に混ぜ合わせるため。
イ　エタノールと水を分離しやすくするため。
ウ　液体が急に沸騰するのを防ぐため。
エ　液体を低い温度で沸騰させるため。

問3　下線部(i)の混合物の質量は何gですか。

問4　試験管A～Dに集めた液体のうち，質量が最も大きいものはどれですか。その液体が入っていた試験管として適するものを，次の**ア**～**エ**のうちから1つ選び，記号で答えなさい。

ア　試験管A　　**イ**　試験管B　　**ウ**　試験管C　　**エ**　試験管D

問5　試験管A～Dに集めた液体をそれぞれ蒸発皿に移して火を近づけたとき，最もよく燃えるものはどれですか。その液体が入っていた試験管として適するものを，次の**ア**～**エ**のうちから1つ選び，記号で答えなさい。

ア　試験管A　　**イ**　試験管B　　**ウ**　試験管C　　**エ**　試験管D

Ⅱ

銅原子とマグネシウム原子の質量比を求めるために，次の〔**実験**〕を行いました。

〔**実験**〕 銅の粉末の質量を変え，**図2**のように，ステンレスの皿に銅の粉末をのせてその皿に金網をかぶせ，銅の粉末を加熱した。(ii)銅の粉末全体の色が変化したことを確認した後，加熱をやめ，固体の質量を測定した。同様に，マグネシウムの粉末でも実験を行った。縦軸に加熱後の固体の質量，横軸に加熱前の銅，またはマグネシウムの粉末の質量をとって，**図3**のグラフに示した。

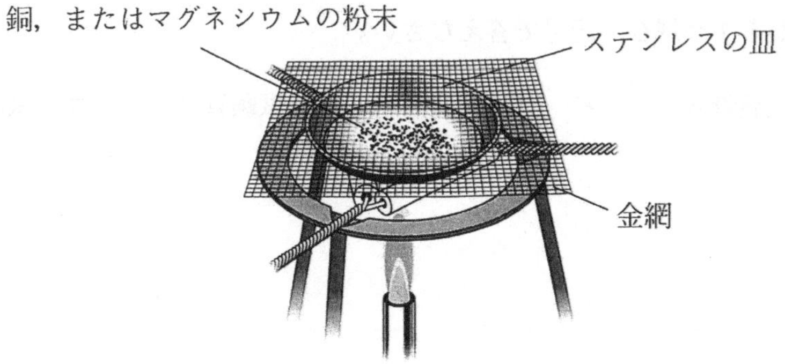

図2

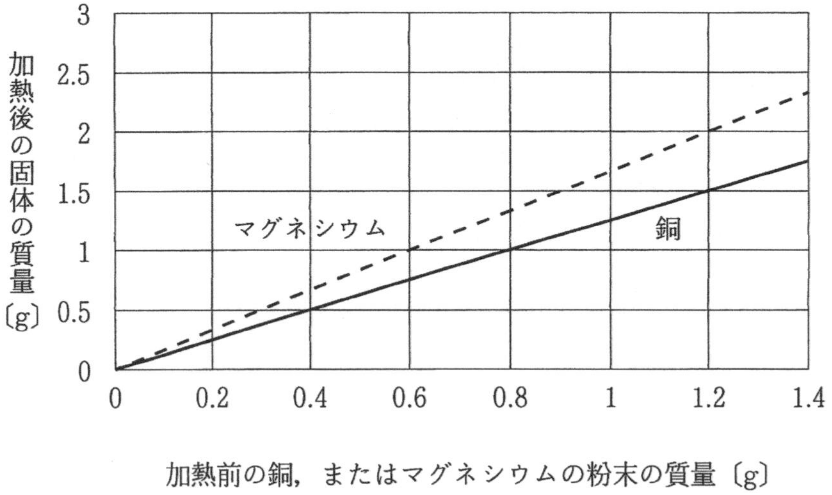

図3

問6　下線部(ii)について，銅を加熱したときの反応を，化学反応式で表しなさい。

問7　ステンレスの皿の上で加熱しているときの，銅，またはマグネシウムのようすとして**誤っているもの**を，次の**ア**～**エ**のうちから1つ選び，記号で答えなさい。

ア　銅の場合，粉末が黒くなっていく。
イ　銅の場合，光を出さずにおだやかに反応する。
ウ　マグネシウムの場合，粉末が黒くなっていく。
エ　マグネシウムの場合，光を出しながら激しく反応する。

問8　銅の粉末2.4gを十分に加熱した場合，加熱後の固体の質量は何gですか。

問9　マグネシウムと，そのマグネシウムに結びついた酸素の質量比（マグネシウムの質量：酸素の質量）として適するものを，次の**ア**～**オ**のうちから1つ選び，記号で答えなさい。

ア　3：5　　**イ**　2：3　　**ウ**　1：1
エ　3：2　　**オ**　5：3

問10　銅原子とマグネシウム原子の質量比（銅原子の質量：マグネシウム原子の質量）として適するものを，次の**ア**～**カ**のうちから1つ選び，記号で答えなさい。

ア　3：8　　**イ**　3：5　　**ウ**　3：4
エ　4：3　　**オ**　5：3　　**カ**　8：3

問11　銅の粉末とマグネシウムの粉末の混合物3.6gを十分に加熱したところ，固体5.5gが得られました。この混合物に含まれていた銅の質量は何gですか。

2 次の文章を読み，下の各問いに答えなさい。

(i)アサガオなどの(ii)被子植物の多くは，(iii)1日の夜の長さの時間がある時間以上になると，花を咲かせるしくみがあります。このことは，同じ種類の植物が，同じ時期に花を咲かせ，受粉する確率をより高めるためのしくみであるとされています。

問1 植物は光合成を葉のどの部分で行いますか。適するものを，次の**ア**～**エ**のうちから1つ選び，記号で答えなさい。

ア 核　**イ** 葉緑体　**ウ** 液胞　**エ** 細胞壁

問2 受粉とは，どのようになることをいいますか。適するものを，次の**ア**～**エ**のうちから1つ選び，記号で答えなさい。

ア 花粉が柱頭につくこと。
イ 花粉管が伸びていき，その中を精細胞が移動すること。
ウ 精細胞と卵細胞とが接すること。
エ 精細胞の核と卵細胞の核とがそれぞれ合体すること。

問3 下線部(i)について，アサガオの花のつくりを花の中心から外側に向かって順に示したものはどれですか。適するものを，次の**ア**～**エ**のうちから1つ選び，記号で答えなさい。

ア めしべ → おしべ → がく → 花弁
イ めしべ → おしべ → 花弁 → がく
ウ おしべ → めしべ → がく → 花弁
エ おしべ → めしべ → 花弁 → がく

問4　下線部(ii)について，次の(1)，(2)に答えなさい。

(1)　被子植物として適するものを，次の**ア**～**オ**のうちから**すべて**選び，記号で答えなさい。

ア　サクラ　　**イ**　イネ　　**ウ**　イチョウ
エ　ゼンマイ　　**オ**　ゼニゴケ

(2)　次の①，②は茎の断面，③，④は根，⑤，⑥は葉の模式図です。被子植物の双子葉類の茎の断面，根，葉の模式図の組み合わせとして適するものを，下の**ア**～**ク**のうちから1つ選び，記号で答えなさい。

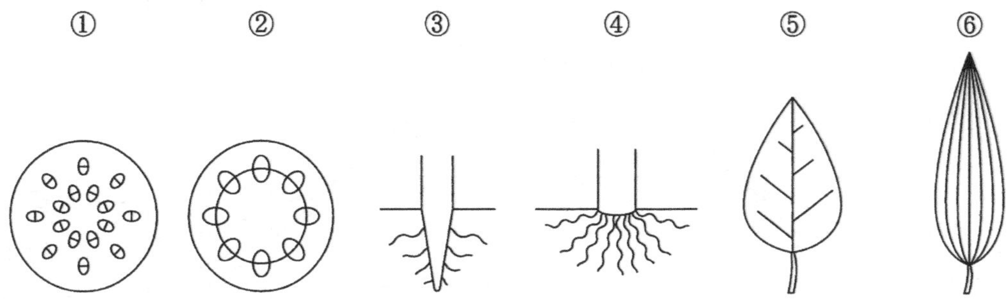

	茎の断面	根	葉
ア	①	③	⑤
イ	①	③	⑥
ウ	①	④	⑤
エ	①	④	⑥
オ	②	③	⑤
カ	②	③	⑥
キ	②	④	⑤
ク	②	④	⑥

問５　下線部(iii)に関する次の文章を読み，下の(1)～(4)に答えなさい。

植物が花を咲かせるために，花のつぼみをつくることを花芽形成といいます。ある種類のアサガオＸは，夜の長さの時間が10時間以上になると花芽形成をすることがわかっています。**図**のグラフは，北緯34度の都市（大阪）と，北緯20度，30度，40度の３つの都市の昼の長さの時間の，１年間の変化を示しています。このグラフをもとに，アサガオＸの花芽形成について考えてみましょう。ただし，ここでは，夜の長さの時間のみによってアサガオＸは花芽形成をし，気温などは影響しないものとします。

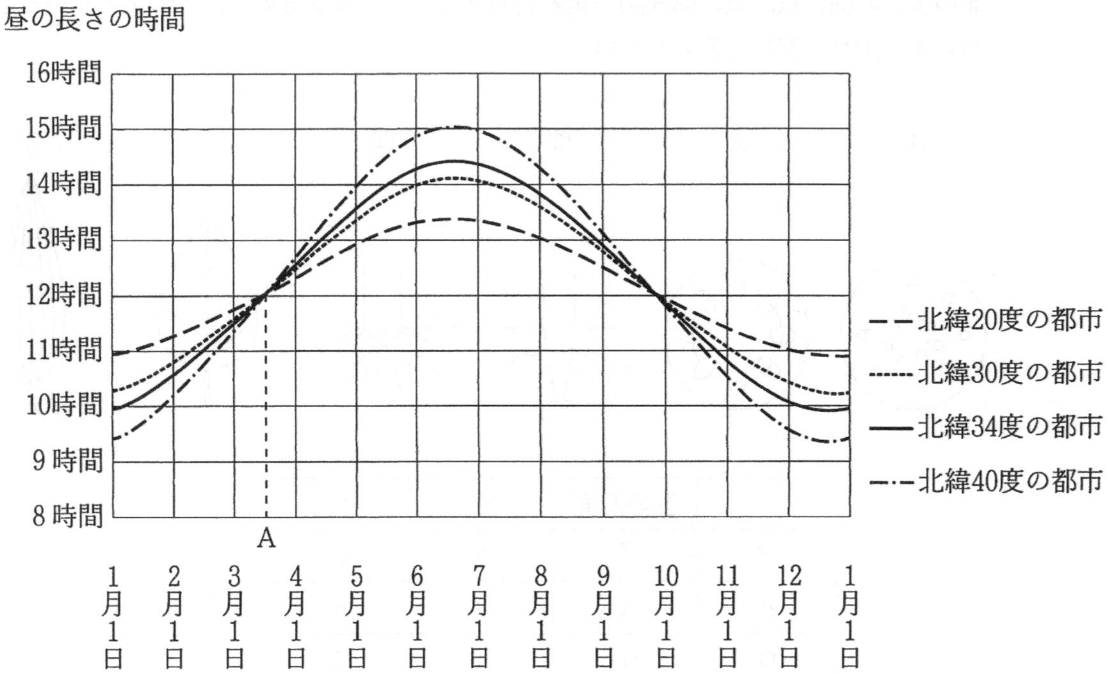

図

(1)　**図**のＡにあたる日を何といいますか。最も適するものを，次の**ア**～**エ**のうちから選び，記号で答えなさい。

ア　春分　　**イ**　夏至《げし》　　**ウ**　秋分　　**エ**　冬至《とうじ》

(2)　北緯34度の都市の12月１日の夜の長さの時間として最も適するものを，次の**ア**～**オ**のうちから選び，記号で答えなさい。

ア　10時間　　**イ**　11時間　　**ウ**　12時間　　**エ**　13時間　　**オ**　14時間

(3) 北緯34度の都市で６月１日にアサガオＸの種をまいて栽培した場合，そのアサガオＸが初めて花芽形成するのはいつですか。最も適するものを，次の**ア～カ**のうちから選び，記号で答えなさい。

ア　６月下旬　　**イ**　７月下旬　　**ウ**　８月下旬
エ　９月下旬　　**オ**　10月下旬　　**カ**　11月下旬

(4) 花芽形成のために必要な夜の長さの時間がわかっていないある種類のアサガオＹがあります。北緯20度の都市で，６月１日にアサガオＹの種をまいて栽培したところ，８月１日に初めて花芽形成をしました。北緯30度，34度，40度の３つの都市で，５月１日にアサガオＹの種をまいて栽培した場合，この３つの都市でのアサガオＹの花芽形成として適するものを，次の**ア～エ**のうちから１つ選び，記号で答えなさい。ただし，ここでは，夜の長さの時間のみによってアサガオＹは花芽形成をし，気温などは影響しないものとします。

ア　北緯30度と34度の都市では，アサガオＹは９月１日までに花芽形成をした。
イ　北緯34度の都市では，アサガオＹは８月１日までに花芽形成をした。
ウ　北緯40度の都市で，アサガオＹが最も早く花芽形成をした。
エ　10月１日までに花芽形成をしない都市があった。

3　次の文章を読み，下の各問いに答えなさい。

　ある日，清太君は先生と岩石について話をしました。次の文章は，そのときの清太君と先生の会話です。

先生：いろいろな岩石を調べていたら(i)サンゴの(ii)化石が見つかりました。
清太：どんな岩石を調べていたのですか。
先生：石灰岩，チャート，れき岩，泥岩，凝灰岩，(iii)玄武岩です。このうち石灰岩とチャートは，『塩酸に溶けるか』という基準で区別することができます。**図1**は，この基準で区別したときに，(iv)塩酸に溶ける石灰岩は『はい』の方に，塩酸に溶けないチャートは『いいえ』の方に区別して表しています。
　　れき岩，泥岩，凝灰岩，玄武岩にも，それぞれ特徴があります。これらの岩石をよく観察することによって，どのような特徴で区別できるかを考えてみてください。

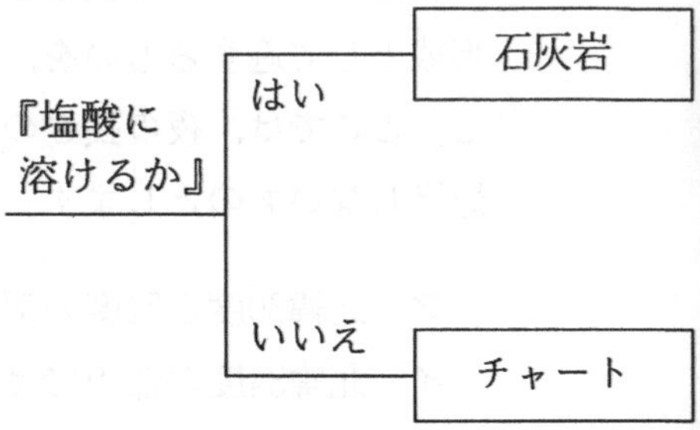

図1

清太：化石が含まれている岩石が3種類あるなど，いろいろな特徴が見つかったので，**図2**のように，『基準(1)』，『基準(2)』と『化石が含まれているか』という3つの基準で区別しました。
先生：それらの特徴で区別する方法以外にも，(v)でき方や作られた場所などに着目して岩石を区別する方法もあります。

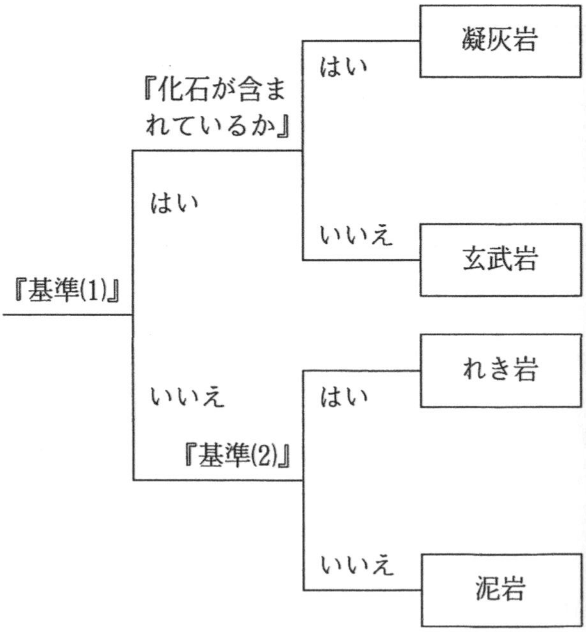

図2

問１　下線部(i)について，サンゴは背骨をもたない動物です。動物は，背骨をもつものともたないものとに分けることができます。このうち，背骨をもたない動物を何といいますか。また，背骨をもたない動物として適するものを，次の**ア～キ**のうちから**すべて**選び，記号で答えなさい。

ア　メダカ　　**イ**　アサリ　　**ウ**　コウモリ　　**エ**　イソギンチャク
オ　ヤモリ　　**カ**　バッタ　　**キ**　カエル

問２　下線部(ii)について，化石に関する文として適するものを，次の**ア～エ**のうちから１つ選び，記号で答えなさい。

ア　生物の骨は化石になることがあるが，ふんや巣穴は化石にならない。
イ　植物の葉は，分解されやすいため化石にならない。
ウ　広い地域にわたり，限られた時代にのみ生存していた生物の化石から，地層ができた年代が推定できる。
エ　シジミの化石など，地層が堆積したときの環境が推定できる化石を示準化石という。

問３　下線部(iii)について，玄武岩に**含まれない**鉱物として最も適するものを，次の**ア～エ**のうちから選び，記号で答えなさい。

ア　セキエイ　　**イ**　チョウ石　　**ウ**　キ石　　**エ**　カンラン石

問４　下線部(iv)について，石灰岩が塩酸に溶けるとき，発生する気体を**化学式**で答えなさい。

問５　**図２**の『基準(1)』，『基準(2)』として適するものを，次の**ア～オ**のうちからそれぞれ１つずつ選び，記号で答えなさい。

ア『岩石をつくる粒が丸みを帯びているか』
イ『岩石をつくる粒が角ばっているか』
ウ『岩石をつくる粒の大きさが２mm以上か』
エ『岩石をつくる粒の大きさが２mmより小さいか』
オ『岩石の色が黒っぽいか』

問6　**図2**において，『基準(1)』と『化石が含まれているか』の基準を入れ替えると，れき岩，泥岩，凝灰岩，玄武岩のうち，区別できない岩石が2つあります。その組み合わせとして適するものを，次の**ア**～**カ**のうちから1つ選び，記号で答えなさい。

ア　れき岩・泥岩　　**イ**　れき岩・凝灰岩　　**ウ**　れき岩・玄武岩
エ　泥岩・凝灰岩　　**オ**　泥岩・玄武岩　　**カ**　凝灰岩・玄武岩

下線部(v)について，次の『基準(3)』，『基準(4)』，『基準(5)』で，**図3**のように岩石をa～dに区別しました。

『基準(3)』:『マグマが冷え固まってできたか』
『基準(4)』:『マグマが地表付近で冷え固まってできたか』
『基準(5)』:『岩石をつくる粒の大きさが0.06mm以下か』

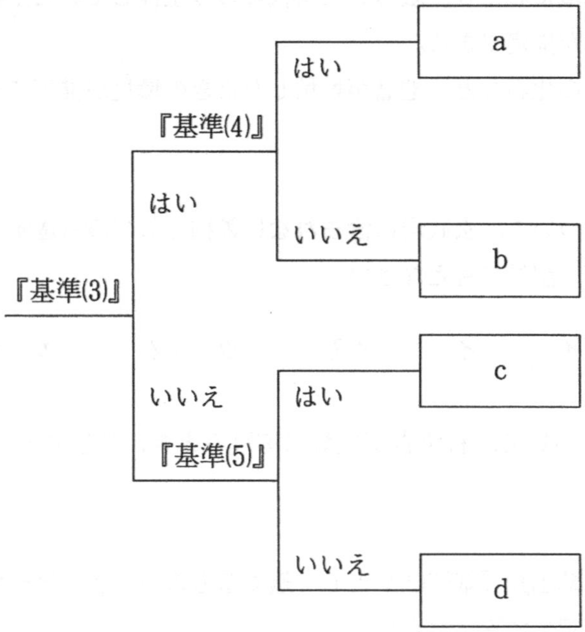

図3

問7　玄武岩が区別されるところとして適するものを，次の**ア**～**エ**のうちから1つ選び，記号で答えなさい。

ア　a　　**イ**　b　　**ウ**　c　　**エ**　d

4 次の文章を読み，下の各問いに答えなさい。

古代エジプトで約50年間続いたクフ王朝において，ギザ台地に建造された巨大ピラミッドの高さは約140mで，約200万個の石を積み上げて完成されています。このピラミッドの建造をモデル化して考えてみましょう。ただし，ここでは200万個の石について，1個あたりの質量を2500kgとします。また，0.1kgの物体にはたらく重力の大きさを1Nとします。

問1　1個の石にはたらく重力の大きさは何Nですか。

巨大ピラミッドで使用された石は，遠く離れたルクソールという場所から，ナイル川を通じて運ばれたことが記録に残っています。日本においても，大阪城の石垣に使用された巨大な岩石が，淀川を通じて運ばれたことは有名です。いずれの場合も，巧みに浮力を利用して船で運んでいました。

問2　同じ体積の2つの石を，船を使って次の方法A～Dで運んだとき，2つの石全体にはたらく浮力の大きさはどうなりますか。方法A～Dでの浮力の大きさの大小関係を表した式として適するものを，下の**ア～カ**のうちから1つ選び，記号で答えなさい。

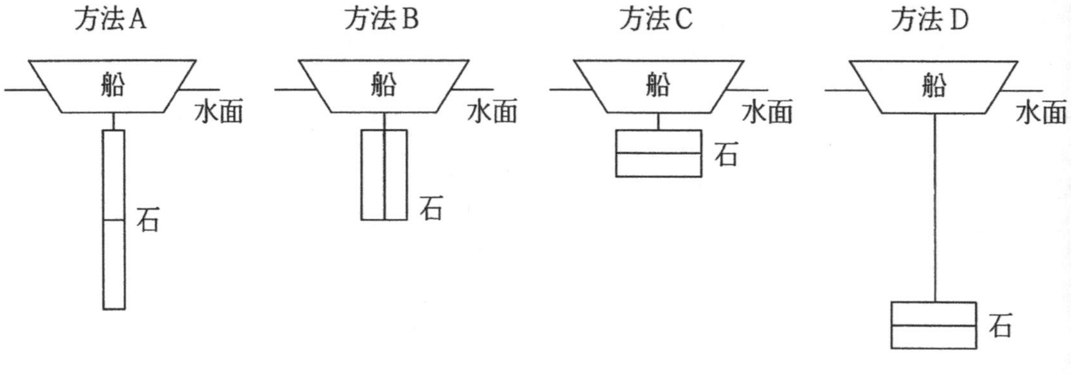

ア　A＞B＞C＞D　　**イ**　C＞B＞A＞D　　**ウ**　D＞C＞B＞A

エ　C＝D＞A＝B　　**オ**　D＞A＝B＝C　　**カ**　A＝B＝C＝D

右のページの**図**のように，ピラミッドの高さ70mのところまで，1個の石を運ぶことを考えてみましょう。ナイル川を通じて運ばれた石は，川岸にある石の降ろし場で降ろされ，地面と30°の角度をなす斜面を使って，降ろし場からピラミッドの高さ70mのところまで運ばれたものとします。このとき石には，石にはたらく重力の斜面に平行な分力に等しい大きさの力を，斜面に沿って上向きに加えて運んだものとします。また，斜面と石との間には，摩擦ははたらかないものとします。

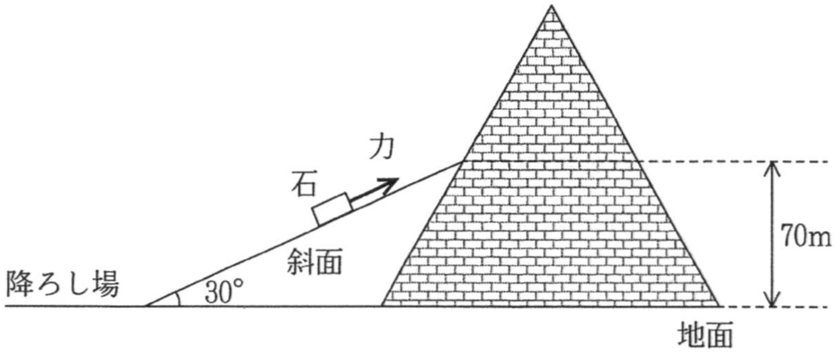

図

問 3　石を動かすために加えた力の大きさは何Nですか。

問 4　石を動かすために加えた力がした仕事は何Jですか。

図の方法で，200万個の石を降ろし場からピラミッドの高さ70mのところまで，労働者1000人で運んだものとします。また，このとき，労働者は 1 日に10時間，1 年間に350日働いたものとします。

問 5　労働者 1 人の仕事率を10Wとすると，1 人が 1 時間にした仕事は何Jですか。

問 6　労働者1000人で200万個の石を高さ70mのところまで持ち上げるのに，約何年かかりますか。最も適するものを，次の**ア**～**オ**のうちから選び，記号で答えなさい。

ア　18年　　**イ**　23年　　**ウ**　28年　　**エ**　33年　　**オ**　38年

石を 1 個ずつ高さ70mのところまで真上に持ち上げることのできる機械を用いて，石を運ぶ場合を考えてみましょう。ただし，機械の消費電力を50000Wとし，このうち50%が石を持ち上げることに使われるものとします。

問 7　1 個の石を高さ70mのところまで持ち上げるのに何秒かかりますか。

問 8　この機械 1 台で200万個の石を高さ70mのところまで持ち上げるのに，約何年かかりますか。最も適するものを，次の**ア**～**オ**のうちから選び，記号で答えなさい。ただし，機械は 1 日に10時間，1 年間に350日稼動させたものとします。

ア　5 年　　**イ**　7 年　　**ウ**　9 年　　**エ**　11年　　**オ**　13年

〔以 上〕

令和４年度

清風高等学校入学試験問題

社　　会（50分）

試験開始の合図があるまで，この「問題」冊子を開かず，下記の注意事項を読んでください。

【注　意　事　項】

1．試験開始の合図で，解答用紙の所定の欄に「受験番号」，「名前」をはっきりと記入してください。

2．この「問題」冊子は，19ページあります。解答用紙は１枚です。ページが脱落している場合は手を挙げて試験監督の先生に知らせてください。

3．解答は，解答用紙の指定されたところに記入してください。

4．試験終了の合図で，「問題」冊子の上に解答用紙を重ねてください。

5．「問題」冊子及び解答用紙は持ち帰ってはいけません。

1　次の文章を読んで，あとの問1～問9に答えなさい。

20世紀以降，出かせぎを目的とした人々の移動が世界中で見られるようになった。例えば，①20世紀初頭にブラジルへと渡った日本からの移民が代表的である。彼らはブラジルで，コーヒー農園での労働に従事した。コーヒー栽培には，雨季と乾季の差が明瞭で，年平均気温が20℃前後の気候が適しており，現在でも（　X　）気候が広がるブラジル南東部での栽培が盛んである。

近年ヨーロッパでは，ドイツなどの工業国で，周辺諸国からの出かせぎ労働者の受け入れが多い。特に（　Y　）からドイツへの移動が非常に多いが，イスラム教という異なる信仰をもつ人々との共生が，ドイツの大きな課題となっている。また，②2000年代以降にEUに加盟した東ヨーロッパの国々から，西ヨーロッパの国々への移動も見られるようになった。

他の地域を見てみると，アメリカ合衆国ではおもにメキシコなどラテンアメリカの国々から，出かせぎを目的とした移住者が多くなっている。彼らは太平洋岸にある（　Z　）州で，野菜や果物などの農場の労働者として重要な役割を果たしている。また，③サウジアラビアなど西アジアの産油国では，周辺諸国からの出かせぎ労働者がこれらの国々の工業化を支えている。

一方，国内において地域ごとの経済格差が著しい国では，出かせぎなどを目的とした人口の移動が国内でも見られる。例えば④中国では，経済発展の著しい東部の沿岸地域へ労働力が多く移動している。また発展途上国では，仕事を求めて多くの人々が大都市へ移動している。⑤人口が集中したブラジルのリオデジャネイロや，タイのバンコクなどでは，多くの都市問題が発生している。

このような人々の移動とは逆に，⑥先進工業国では，賃金の安い発展途上国に工場をつくる企業が増加している。その結果，先進国の一部の工業で国内の生産が衰退する現象が起こっている。経済的な理由による人々の移動も，今後大きく形を変えていく可能性があるだろう。

問1　文章中の（　X　）にあてはまる語句を，次のア～エから一つ選び，記号で答えなさい。

ア　亜寒帯　　**イ**　砂漠　　**ウ**　ツンドラ　　**エ**　サバナ

問2　文章中の（　Y　）にあてはまる国を，次のア～エから一つ選び，記号で答えなさい。

ア　ケニア　　**イ**　トルコ　　**ウ**　ロシア　　**エ**　ベトナム

問3　文章中の（　Z　）にあてはまる州を，次のア～エから一つ選び，記号で答えなさい。

ア　フロリダ　　**イ**　アラスカ　　**ウ**　テキサス　　**エ**　カリフォルニア

問4　下線部①に関連して，ブラジルへの最初の移民を乗せた船は神戸港を出発した後，シンガポール・南アフリカ共和国のケープタウンの2港に寄港し，2か月後ブラジルのサントスに到着した。次の図中の**a**～**f**の都市のうち，この船が寄港した都市を順番に並べたものとして正しいものを，あとの**ア**～**エ**から一つ選び，記号で答えなさい。なお，図は東京を中心とした正距方位図法で描かれている。

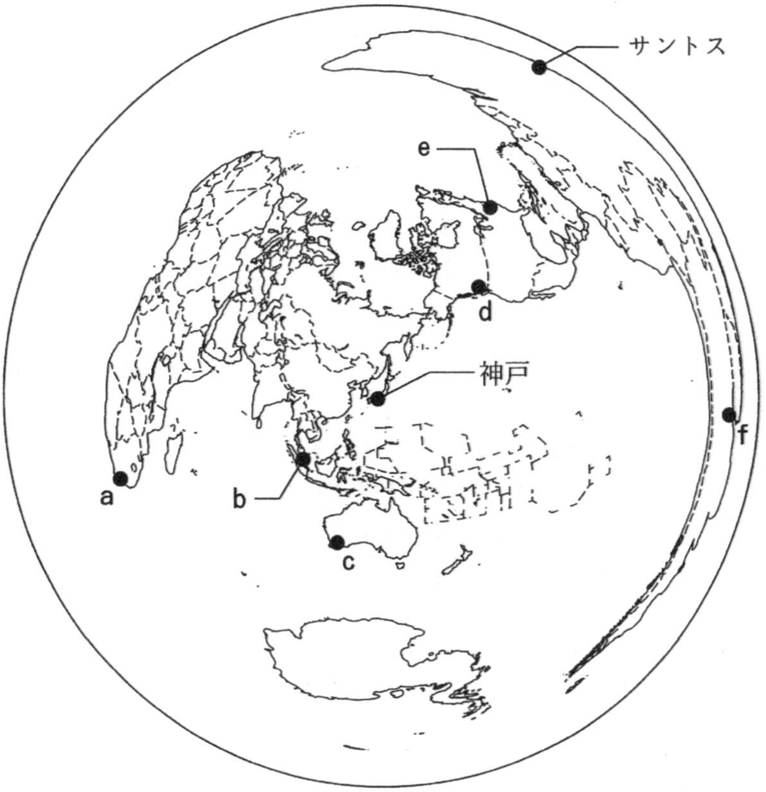

ア　神戸→**b**→**a**→サントス　　**イ**　神戸→**b**→**c**→サントス
ウ　神戸→**d**→**e**→サントス　　**エ**　神戸→**d**→**f**→サントス

問5　下線部②に関連して，次の表はドイツ・フランス・スペイン・ポーランドの，人口・一人あたりのGNI（国民総所得）・輸出額を表したものである。2004年にEUに加盟したポーランドにあてはまるものを，表中の**ア**～**エ**から一つ選び，記号で答えなさい。

	人口 （万人，2020年）	一人あたりのGNI （ドル，2017年）	輸出額 （億ドル，2019年）
ア	3,785	14,150	2,640
イ	4,676	29,320	3,336
ウ	6,752	41,080	5,697
エ	8,378	47,150	14,892

『データブック　オブ・ザ・ワールド2021』により作成。

問６　下線部③に関連して，次の図は，サウジアラビア国内の移民・難民の出身国上位４か国とその割合を表したものである。この４か国について述べた文として正しいものを，あとの**ア～エ**から一つ選び，記号で答えなさい。

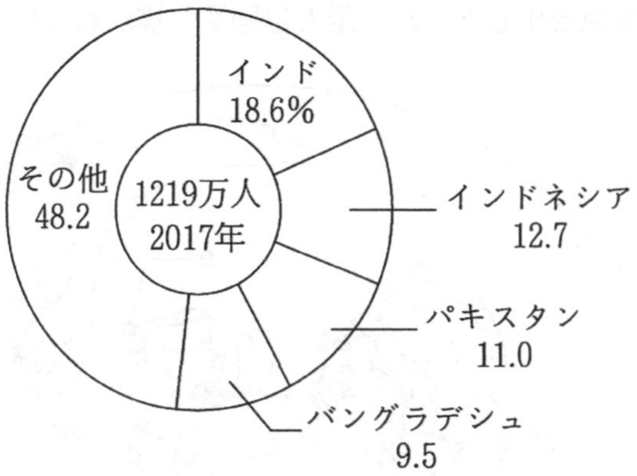

『世界国勢図会2019/20』により作成。

ア　すべての国が西アジアに位置している。
イ　すべての国でイスラム教徒が多数派を占めている。
ウ　すべての国の人口が１億人を超えている。
エ　すべての国で原油の輸出量が非常に多い。

問７　下線部④に関連して，中国で出かせぎ労働者の受け入れが多い省（地域）を調べるための資料を次の**ア～エ**から選ぶ際，最も適当なものを一つ選び，記号で答えなさい。

ア　省（地域）ごとの面積
イ　省（地域）ごとの一人あたりの総生産額
ウ　省（地域）ごとの米と小麦の生産量
エ　省（地域）ごとの石炭の産出量

問８　下線部⑤に関連して，これらの都市で起こっている問題について述べた文として**適当でないもの**を，次の**ア～エ**から一つ選び，記号で答えなさい。

ア　ゴミが増加しその処理も進まず，衛生環境が悪化する。
イ　職に就けない，または賃金の安い仕事に就く住民が増加する。
ウ　子育てに不向きな環境のため，急速に少子高齢化が進行する。
エ　居住環境の悪い地域に貧しい人々が集まり，スラムができる。

問９　下線部⑥について，このような現象を何というか。解答欄に合うように**２字と３字の漢字**で答えなさい。

2　愛知県と群馬県に関して，次の問１～問７に答えなさい。

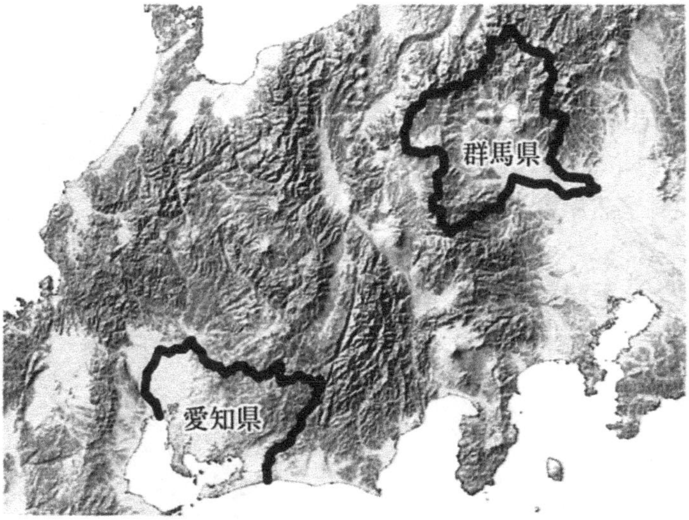

問１　次の表は，それぞれの県庁所在地である名古屋市と前橋市の月別降水量と年降水量を表したものであり，あとの文章は，両都市の冬の降水量の違いについて説明したものである。文章中の（　X　）・（　Y　）にあてはまる語句の組み合わせとして適当なものを，あとの**ア～エ**から一つ選び，記号で答えなさい。

	1月	2月	3月	4月	5月	6月	7月	8月	9月	10月	11月	12月	年降水量
名古屋市（愛知県）	48.4	65.6	121.8	124.8	156.5	201.0	203.6	126.3	234.4	128.3	79.7	45.0	1535.3
前橋市（群馬県）	26.2	32.1	61.5	78.1	101.9	145.2	197.3	202.3	220.6	115.5	44.7	23.1	1248.5

(mm)

『データブック　オブ・ザ・ワールド2021』により作成。

名古屋市も前橋市も，降水量が夏に多く冬に少ない太平洋側の気候の特徴を示しているが，冬の降水量は両都市の間で２倍近くの差があることがわかる。

愛知県から滋賀県・福井県にかけての（　X　）の方角に，冬の季節風をさえぎる標高の高い山脈があまり見られないため，名古屋市では冬に積雪が見られることが珍しくない。

一方群馬県では，（　X　）の方角に越後山脈など標高の高い山脈があるため，冬の季節風は乾いた風となって吹き降りてくる。群馬県ではこの風を（　Y　）などと呼ぶが，このために前橋市の冬の降水量は非常に少なくなっている。

ア　（X）南東　（Y）やませ　　**イ**　（X）南東　（Y）からっ風
ウ　（X）北西　（Y）やませ　　**エ**　（X）北西　（Y）からっ風

問2　次の図は，愛知県と群馬県の市区町村別のある数値を，主題図に表したものである。図が表していることがらとして適当なものを，あとの**ア**～**エ**から一つ選び，記号で答えなさい。

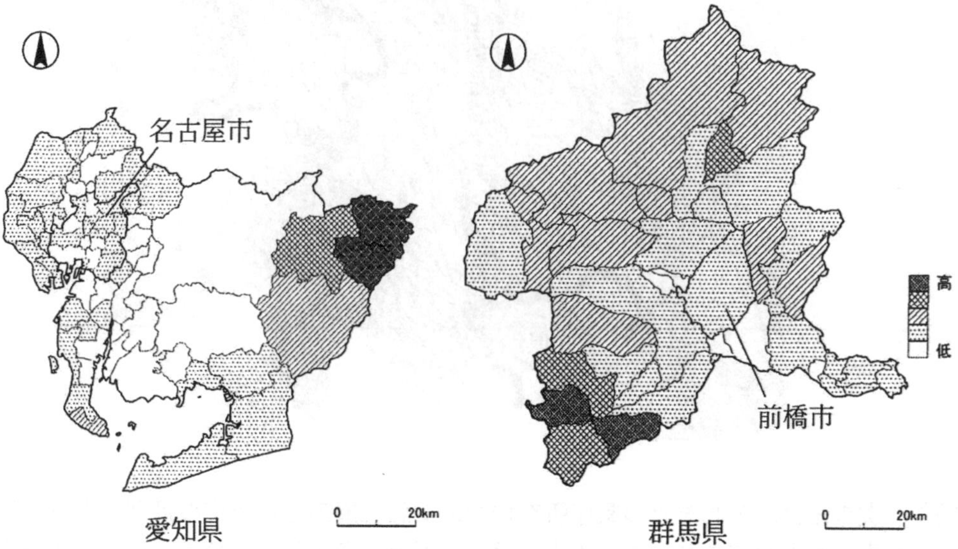

統計年次は2015年。
総務省統計局調査により作成。

ア　65歳以上の人口の割合　　**イ**　人口密度
ウ　第3次産業就業者の割合　　**エ**　耕地面積に占める水田の割合

問3　次の図は，愛知県と群馬県でともに生産量が多い，ある農産物の都道府県別生産割合を表したものである。この農産物にあてはまるものを，あとの**ア**～**エ**から一つ選び，記号で答えなさい。

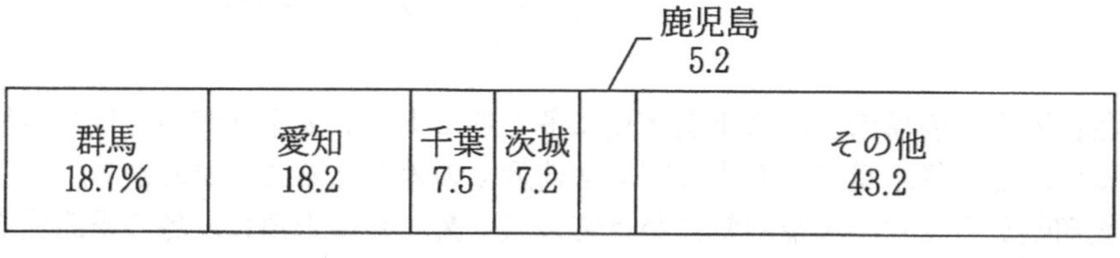

統計年次は2019年。
『日本国勢図会2021/22』により作成。

ア　さつまいも　　**イ**　キャベツ　　**ウ**　たまねぎ　　**エ**　なす

問４　次の図は，愛知県と群馬県の産業別人口構成と，全国平均を表したものである。この図から読み取れることと，両県の工業の特徴について述べたあとの文章中の下線部**ア～エ**から，**適当でないもの**を一つ選び，記号で答えなさい。

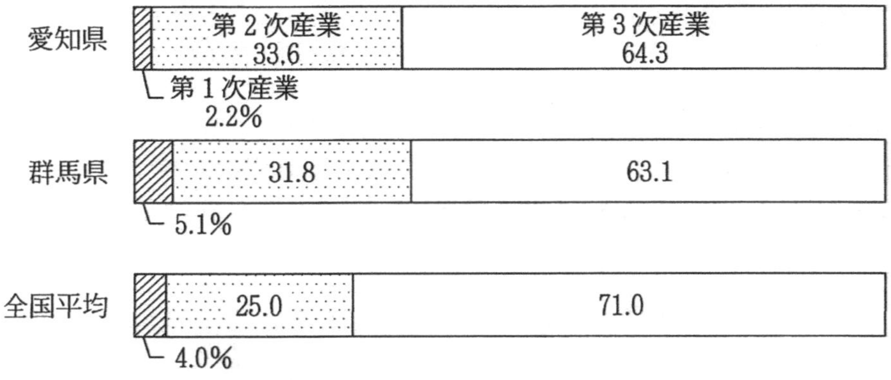

統計年次は2015年。
『日本国勢図会2021/22』により作成。合計が100%にならないことがある。

ア全国平均と比較して，両県とも第２次産業の人口の割合が高いことから，ともに工業がさかんな県であることがわかる。特にどちらの県も，イ業種別工業出荷額のうち，鉄鋼などの金属工業の割合が最も高く，愛知県では，ウ企業城下町として発展した豊田市が県の代表的な工業都市となった。一方，群馬県では近年，エ交通の利便性を生かして内陸の高速道路沿いを中心に工業団地が形成され，工業が発達した。

問５　次の図は，日本の面積・人口の地域別割合を表したものであり，図中の**Ａ**・**Ｂ**および**Ｃ**・**Ｄ**は，愛知県のある中部地方と群馬県のある関東地方のいずれかである。関東地方にあてはまるものの組み合わせとして正しいものを，あとの**ア～エ**から一つ選び，記号で答えなさい。

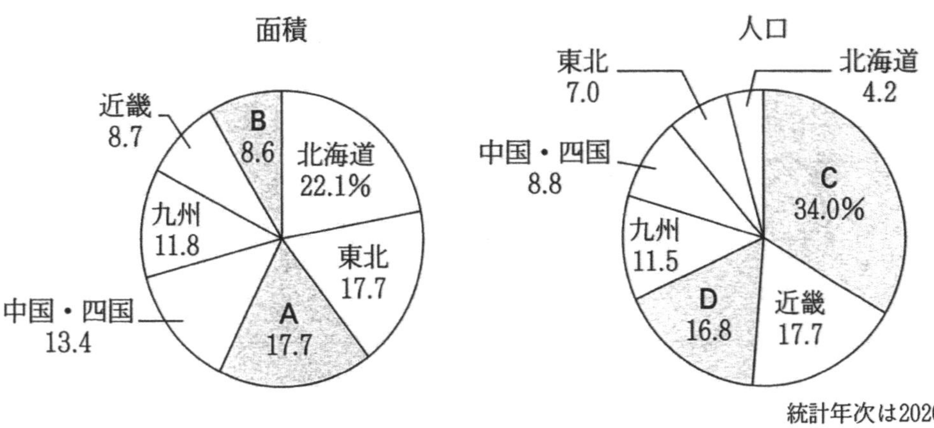

統計年次は2020年。
『データブック　オブ・ザ・ワールド2021』により作成。

ア　Ａ・Ｃ　　**イ**　Ａ・Ｄ　　**ウ**　Ｂ・Ｃ　　**エ**　Ｂ・Ｄ

問6　愛知県と群馬県は，どちらも大きな河川が県境になっている場所がある。愛知県と群馬県で県境として利用されている河川の組み合わせとして正しいものを，次の**ア**～**エ**から一つ選び，記号で答えなさい。

ア　木曽川・利根川　　　　**イ**　木曽川・北上川
ウ　吉野川・利根川　　　　**エ**　吉野川・北上川

問7　両県の県庁所在地はともに城下町を起源とした都市である。次の図は，名古屋城付近と，前橋城跡につくられた前橋公園付近を表した地形図の一部である。この図から読み取れることとして**適当でないもの**を，あとの**ア**～**エ**から一つ選び，記号で答えなさい。

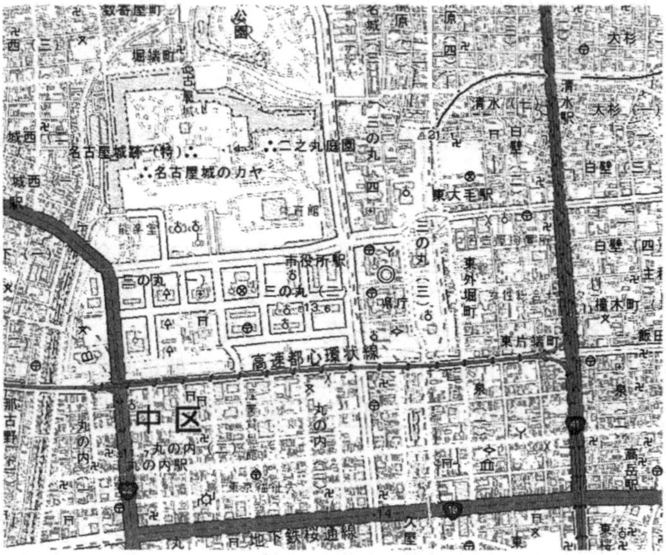

名古屋城付近

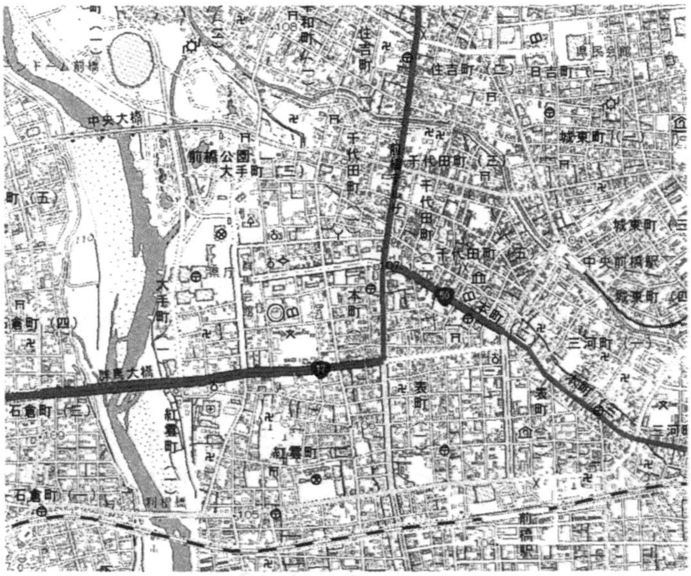

前橋城跡（前橋公園）付近

電子地形図25000により作成。

ア　名古屋城付近と前橋城跡付近には，どちらも現在では県庁や市役所，官公署が立ち並んでおり，それぞれの県の政治的中心になっている。

イ　名古屋城の東側には「東大手駅」，群馬県庁付近には「大手町」という地名が見られ，両市の地名には共通点がある。

ウ　前橋城跡付近は河川に隣接している場所のため，河川から離れているところにある名古屋城があるところよりも標高が低い。

エ　政令指定都市である名古屋市では，「中区」など区名が書かれているが，前橋市は政令指定都市ではないため，区名は見られない。

3　次のⅠ～Ⅳの文章を読んで，あとの問１～問12に答えなさい。

Ⅰ　わたしたち人間は，日常生活においてさまざまな「行為」を行っている。生きるということは，あらゆる「行為」の連続で日々生活することであり，日常生活におけるさまざまな「行為」が複雑にからみ合って歴史は形成され，いま，この現代社会があるのである。

①国家の形成や経済の仕組みという視点で歴史を考えることは，確かに大切なことであるが，歴史のさまざまな側面に光をあてる努力も同じように大切なことである。そこで，②歴史における人間の「行為」に注目して，その意味を考えることにしたい。

問１　下線部①に関連して，次の資料は律令国家が作成した筑前国嶋郡（現在の福岡県糸島市・福岡市）に住む人々の性別や年齢をまとめた文書である。この文書について述べた文として正しいものを，あとの**ア～エ**から一つ選び，記号で答えなさい。

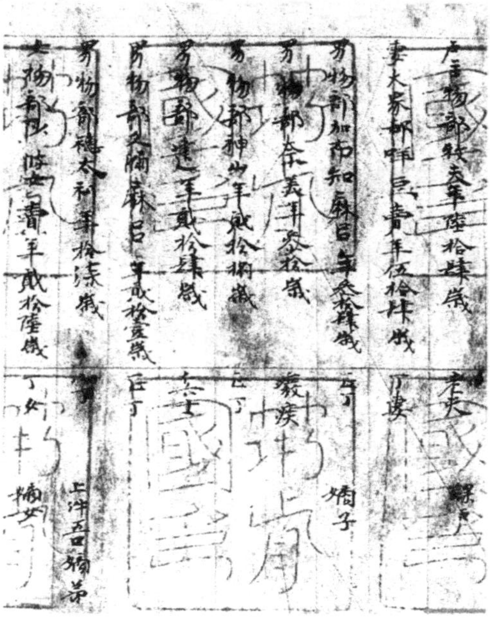

ア　この文書は戸籍と呼ばれ，口分田を与えるのに用いられた。
イ　この文書は戸籍と呼ばれ，調を都に運ぶときの荷札として用いられた。
ウ　この文書は朱印状と呼ばれ，海外に渡航する許可証として用いられた。
エ　この文書は朱印状と呼ばれ，キリスト教の取りしまりに用いられた。

問２　下線部②に関連して，人間の「行為」とそれに関わるモノについて説明した次の文**a～c**を古いものから順に並べたときの順序として正しいものを，あとの**ア～カ**から一つ選び，記号で答えなさい。

令和四年度　国語　解答用紙

【一】

問一　a　b　c

問二

問三

問四

問五

問六

問七　I　II

問一．２点×３
問二．４点
問三．４点
問四．４点
問五．４点
問六．４点
問七．４点×２

小計

【二】

問一　a　b　う　c　って　d

問二　I　II　III　IV

問三　〜

問四　〜

問五

問六　『論語』に書かれた孔子の言葉は、

問一．２点×４
問二．２点×４
問三．４点
問四．４点
問五．４点
問六．11点

小計

3

(1)	(2)	(3)	(4)
$y=$		(,)	

5点×4

小　計

4

(1)	(2)		(3)	(4)	(5)
cm	(ア)	(イ) cm	cm^2	度	cm^2

(1) 3点
(2)(ア) 2点　(イ) 3点
(3) 4点
(4) 4点
(5) 4点

5

(1)	(2)		(3)	(4)
cm^2	(ア)	(イ) cm^2	cm^3	cm

(1) 5点
(2)(ア) 2点
(イ) 3点
(3) 5点
(4) 5点

4 5

小　計

Ⅳ

問1

問2 (a) (b)

問3

問4

問5 (A) (B)

問6

問1．２点
問2．３点
問3．２点
問4．２点
問5．２点×２
問6．２点×２

小計

Ⅴ

問1 ⓐ ⓑ ⓒ ⓓ

問2 (A) (B) (C) (D)

問3

問4 (a) (b)

問5 (10) (15) (20) ということ。

問6

問7 (a) (b)

問1．２点×４
問2．２点×４
問3．３点
問4．３点
問5．４点
問6．２点
問7．３点

小計

問5			
(1)	(2)	(3)	(4)

問1．2．2点×2
問3～5．3点×7

（　　　）

1・2の小計

3

問1		問2	問3
	記号		

問4	問5		問6	問7
	基準(1)	基準(2)		

問1．2点×2
問2～7．3点×7

（　　　）

4

問1	問2	問3	問4
N		N	J

問5	問6	問7	問8
J		秒	

問1～7．3点×7
問8．4点

（　　　）

3・4の小計

3

問1	問2	問3	問4	問5	問6

問３，６．３点×２
問１，２，４，５，７～12．２点×10

問7	問8	問9	問10	問11	問12

3の小計

4

問1	問2	問3	問4	問5	問6	問7	問8
					漢字１字		

問２，６．３点×２　問１，３～５，７，８．２点×６

4の小計

5

問1	問2	問3	問4	問5

２点×５

6

問1	問2	問3	問4	問5

２点×５

5・6の小計

受験番号					
名　前					

令和4年度　社会　解答用紙

合計	

※100点満点

1

問1	問2	問3	問4	問5	問6

問1，9．3点×2
問2～8．2点×7

問7	問8	問9					
				の			

2

問1	問2	問3	問4	問5	問6	問7

問1，6．3点×2
問2～5，7．2点×5

1・2の小計

【解答

受験番号					
名　　前					

令和４年度　理 科　解 答 用 紙

合計	

※100点満点

1

問 1	問 2	問 3	問 4	問 5
		g		

問 6	問 7
→	

問 8	問 9	問 10	問 11
g			g

問１～４，問７～問10.　２点×８
問５，６，11.　３点×３

【解答

受験番号					
名　　前					

令和4年度　英語　解答用紙

合計	

※100点満点

I

1	3番目	6番目	2	3番目	6番目
3	3番目	6番目	4	3番目	6番目

3点×4

小　計

II

問1

A	B	C	D	E

問2　問3　問4

2点×9

III

問1

問2

(1)	(2)	(3)	(4)	(5)

問3

(a)	(b)

小　計

問4　問5　問1　2点

【解答

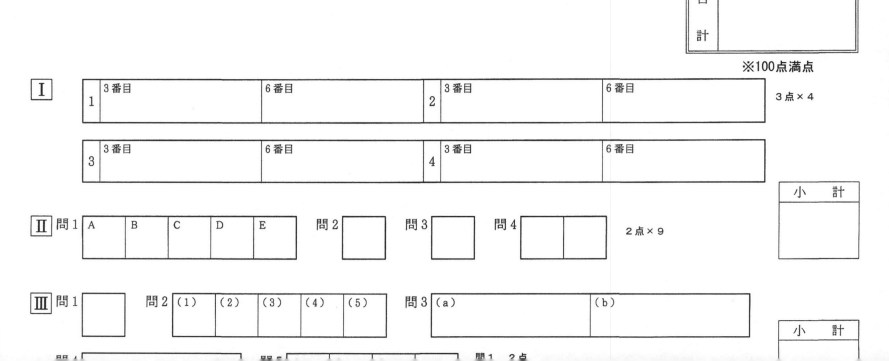

受験番号					
名　　前					

令和４年度　数学　解答用紙

合計	

※100点満点

1

(1)	(2)	(3)	(4)	(5)
			度	cm

４点×５

1 小計

2

(1)	(2)	(3)		
		(ア)あ	い	(イ)
か月後	$x =$ $y =$			$x =$ $y =$

(1)５点
(2)５点
(3)(ア)２点×２　(イ)６点

【解答

小計

合計

※100点満点

【三】

問一

I

II

問二

(1)

(2)

問三

問四

(1)

(2)

問五

問一. 3点×2
問二. 3点×2
問三. 3点
問四. 3点×2
問五. 3点×2

受験番号

名前

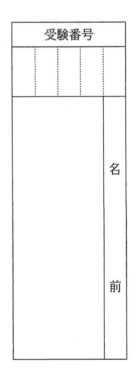

a　苦しい家計を支えるために，若い女子労働者は綿糸や生糸生産に従事した。
b　時宗の教えを広めるために，一遍は念仏の書かれた札を配った。
c　極楽浄土へ生まれ変わるために，貴族たちは阿弥陀仏などをつくらせた。

ア　a→b→c　　イ　a→c→b　　ウ　b→a→c
エ　b→c→a　　オ　c→a→b　　カ　c→b→a

Ⅱ　③縄文時代の遺跡から発見された鋤《すき》は，耕すためだけに使われたのだろうか。近年，地域史の研究が盛んであるが，研究者が描く④北陸の歴史には，鋤を農具として使用する人々の姿が描かれている。しかし，北陸の自然環境や⑤桓武天皇の時代（在位781年～806年）に雪かきという「行為」がなされたことを記す文献，雪かき用の道具が鋤などと呼ばれていたことがわかる資料をふまえれば，冬になれば生活を押しつぶそうとする雪や厳しい寒さと懸命に戦う人々の姿も描かれるべきであろう。雪と共存する人間の「行為」という視点から考えるなど，広い視野で地域の歴史を考える必要がある。

問3　下線部③について，この時代の人々の生活について説明した文として**誤っているもの**を，次の**ア～エ**から一つ選び，記号で答えなさい。

ア　イヌを使った狩りが行われた。
イ　抜歯が行われた。
ウ　貝塚にごみが捨てられた。
エ　高床倉庫がつくられた。

問4　下線部④について，北陸地方から始まった出来事として正しいものを，次の**ア～エ**から一つ選び，記号で答えなさい。

ア　桶狭間の戦い　　イ　正長の土一揆　　ウ　米騒動　　エ　二・二六事件

問5　下線部⑤の出来事として正しいものを，次の**ア～エ**から一つ選び，記号で答えなさい。

ア　行基が民衆の間に仏教を広めた。
イ　不正を行う国司の取りしまりが強化された。
ウ　宋が中国を統一した。
エ　高麗が新羅を滅ぼした。

Ⅲ　⑥鎌倉幕府が開かれると，各地域には地頭が派遣されたが，実際には現地に赴任せず，代官が派遣されることが多かった。その結果，その地域の百姓が協力しながら自分たちで地域の管理を行った。こうして，⑦鎌倉時代から南北朝時代にかけて，⑧惣と呼ばれる自治的な村が成立した。

百姓は惣の政治などさまざまなことを話し合う場である宮座をつくった。この場に参加する百姓は顔を見合わせて座ったが，これは参加者が惣に所属する人間であることや話し合いの結果を相互に確認し合うという意味をもつ「行為」であり，この「行為」を通じて惣の秩序が保たれた。

問6　下線部⑥に関連して，次の系図の空欄（　**a**　）にあてはまる人物と，北条泰時の役職（**b**）の組み合わせとして正しいものを，あとの**ア**～**エ**から一つ選び，記号で答えなさい。

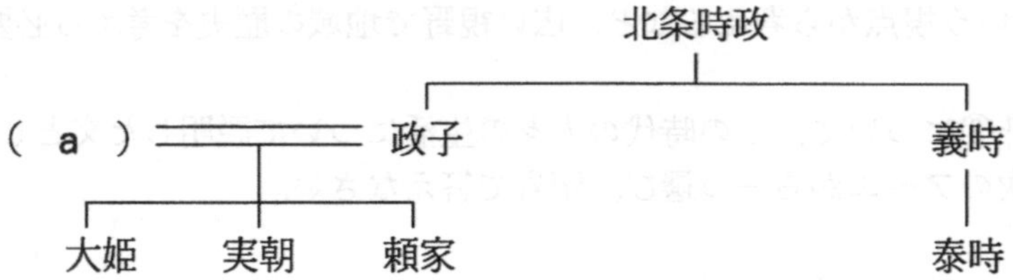

ア　（a）源義朝　　（b）執権
イ　（a）源義朝　　（b）征夷大将軍
ウ　（a）源頼朝　　（b）執権
エ　（a）源頼朝　　（b）征夷大将軍

問7　下線部⑦に関連して，次の資料**a**～**c**を古いものから順に並べたときの順序として正しいものを，あとの**ア**～**カ**から一つ選び，記号で答えなさい。

a　「諸国の守護の仕事は，京都を守る御家人を指揮すること，謀叛《むほん》や殺人などの犯罪人を取りしまることである。」
b　「日本はモンゴルの事情を知らないので，使者を通じて私の考えを伝える。今後は気持ちを通わせ仲よくしよう。兵を用いることは，誰も望むことではないだろう。」
c　「このごろ都にはやるもの。夜討《やうち》，強盗，謀綸旨《にせりんじ》。召人《めしうど》，早馬，虚騒動《そらそうどう》。生頸《なまくび》，還俗《げんぞく》，自由出家。…追従《ついしょう》，ざん人，禅律僧。下剋上《げこくじょう》する成出者《なりでもの》…」

ア　a→b→c　　**イ**　a→c→b　　**ウ**　b→a→c
エ　b→c→a　　**オ**　c→a→b　　**カ**　c→b→a

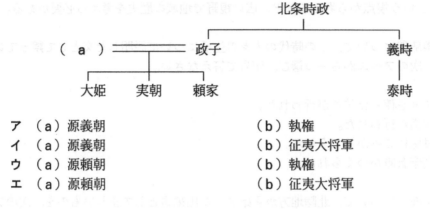

問８　下線部⑧について，惣の様子を説明した次の文**X**・**Y**の正誤の組み合わせとして正しいものを，あとの**ア**～**エ**から一つ選び，記号で答えなさい。

X　多くの惣が結びつき，年貢を減らす交渉を行った。
Y　農家の働き手である男子が徴兵されたため，徴兵令に反対する動きが相次いだ。

ア　X　正　　Y　正　　　　**イ**　X　正　　Y　誤
ウ　X　誤　　Y　正　　　　**エ**　X　誤　　Y　誤

Ⅳ　⑨オランダの歴史学者ホイジンガは，「文化が遊びをつくり出したのではなく，遊びが文化をつくり出した」と述べた。江戸時代の代表的遊びであるタコ揚げ（凧幟《たこのぼり》）は，平安時代に中国から伝わったとされ，室町時代にイカの形につくられて烏賊《いか》幟と呼ばれた。⑩江戸時代になると，庶民の間でも大流行したために，さまざまなトラブルが発生した。そこで，幕府は烏賊幟禁止令を発布したが，それでも江戸では，イカではなくタコを揚げているとして行われ続けた。

⑪烏賊幟（凧幟）とは，烏賊（凧）が雲の中に入ると縁起が良いなど実にさまざまな意味をもつ「行為」であり，遊びに限らず人間のさまざまな「行為」が文化をつくっているといえる。そして明治時代以降，⑫欧米の影響を受けた文化がつくられていった。

問９　下線部⑨に関連して，江戸幕府は外交や貿易のために「４つの窓口」を設けた。オランダに開かれた窓口を，次の**ア**～**エ**から一つ選び，記号で答えなさい。

ア　松前　　　**イ**　長崎　　　**ウ**　対馬　　　**エ**　薩摩

問10　下線部⑩に関連して，次の表は江戸時代に起きた一揆についてまとめたものである。この表について述べたあとの文**X**・**Y**の正誤の組み合わせとして正しいものを，あとの**ア**～**エ**から一つ選び，記号で答えなさい。

時　期	一　揆　名	特　徴
17世紀	島原・天草一揆	重税を課す領主に暴力で抵抗し，激しい戦闘を展開した。
18世紀	百姓一揆	領主に年貢の軽減等を訴えるが，領主に暴力は用いない。
19世紀	世直し一揆	世直しを目的に商人に暴力をふるい，家屋を破壊した。

X　17世紀から19世紀の一揆には，人への暴力をともなうという共通点がある。
Y　世直し一揆と同じ時期に，「ええじゃないか」と呼ばれる社会現象が起こった。

ア　X　正　　Y　正　　　　**イ**　X　正　　Y　誤
ウ　X　誤　　Y　正　　　　**エ**　X　誤　　Y　誤

問11　下線部⑪に関連して，慶応二年（1866年）に描かれたとされる「時世のぼり凧」という風刺画は，この時期の物価の上昇などを描いたものである。この頃物価が上がった理由として**あてはまらないもの**を，次の**ア**～**エ**から一つ選び，記号で答えなさい。

ア　外国との自由な貿易を行うようになったから。
イ　国内の生活必需品が品不足になったから。
ウ　幕府と長州藩との戦争が勃発したから。
エ　幕府が徳政令を出したから。

問12　下線部⑫に関連して，欧米の影響を受け，日本でも立憲政治の確立がめざされた。第一回衆議院議員選挙が実施された時期を，次の略年表中の**ア**～**エ**から一つ選び，記号で答えなさい。

年　代	出　来　事
1874年	民撰議院設立建白書が提出される
	ア
1881年	国会開設の勅諭が発布される
	イ
1889年	大日本帝国憲法が発布される
	ウ
1912年	第一次護憲運動が起こる
	エ

4 次のⅠ・Ⅱの文章を読んで，あとの問1～問8に答えなさい。

Ⅰ　清潔さを保つための「行為」には，どのようなものがあるのだろうか。入浴文化は，①古代ギリシャからローマをへてヨーロッパに伝わった。②インド発祥の宗教でも入浴の効能が説かれている。ヨーロッパでは，入浴という「行為」が清潔さを保つために行われていたが，14世紀半ば，ペストが流行したために，③フランスでは公共浴場が閉鎖された。その後，④産業の発展による河川の汚染や，水や湯が皮膚の抵抗力を失わせるという理由から，入浴が行われなくなった。当時，肌の汚れは身体を保護するものと考えられていたため，身体を布で軽くこすった後に香水をつけ白いシャツを着た。こうして，フランスでは身体の清潔さは，シャツの白さで表されるようになり，こまめにシャツを着替える「行為」が清潔さを保つために行われることになった。その後，19世紀に再び公共浴場が復活し，⑤20世紀に入って入浴の習慣が根付くことになった。

問1　下線部①について，ギリシャとローマに共通する特徴を説明した次の文**X**・**Y**の正誤の組み合わせとして正しいものを，あとの**ア**～**エ**から一つ選び，記号で答えなさい。

X　奴隷によって支えられた社会であった。
Y　皇帝は周辺諸国から朝貢を受けた。

ア　**X**　正　**Y**　正　　　**イ**　**X**　正　**Y**　誤
ウ　**X**　誤　**Y**　正　　　**エ**　**X**　誤　**Y**　誤

問2　下線部②に関連して，次の資料はある宗教の伝播《でんぱ》を示した略地図である。略地図中の ◯ はその宗教が興《おこ》った場所であり，矢印は伝播した経路を示している。この宗教を，あとの**ア**～**エ**から一つ選び，記号で答えなさい。

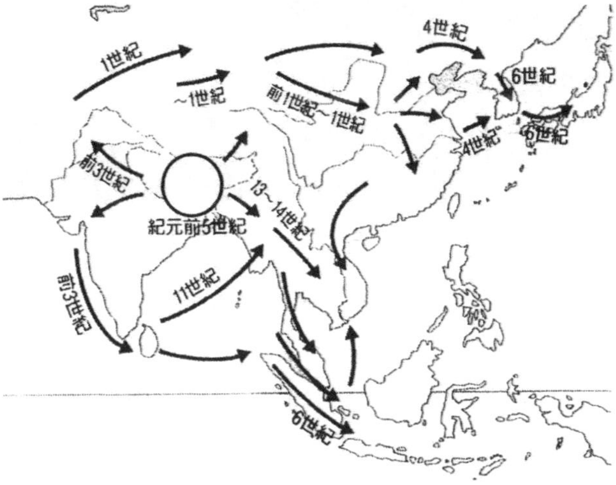

ア　儒教　　**イ**　ヒンドゥー教　　**ウ**　仏教　　**エ**　キリスト教

問３　下線部③について述べた文として正しいものを，次の**ア**～**エ**から一つ選び，記号で答えなさい。

ア　チグリス川とユーフラテス川の流域で古代文明が栄えた。
イ　アステカ王国やインカ帝国を征服して植民地を築いた。
ウ　ムッソリーニの率いるファシスト党が独裁政治を行った。
エ　革命が起こり，人間の自由・平等を掲げる人権宣言が発表された。

問４　下線部④に関連して，産業革命による社会の変化について説明した文として正しいものを，次の**ア**～**エ**から一つ選び，記号で答えなさい。

ア　蒸気機関が発明されたことにより蒸気船や鉄道がつくられた。
イ　食料不足により都市から農村への大規模な人口移動が起こった。
ウ　土地や工場など生産手段の共有化をめざす資本主義社会が成立した。
エ　ヨーロッパでルネサンスと呼ばれる文芸復興運動が起こった。

問５　下線部⑤に関連して，次の写真は，1989年に冷戦の象徴であった建造物が取り壊された様子を撮影したものである。この建造物があった都市を首都として，翌年，統一された国を，あとの**ア**～**エ**から一つ選び，記号で答えなさい。

ア　ユーゴスラビア　　　**イ**　アメリカ
ウ　ロシア　　　**エ**　ドイツ

Ⅱ　中国では1975年から大規模な⑥発掘調査が行われ，⑦戦国時代末から漢代にかけての墓が多数発見された。墓に埋葬された多くの竹簡や文房具は，生前の記念として，あるいは不要になったために埋葬されたと考えてよいのだろうか。

漢の時代の墓から出土した竹簡や⑧木簡には，死者の世界の役人に向けた内容が記されていた。このことから，生者の世界と死者の世界はつながっており，死後の世界で使用するモノが埋葬されたと考えられる。このように，過去の世界を正しく理解するためには，現在における「行為」の意味を当たり前とみなさず問い直すことが大切である。

問6　下線部⑥に関連して，次の文はある調査の結果を説明した文である。これに関連する中国の王朝名を，**漢字1字**で答えなさい。

長崎県北部の鷹島《たかしま》沖の沈没船から「てつはう」と呼ばれる兵器が発見された。

問7　下線部⑦について説明した次の文章中の下線部**ア～エ**から，**誤っているもの**を一つ選び，記号で答えなさい。

ア周がおとろえると，いくつもの国が争うようになった。各地の王は戦いを勝ち抜くために，イ溥儀などの優れた人材を集めた。一方，磨製石器にかわってウ鉄製の農具が使われるようになり，生産力が向上した。その後，紀元前3世紀にエ秦によって中国が統一され，この時代は終わりをむかえた。

問8　下線部⑧に関連して，平城宮からペルシャ（イラン）人と推定される役人の名前が記された木簡が発見されている。日本とペルシャがつながりをもつ理由を説明した次の文**X**・**Y**の正誤の組み合わせとして正しいものを，あとの**ア～エ**から一つ選び，記号で答えなさい。

X　平城宮にペルシャ人の役人がいるのは，シルクロードを通って唐を訪れたペルシャ人が，遣唐使とともに日本に渡ってきたから。

Y　正倉院の宝物にペルシャ風の水さしが納められているのは，スペイン人が入手したペルシャの品物が，太平洋を横断する貿易船とともに日本にもたらされたから。

ア　X　正　Y　正　　　**イ**　X　正　Y　誤
ウ　X　誤　Y　正　　　**エ**　X　誤　Y　誤

5 次の文章を読んで，あとの問１～問５に答えなさい。

新型コロナウイルスの感染拡大が続く中，私たちの自由と権利について考えさせられることが多かった。昨年４月23日から25日に実施されたNHKの①憲法に関する意識調査の中で，「感染拡大の影響で，②憲法で保障されている国民の自由や権利が損なわれることがあったと思いますか」の問いに，「思う」と「どちらかといえば，思う」と回答したのは合わせて38％だった。この２つを回答したグループに最もあてはまる理由を尋ねると，「③最低限の生活を維持できない人がいたから」（31％）が最も多く，２番目の理由として「移動の自由が制限されたから」（20％）をあげていた。

政府や④地方自治体が出す「外出自粛」や「営業自粛」はあくまで「要請」であり，この要請によって自由が一部制約されてしまったが，こうしたコロナ禍の問題から，自由と権利について考えるとき，第一優先は「安全」なのか，それとも「経済」なのか，⑤主権者にそのような問いが託されたのである。

問１　下線部①に関連して，立憲主義や憲法の説明として**適当でないもの**を，次の**ア～エ**から一つ選び，記号で答えなさい。

ア　憲法は国の最高法規であり，下位の法が上位の法に反すると無効となる。
イ　人権を守るためには，憲法で政治権力を制限することが求められている。
ウ　立憲主義は，「法の支配」ではなく「人の支配」によって実現される。
エ　日本国憲法では，基本的人権は「侵すことのできない永久の権利」と定められている。

問２　下線部②に関連して，最初に発出された緊急事態宣言で全国の学校が休校を余儀なくされ，教育を受ける権利が注目された。憲法で保障されているこの権利と関わりが深い基本的人権を，次の**ア～エ**から一つ選び，記号で答えなさい。

ア　平等権　　**イ**　自由権　　**ウ**　社会権　　**エ**　請求権

問３　下線部③に関連して，国会は，新型コロナウイルス感染拡大に伴う緊急経済対策のため，特別定額給付金の補正予算を本会議で成立させた。予算について述べた次の文**X・Y**の正誤の組み合わせとして正しいものを，あとの**ア～エ**から一つ選び，記号で答えなさい。

X　予算は衆議院から先に審議が行われる。
Y　参議院と衆議院が異なった議決をしたとき，参議院の議決が優先される。

ア　X 正　Y 正　　**イ**　X 正　Y 誤
ウ　X 誤　Y 正　　**エ**　X 誤　Y 誤

問4　下線部④について，地方自治体が制定できるものとして正しいものを，次の**ア～エ**から一つ選び，記号で答えなさい。

ア　条例　　　**イ**　政令　　　**ウ**　条約　　　**エ**　法律

問5　下線部⑤に関連して，国民・住民の政治参加の例として最も適当なものを，次の**ア～エ**から一つ選び，記号で答えなさい。

ア　政府の発出する緊急事態宣言の是非などの重要な問題について，国民による投票によって意見をあきらかにすることができる。
イ　国は，オンブズマン制度を導入し，国民からの苦情を受けつけている。
ウ　選挙権年齢が引き下げられ，地方選挙は18歳から投票できるが，国政選挙は20歳からしか投票できない。
エ　インターネットを利用した選挙運動が解禁され，有権者は，ウェブサイトやSNSで情報発信することができる。

6　次の文章を読んで，あとの問1～問5に答えなさい。

今，世界中で脱炭素，DX（デジタルトランスフォーメーション），ESG（環境・社会・企業統治）投資の流れが加速している。特にコロナ禍で会社の事業や業務を継続させるポイントはDXへの対応であり，①企業の取り組みが注目されている。また，②新型コロナウイルス感染症の拡大により，家計の消費行動にも変化が見られた。外出型の消費が減り，いわゆる「巣ごもり消費」が活性化しているが，ゲーム機やパソコンの購入が世界的に拡大する中，③半導体市場にも大きな影響が出ている。一方，コロナ対策として，④政府は積極的な財政政策を行い，⑤日本銀行は金融緩和を継続している。
新型コロナウイルス感染症の世界的拡大により，私たちの生活様式は大きく変わろうとしている。グローバル化は後退することはないが，これからの「ウィズコロナ」時代における課題解決には，私たちの知恵の結集が求められている。

問1　下線部①について，本業の生産とは異なり，マスク生産やアルコール消毒液などの生産により社会的責任を果たす企業も多く見られた。こうした企業の社会的責任を何というか。**アルファベット3字**で答えなさい。

問2　下線部②に関連して，新型コロナワクチンの説明として**適当でないもの**を，次の**ア**～**エ**から一つ選び，記号で答えなさい。

ア　2021年に実施された新型コロナワクチンの接種費用は，公衆衛生の観点から，国が全額を負担している。
イ　新型コロナワクチンは，政府が都道府県への割り当て量を決定している。
ウ　新型コロナワクチンは，資源配分の調整の観点から政府が購入している。
エ　新型コロナワクチンは，製薬会社が市場を通して直接供給している。

問3　下線部③に関連して，半導体市場について述べた次の文章中の（　**A**　）・（　**B**　）・（　**C**　）にあてはまる語句の組み合わせとして正しいものを，あとの**ア**～**エ**から一つ選び，記号で答えなさい。

半導体の急激な（　**A**　）の伸びに対し，幅広い半導体の生産が追いつかなくなり（　**B**　）が制約されていた。（　**B**　）より（　**A**　）が多いので，（　**C**　）の状態となっていた。

ア　（**A**）需要　（**B**）供給　（**C**）品不足
イ　（**A**）需要　（**B**）供給　（**C**）売れ残り
ウ　（**A**）供給　（**B**）需要　（**C**）品不足
エ　（**A**）供給　（**B**）需要　（**C**）売れ残り

問4　下線部④について，公債（2020年度予算）について述べた次の文**X**・**Y**の正誤の組み合わせとして正しいものを，あとの**ア**～**エ**から一つ選び，記号で答えなさい。

X　歳入の約50%が公債金で占められている。
Y　公債の返済は，財政投融資によって行われている。

ア　**X**　正　**Y**　正　　**イ**　**X**　正　**Y**　誤
ウ　**X**　誤　**Y**　正　　**エ**　**X**　誤　**Y**　誤

問5　下線部⑤に関連して，日本銀行の景気抑制策として最も適当なものを，次の**ア**～**エ**から一つ選び，記号で答えなさい。

ア　銀行の持っている国債を日本銀行が買う。
イ　発券銀行として，日本銀行券を積極的に発行する。
ウ　銀行への貸し出しの金利を上げる。
エ　銀行への貸し出しの資金量を増やす。

〔以上〕

令和三年度
清風高等学校入学試験問題

国語（五〇分）

試験開始の合図があるまで、この「問題」冊子を開かず、左記の注意事項を読んでください。

【注意事項】

一、試験開始の合図で、解答用紙の所定の欄に「受験番号」、「名前」をはっきりと記入してください。
二、この「問題」冊子は、19ページあります。解答用紙は一枚です。ページが脱落している場合は手を挙げて試験監督の先生に知らせてください。
三、解答は、解答用紙の指定されたところに記入してください。
四、「問い」に「字数制限」がある場合、句読点やカギかっこなどの記号は、一字として数えて、解答してください。
五、試験終了の合図で、「問題」冊子の上に解答用紙を重ねてください。
六、「問題」冊子及び解答用紙は持ち帰ってはいけません。

【一】 次の文章は、映画館の支配人と青年（「庄助《しょうすけ》さん」）との交流を描いた、木内昇《きうちのぼり》の小説「庄助さん」（『茗荷谷《みょうがだに》の猫』所収）の一部です。太平洋戦争直前の混乱する世相の中、映画を上映するために奔走する支配人を慕って、青年は映画館でアルバイトをしながら、将来、自分で映画を撮ることを夢見て、その映画の構想を支配人に相談していました。これを読んで、後の問いに答えなさい。

新作が封切られてからまもなく、本当に太平洋戦争ははじまってしまった。

そのずっと前から暗い気配に包まれていた街に棲《す》んでいたせいか、開戦の実感はかえって薄く、支配人は時世の煽《あお》りを受けて映画館が封鎖になるようなことはないか、そちらのほうに気を揉《も》んだ。近くまた電力の節減を命じるとも伝えられていた。そうなれば館を開けられる日が限られるかもしれない。

青年は、あれから何度となく支配人に自分の「新作」(注)の子細を語った。映画の構想は、青年特有の感覚を崩さぬまま、より深く、より広く、そしてわかりやすく変貌している。若者の大言壮語には常々懐疑的な支配人でさえ、近い将来、この青年が本当に作品を撮るのではないか、そんな気がしはじめていた。青年は、たとえ酷評されようとも、挫《くじ》けも腐りもせずに支配人の言葉に耳を傾けた。まるで映画を撮る上での基軸が、支配人の中に存在するとでもいわんばかりの信望ぶりだった。そのくせ彼の着想は支配人の指摘をひらりと越えて、それより遥《はる》か先の未知なる地点に着地し、支配人を驚かせるのが常だった。

年が明けて間もない昼下がり、青年は例の如く、練り直した筋書きを書いた帳面を手に、事務室を訪れた。

「私の意見をそう信用することはないんだよ。映画を撮った経験が私にあるわけでもないんだから」

この頃には支配人は、青年に意見をすることが、①<u>どうも申し訳ないような心持ちになっていた</u>。青年は事務室の小さな椅子に尺の長い身体をうまく収めようとしばし奮闘したが、ややあって諦め、長い足を放り出して照れたように笑った。

「いやぁでもな、おっさんの選ぶ活動写真(注)が僕は好きじゃし、面倒かもしれんけんが、おっさんの意見は聞きたいんじゃ。それにな、おっさん。前から訊《き》こうと思うとったんじゃけどな、おっさんは昔、活動写真のもっと源の、例えば噺《はなし》や小唄のようなもんをしとらんかったかの」

誰にも語っていなかった過去を突かれ、支配人は言葉をなくした。

「……どこでそれを知った？　浪曲のことを……」

「あぁ浪曲かぁ、なるほどのう」

顎をさすりながら青年は笑う。

「別段知っとったわけではないんじゃけどな、僕、おっさんに会《お》うてすぐわかった。ああ、この人は『支配人』じゃのうて、『おっさん』のほうがええのうて勝手に思った。浪曲とかな、噺の雰囲気じゃ。そういう拍子っちうんかな、それが身体に染みついとるけん。だから選ぶ活動写真が粋でな、で、なんちうか憐《あわ》れを見事に描いたもんが多かったんじゃな、とわかった。僕はな、ここで活動写真を観《み》るたびに、ようある『泣き』とは違う『憐れ』を学んだ気がしてたんじゃ。勉強になりました」

青年は(注)鹿威《ししおど》しのように頭を下げた。彼の頭のてっぺんにあるふたつのつむじを見るうちに、②支配人はなぜか泣きそうになった。嬉《うれ》しいのか、哀《かな》しいのかすらわからない、ただただ床《ゆか》しい心持ちに身体《からだ》中を浸された。

「やっていたのは確かだが、まったく、ものにはならなくてね」

動揺を隠しながら支配人は言う。

「あれはどういうもんだろう、年齢がいってなにか新しいものに目覚めちまうと歯止めがきかないんだな」

青年は手を膝の上に揃《そろ》えて置いて、支配人の言葉を聞いている。支配人はその青年の目を見て、それ以上語ることをよした。それからの経緯は、言葉として発するにはどこか実感に乏しかったからだ。

妻にはなぜ、役所を辞めたと言えなかったのか。浪曲の道に進みたいと言えなかったのか。そんなことすら、今となっては曖昧だ。それまでの蓄えと幾ばくかの手当でa体裁を繕い、役所勤めを続けているふりをして、こっそり芽の出ぬ修行に勤《いそ》しんだ。(注)白山の長久亭で、毎日出囃子《でばやし》を聴き、師匠の鞄《かばん》を持ち続けた。すぐに妻は自分の姿を見つけるだろう、そのときを申し開きの機にするのだ、と決めていた。おまえが絵に出会ったように、俺も見つけたんだよ、と。一緒に好きな道をまっとうしようと言えば、彼女は反対しなかったはずだ。なのに、(注)市街電車の事故をきっかけにそのまま失踪《しっそう》し、それきり妻とは会わなかった。

程なくして起こった(注)震災で、妻が家の下敷きになって死んだことを人づてに聞いた。浪曲に見切りをつけたのは、そのすぐあとのことだ。

「何年やっても煮ても焼いても食えなくてさ、結果四十になってからの宗旨替えだ。昔の仲間で弁士(注)に転じた奴《やつ》がいてね、そのつてでなんとかここに拾われたってわけだ。だから映画を見る目なんぞ、そう持っちゃいないんだよ」

青年は、大人しく耳を傾けるだけで、根掘り葉掘り詳細を訊くようなことをしなかった。だが支配人がもう一度、「そう。ものにはならなかったんだ」と自嘲を込めて言うや、間を置かずに、

「そじゃけえ、お陰でこねーにおもろいもんがおっさんを待っとったんじゃのう。浪曲がうまくいってたら、おっさんここにはおらんかったな」

と、笑った。支配人はぼんやりと青年の顔を眺めた。「どこまで楽天家だろう」といういつもの台詞《せりふ》は、うまく言えそうにない。

「おっさんはええのう。もう自分の中に笑いと泣きがありようる。僕の目指すもんをもう内側に持っとるんじゃ」

青年は心底羨ましそうな顔つきで言った。やっぱり活動写真を撮るのは生半可なことじゃいかんな、③こういう手合《てあい》がちゃんと生きて居るんじゃからな、と笑い、手垢《てあか》で黒くなった帳面を開いて、そこに書いてあったいくつかのメモ書きをくしゃくしゃと塗りつぶした。

(中略……季節が春に移り、青年は、桜が咲いたら下宿近くの桜並木に支配人を案内しようと約束を交わす。)

もうすぐに、つぼみは開く。

ところがそれから三日後、青年は突然、連絡もなしに仕事を休み、それきりぱったり映画館に来なくなったのだ。

はじめは誰もが「風邪でもひいたのだろう」と気にも留めなかった。あれほど夢中で通ってきていたのに、挨拶もなく辞めるはずもないと従業員の誰もが青年を疑わなかったのだ。それでも十日経《た》っても電話一本入らず手紙一つ届かないとなると、さすがにみな、不審の顔を見合わせるようになった。

支配人は「家にこもって脚本書きに夢中になっているのだろう」と青年の不在を心の中で理由づけた。そのそばから、あんな話をしたからだ、という悔恨が腹の奥に湧いてくるのだ。なぜ浪曲をやっていた時分の話などしたのだろう。前しか見ていない青年が、初老の男の薄汚れた挫折話に失望しないはずがない。そんな人間と一緒にいるのを苦痛に思わぬはずもないのだ。挫折や妥協なぞ、

あの若さで誰が咀嚼《そしゃく》したいと思うだろう。

　下宿の詳しい住所も知らず、電話の有無もわからなかったから、青年とは連絡のとりようもなかった。もどかしい日々が続いた。従業員たちは「庄助さん」の不在を、馴染《なじ》みの駄菓子屋が店を閉めたときのような取り返しのつかない寂しさをもって噂《うわさ》し合った。支配人は腹の中で悔いたり、怒ったり、嘆いたりと、忙しく煩った。「それにしたって一言あってもよかったはずだ」といういじけた考えが所構わず噴き出して<u>b難渋</u>した。事務室にこもっているといろんな考えが頭をもたげて息苦しくなるから、表に出て呼び込みをする。声を上げていると唯一、考えを休むことができた。まだ冬を残した風が足下を吹き抜け、それと同じ低い場所をミソサザイが羽音も立てずに飛んでいった。

「おっさん」

　聞き慣れた声が漂ってきて、支配人はうろたえた。幻聴まできたしたのかと怯《おび》えたのである。が、振り向いて、そこに幻覚ではなくあの青年が立っているのを見つけて、思わず喉を詰まらせた。

「おまえさん、急に……」

　叱りつけようか、それとも先に事情を聞こうか、支配人は<u>c逡巡《しゅんじゅん》する</u>。なのに安堵《あんど》や喜びの方が先に立ち、

「なんだい、例の泣きと笑いの映画の撮影にでも入ったのかと思っていたよ」

　と、見当はずれなおどけた台詞を吐いてしまった。青年はそれを聞くと、妙に懐かしそうな顔をした。それから一旦、口を引き結んで言った。

「あのな、おっさん。急なんじゃけどな、僕な、ここを辞めさせてもらうことになりました」

「そりゃ……なんでまた」

　水に黒いインクを落としたような失望が、支配人の内側に広がっていく。

「故郷に帰らねばならなくなったんじゃ」

　青年が長男だと言っていたのを支配人は思い出した。親御さんから、東京でフラフラしているのなら家を継げとかなんとか言ってきたのだろうか。いや、単純にここにいるのが憂鬱になったのだ。自分のように崩れていくのが怖くなったのだ。支配人は短い間で

忙しく、そして重苦しく考えを巡らせた。引き留めたいが、それ自体がお門違いであることを恐れた。
「家の事情かい？　映画を撮るのはどうするんだい」
遠慮がちに訊くと青年は、っははは、といつものように笑った。「家のことならよかったんじゃがのう」と目頭の辺りをこすった。
「あのなぁ、おっさん。僕にも㊟赤紙が来よったんじゃ」
支配人は、なにか別の世界の言語に接するように、その耳慣れぬ言葉を聞いていた。
「二週間前に通知が来ての、身体検査だのなんだのすぐやれゆうて、うるそうてのう。おっさんに知らせねばと思ったんじゃが、僕の下宿、電話を引いてないけん、連絡できんですんません」
また鹿威しのように頭を下げる。支配人は、④言葉をなくした。この十日余りの間に青年が味わった㊟懊悩《おうのう》に触れたような気がした。ここに連絡することすら思いつかなかったほどの懊悩に。
「でな、もう来週には荷物まとめて一旦故郷に戻ってな、家族と別宴してのう、そこから今度は筑波《つくば》の演習場に入るんじゃ。再来週には僕、兵隊さんじゃ」
「そりゃ、おまえさん……」
「泣きの活動写真に夢中になってな、僕も徴兵されるかもしれんっちゅうことをすっかり忘れとった。阿呆《あほう》じゃな。芸術家も世相を見ならんのになぁ」
わざとらしく頭を掻《か》いた。それから物欲しそうな顔をした。
「ほら、おっさん、いつもの台詞じゃ」
両手を前に出して煽《あお》るような仕草で手首を動かす。支配人は、青年の目を見た。その目は、初めて映写室へ案内したときと未《いま》だ同じ色で照っていた。
「馬鹿は死ななきゃ……」
息が詰まって途切れた。それを見て青年はひと際大きな声で返した。

「あのね、おっさん、わしゃ、かーなわんよ！」
怒鳴るような声だった。⑤ずっと続くはずだったものを鉈《なた》で断ち切る掛け声のようでもあった。
「のう、おっさん。やっぱり現実は思うたよりずっと手強《てごわ》いんじゃのう。でも僕、負けとうないのう」
青年はそう言って、くしゃくしゃになった顔で笑った。
つっははは、という空疎な笑い声が、映画館の辺りをしばらく所在なげに漂っていた。

（木内昇「庄助さん」『茗荷谷の猫』所収　文春文庫刊）

㊟「新作」――「青年」が撮りたいと思っている映画。
活動写真 ―― かつての映画の呼称。
鹿威し ―― 下図参照。
白山の長久亭 ―― 白山は現在の東京都文京区の地名で、長久亭は寄席小屋の名称。
市街電車の事故 ―― 妻は夫がこの電車に乗っており、事故に巻き込まれて死んだと思っている。
震災 ―― 一九二三年の関東大震災を指す。
弁士 ―― かつての活動写真は音声のない「無声映画」であり、傍らで解説をする者を「弁士」と呼んでいた。
赤紙 ―― 召集令状の俗称。赤色の文書で召集の命令が届いたことに由来する。
懊悩 ―― 悩み苦しむこと。

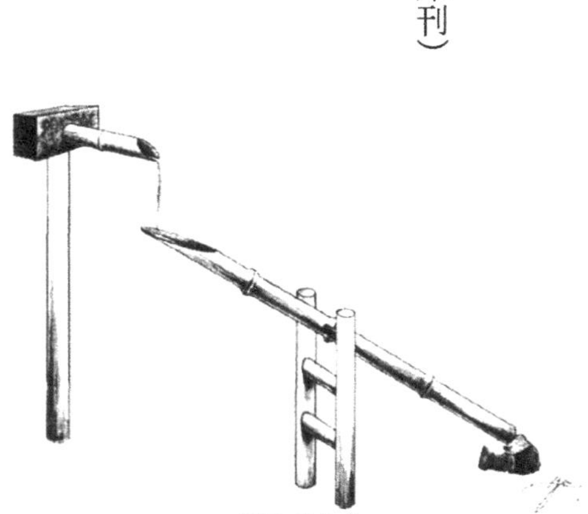

（鹿威し）

問一　――線部a～cの語句の本文中の意味として最も適切なものを、それぞれ次の中から選び、記号で答えなさい。

a　「体裁を繕い」

ア　家計をごまかし　　イ　外面だけを整え　　ウ　まじめさを装い　　エ　人目を遠ざけ

b　「難渋した」

ア　取り乱した　　イ　あきらめた　　ウ　焦り出した　　エ　苦しみ困った

c　「逡巡する」

ア　ためらう　　イ　心配する　　ウ　あわてる　　エ　思案する

問二 ――線部①「どうも申し訳ないような心持ちになっていた」とありますが、それはなぜですか。その理由として最も適切なものを次の中から選び、記号で答えなさい。

ア 映画館の支配人をしているとはいっても、映画を撮ることに対しては素人同然の自分に大きな信頼を寄せて、何度も相談に訪れる青年が、映画の理解という点においても既に自分をはるかに越えてしまっているのではないかと思うようになったから。

イ 若者の大言壮語には常々懐疑的な自分が、どれほど酷評しようと、ひたすら信用し続ける青年のひたむきさに驚かされながらも、太平洋戦争が始まってしまった今となっては、彼の苦労も無駄に終わってしまうのではないかと思うようになったから。

ウ 青年の練り上げた構想は、映画館の支配人をしているだけで映画を撮った経験もない自分には、実はまったく理解できない次元に達しているにもかかわらず、自分に驚くほどの信頼を寄せて、意見を求め続ける青年をかわいそうに思うようになったから。

エ 青年の自分に対する厚い信望と、映画を撮ることに対するひたむきな情熱にほだされて、彼の相談に乗って意見を述べてはいるが、内心では面倒に感じていることが、そろそろ青年にも気づかれ始めたのではないかと不安に思うようになったから。

問三 ――線部②「支配人はなぜか泣きそうになった」とありますが、ここでの支配人の心情の説明として**適切でないもの**を次の中から一つ選び、記号で答えなさい。

ア 言葉づかいは粗野だが、謙虚で真剣な青年の態度に胸を打たれ、いとおしさがこみ上げている。

イ 浪曲師の道を目指したが、ものにならずに挫折した過去を思い出し、やるせなさを感じている。

ウ 裏切るような形で別れたまま、震災で亡くなった妻のことが心に浮かび、切なくなっている。

エ 年を取ってから映画館の支配人になった自分の愚かさを痛感し、みじめな気持ちになっている。

問四　――線部③「こういう手合」とありますが、それはどういう人のことを指しますか。その説明として最も適切なものを次の中から選び、記号で答えなさい。

ア　映画に関する知識が豊富で、青年にはとても太刀打ちできそうもない存在。

イ　さまざまな人生経験を重ねる中で、人間の悲哀を十分に心得ている存在。

ウ　単なる楽天家ではなく、悲観的な立場からも人生を見ることができる存在。

エ　悲しみや苦労を重ねたおかげで、最後に成功をつかみ取る辛抱強い存在。

問五　――線部④「言葉をなくした」とありますが、ここでの支配人の心情を八十字以内で説明しなさい。

問六　――線部⑤「ずっと続くはずだったものを鉈で断ち切る掛け声のようでもあった」とありますが、ここでの「青年」の心情の説明として最も適切なものを次の中から選び、記号で答えなさい。

ア　通知が来てからわずか数週間で兵隊になるという現実は、あまりにも性急すぎると不満を覚えるものの、映画を撮ることに夢中になって現実を忘れていた自分に責任があるのだから仕方がないと、きっぱりと諦めるしかないと覚悟している。

イ　自分の映画を撮るという夢のことばかりを考えていたため、戦争という現実が見えなくなっていたが、召集令状を突きつけられて、自分の夢を打ち砕かれたことを無念に思うとともに、厳しい現実を受け入れるしかないと覚悟している。

ウ　練りに練った構想をもとに映画を撮るという夢は、あともう少しで実現するはずだったのに、戦争のせいで望みが絶たれたことに怒りを覚えるとともに、現実の手強さを痛感し、自分のちっぽけな夢は諦めるしかないと覚悟している。

エ　支配人のおかげで構想が完成しつつあった映画を断念しなければならないことよりも、お世話になった支配人との関係が断ち切られてしまうという現実のほうが辛いが、今となってはその現実を受け入れるしかないと覚悟している。

問七　本文について六人で意見を出し合いました。本文の内容や表現にもとづいた読後感として適切な意見を述べているものを**二つ**選び、記号で答えなさい。

ア　生徒ア「戦争というと、悲惨な状況が語られることが多いけど、戦時中も映画が上映されていたことを知って驚いたよ。この作品は戦争の残酷さを描くというより、楽観的な世の中の側面を描くことに焦点を当てているんだね。」

イ　生徒イ「戦争のことだけではなく、本文には関東大震災のことも語られていたよ。支配人は、震災で妻を亡くしたと書いてあったし、妻の死に対する悲痛な思いを青年に告白していたから、楽観的な世の中というのはどうかと思うよ。」

ウ　生徒ウ「本文に出てくる青年は、乱暴な言葉づかいが目立つし、支配人のことを『おっさん』と呼んでいるのは失礼な感じがするね。支配人に敬意を払っているなら、もう少し言葉づかいに気をつければよかったと思ったよ。」

エ　生徒エ「青年が支配人に頭を下げている場面で、『鹿威しのように』という比喩が二回用いられているね。これは青年の大げさな様子をユーモラスに表していると同時に、支配人に対する誠実な姿勢も表しているんじゃないかな。」

オ　生徒オ「何の連絡もなく急にいなくなった青年と支配人が再会する場面では、支配人の複雑で微妙な心理が描かれていたね。そこには戦争がもたらす過酷な現実や、それに伴う青年の苦悩が重ねられていたように思ったよ。」

カ　生徒カ「本文の最後にある『空疎な笑い声』という表現の意味が気になったよ。映画を撮るという夢を打ち砕く現実が空疎なものだと言っているのかな。『所在なげに漂っていた』という表現も、その空《むな》しさを表していると思うよ。」

【二】　次の文章を読んで、後の問いに答えなさい。

著作権に関係する弊社の都合により本文は省略いたします。

教英出版編集部

著作権に関係する弊社の都合により本文は省略いたします。

教英出版編集部

（高橋恵子《たかはしけいこ》『絆《きずな》の構造——依存と自立の心理学』）

㊟「友人」—— ここでは「普通の友だち」のことを指す。

ジレンマ —— 二つの相反する事柄の板ばさみになって、どちらとも決められない困難な状況に追い込まれること。

問一　――線部a～dのカタカナを漢字に直しなさい。

問二　〰〰線部ア～エの語のうち、**活用しないもの**を一つ選び、記号で答えなさい。

ア　ある時、三〇年近くにわたって……　　イ　特別な人だと考えている……

ウ　異論はないのであるが、　　エ　友人と呼ぶであろうか。

問三　――線部①「私がひっかかったのは、彼らがfriendという単語に込めている特別な意味についてであった」とありますが、筆者が「ひっかかった」のはなぜですか。その説明として最も適切なものを次の中から選び、記号で答えなさい。

ア　彼らは筆者をfriendと呼ぶが、研究上の付き合いはあっても、筆者はそれほど親しいとは思っていなかったから。

イ　彼らがfriendだと言うのは、ほんの知り合い程度でも軽く使うのだと、それまでの彼らとの会話で知っていたから。

ウ　彼らのfriendという単語の使い方には、日本語の「友人」と比べ特別に親しい人物という意味合いを強く感じたから。

エ　彼らはfriendという単語しか使わず、日本語のような「友人」と「親友」の使い分けをしないことに気づいたから。

問四　空欄 X に入ると考えられる言葉として最も適切なものを次の中から選び、記号で答えなさい。

ア　親しさの程度が緩やかに低くなるのに対して、東京の子どもではこの順で急激に低くなる

イ　挙げる人数が減っていくのに対して、東京の子どもでは逆にこの順で人数が増えている

ウ　親しさの程度が低くなるのに対して、東京の子どもではあまり親しさの程度が変わらない

エ　挙げる人数が減っていくのに対して、東京の子どもでは学年によって人数の順序が変わる

問五　――線部②「欧米の研究者が正解とした回答」とありますが、これはどのようなものですか。次の空欄に入る言葉を、本文中から十字前後で抜き出して答えなさい。

［十字前後］こと。

問六　――線部③「この結果は、欧米の研究結果とは大きく異なり、驚きをもって受けとめられた」とありますが、「驚きをもって受けとめられた」のは、研究結果のどのような点ですか。その説明として最も適切なものを次の中から選び、記号で答えなさい。

ア　友情の概念、約束の概念について、いずれも成長とともに正解に近づく点。
イ　ジレンマ状況の解決について、大学生よりも小学高学年のほうが高得点である点。
ウ　年齢が上がっても、解決策として「三人で一緒に会う」という回答の割合が高い点。
エ　大学生でも、転校生と親友は仲が悪いという条件を正確に理解できず見落としてしまう点。

問七　＝＝線部「友人をできるだけ多く挙げようとした」とありますが、それはなぜだと筆者は考えていますか。次の空欄Ⅰ・Ⅱに入る言葉を、本文中から指定の字数で抜き出して、それぞれ最初と最後の五字ずつで答えなさい。

［Ⅰ（二十五字）］の中で過ごしたために、［Ⅱ（十七字）］を抱くようになったから。

【三】の問題は、次のページにあります。

【三】 次の文章を読んで、後の問いに答えなさい。

和邇部用光《わにべのもちみつ》といふ㊟楽人《がくにん》ありけり。土佐《とさ》の㊟御船遊《おふなあそ》びに㊟下《くだ》りて、上《のぼ》りけるに、安芸《あき》の国、なにがしの泊《とまり》にて、海賊押し寄せたりけり。弓矢の行方知らねば、防ぎ戦ふに力なくて、今はうたがひなく殺されなむずと思ひて、㊟篳篥《ひちりき》を取り出でて、屋形《やかた》の上にゐて、「㊟あの党や。今は沙汰《さた》に及ばず。①とくなにものをも取り給へ。ただし、a年ごろ、思ひしめたる篳篥の、㊟小調子《こてうし》といふ曲、吹きて聞かせ申さむ。㊟さることこそありしかと、のちの物語にもし給へ」といひければ、㊟宗《むね》との大きなる声にて、「主《ぬし》たち、しばし待ち給へ。かくいふことなり。もの聞け」といひければ、船を押さへて、おのおのしづまりたるに、用光、②今はかぎりとおぼえければ、涙を流して、めでたき音を吹き出でて、吹きすましたりけり。

をりからにや、その調べ、波の上にひびきて、㊟潯陽江《じんやうかう》のほとりに、琵琶《びは》を聞きし昔語りにbことならず。③海賊、静まりて、いふことなし。

よくよく聞きて、曲終りて、先の声にて、④「君が船に心をかけて、寄せたりつれども、曲の声に涙落ちて、㊟かたさりぬ」とて、漕《こ》ぎ去りぬ。猛きもののふの心をなぐさむること、和歌に限らず。これら、みな管絃《くわんげん》の徳なり。

（『十訓抄《じつきんせう》』）

㊟ 楽人 ―― 音楽家。
御船遊び ―― 船の上で詩歌や音楽を楽しむ行事。
下りて、上りけるに ―― 土佐へ下って、京へ帰っていたところ。
篳篥 ―― たて笛の一種。
あの党や ―― そこにいる一党の者たちよ。
小調子 ―― 篳篥の秘曲。
さることこそありしか ―― そのようなことがあった。

宗と――盗賊の中心人物。

潯陽江のほとりに、琵琶を聞きし昔語り――潯陽江は中国の長江。昔、白楽天という詩人が「琵琶行」という傑作を作ったという話に基づいている。

かたさりぬ――「ここはやめた」という意味。

問一 ――部a・bの語句の意味として最も適切なものをそれぞれ選び、記号で答えなさい。

a 「年ごろ」

ア 長年　イ 適齢期に　ウ 一年ほど　エ 最近

b 「ことならず」

ア 琴ではない　イ 違わない　ウ 事件ではない　エ 言葉が出ない

問二 ――部①・②・④の解釈として最も適切なものをそれぞれ選び、記号で答えなさい。

① 「とくなにものをも取り給へ」

ア 得になる荷物をお取りください　イ 早くどんな物でもお取りなさい

ウ 得をしたい人がお取りください　エ 早く何者かが助けに来てほしい

② 「今はかぎりとおぼえければ」

ア 今度は限界をこえてしまって　イ もう決断する時だと思いながら

ウ 最後まであきらめることなく　エ もうこれで最後だと思われたので

④ 「君が船に心をかけて」

ア あなたが、船を大切にして　イ あなたの船に、ねらいをつけて

ウ あなたが、船を目当てにして　エ あなたの船に、気をとられて

問三　——部③「海賊、静まりて、いふことなし」とありますが、それはなぜですか。最も適切なものを次の中から選び、記号で答えなさい。

ア　用光の演奏をきいて眠たくなったから。　イ　昔の音楽をきいて悲しくなったから。

ウ　用光のすばらしい演奏に感動したから。　エ　欲しいものを手に入れて満足したから。

問四　この話の主題を表す最も適切な言葉を、本文中から五字以内で抜き出して答えなさい。

（以　上）

令和３年度

清 風 高 等 学 校 入 学 試 験 問 題

数　　学（50分）

試験開始の合図があるまで，この「問題」冊子を開かず，下記の注意事項を読んでください。

【注　意　事　項】

1．試験開始の合図で，解答用紙の所定の欄に「受験番号」,「名前」をはっきりと記入してください。

2．この「問題」冊子は，５ページあります。解答用紙は１枚です。ページが脱落している場合は手を挙げて試験監督の先生に知らせてください。

3．解答は，解答用紙の指定されたところに記入してください。

4．各ページの余白は下書きに使用してもかまいません。

5．試験終了の合図で,「問題」冊子の上に解答用紙を重ねてください。

6．「問題」冊子及び解答用紙は持ち帰ってはいけません。

1 次の各問いに答えなさい。

（1） $a^2+6ab+9b^2-25$ を因数分解しなさい。

（2） x についての方程式 $\dfrac{x-a-4}{4}=\dfrac{4x+a}{3}$ の解が -2 のとき，定数 a の値を求めなさい。

（3） $\sqrt{108+9n}$ が整数となるような自然数 n のうち，最小のものを求めなさい。

（4） 大小2つのさいころを同時に投げるとき，出る目の積が12の倍数になる確率を求めなさい。

（5） 図のように，平行な2直線 ℓ，m と△ABCがある。△ABCはAB＝ACの二等辺三角形であり，頂点Cは m 上にある。このとき，$\angle x$ の大きさを求めなさい。

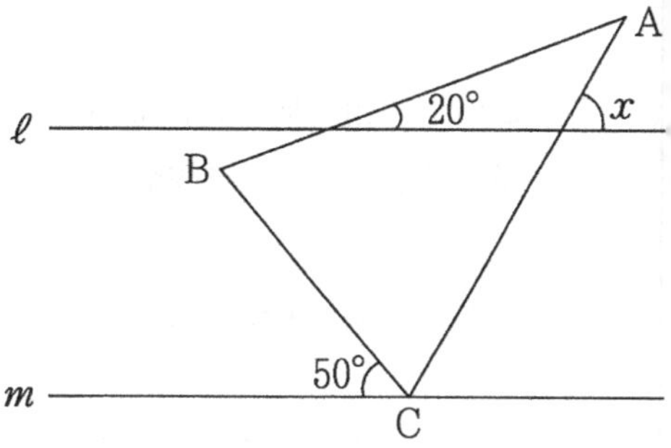

2　濃度10%の食塩水が200g入った3つの容器A，B，Cがあり，それぞれの容器に対して次の 操作1 ， 操作2 を行う。

操作1　xgの食塩水を取り出して，xgの水を入れる。
操作2　$2x$gの食塩水を取り出して，$3x$gの水を入れる。

このとき，次の問いに答えなさい。

（1） 操作1 において，$x=20$とする。

(ア) 容器Aに 操作1 を1回行ったとき，容器Aに含まれる食塩の量は何gになりますか。

(イ) (ア)のとき，容器Aの食塩水の濃度は何%になりますか。

（2） 容器Bに 操作1 を1回行ったとき，

(ア) 容器Bに含まれる食塩の量を，xを用いて表しなさい。

(イ) 容器Bの食塩水の濃度が7%になったとき，xの値を求めなさい。

（3） 容器Cに 操作1 を1回行い，さらに続けて 操作2 を1回行うと，食塩水の濃度が4%になった。このとき，xの値を求めなさい。

3　図のように，関数 $y=x^2$ のグラフと直線 ℓ が2点A，Bで交わっていて，A，Bの x 座標はそれぞれ -2，4である。また，$y=x^2$ のグラフ上に点C，OAの延長線上に点Dをとり，四角形OBCDが平行四辺形となるようにした。このとき，次の問いに答えなさい。

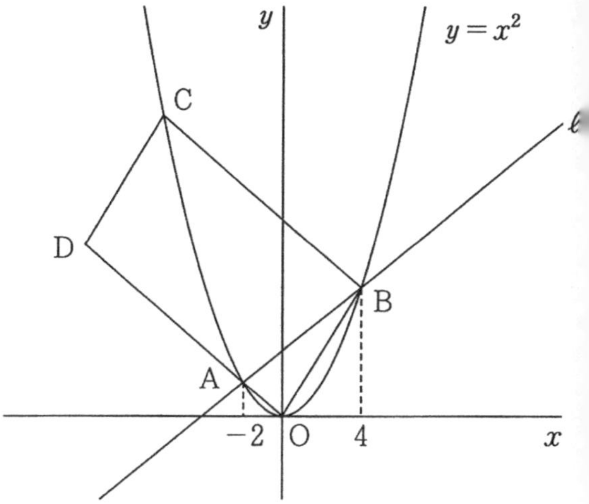

（1）　直線OAの式を求めなさい。

（2）　直線 ℓ の式を求めなさい。

（3）　点Cの座標を求めなさい。

（4）　△OBCの面積を求めなさい。

（5）　直線CDと直線 ℓ の交点をEとするとき，BA：AEを最も簡単な整数の比で表しなさい。

4 図のように，１辺の長さが10cmの正三角形ABCがある。辺AB上にAD＝４cmとなる点Ｄをとり，四角形ADEFが平行四辺形となるように点Ｅ，Ｆをそれぞれ辺BC，CA上にとる。線分CDと線分BF，EFの交点をそれぞれＧ，Ｈとするとき，次の問いに答えなさい。

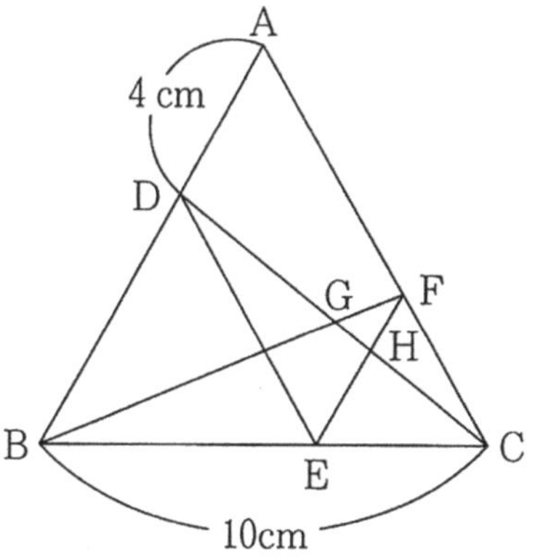

（１） 線分FHの長さを求めなさい。

（２） BG：GFを最も簡単な整数の比で表しなさい。

（３） △BGDの面積は△ABFの面積の何倍ですか。

（４） (ア) △ABF≡［　　　］である。

空欄［　　　］に，次の中から適するものを選び，番号で答えなさい。

① △BGD　② △ECH　③ △BEF　④ △BCD

(イ) ∠BGDの大きさを求めなさい。

(ウ) 線分BGの長さを求めなさい。

5　〈図1〉のように，AB＝BF＝6 cm，AD＝8 cm の直方体ABCD−EFGHがあり，辺BCおよびCDの中点をそれぞれP，Qとする。線分BGと線分PFの交点をIとし，Iから辺CGに垂線IJをひく。このとき，次の問いに答えなさい。

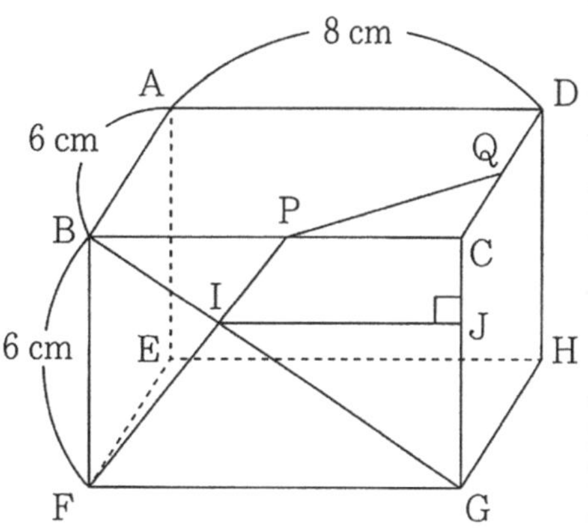

〈図1〉

（1）△PCQの面積を求めなさい。

（2）BI：IGを最も簡単な整数の比で表しなさい。

（3）IJの長さを求めなさい。

〈図2〉のように，直方体ABCD−EFGHを，台形PFHQによって2つの立体に分け，点Cを含む方の立体をSとする。

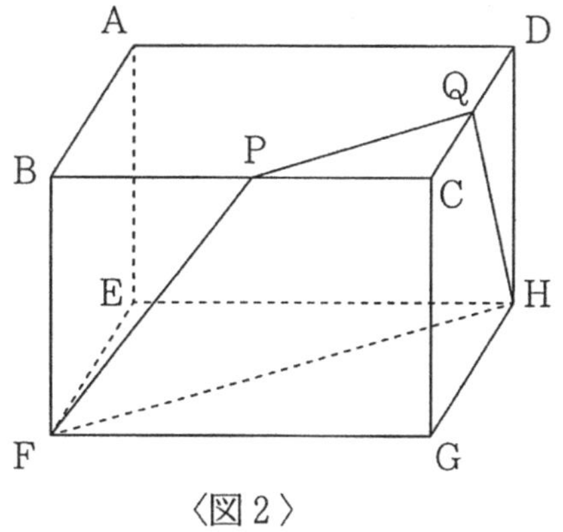

〈図2〉

（4）立体Sの体積を求めなさい。

（5）さらに，立体Sを△BGDによって，2つの立体に分けるとき，点Cを含む方の立体の体積を求めなさい。

令和３年度

清風高等学校入学試験問題

英　語（50分）

試験開始の合図があるまで，この「問題」冊子を開かず，下記の注意事項を読んでください。

【注　意　事　項】

1．試験開始の合図で，解答用紙の所定の欄に「受験番号」，「名前」をはっきりと記入してください。

2．この「問題」冊子は，８ページあります。解答用紙は１枚です。ページが脱落している場合は手を挙げて試験監督の先生に知らせてください。

3．解答は，解答用紙の指定されたところに記入してください。

4．試験終了の合図で，「問題」冊子の上に解答用紙を重ねてください。

5．「問題」冊子及び解答用紙は持ち帰ってはいけません。

英語問題

（問題番号 I ～ VI ）

I　次の文の空所に入る適切なものを，次のア～エからそれぞれ1つずつ選び，記号で答えなさい。

1 I went to Okinawa (　　) the summer vacation.
ア while　イ among　ウ between　エ during

2 Hurry up, (　　) you will be late for school.
ア and　イ or　ウ so　エ if

3 We (　　) little rain since last month.
ア have had　イ haven't had　ウ had　エ have been

4 My grandfather is a writer who is known to everyone, so I (　　) him.
ア reach　イ respond　ウ remind　エ respect

5 Jane is so shy that she can't (　　) her feelings well.
ア excite　イ excuse　ウ express　エ experience

II　次の日本語の内容に合うように，それぞれの空所に適切な1語を入れ，英文を完成させなさい。

1 私はその博物館へ2回行ったことがあります。
I have (　　) to the (　　) twice.

2 私は父の誕生日に何を買うか決められません。
I can't decide (　　) to buy for my father's (　　).

3 英語はすべての中で一番大切な教科だと思います。
I think English is the most important (　　) (　　) all.

4 私が君の年齢だったころ，サッカーをするのが得意でした。
I was good at (　　) soccer when I was your (　　).

Ⅲ　次の各組の［　　　］内の語をそれぞれの日本語の意味になるように並べかえたとき，3番目と5番目にくる語を答えなさい。ただし，文頭にくる語を大文字にしてあるとは限りません。

1　子どもたちがこの湖で泳ぐのは危険です。
[swim / dangerous / in / for / to / it / children / is] this lake.

2　駅へ行く方法を教えていただけますか。
[tell / you / me / to / station / get / could / to / how / the]?

3　ケンはルーシーと同じくらいたくさん本を持っています。
[has / books / as / Ken / as / many / Lucy].

4　何か冷たい飲み物をください。
[drink / me / cold / to / give / something], please.

IV　次のキャンプ場の支配人と宿泊客との対話文を読んで，後の問いに答えなさい。

Manager : You're all wet. [　　A　　]

Woman : You're not going to believe this! It's the most *incredible thing! It all started when we decided to go hiking this morning.

Man : Yeah, the weather was sunny and clear when we got up. So we put on shorts and T-shirts and went hiking. [　　B　　]

Woman : So we came back to our tent as fast as we could. <u>①We couldn't wait to change into dry clothes.</u>

Man : Right. But when we went into our tent, we couldn't find our clothes. [　　C　　] And then we saw the incredible thing. Two great big brown bears came out of the woods, and guess what? [　　D　　]

Manager : That's impossible!

Man : Well, one bear had my T-shirt around his neck. And the (　②　) one had Mary's pants over his head. We still don't know where the rest of our clothes are!

Manager : [laughing]

Woman : I know it sounds (　③　), but we were so scared! Those bears were big! And now we have a big problem.

Manager : What's that?

Woman and Man : [　　E　　]

㊟　incredible：信じられない

問1　［　A　］～［　E　］に入る適切なものを，次のア～オからそれぞれ1つずつ選び，記号で答えなさい。ただし，同じ記号を2回以上使ってはいけません。

ア　Half an hour later it started raining heavily!
イ　We don't have any dry clothes to wear!
ウ　So we went back outside to look around.
エ　What happened to you?
オ　They were wearing our clothes!

問2　下線部①とほぼ同じ意味になるものを，次のア～エから1つ選び，記号で答えなさい。

ア　We couldn't change clothes then.
イ　It took a long time to change clothes.
ウ　We changed clothes quickly.
エ　We wanted to change our clothes right away.

問3　（　②　）に入る適切な語を答えなさい。

問4　（　③　）に入る適切な語を，次のア～エから1つ選び，記号で答えなさい。

ア　funny　　イ　happy　　ウ　sad　　エ　surprised

V　次の文を読んで，後の問いに答えなさい。

When people think of plants, they often think of a garden, a park, or even a jungle. People don't usually think of a desert. But in deserts, you can see many plants that are able to grow and survive in difficult conditions.

Deserts can reach *temperatures of about 50℃ in the daytime and can also (1) below 0℃ at night. All deserts have little rain or water. ①[live / need / water / to / plants]. So how do desert plants get water?

There are three *ways plants can survive in the desert. First, desert plants have *developed special ways of (2) water. They have *waxy leaf coverings that help to keep water inside the leaves. Plants with this waxy covering are called *cactuses. Cactuses are also famous for their sharp *spines. These help to (3) a cactus from animals that are going to eat it. These plants can survive for weeks or months on the water which is (4) in just one rainfall.

A second way desert plants can live, even in difficult conditions, is by (5) very long roots. These roots *spread out and ②[to / near / find / try / water] the plant. When they find water, the roots *suck up as much as they can and then keep it.

The third way plants live in the desert is by sleeping. Some plants can stop growing and wait for rain. They look dead. When the rain comes, they quickly drink all the water they can and then ③burst back to life. If you see a desert a few days after it rains, you will see many of these types of plants with big green leaves and colorful flowers. However, after that, the plants drop their seeds and then go back to sleep and wait for the next rainfall.

㊟ temperature：気温　way(s)＋主語＋動詞：…が～する方法
develop：～を発達させる　waxy：ロウのような　cactus：サボテン
spine：とげ　spread out：広がる　suck up：～を吸う

問1　（　1　）～（　5　）に入る語を，次の［　　　］内から1つずつ選び，適切な形に変える必要のあるものは変えて答えなさい。ただし，同じ語を2回以上使ってはいけません。

［ collect / drop / keep / grow / protect ］

問2　下線部①の［　　　］内の語を，文意が通るように並べかえなさい。ただし，文頭にくる語も小文字にしてあります。

問3　下線部②の［　　　］内の語を，文意が通るように並べかえなさい。

問4　下線部③の日本語として適切なものを，次のア～エから1つ選び，記号で答えなさい。

ア　急に破裂する　　　イ　急に枯れる
ウ　急に生き生きする　エ　急に種を落とす

問5　次の1～4が本文の内容と一致すれば○，一致しなければ×を書きなさい。

1　Deserts have a lot of plants that can live under difficult conditions.
2　In deserts, it is very hot all day long.
3　Some plants keep water inside their leaves with special covers.
4　Before it rains, some desert plants drop their seeds.

VI　次の文を読んで，後の問いに答えなさい。

Diamonds are both very beautiful and very expensive. When a man asks a woman to marry him, he usually buys a diamond ring (1) her and gives it (2) her. Diamonds are often very expensive, but they are as *romantic as roses and it is difficult to imagine a man who is *proposing to a woman (3) a diamond ring. But did you know that this was not always true?

In the 19th century, diamonds became very popular. Before that, it was very difficult to get them out of the ground and more difficult to cut them. If diamonds are cut, they look more beautiful. In the middle of the 20th century, a company in South Africa [A] diamonds popular in many countries. Few people knew about diamonds before that, but they became interested (4) diamonds and bought them after hearing the company's *slogan, 'Diamonds are forever'.

The word 'diamond' comes from the old Greek word '*adamas*'. It means 'unbreakable'. A diamond is made (5) *carbon atoms and is ①[hardest / of / the / things / one] in the world. So companies use diamonds to cut very hard things.

Some of the most famous diamonds come from India. The diamond in the French *crown and the ②one in the British one are both from ③there. They are very important, so France and Britain will never sell them. They are more than diamonds — they are part of history.

These days, some countries are worried that diamonds from central and western Africa — maybe 3% of the world's diamonds — come to us from war areas. The diamonds from these areas *cost not only money but also people's lives. ④They are called 'blood diamonds'. So, some countries do not buy or sell them.

However diamonds will be popular with people *as long as there is [B] and as long as there are rich people to buy them.

㊟ romantic：ロマンチックな　propose：結婚を申し込む　slogan：スローガン
carbon atom：炭素原子　crown：王冠　cost：(お金などが) かかる
as long as ～：～であるかぎり

問1　（　1　）～（　5　）に入る適切なものを，次のア～オから1つずつ選び，記号で答えなさい。ただし，同じ記号を2回以上使ってはいけません。

ア　without　　イ　of　　ウ　to　　エ　for　　オ　in

問2　下線部①の［　　　］内の語を，文意が通るように並べかえなさい。

問3　下線部②，③が指す内容を，それぞれ**日本語で**答えなさい。

問4　下線部④の理由を解答欄に合うように答えなさい。

問5　［　A　］，［　B　］に入る適切なものを，次のア～エからそれぞれ1つずつ選び，記号で答えなさい。

［　A　］：ア　sold　　イ　bought　　ウ　made　　エ　cut

［　B　］：ア　carbon　　イ　history　　ウ　war　　エ　love

問6　次のア～オの中で，本文の内容と合っているものを2つ選び，記号で答えなさい。

ア　Diamonds are so beautiful that they are often very expensive.

イ　In the 19th century, diamonds were very popular in South Africa.

ウ　The word ‘diamond’ means ‘unbreakable’ in old Greek.

エ　Diamonds are used to cut very hard things.

オ　Rich people can buy diamonds in every country in the world.

〔以上〕

2021(R3) 清風高
K 教英出版

令和３年度

清 風 高 等 学 校 入 学 試 験 問 題

理　　科（50分）

試験開始の合図があるまで，この「問題」冊子を開かず，下記の注意事項を読んでください。

【注　意　事　項】

1．試験開始の合図で，解答用紙の所定の欄に「受験番号」，「名前」をはっきりと記入してください。

2．この「問題」冊子は，12ページあります。解答用紙は１枚です。ページが脱落している場合は手を挙げて試験監督の先生に知らせてください。

3．解答は，解答用紙の指定されたところに記入してください。

4．試験終了の合図で，「問題」冊子の上に解答用紙を重ねてください。

5．「問題」冊子及び解答用紙は持ち帰ってはいけません。

理 科 問 題

（ 問題番号 1 ～ 5 ）

1 次の文章を読み，下の各問いに答えなさい。

中和反応について，**〔実験1〕**～**〔実験3〕**を行いました。

〔実験1〕 ビーカー**A**，**B**，**C**，**D**，**E**に，ある濃度の塩酸を20cm^{3}ずつ入れ，さらにBTB溶液を数滴ずつ加えた。これらのビーカーに，体積を変えてある濃度の水酸化ナトリウム水溶液を加え，それぞれ水溶液の色を観察すると，**表1**のようになった。

表1

ビーカー	A	B	C	D	E
水酸化ナトリウム水溶液〔cm^3〕	5	10	15	20	25
水溶液の色	黄色	黄色	緑色	青色	青色

〔実験2〕 ビーカー**F**，**G**，**H**，**I**，**J**に，ある濃度の硫酸を20cm^{3}ずつ入れ，さらにBTB溶液を数滴ずつ加えた。これらのビーカーに，体積を変えてある濃度の水酸化バリウム水溶液を加えると，すべてのビーカーに沈殿物が生じた。これらの沈殿物をろ過して取り出し，それぞれ十分に乾燥させた後に質量をはかると，**表2**のようになった。

表2

ビーカー	F	G	H	I	J
水酸化バリウム水溶液〔cm^3〕	5	10	15	20	25
沈殿物の質量〔g〕	0.58	1.16	1.40	1.40	1.40

〔実験3〕 ビーカー**K**に，**〔実験2〕**で用いた硫酸を20cm^{3}入れ，電極を浸して一定の電圧をかけた。このビーカーに，**〔実験2〕**で用いた水酸化バリウム水溶液25cm^{3}を少しずつ加えながら，水溶液に流れる電流の大きさを測定した。

問1 **〔実験1〕**の結果から，塩酸と水酸化ナトリウム水溶液が過不足なく中和するときの体積比を，最も簡単な整数の比で答えなさい。

問2 **〔実験2〕**で，硫酸に水酸化バリウム水溶液を加えたときの反応を，化学反応式で表しなさい。

問3　〔**実験2**〕で，硫酸に水酸化バリウム水溶液を加えたときに生じる沈殿物の色として適するものを，次の**ア〜エ**のうちから1つ選び，記号で答えなさい。

ア　青色　　**イ**　黄色　　**ウ**　黒色　　**エ**　白色

問4　〔**実験2**〕で，水溶液の色が青色になるビーカーとして適するものを，**F〜J**のうちから**すべて**選び，記号で答えなさい。

問5　〔**実験2**〕の結果から，硫酸20cm^{3}と過不足なく中和する水酸化バリウム水溶液の体積は何cm^{3}ですか。四捨五入して整数で答えなさい。

問6　〔**実験2**〕のビーカー**I**のろ液に，〔**実験2**〕で用いた硫酸を加えると，水溶液の色が緑色になりました。このとき，加えた硫酸の体積は何cm^{3}ですか。四捨五入して整数で答えなさい。

問7　〔**実験3**〕の結果について，縦軸に電流の大きさ，横軸に加えた水酸化バリウム水溶液の体積をとってグラフにしました。そのグラフとして適するものを，次の**ア〜カ**のうちから1つ選び，記号で答えなさい。

ア

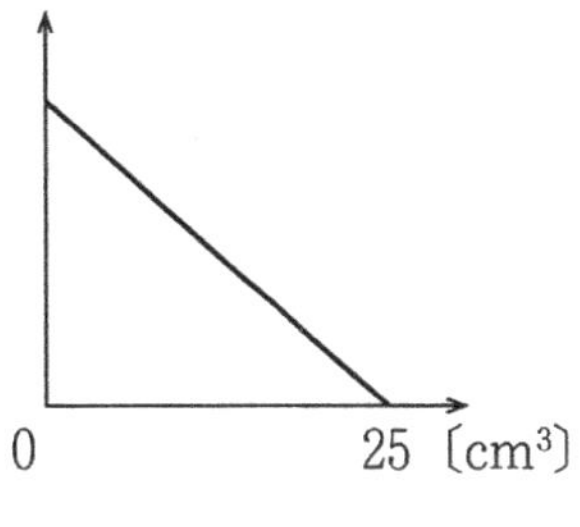

イ

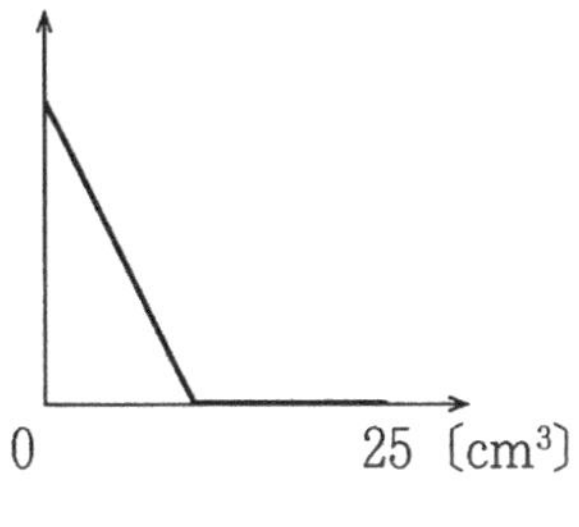

ウ

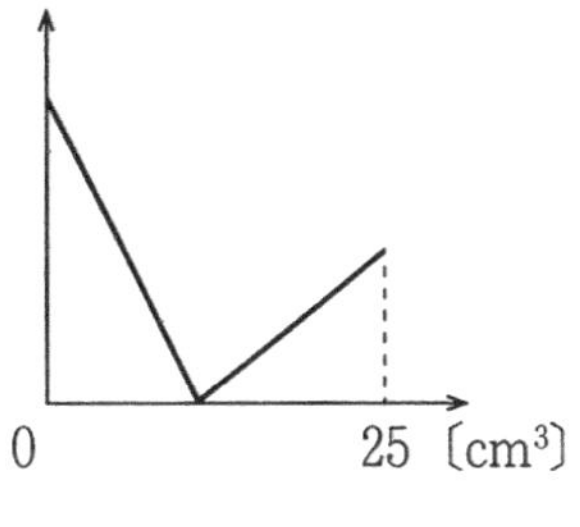

エ

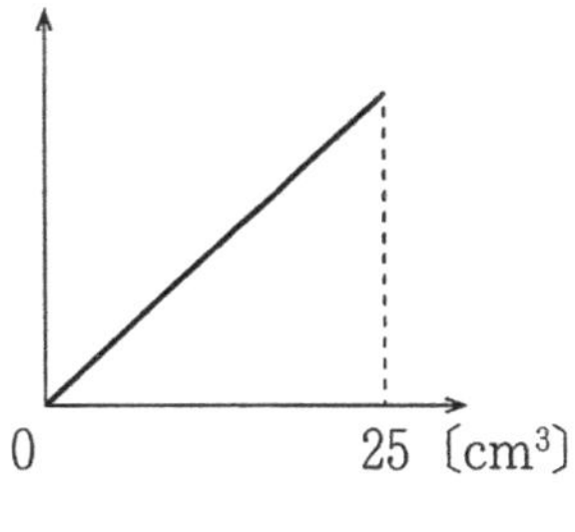

オ

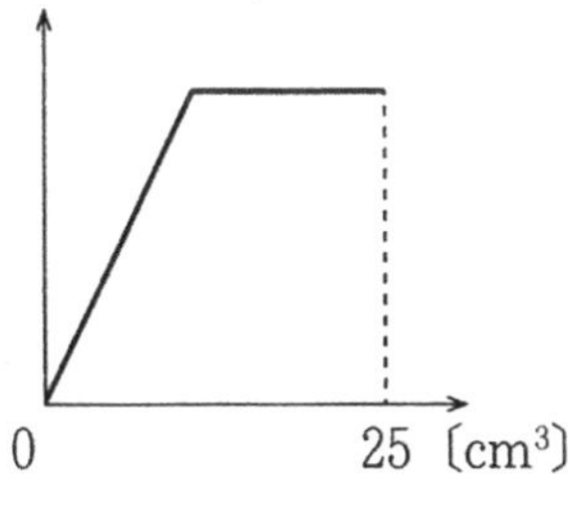

カ

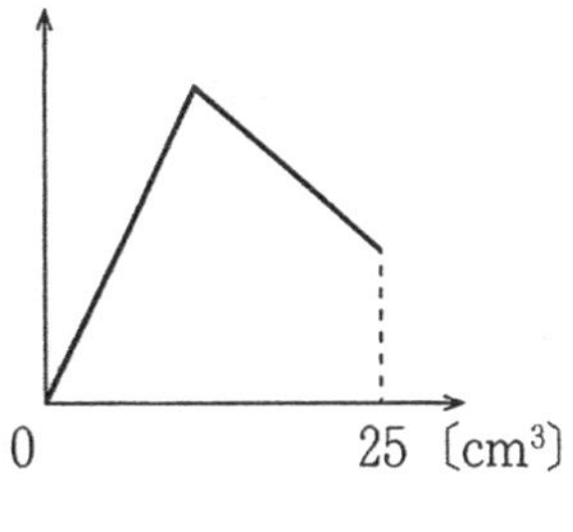

2　次の文章を読み，下の各問いに答えなさい。

水に物質を溶けるだけ溶かした水溶液を（　①　）水溶液といいます。また，水100gに物質を溶けるだけ溶かしたときの，溶けた物質の質量を溶解度といいます。**表**は，硝酸カリウムと塩化ナトリウムの，10℃，40℃，80℃での溶解度をまとめたものです。

表

水溶液の温度	10℃	40℃	80℃
硝酸カリウム〔g〕	21.9	63.6	167
塩化ナトリウム〔g〕	35.7	36.4	37.9

問１　空欄（　①　）に当てはまる語句を答えなさい。

問２　水100gに硝酸カリウムを溶けるだけ溶かした40℃の水溶液の質量パーセント濃度は何％ですか。四捨五入して小数第１位まで答えなさい。

塩化ナトリウムが混ざっている硝酸カリウムの粉末（粉末A）を用いて，**〔実験１〕**～**〔実験３〕**を行いました。ただし，２種類以上の物質を水に溶かすとき，それぞれの物質の溶解度は他の物質の影響を受けないものとします。

〔実験１〕　水100gを入れたビーカーに粉末Aを80g加え，水溶液の温度を80℃にしたところ，粉末Aはすべて溶けていた。

〔実験２〕　**〔実験１〕**の水溶液をゆっくりと冷却して40℃にすると，結晶が観察されたので，ろ過してとり出した。結晶はすべて硝酸カリウムで，質量は8.4gであった。

〔実験３〕　**〔実験２〕**で結晶をとり出したあとの40℃の水溶液をさらに10℃まで冷却すると，結晶が観察されたので，ろ過してとり出した。この結晶もすべて硝酸カリウムであった。

問3　下線部のように，温度による溶解度の差を利用して水溶液から結晶をとり出す方法を何といいますか。

問4　〔**実験3**〕でとり出した硝酸カリウムの結晶は何gですか。

問5　粉末Aに含まれていた硝酸カリウムの質量は，粉末Aの質量に対して何%ですか。

3　次の文章を読み，下の各問いに答えなさい。

陸上競技の短距離走のスタートについて，陸上部の監督と清太君との会話です。

清太：どうやってフライングスタートを判断するのですか。
監督：国際大会では，写真のような装置をスタートの際に使います。スタートの(a)ピストルの音を合図とし，この装置で，合図から競技者が動き出すまでの時間を計測します。その時間が0.100秒未満の場合はフライングと判断します。
清太：合図と同時に動き出した場合もフライングなのですか。
監督：そうです。(b)合図が耳に届いてから競技者が動き出すまでの時間は，0.100秒以上かかるとされています。このため，合図の後に動き出していても，合図から動き出すまでの時間が0.100秒未満では，合図の前に動いたのと同じであると判断され，フライングになります。
清太：わかりました。ありがとうございました。

問1　下線部(a)に関して，聴覚について述べた次の文章の空欄（　①　）～（　③　）に当てはまる語句を答えなさい。

空気の振動は，（　①　）を振動させ，その振動は（　①　）に接する（　②　）を通して（　③　）内の液体に伝えられる。（　③　）の感覚細胞は振動の刺激を信号に変えて，聴神経を通して脳に伝え，聴覚が生じる。

問2　下線部(b)に関して，ヒトが外部から刺激を受けて意識し，身体を動かすまでの信号が伝わる経路として適するものを，次の**ア**～**エ**のうちから1つ選び，記号で答えなさい。

ア　感覚器官　→　感覚神経　→　脳　→　運動神経　→　運動器官
イ　感覚器官　→　運動神経　→　脳　→　感覚神経　→　運動器官
ウ　運動器官　→　感覚神経　→　脳　→　運動神経　→　感覚器官
エ　運動器官　→　運動神経　→　脳　→　感覚神経　→　感覚器官

問3　ヒトは熱いものに触れたとき，熱いと意識する前に手を引っ込めます。この反応のように，無意識で起こる反応を何といいますか。また，その反応の例として**誤っているもの**を，次の**ア～エ**のうちから１つ選び，記号で答えなさい。

ア　明るいところから暗いところに移動したので，ひとみが大きくなった。
イ　顔に向かってボールが急に飛んできたので，目をつぶった。
ウ　食べ物を口に入れたので，唾液がでた。
エ　青信号に変わったので，横断歩道をわたった。

問4　感覚神経と運動神経をまとめて末しょう神経というのに対して，脳や脊髄をまとめて何といいますか。

清太君は，次のような〔**実験**〕を行いました。

〔**実験**〕 **図**のように，カエルのふくらはぎの筋肉を神経ごと取り出し，筋肉から10mm，40mm離れた神経上の点をそれぞれ点A，点Bとした。次に，点A，点Bにそれぞれ刺激を与え，刺激を与えてから筋肉が収縮を始めるまでの時間を測定すると，**表**のようになった。

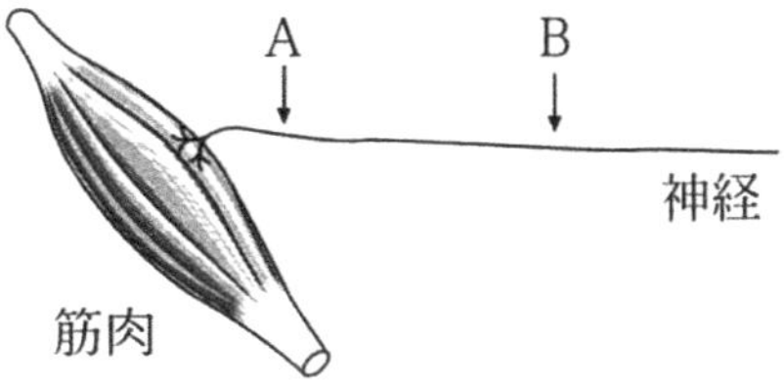

図

表

	A	B
筋肉が収縮を始めるまでの時間〔秒〕	0.0035	0.0050

問5　次の(1)，(2)に答えなさい。ただし，神経に与えた刺激はすぐに信号となって神経を伝わるものとします。

(1)　信号が神経を伝わる速さは何m/秒ですか。

(2)　信号が筋肉まで伝わってから，筋肉が収縮し始めるまでの時間は何秒ですか。

4　次の文章を読み，下の各問いに答えなさい。

太陽とそのまわりを公転する惑星などの天体の集まりを太陽系といいます。近年，宇宙探査機や望遠鏡などの進歩により，太陽系の天体について，大きさや大気のようすなどの様々な特徴がわかってきました。

問1　太陽のように自ら光を出す天体を何といいますか。漢字で答えなさい。

問2　太陽について適するものを，次の**ア**〜**エ**のうちから1つ選び，記号で答えなさい。

ア　表面に存在する黒点の数や大きさは変化しない。
イ　半径は地球の約218倍である。
ウ　おもに水素やヘリウムからできているガスのかたまりである。
エ　プロミネンスという高温のガスの層がとり巻いている。

次の**表**は，太陽系の地球と惑星**A**〜**G**について，地球の値を1としたときの赤道半径と質量の値，および主な大気の成分をまとめたものです。

表

	赤道半径	質量	主な大気の成分
地球	1.00	1.00	窒素，酸素
A	0.95	0.82	二酸化炭素
B	4.01	14.5	水素，ヘリウム
C	0.38	0.06	(大気はほとんどない)
D	11.2	318	水素，ヘリウム
E	9.45	95.2	水素，ヘリウム
F	0.53	0.11	二酸化炭素
G	3.88	17.2	水素，ヘリウム

問3　地球型惑星として適するものを，**A**〜**G**のうちから**すべて**選び，記号で答えなさい。

問4　木星として適するものを，**A**〜**G**のうちから1つ選び，記号で答えなさい。また，木星の衛星として適するものを，次の**ア**〜**エ**のうちから1つ選び，記号で答えなさい。

ア　デネブ　　**イ**　ベテルギウス　　**ウ**　イトカワ　　**エ**　エウロパ

図は，地球の北極側から見た太陽，金星，地球，火星の位置関係を表した模式図です。ただし，破線は各惑星の公転軌道を表し，各惑星は同一平面上を公転しているものとします。

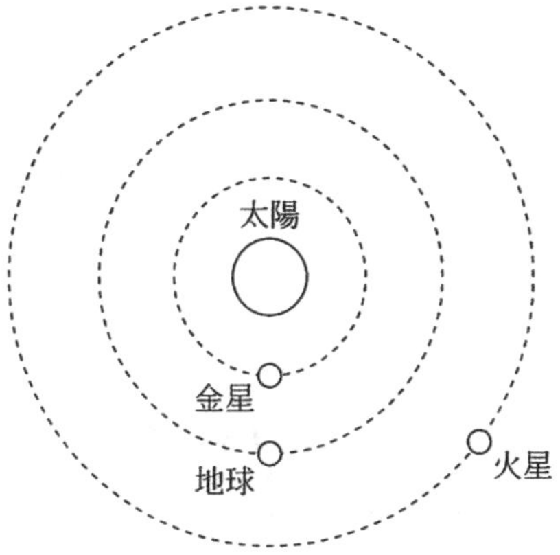

図

問5　次の(1)，(2)に答えなさい。

(1)　**図**のような位置関係のとき，地球から観察した金星と火星について適するものを，次の**ア**～**エ**のうちから１つ選び，記号で答えなさい。

ア　金星は一晩中観察できなかったが，火星は日の出前には南の空に観察できた。

イ　金星は一晩中観察できなかったが，火星は日の出前には東の空に観察できた。

ウ　金星は日の入り後には西の空に観察でき，火星は真夜中には東の空に観察できた。

エ　金星は日の入り後には東の空に観察でき，火星は真夜中には西の空に観察できた。

(2)　**図**のような位置関係のとき，地球と金星は最も近づいています。地球の公転周期を12か月，金星の公転周期を7.5か月とすると，次に地球と金星が最も近づくのはこのときから何か月後ですか。

5　次の文章を読み，下の各問いに答えなさい。

電流と磁界との関係を，次のいろいろな方法で調べました。ただし，地球の磁界の影響は考えないものとします。

図1のように，水平に置いた厚紙にコイルを固定し，厚紙上の点A，点Bに方位磁針を置いて，コイルに電流を流しました。

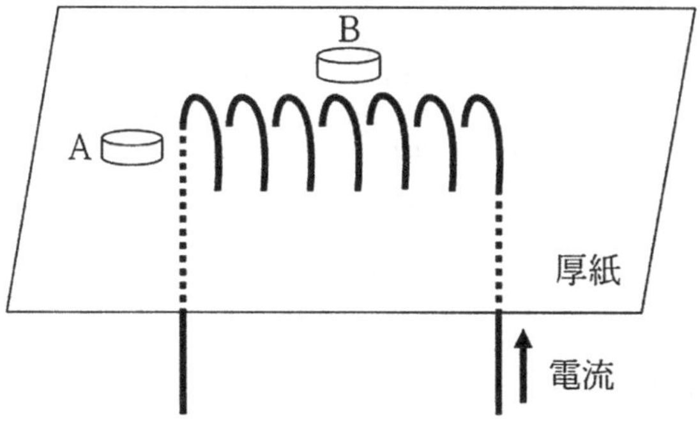

図1

問1　点A，点Bに置いた方位磁針のようすとして適するものを，次の**ア**～**ク**のうちからそれぞれ1つずつ選び，記号で答えなさい。ただし，方位磁針の黒い方をN極とします。

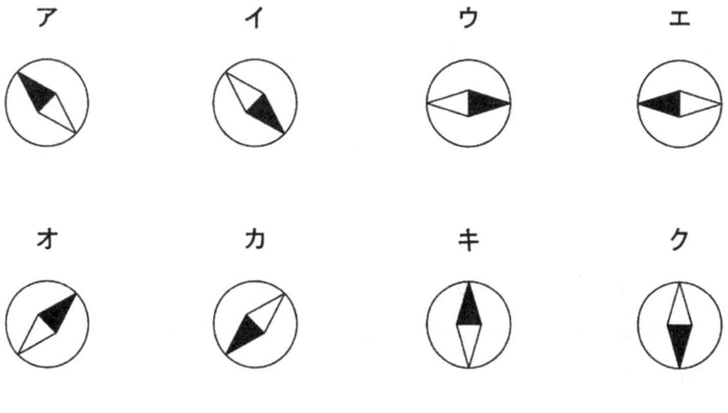

図2のように，水平に置いた厚紙に対して垂直に，まっすぐな導線ａを固定しました。次に，厚紙上の点Ｃに方位磁針を置いて，さらに鉄粉を一様にまき，導線ａに厚紙の下側から上側に電流を流しました。

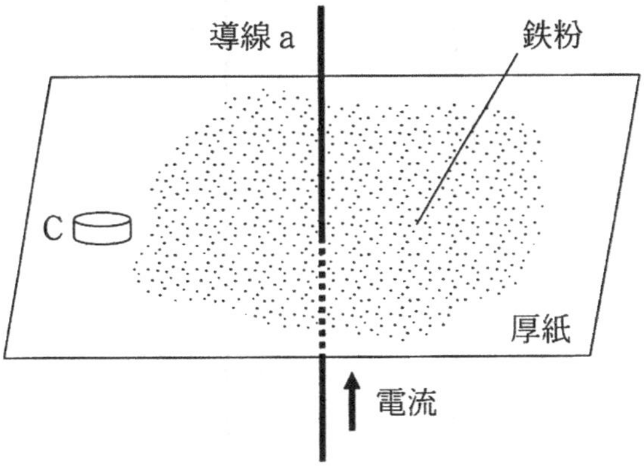

図２

問２　点Ｃに置いた方位磁針のようすとして適するものを，次の**ア～ク**のうちから１つ選び，記号で答えなさい。ただし，方位磁針の黒い方をＮ極とします。

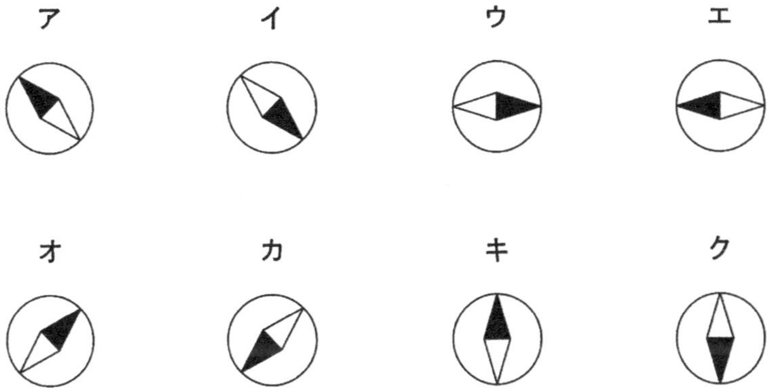

問３　厚紙を真上から見たとき，鉄粉の模様からわかる導線ａのまわりの磁力線のようすとして適するものを，次の**ア～エ**のうちから１つ選び，記号で答えなさい。ただし，•は導線ａを示しており，磁力線の間隔は磁界が強いところでは狭くなっています。

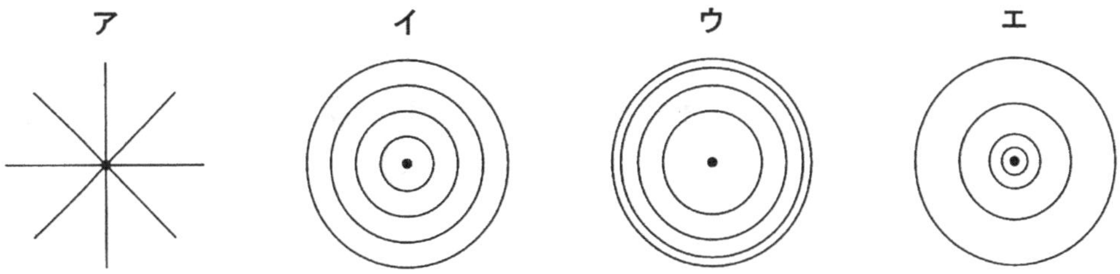

図3のように，水平に置いた厚紙に対して垂直に，まっすぐな導線bと導線cを固定しました。次に，導線bと導線cのどちらにも厚紙の下側から上側に同じ大きさの電流を流しました。

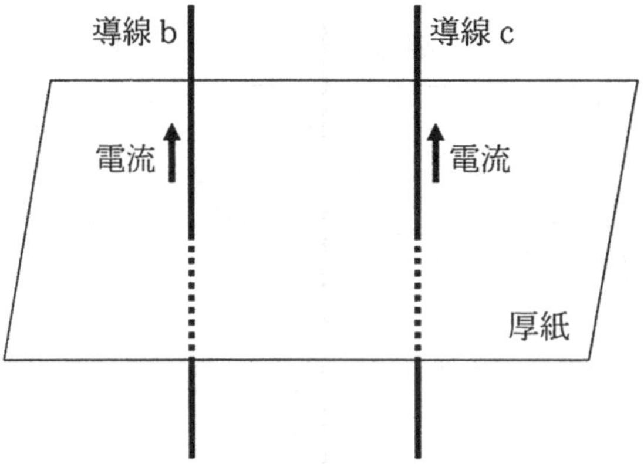

図3

問4　導線cに流れる電流によってできる磁界から，導線bが受ける力の向きはどのようになりますか。適するものを，**図4**の**ア**～**エ**のうちから1つ選び，記号で答えなさい。ただし，**図4**は厚紙を真上から見たもので，•は導線bと導線cを示しています。

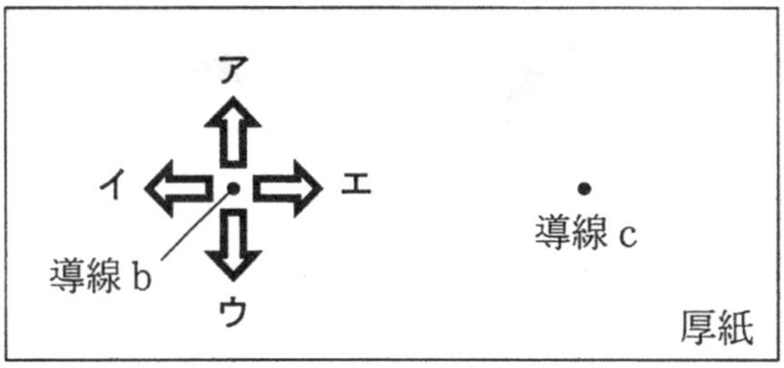

図4

問5　導線bに流れる電流によってできる磁界から，導線cが受ける力の向きはどのようになりますか。適するものを，**図5**の**ア**～**エ**のうちから1つ選び，記号で答えなさい。ただし，**図5**は厚紙を真上から見たもので，•は導線bと導線cを示しています。

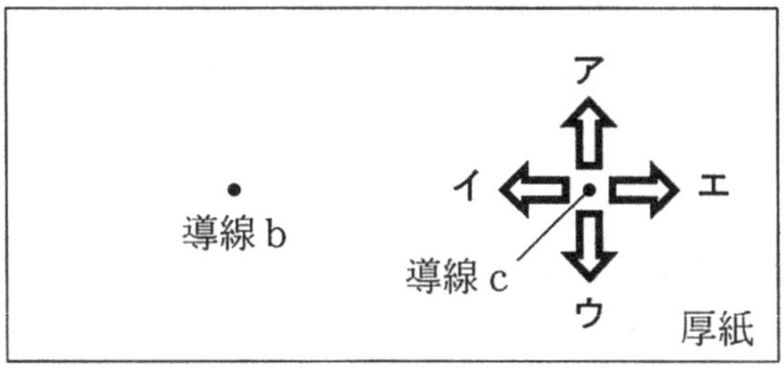

図5

問6　導線bに流れる電流はそのままで，導線cに流れる電流を大きくしました。このとき，導線bが受ける力の大きさは問4の場合の力の大きさと比べて，また導線cが受ける力の大きさは問5の場合の力の大きさと比べて，それぞれどのようになりますか。適するものを，次の**ア**～**エ**のうちから1つ選び，記号で答えなさい。

ア　導線bと導線cが受ける力の大きさはどちらも変わらない。
イ　導線bと導線cが受ける力の大きさはどちらも大きくなる。
ウ　導線bが受ける力の大きさは大きくなり，導線cが受ける力の大きさは変わらない。
エ　導線bが受ける力の大きさは変わらないが，導線cが受ける力の大きさは大きくなる。

問7　導線bと導線cのどちらにも厚紙の上側から下側に電流を流した場合，導線bが受ける力の向きは問4の場合の力の向きと比べてどのようになりますか。適するものを，次の**ア**～**エ**のうちから1つ選び，記号で答えなさい。

ア　逆向きに変化する。
イ　時計回りに90°の向きに変化する。
ウ　反時計回りに90°の向きに変化する。
エ　変化しない。

〔以上〕

令和3年度

清 風 高 等 学 校 入 学 試 験 問 題

社　　会（50分）

試験開始の合図があるまで，この「問題」冊子を開かず，下記の注意事項を読んでください。

【注　意　事　項】

1．試験開始の合図で，解答用紙の所定の欄に「受験番号」，「名前」をはっきりと記入してください。

2．この「問題」冊子は，16ページあります。解答用紙は1枚です。ページが脱落している場合は手を挙げて試験監督の先生に知らせてください。

3．解答は，解答用紙の指定されたところに記入してください。

4．試験終了の合図で，「問題」冊子の上に解答用紙を重ねてください。

5．「問題」冊子及び解答用紙は持ち帰ってはいけません。

社会問題

（問題番号 1 ～ 6 ）

1　次の文を読んで，あとの問１～問８に答えなさい。

現在の世界では，交通網や①情報通信技術の発達により②国境を越えた物や③人の移動が活発になっている。④周囲を海で囲まれた日本は，外国と貿易をする際に船や航空機などを利用している。⑤自動車などの重い機械類や⑥小麦などの穀物類，⑦鉱産資源などを運ぶ場合は主に船を利用し，人の移動や軽量で高価な電子部品，新鮮さが求められる食品などを運ぶ場合は主に航空機を利用している。

日本は原料を輸入し，工業製品を輸出する加工貿易を行うことで世界の国々とつながりを持ち，また工業発展をとげてきたといえる。しかし，アメリカ合衆国や⑧ヨーロッパ諸国などとの間では貿易摩擦といった問題も起こっている。

問１　下線部①に関連して，インドでは情報通信技術（ICT）産業の成長が著しいが，その中心となっているインドのシリコンバレーと呼ばれている都市を，次の**ア**～**エ**から一つ選び，記号で答えなさい。

ア　デリー　　**イ**　バンガロール　　**ウ**　ムンバイ　　**エ**　コルカタ

問２　下線部②に関連して，エジプトと隣国との国境に利用されている経緯線の度数の組み合わせとして正しいものを，次の**ア**～**エ**から一つ選び，記号で答えなさい。

ア　北緯22度　東経25度　　**イ**　北緯22度　西経25度
ウ　南緯22度　東経25度　　**エ**　南緯22度　西経25度

問３　下線部③に関連して，次の図は訪日外国人の国・地域別割合を表したものである。図中の**X**にあてはまる国を，あとの**ア**～**エ**から一つ選び，記号で答えなさい。

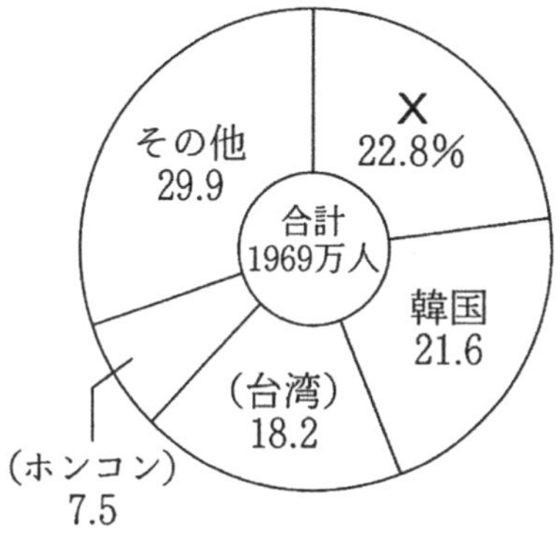

統計年次は2015年。
『法務省出入国管理統計』により作成。

ア　アメリカ合衆国　　**イ**　オーストラリア
ウ　中国　　**エ**　タイ

問4　下線部④に関連して，次の表は日本・インドネシア・ニュージーランド・ブラジル・メキシコの排他的経済水域の面積（領海を含む）と領土面積を表したものである。日本を参考にして，日本と同じように周囲を海で囲まれたニュージーランドにあてはまるものを，表中の**ア〜エ**から一つ選び，記号で答えなさい。

	日本	ア	イ	ウ	エ
排他的経済水域の面積（万km^2）	447	541	285	483	317
領土面積（万km^2）	38	191	196	27	852

『海洋白書　2009年』などにより作成。

問5　下線部⑤に関連して，次の図は日本・アメリカ合衆国・ブラジル・ケニアの人口100人あたりの自動車保有台数を表したものである。日本にあてはまるものを，図中の**ア〜エ**から一つ選び，記号で答えなさい。

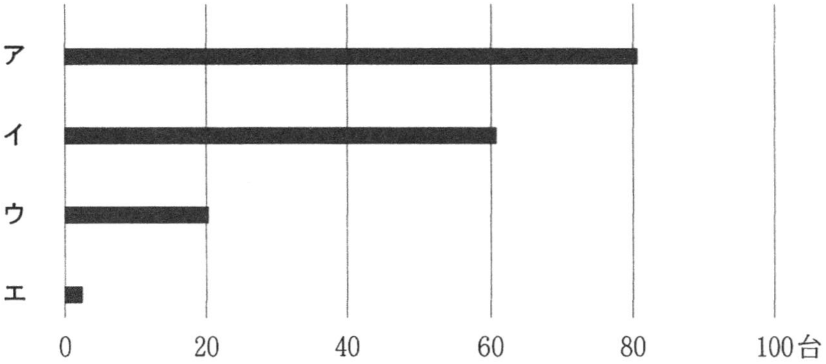

統計年次は2014年。
『世界自動車統計年報』により作成。

問6　下線部⑥について述べた次の文**X**・**Y**の正誤の組み合わせとして正しいものを，あとの**ア〜エ**から一つ選び，記号で答えなさい。

X　アルゼンチンでは，主にパンパと呼ばれる草原地帯で栽培されている。
Y　インドでは，主にアッサム地方で栽培されている。

ア　X　正　　Y　正　　　　**イ**　X　正　　Y　誤
ウ　X　誤　　Y　正　　　　**エ**　X　誤　　Y　誤

問7　下線部⑦に関連して，世界の主な石油輸出国が，原油価格の決定，生産量の調整などを目的として1960年に結成した国際組織を何というか。**アルファベット4字**で答えなさい。

問8　下線部⑧に関連して，ヨーロッパの国々について述べた文として**適当でないもの**を，次の**ア**～**エ**から一つ選び，記号で答えなさい。

ア　イタリアでは，気候に適したぶどうやオリーブの栽培が盛んである。
イ　スウェーデンでは，主にプロテスタントが信仰されている。
ウ　フランスやスペインでは，主にラテン語系の言語が話されている。
エ　ドイツでは，国内産の綿花を原料にした綿工業が産業の中心になっている。

2　中国地方と四国地方に関して，次の問1～問8に答えなさい。

問1　鳥取県にある火山と島根県にある平野の組み合わせとして正しいものを，次の**ア**～**エ**から一つ選び，記号で答えなさい。

	ア	**イ**	**ウ**	**エ**
鳥取県の火山	大山	石鎚《いしづち》山	大山	石鎚山
島根県の平野	讃岐平野	讃岐平野	出雲平野	出雲平野

問2　島根県大田市にある世界遺産を，次の**ア**～**エ**から一つ選び，記号で答えなさい。

ア　足尾銅山　　**イ**　石見銀山　　**ウ**　生野銀山　　**エ**　佐渡金山

問3　山口県で養殖されている主な魚介類として最も適当なものを，次の**ア**～**エ**から一つ選び，記号で答えなさい。

ア　ふぐ　　**イ**　かき　　**ウ**　たい　　**エ**　かつお

問4　次の図は，広島市の一部を上空からの写真をもとにして表したものである。この図の中心部に見られる主な地形を説明した文として適当なものを，あとの**ア～エ**から一つ選び，記号で答えなさい。

『地理院地図』により作成。

ア　川が山地から平地に出たところに，砂や石の堆積によりできる扇形の地形。
イ　谷が海に沈み，のこぎりの歯のような海岸線になっている地形。
ウ　氷河によってけずられた谷に，海水が深く入り込んでできる地形。
エ　河口に，川の運んできた細かい土砂が堆積してできる地形。

問５　次の略地図中の**a**・**b**・**c**は本州と四国を結ぶルートを表している。**a**・**b**・**c**のルートについて述べた文として**適当でないもの**を，あとの**ア**～**エ**から一つ選び，記号で答えなさい。

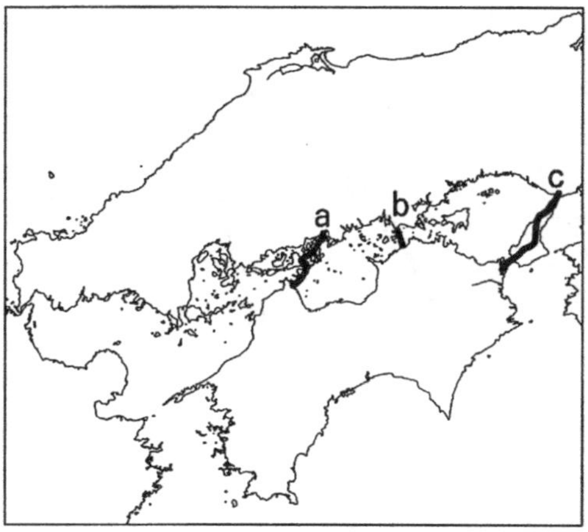

ア　aのルートはしまなみ海道と呼ばれ，自転車で通行し景色を楽しむことができる。
イ　bのルートは岡山県と香川県を結んでおり，自動車や鉄道で渡ることができる。
ウ　cのルートは徳島県と兵庫県を結んでおり，大鳴門橋や明石海峡大橋がある。
エ　a・b・cのルートの完成により，本州四国間の船による人の移動は無くなった。

問６　次の図は，瀬戸内海沿岸を中心とした瀬戸内工業地域（岡山県・広島県・山口県・香川県・愛媛県）の工業出荷額の内訳を表したもので，図中のⅠ・Ⅱ・Ⅲは金属・化学・食料品のいずれかである。Ⅰ・Ⅱ・Ⅲにあてはまる工業の組み合わせとして正しいものを，あとの**ア**～**カ**から一つ選び，記号で答えなさい。

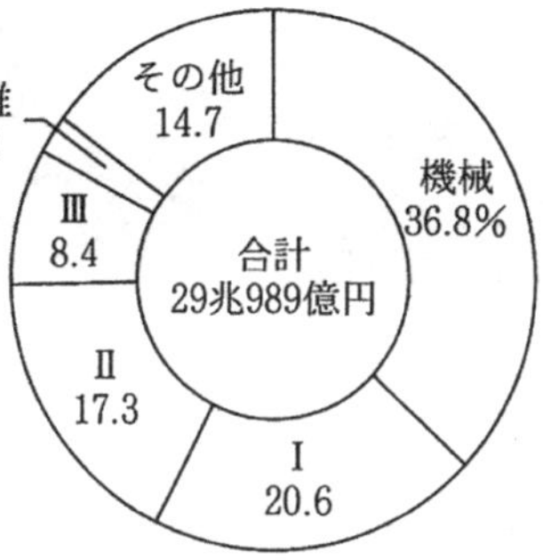

統計年次は2016年。
『日本国勢図会2019／20』により作成。

	ア	イ	ウ	エ	オ	カ
Ⅰ	金属	金属	化学	化学	食料品	食料品
Ⅱ	化学	食料品	金属	食料品	金属	化学
Ⅲ	食料品	化学	食料品	金属	化学	金属

問7　次の表は，徳島県・香川県・愛媛県・高知県の，農業産出額に占める米・野菜・果実・畜産の割合（%）を表したものである。野菜にあてはまるものを，表中の**ア～エ**から一つ選び，記号で答えなさい。

	ア	**イ**	**ウ**	**エ**
徳島県	13.2	39.5	9.9	25.8
香川県	14.6	29.9	7.4	41.3
愛媛県	13.0	16.4	42.7	20.7
高知県	10.5	62.9	9.9	7.1

統計年次は2018年。
『地理統計要覧　2020年版』により作成。

問8　次の図は，島根県・岡山県・広島県・香川県の年齢別人口構成（2016年）と人口増加率（1980～2015年）を表したものである。日本の過疎化の進行状況などを考えて，島根県にあてはまるものを，図中の**ア～エ**から一つ選び，記号で答えなさい。

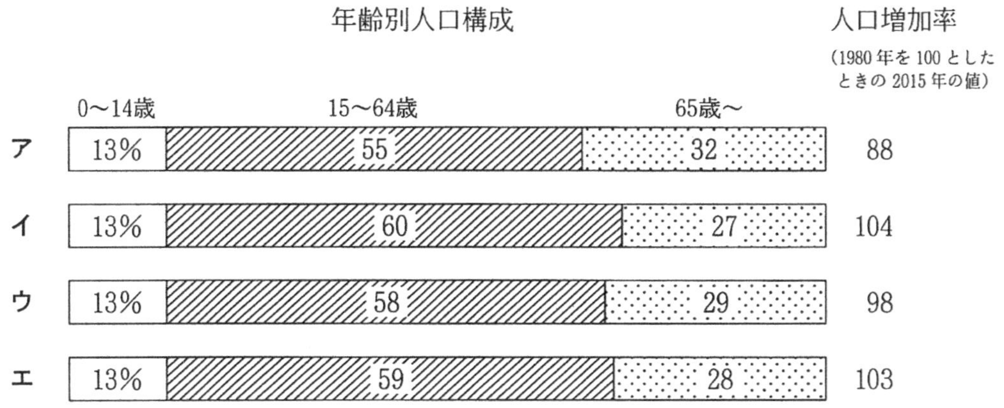

国土地理院資料ほかにより作成。

3　次のⅠ～Ⅴの文を読んで，あとの問１～問12に答えなさい。

Ⅰ　「歴史」とは，単なる過去の出来事ではなく，①文字で書き記された過去の記録（史料）を，できるだけ正しく解釈し，推測したものである。したがって，「歴史」を考えるということは，史料の言葉の意味をさまざまな観点から考えることである。しかし，文字のない社会では文字で書き表された史料がないため，②遺物や遺跡などから「歴史」を推測しなければならない。

問１　下線部①について述べた文として正しいものを，次の**ア**～**エ**から一つ選び，記号で答えなさい。

ア　飛鳥時代に，『日本書紀』が完成した。
イ　平安時代に，藤原道長は自らの繁栄を和歌に詠んだ。
ウ　鎌倉時代に，各地で分国法が定められた。
エ　室町時代に，武家諸法度が定められた。

問２　下線部②について，遺物や遺跡からわかる「歴史」について述べた文として最も適当なものを，次の**ア**～**エ**から一つ選び，記号で答えなさい。

ア　岩宿遺跡の遺物から，旧石器時代に土器が用いられていたことがわかる。
イ　鉄器から，縄文時代に煮炊きが行われたことがわかる。
ウ　石包丁から，弥生時代に木の伐採が行われたことがわかる。
エ　前方後円墳の分布から，古墳時代に大和政権が近畿地方に成立したことがわかる。

Ⅱ　藤原仲麻呂は，③律令制にもとづく政治の仕方とは異なる方法で政治を行ったため，反対勢力が多かった。そこで，宴《うたげ》の席は反乱計画をひそかに話し合う場になりやすいという理由から，758年に祭りや病気療養以外の目的でお酒を飲むことを禁止した。④東大寺写経所の文書を見ると，758年の購入物に「薬」と記されていたものが，760年には「薬酒《やくしゅ》」，762年には「粉酒《こさけ》」と記されるようになった。このことから，東大寺写経所が758年の法令を意識して，「酒」を「薬」と称して購入していたことがわかる。

問３　下線部③に関連して，律令国家の支配について述べた次の文**X**・**Y**の正誤の組み合わせとして正しいものを，あとの**ア**～**エ**から一つ選び，記号で答えなさい。

X　都から各国に郡司が派遣された。
Y　天皇のもとで太政官が政策を決定した。

ア　X　正　　Y　正	**イ**　X　正　　Y　誤
ウ　X　誤　　Y　正	**エ**　X　誤　　Y　誤

令和三年度　国　語　解答用紙

【一】

（　）問一　a　b　c

（　）問二

問三

問四

（　）問五

（　）問六

問七

問一．３点×３
問二．４点
問三．４点
問四．４点
問五．12点
問六．４点
問七．４点×２

小　計

【二】

（　）問一　a　b　c　d

問二

（　）問三

問四

問五

こと。

問六

問一．２点×４
問二．２点
問三．４点
問四．４点
問五．４点
問六．４点
問七．４点×２

小　計

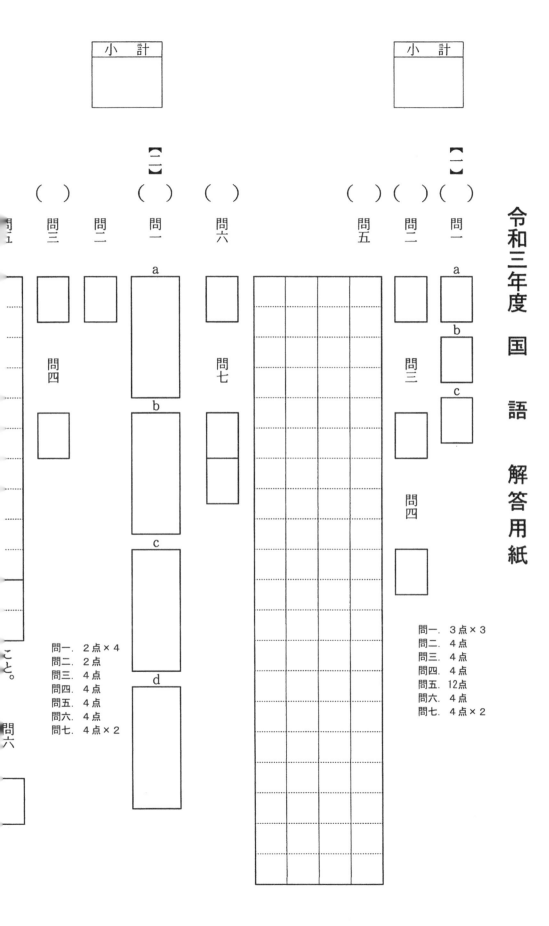

3

(1)	(2)	(3)	(4)	(5)
$y=$	$y=$	(,)		BA : AE :

4点×5

小 計

(1) 3点
(2) 3点
(3) 3点
(4)(ア) 3点
(イ) 4点
(ウ) 4点

4

(1)	(2)	(3)	(4)		
			(ア)	(イ)	(ウ)
cm	BG : GF :	倍		度	cm

5

(1)	(2)	(3)	(4)	(5)
cm^2	BI : IG :	cm	cm^3	cm^3

4点×5

4 5

小 計

問1．２点×５　問2．３点　問3．３点　問4．３点　問5．２点×４

Ⅴ

問1 (1)	(2)	(3)	(4)
(5)	問2		
問3	問4	問5 1	2	3	4

小計

問1．２点×５　問2．３点　問3．２点×２　問4．２点×２　問5．２点×２　問6．２点×２

Ⅵ

問1 (1)	(2)	(3)	(4)	(5)	問2

問3 ②　③

問4 （　　　　）で採掘され，（　　　　）ダイヤモンドだから。

問5 [A]　[B]

問6

小計

	%		g	%

3

問1			問2
①	②	③	

3点×9

問3		問4	問5	
反応	例		(1) m/秒	(2) 秒

4

問1	問2	問3	問4	
			木星	衛星

3点×7

問5	
(1)	(2) か月後

3・4の小計

5

問1		問2	問3	問4	問5	問6	問7
A	B						

問1〜3. 3点×4
問4〜7. 2点×4

5の小計

問7	問8	問9	問10	問11	問12

3の小計

問1，3，4…3点×3　他…2点×4

4

問1	問2	問3	問4	問5	問6	問7

4の小計

2点×4

5

問1	問2	問3	問4

2点×6

6

問1	問2	問3	問4	問5	問6

5・6の小計

受験番号					
名　　前					

令和3年度　社 会　解 答 用 紙

合計	

※100点満点

1

問７，８…３点×２　他…２点×６

問1	問2	問3	問4	問5

問6	問7				問8

2

問５，８…３点×２　他…２点×６

問1	問2	問3	問4	問5	問6	問7	問8

1・2の小計

【解答

受験番号					
名　　前					

令和３年度　理科　解答用紙

合計	

※100点満点

1

問１
塩酸：水酸化ナトリウム水溶液＝　　　：

問１，３，４，５．２点×４
問２，６，７．３点×３
（問２は完答）

問２
→

問３	問４	問５	問６	問７
		cm^3	cm^3	

（　　　）

【解答

1・2の小計

受験番号					
名　　前					

令和３年度　英語　解答用紙

合計	

※100点満点

Ⅰ　１点×５

1	2	3	4	5

Ⅱ　１点×８

1			2		
3			4		

小　計

Ⅲ　３点×４

1	3番目	5番目	2	3番目	5番目
3	3番目	5番目	4	3番目	5番目

【解答

受験番号					
名　　前					

令和３年度　数学　解答用紙

合計	

※100点満点

1

(1)	(2)	(3)	(4)	(5)
				度

4点×5

1 小計

2

(1)		(2)		(3)
(ア)	(イ)	(ア)	(イ)	

(1) 4点×2
(2) 4点×2
(3) 4点

【解答

Ⅱ

〜

【三】

問一

a

b

問二

①

②

④

問三

問四

問一．３点×２
問二．３点×３
問三．３点
問四．３点

小　計

合計	

※100点満点

受験番号

名前

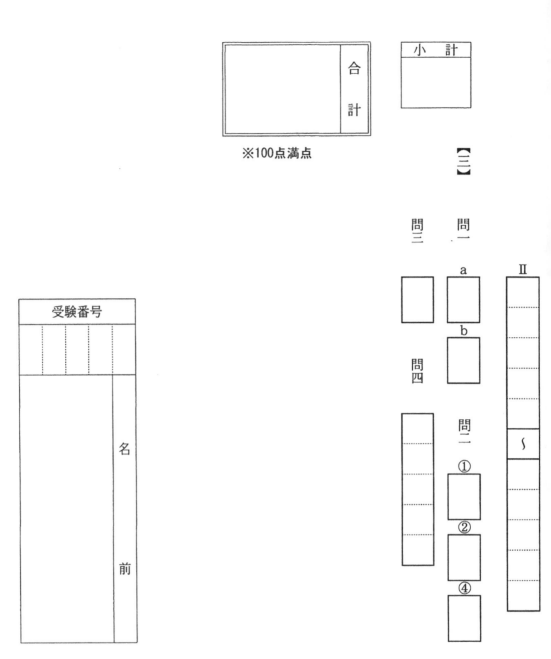

問４　下線部④に**関係のないもの**を，次の**ア～エ**から一つ選び，記号で答えなさい。

ア　正倉院　　　**イ**　大仏殿　　　**ウ**　聖武天皇　　　**エ**　阿修羅像

Ⅲ　荘園が本格的に社会に広がるのは⑤院政期以降のことである。荘園も含めた土地の売買について，当時「売る」という言葉は，「期限付きで貸す」という意味の言葉として使用された。つまり，現在のように売り手が買い手に⑥土地の権利を完全に譲り渡すという意味ではなかった。

問５　下線部⑤に関連して，院政やこの時期の出来事について述べた文として**誤っているもの**を，次の**ア～エ**から一つ選び，記号で答えなさい。

ア　白河天皇は上皇になって政治を動かした。
イ　上皇の住まいは「院」と呼ばれた。
ウ　多くの荘園が上皇に寄進された。
エ　後白河上皇を最後に院政は廃止された。

問６　下線部⑥に関連して，日本の歴史における土地の権利について述べた文として**誤っているもの**を，次の**ア～エ**から一つ選び，記号で答えなさい。

ア　律令国家は墾田永年私財法を出して，土地の私有を禁止した。
イ　源頼朝は御恩として御家人の持つ領地を保護した。
ウ　豊臣秀吉は検地帳に記載された農民に土地の所有権を認めた。
エ　明治政府は地券が与えられた者に土地の所有権を認めた。

Ⅳ　⑦13世紀後半から14世紀前半の史料に登場する「悪党」という言葉は，悪人の仲間という一般的な意味で解釈することはできない。13世紀半ば以前には「悪徒」・「凶党」などの言葉とはっきり区別されずに用いられていた。しかし，それ以降，⑧鎌倉幕府が幕府法で取り締まる，山賊・海賊・夜討《やうち》・強盗などの凶悪な盗賊行為を働く者という意味の言葉として用いられるようになった。

問７　下線部⑦の時期の出来事について述べた文として正しいものを，次の**ア～エ**から一つ選び，記号で答えなさい。

ア　足利尊氏が征夷大将軍に任命された。
イ　足利義満が南北朝を統一した。
ウ　壇ノ浦の戦いの末，平氏が滅んだ。
エ　竹崎季長が鎌倉へ赴いた。

問８　下線部⑧に関連して，鎌倉幕府が定めた武士の法律について説明した次の文の下線部**ア～オ**のうち，**誤っているもの**を一つ選び，記号で答えなさい。

鎌倉幕府は**ア**1232年に**イ**執権の**ウ**北条時宗を中心として**エ**『御成敗式目』を制定した。この法律には**オ**守護の職務などが規定されている。

Ⅴ「記念」という言葉は，たとえば⑨松尾芭蕉の『奥の細道』に「西行法師の記念を残す」とあるように，元々「カタミ」（＝形見）と読んで，個人的な思い出という意味であった。しかし，1880年前後から「カタミ」ではなく，「キネン」と読み，出来事やある人物の功績や国家への忠誠心を伝えたり，戦争や災害で亡くなった人々を弔うという新しい意味を持つようになった。こうして，さまざまな「記念碑」が建てられるようになり，⑩日露戦争をきっかけに各地で盛んに「記念碑」が建てられた。その後，第一次世界大戦・シベリア出兵・太平洋戦争・⑪戦後と各時期に⑫戦争に関連するさまざまな石碑が建てられることになった。

問９　下線部⑨に関連して，江戸時代の文化について述べた文として正しいものを，次の**ア～エ**から一つ選び，記号で答えなさい。

ア　関孝和が日本独自の暦を完成させた。
イ　滝沢馬琴が『東海道中膝栗毛』を書いた。
ウ　新井白石は国学者として幕府の政治を批判した。
エ　菱川師宣が「見返り美人」などの浮世絵を描いた。

問10　下線部⑩に関連して，日露戦争前後の状況について述べた文として正しいものを，次の**ア～エ**から一つ選び，記号で答えなさい。

ア　戦争前に，内村鑑三が開戦に反対した。
イ　戦争中に，日本で治安維持法が制定された。
ウ　戦争後に，日英同盟が締結された。
エ　戦争後に，清で義和団事件が起こった。

問11　下線部⑪に関連して，戦後から現代にかけての出来事**a～c**を古いものから順に並べたときの順序として正しいものを，あとの**ア～カ**から一つ選び，記号で答えなさい。

a　東日本大震災の発生
b　朝鮮戦争の勃発
c　日中平和友好条約の締結

ア　a→b→c	**イ**　a→c→b	**ウ**　b→a→c
エ　b→c→a	**オ**　c→a→b	**カ**　c→b→a

問12　下線部⑫について，次の表は1895年から今日までに建てられた，茨城県と埼玉県の戦争碑の数をまとめたものである。この表について述べたあとの文**X**・**Y**の正誤の組み合わせとして正しいものを，あとの**ア**～**エ**から一つ選び，記号で答えなさい。

時期区分	茨城県				埼玉県			
	忠魂碑	慰霊碑	記念碑	戦争碑	忠魂碑	慰霊碑	記念碑	戦争碑
A　1895～1905年	2		6	8	1		15	16
B　1906～1916年	31		13	44	41		96	137
C　1917～1930年	80		1	81	76		9	85
D　1931～1945年	36		1	37	24			24
E　1946年～	129	77	2	208	79	73	22	174
計	278	77	23	378	221	73	142	436

『史料 教養の日本史』より作成。

注）忠魂碑とは戦死者を記念するための碑である。
慰霊碑とは戦争や災害などで亡くなった人々を記念するための碑である。
忠魂碑・慰霊碑・記念碑をまとめて戦争碑という。

X　Cの時期に建てられた戦争碑には，日中戦争に関係する戦争碑が含まれている。
Y　各時期の戦争碑の数は，両県ともA→D→B→C→Eの順に増えている。

ア　X　正　Y　正　　　**イ**　X　正　Y　誤
ウ　X　誤　Y　正　　　**エ**　X　誤　Y　誤

4 次のⅠ・Ⅱの文を読んで，あとの問１～問７に答えなさい。

Ⅰ　戦国時代から漢の時代の①古代中国における文書には，「盗」という②文字が数多く使用されている。中でも銭を盗む事例が多く，現在のように他人の物を奪い取るという意味で解釈できる。一方で，③祖先の祭りや宗教的な儀式に際して，祭壇に供えられた物を盗むことは，「祖先から盗む」という特別な意味で考えられており，一般的な盗む罪よりも重い罪とされた。

また，「盗入」は盗みを働くために入るのではなく，「不法に入る」という意味である。この場合，「盗」の文字は盗むこととは無関係で，「不正に」という意味で使用されていた。

問１　下線部①について述べた文として正しいものを，次の**ア**～**エ**から一つ選び，記号で答えなさい。

ア　長江流域で稲作が行われるようになった。
イ　殷が魏によって滅ぼされた。
ウ　漢の始皇帝が中国を統一した。
エ　孔子が道教を説いた。

問２　下線部②について，文字やそれが書かれるものについて述べた次の文**Ｘ**・**Ｙ**の正誤の組み合わせとして正しいものを，あとの**ア**～**エ**から一つ選び，記号で答えなさい。

Ｘ　中国でパピルスが発明された。
Ｙ　「死者の書」にはインダス文字が記された。

ア	**Ｘ**　正	**Ｙ**　正	**イ**	**Ｘ**　正	**Ｙ**　誤
ウ	**Ｘ**　誤	**Ｙ**　正	**エ**	**Ｘ**　誤	**Ｙ**　誤

問３　下線部③について，世界の祭りや宗教について述べた文として正しいものを，次の**ア**～**エ**から一つ選び，記号で答えなさい。

ア　日本では縄文時代に祭りの道具として青銅器が用いられた。
イ　メソポタミア文明では神殿を中心に都市が形成された。
ウ　ムハンマドは唯一神に従うことを説き，ヒンドゥー教を開いた。
エ　イエスがユダヤ教を開き，『新約聖書』がまとめられた。

Ⅱ　19世紀末から④20世紀にかけて，中国語の「記念」は，肯定的な出来事を伝えるという日本語の「記念」とは異なり，⑤外国がもたらした，中国にとって不都合な出来事を「国難」・「国恥」として忘れないために伝えるという意味で用いられた。日本語の「記念」にあてはまる言葉として「祝典」という言葉が提唱されたこともあったが，中国社会に広まることはなかった。一方で，⑥アメリカ独立記念日や⑦フランス革命記念日に関する知識が中国に伝わり，中国にとって肯定的な出来事を伝えるようになった結果，中国独自の革命記念日が成立することになった。このように，「歴史」の探究にとって，史料の一語一語を代わりのきかない大切な言葉として扱い，厳密に解釈することが大切である。

問4　下線部④について，20世紀の出来事について述べた文として**誤っているもの**を，次の**ア**～**エ**から一つ選び，記号で答えなさい。

ア　日本では地価や株価が急上昇し，バブル経済が発生した。
イ　アメリカ経済が悪化し，世界恐慌へと発展した。
ウ　ドイツではヒトラー率いるナチスが勢力を拡大した。
エ　イギリスと清との間でアヘン戦争が起きた。

問5　下線部⑤について，中国がこのような意味で人々に伝えたかった出来事について述べた文として最も適当なものを，次の**ア**～**エ**から一つ選び，記号で答えなさい。

ア　三国干渉によって，南満州鉄道が清に返還された。
イ　二十一か条の要求によって，山東省のドイツ利権が日本に譲られた。
ウ　中華人民共和国が成立し，社会主義国の建設がめざされた。
エ　三・一独立運動によって，帝国主義に反対した。

問6　下線部⑥に関連して，アメリカ独立の背景やその後の動きについて述べた文として正しいものを，次の**ア**～**エ**から一つ選び，記号で答えなさい。

ア　植民地の人々がボストン茶会事件を起こした。
イ　アメリカは独立戦争に先駆けて独立宣言を発表した。
ウ　フランスはアメリカ独立戦争でイギリスを支持した。
エ　ローズベルトがアメリカ合衆国の初代大統領に就任した。

問７　下線部⑦に関連して，フランス革命が起こった時期として正しいものを，次の略年表中の**ア～エ**から一つ選び，記号で答えなさい。

年　代	出　来　事
1688年	名誉革命が起こる
	ア
1765年	ワットが蒸気機関を改良する
	イ
1804年	ナポレオンが皇帝に即位する
	ウ
1851年	太平天国の乱が起こる
	エ

5　次の先生と生徒の会話文を読んで，あとの問１～問４に答えなさい。

先　生：①日本国憲法は前文と103の条文からなっています。これまでに学んだたくさんの条文のうち，特に重要な条文はどれだと思いますか。
生徒Ａ：やっぱり平和主義を掲げた②第９条だと思います。
生徒Ｂ：僕は第11条だと思うな。③基本的人権が「侵すことのできない永久の権利」として保障されることが明記されています。
生徒Ｃ：一番大事なことが最初の条文に書かれるのではないでしょうか。だから第１条だと思います。
生徒Ａ：第１条には④天皇の地位が書かれていますね。
生徒Ｂ：同時に，第１条は国民に主権があることを明記しています。
先　生：日本国憲法の基本原理に関係する３つの条文が挙がりましたね。いずれも憲法の中の重要な条文の一つといえるでしょう。

問１　下線部①について，日本国憲法の成立過程を説明した文として**適当でないもの**を，次の**ア**～**エ**から一つ選び，記号で答えなさい。

ア　日本政府が作成した憲法改正案はGHQに拒否された。
イ　GHQが作成した草案が日本政府に提示された。
ウ　憲法改正案は帝国議会で審議されたが，修正されないまま可決された。
エ　可決された憲法改正案は日本国憲法として公布された。

問２　下線部②について，第９条の条文の内容として**適当でないもの**を，次の**ア**～**エ**から一つ選び，記号で答えなさい。

ア　平和を愛する諸国民の公正と信義に信頼する。
イ　国際紛争を解決する手段としては，戦争を永久に放棄する。
ウ　陸海空軍その他の戦力を保持しない。
エ　国の交戦権を認めない。

問３　下線部③について，憲法で具体的に明記されている基本的人権を，次の**ア**～**エ**から一つ選び，記号で答えなさい。

ア　知る権利　　　**イ**　プライバシーの権利
ウ　環境権　　　**エ**　請願権

問4　下線部④について，天皇に関わる条文の内容について述べた次の文**X**・**Y**の正誤の組み合わせとして正しいものを，あとの**ア**～**エ**から一つ選び，記号で答えなさい。

X　天皇は日本国民統合の象徴である。
Y　天皇の国事行為には国会の助言と承認が必要である。

ア	X	正	Y	正		**イ**	X	正	Y	誤	
ウ	X	誤	Y	正		**エ**	X	誤	Y	誤	

6　次の文を読んで，あとの問1～問6に答えなさい。

2020年は，人権に関係する深刻な問題が次々と起こった年であった。

香港では，民主主義を求める市民の大規模なデモが起こった。香港は1997年の返還以来，一国二制度のもと，中国の一部でありながら①議会制民主主義が認められ，また，自由な②市場経済が維持されてきた。しかし，この一国二制度の形骸化が指摘されている。

アメリカでは，白人警察官による取り締まりによって黒人男性が死亡する事件が起こり，③人種差別に抗議するデモが各地で発生した。

新型コロナウイルスの感染拡大も，私たちの④基本的人権に影響を及ぼしたといえるだろう。感染防止のための対策として，営業活動の自粛要請が政府や地方自治体から出され，結果として経済活動は沈滞し，深刻な⑤景気の後退が起こった。また，この期間を通してオンラインを活用した仕事・教育・娯楽がいっそう普及したが，一方で情報通信技術の発達にともなう人権侵害や⑥情報格差の問題が指摘されている。

問1　下線部①について，日本における議会制民主主義について述べた文として最も適当なものを，次の**ア**～**エ**から一つ選び，記号で答えなさい。

ア　憲法改正の際に国民投票を行う。
イ　最高裁判所裁判官に対する国民審査を行う。
ウ　全会一致の原則を基本として物事を決める。
エ　国民が自らの代表者を選挙で選ぶ。

問2　下線部②に関連して，資本主義経済について述べた次の文**X**・**Y**の正誤の組み合わせとして正しいものを，あとの**ア**～**エ**から一つ選び，記号で答えなさい。

X　生産手段を共有し，社会全体の消費と生産を計画する。
Y　利潤の獲得を目的とする私企業が生産の主な担い手である。

ア	X	正	Y	正		**イ**	X	正	Y	誤	
ウ	X	誤	Y	正		**エ**	X	誤	Y	誤	

問3　下線部③に関連して，日本国憲法第14条は，「法の下の平等」により，さまざまな差別を禁じている。日本において差別をなくすために制定された法律として**適当でないもの**を，次の**ア**～**エ**から一つ選び，記号で答えなさい。

ア　個人情報保護法　　**イ**　男女共同参画社会基本法
ウ　障害者基本法　　**エ**　同和対策事業特別措置法

問4　下線部④に関連して，自由権が制限される例として**適当でないもの**を，次の**ア**～**エ**から一つ選び，記号で答えなさい。

ア　他人の名誉を傷つける情報の発信が制限される。
イ　公道におけるデモ行進が制限を受ける。
ウ　医師や弁護士の仕事は資格のある者しかできない。
エ　公立学校でも私立学校でも宗教教育を行うことはできない。

問5　下線部⑤に関連して，物価の下落と企業利益の減少が繰り返される状況を何というか。次の**ア**～**エ**から一つ選び，記号で答えなさい。

ア　インフレーション　　**イ**　デフレーション
ウ　デフレスパイラル　　**エ**　カルテル

問6　下線部⑥について，「情報格差」を意味する言葉を，次の**ア**～**エ**から一つ選び，記号で答えなさい。

ア　インターネット
イ　ソーシャル・ネットワーキング・サービス
ウ　セーフティネット
エ　デジタル・ディバイド

〔以上〕

2021(R3) 清風高
K 教英出版

令和二年度

清風高等学校入学試験問題

国語（五〇分）

試験開始の合図があるまで、この「問題」冊子を開かず、左記の注意事項を読んでください。

【注意事項】

一、試験開始の合図で、解答用紙の所定の欄に「受験番号」、「氏名」をはっきりと記入してください。

二、この「問題」冊子は、19ページあります。解答用紙は一枚です。ページが脱落している場合は手を挙げて試験監督の先生に知らせてください。

三、解答は、解答用紙の指定されたところに記入してください。

四、「問い」に「字数制限」がある場合、句読点やカギかっこなどの記号は、一字として数えて、解答してください。

五、試験終了の合図で、「問題」冊子の上に解答用紙を重ねてください。

六、「問題」冊子及び解答用紙は持ち帰ってはいけません。

【一】　次の文章を読んで、後の問いに答えなさい。

上田孝夫が信州の谷中《やなか》村を出たのは中学に上がる春のことだった。役場に勤めていた母は孝夫が三歳のとき肺結核で死んだ。となり村から婿に入っていた父は零細な農業に飽き、孝夫が小学三年になったばかりの春のよく晴れた日、ふいに家を出た。その後三年間、父からの便りはなかった。

独りっ子の孝夫は祖母の手で育てられた。母が死んでから、三度のめしや身の回りのことは祖母がやってくれていたので、父がいなくなっても孝夫の生活に大きな変化はなかった。金はもとからなかったので、彼の家の生計はほとんど自給自足で成立していた。死んだ母が当時としては珍しい生命保険に入っていたので、最低限の現金はその貯金を取り崩して使っていた。

孝夫の小学生時代の思い出は狭い田と急斜面の畑と奥深い山での厳しい労働が核になっている。合わせて一反に満たない棚田が六《ろく》川《がわ》の向こうとこちらに数枚ある。春になれば重い備中《びっちゅう》ぐわに振り回されながら田起こしをした。㊟しろかきや田植え、稲刈りなどは近所の家々との共同作業になったが、田の草取り、水見など、小学生の孝夫に課せられた仕事は数え切れなかった。ナス、トマト、キュウリ、ホウレンソウ、ニンジン、ゴボウ、インゲン、カボチャ、ジャガイモ、サツマイモ……。これらを山の急斜面の、足を滑らせれば六川まで転げ落ちそうな畑にへばりついて作り、収穫し、秋には山深く入って、冬越し用の薪《まき》や㊟ぼやを伐《き》り、家まで背負ってくる。

要するに孝夫の小学生時代の生活は、生きるためにしがみつかねばならない零細な農業の一人前の担い手として肉体労働に明け暮れていただけだったのである。幸い、祖母は学校を休ませてまで孝夫をこき使うようなことはしない人だった。きつい労働から解放される唯一の場所として、①孝夫は学校が好きだった。小学校は六川集落から二キロばかり下った森平集落にあった。ここは谷中村の中では最も平地の面積が広く、戸数も百戸の上あり、役場、郵便局、診療所、雑貨屋などがそろった村の中心地だった。孝夫の時代はまだ子供の数が多く、一学年四十人が二クラスに分かれていた。今では十八人の一クラスだけになってしまっているそうである。

孝夫は勉強のできる子だった。家では教科書など開いたことはなく、またそんな時間的余裕もなかったのだが、たまに行なわれるテストの成績は常に学年で一番だった。農作業のまたとない息抜き。孝夫にとって小学校の授業はそれ以上のものではなかった。(注)畦《あぜ》塗りやしろかきの苦労を忘れて理屈の中で遊ぶ。それが無性に楽しかった。ふだん祖母から、

「理屈っこきの男ほど始末の悪いものはねえ。おめえの父ちゃんがそうだった」

と、聞かされ続けているものだから、孝夫は知らぬ間に②寡黙な少年になっていった。

祖母や独り息子の自分を捨てた父のようには死んでもなりたくなかったので、生来理屈好きであるのを意識しながら、家にあっては黙って物事を実行する男であろうとつとめていた孝夫であった。

その頃、目立った産業のない谷中村の人々の生活はどの家も貧しかったが、中でも孝夫の家庭の貧困はa群を抜いていた。正月元旦の膳には鯉《こい》料理を並べるのがこの村の古くからの風習だが、鯉の買えない家は六川で採れた(注)ハヤを食べた。それすら購入できずに、正月から缶詰のサバの水煮を食していたのは、六川集落に限ったとしても、孝夫の家と阿弥陀堂《あみだどう》守のおうめ婆《ばあ》さんくらいのものだった。

谷中村の七つの集落にはそれぞれに阿弥陀堂があり、堂守がいる。いずれの集落でも堂守は身寄りのない老婆の役目なのである。集落全体の仏壇である阿弥陀堂に住んで、村人の総代として毎日花や供物をあげ、堂の掃除をする。その代価として村人は米や味噌《みそ》をとどけてやる。いつの時代から始まったのか分からないが、これは生活保護によく似た村の福祉制度なのである。

堂守が死亡したとき、次の堂守を決めるのは各戸の代表が集まる阿弥陀堂での通夜の寄り合いである。そこで新しい堂守に指名された老婆が喪主となって葬儀が施行される。どんなに貧しく、老いぼれていても、男が堂守に指名されることはない。なぜなのか、と祖母に問うてみたが、昔っからそうだ、とそっけなく返答された思い出がある。学校で習う理屈は、祖母の、昔っからそうだ、という村の公理の前では、なんだか③薄っぺらで頼りにならないものに感じられてしまったことを孝夫は今でも鮮明に覚えている。

孝夫が小学生の頃、おうめ婆さんはすでに立派な老婆であり、身寄りはなく、十分に貧乏で、それなりにふさわしい六川集落の阿弥陀堂守であった。当時、二十二戸の六川集落に廃屋はおうめ婆さんの板ぶき屋根に石を載せた平屋の一軒だけで、毎月、各戸の仏様の命日には阿弥陀堂に登る人も多く、堂守の仕事はけっこう忙しかった。

昭和三十年代の半ば頃から少しずつ集落を出て行く人たちが目立ち始め、廃屋が増えていった。阿弥陀堂に祭られる仏様は集落全体の祖先たちという曖昧なものだったので、村人たちの考え方が合理的になってゆくにつれて、それぞれの家の仏壇に手を合わせるだけでよしとする者が多くなった。三十年代も後半になると、春と秋の彼岸以外に阿弥陀堂に登る人はめっきり少なくなっていた。

ちょうどそんな時期、三年間連絡のなかった父から手紙が来た。東京郊外で鉄工所に勤め、いくらか落ち着いたので、中学からは東京に出て来ないか、と誘う内容であった。

父に会いたいとも、ましてや共に暮らしたいなどとは思いもしなかったが、「東京」の二文字には抗し難《がた》い魅力があった。夜、祖母が寝ついてからひそかに社会科の地図帳を開き、山で囲まれた茶色の谷中村と、鉄道路線で埋めつくされた緑色の東京を見比べていると、孝夫は④次第に荒く乱れてくる呼吸をどう制御したらいいのか分からなくなった。

このまま村にいても、中学を出たら家を手伝い、貧乏なまま老いてゆくだけ。もしかしたら川上の文三さんみたいに嫁ももらえないかも知れない。

六川集落の一番上《かみ》に住む文三さんは二人の兄が都会に働きに出てしまい、年老いた両親と田畑を耕していつしか五十歳になってしまった。谷中小学校で一番の秀才だったそうだが、家が貧しかったので上の学校には行けず、ずっと農作業に従事し続けてきた。路で文三さんとすれ違うと必ず、勉強はちゃんとやれよ、と声をかけられる孝夫であったが、土ぼこりにまみれ、陽《ひ》に赤黒く焼け過ぎた貧相な禿《は》げ頭を見ると、自分の将来の姿を見せつけられているようで、子供心にも暗然たる思いを抱いたものだった。

文三さんは小さい頃、登っていた柿の木の枝が折れて転落し、下にあった石で金玉をつぶしてしまい、それで嫁がもらえないのだ、と祖母は話してくれた。しかし、この話が嘘《うそ》らしいことは彼女の目に浮かぶしらじらしい涙で知れた。

「東京に行きてえ。このまま村にいて文三さんみてえにはなりたくねえ」

父からの手紙が届いて三日目の夜、孝夫はb考えあぐねた末の結論を囲炉裏端《いろりばた》でひね小豆を拾う祖母にぶつけてみた。

「文三さんはそういうかわいそうな人でなあ、おめえは顔もしまって男らしいし、嫁が来ねえなんてわけはねえぞ」

祖母はなおも嘘っぽい涙を流し続けながら孝夫を説得した。

小学校に上がったばかりのとき、母の死因をたずねた孝夫に祖母は涙を流しながら、父ちゃんの悪い病気がうつっただ、と耳打ち

した。父にたしかめてみると、
「婆さんが泣いて言うことはみんな嘘だ」
と、ぶっきらぼうに横を向いてしまった。

　無口な分だけいつもへらへら笑っている気弱な父だったが、山仕事に出かける地下足袋のコハゼを締めながらきっぱりと言い放った横顔には威厳があった。後にも先にも、父が祖母を批判したのはこのとき限りであった。

　ずっと後に知れたのだが、文三さんに関する祖母の証言はやはり嘘だった。秀才だった文三さんは貧しさゆえに家に入ってみたものの、向学の志やまず、東京に出て働きながら(注)夜学《やがく》に通っていたが、胸を病み、仕方なく谷中村にもどってきたのだった。当時は肺結核の特効薬はなかったので、家で寝ているしかなく、嫁をとるべき二十代を文三さんは病人として暮らしてしまったのだ。

「おめえはなあ、⑤花見百姓になりそうで、おらあ心配してただが、やっぱり東京なんぞに行きたがるようになっちまっただな」

　祖母は掌《てのひら》に拾い込んだ虫の喰《く》ったひね小豆を囲炉裏に投げ入れた。もう泣いてはいない彼女の怒りを表わすかのように、囲炉裏の火が鋭くはぜた。

「花見百姓ってなんだ」

　孝夫は初めて聞く言葉だった。

「花見百姓にゃあ嫁に行くなってな。昔っから村の女衆の間じゃそう言われてただ。桜の花ばっかり見てて田起こしもしねえような男はろくなもんじゃねえっつうことだ」

　祖母はザルの中の小豆に向かってc悪態をついた。

　囲炉裏のある六畳と土間の台所、それに奥の八畳。どの部屋の天井も黒い煤《すす》で厚く覆われており、四十ワットの裸電球の赤っぽい乏しい光が、その黒に一段と不気味な深みを与えていた。昔、蚕室《さんしつ》として使われていた二階の八畳は父の部屋だったが、今では荒れ放題の物置で、⑥空間はクモの巣に占領されている。

　黙ってしまうと家の中には六川の流れる音だけが通り過ぎていた。

「どうしておれが花見百姓なんだ」

祖母に逆らったことはめったになかった孝夫であったが、「東京」が彼をそそのかしていた。

「おめえが一年生に上がって間もねえとき、学校から帰ってきてなあ、桜の話ばっかりしてたのを覚えてねえだか。窓から校庭の桜が散るのを見てて、あんなきれいなもんは見たことがねえってうるさくしゃべってたろうが。ああ、よわった。この子は花見百姓になっちまうんじゃねえかと案じていたら、やっぱりそうなっちまった」

泣くのをやめた祖母の語りは開き直った低い声になっていた。

祖母は花見百姓の存在を頭から否定しているわけではなさそうだった。人は放っておくと花見百姓になってしまうものだからくれぐれも注意しなくてはならない。それなのにおまえはやはりなってしまったか、という老人らしい諦めの口調が多分に混じっていた。

「行ってもいいんかい」

孝夫は念を押してみた。

「おめえの好きにすりゃあいい」

ひね小豆を拾い終えたザルをゆすってゴミを吹き飛ばしながら、⑦祖母は目を閉じていた。

（南《な》木《ぎ》佳《けい》士《し》「阿弥陀堂だより」文春文庫刊）

㊟ しろかき —— 田植えのために、土を砕いてかきならす作業。

ぼや —— 焚《た》きつけ用の小枝。

畦塗り —— ねった泥を田の畦に塗りつけて固める作業。

ハヤ —— 鯉科の淡水魚の名。

夜学 —— 夜間に授業を行う学校。

問一 ―――線部a～cの語句の本文中の意味として最も適切なものを、それぞれ次の中から選び、記号で答えなさい。

a 「群を抜いていた」

ア きわめてありふれていた　イ ひときわ目立っていた

ウ あまりにも恥ずかしかった　エ 周りから孤立していた

b 「考えあぐねた」

ア じっくり考えに考えを重ねた　イ 考えすぎて頭が真っ白になった

ウ 考えに行き詰まって困惑した　エ 結論を急いで安易に考えた

c 「悪態をついた」

ア 憎まれ口をきいた　イ 言い訳をした

ウ 強がりを言った　エ 強情を張った

問二 ―――線部①「孝夫は学校が好きだった」とありますが、それはなぜですか。最も適切なものを次の中から選び、記号で答えなさい。

ア 学校へ行けば、生きるために必要な農作業の担い手として、祖母にこき使われるようなことはなかったから。

イ 学校のある森平集落は谷中村の中でも最も広く、栄えている場所であったため、通うのが楽しみだったから。

ウ 家では教科書など開いたことはなく勉強しなくても、テストの成績は常に学年で一番なのが自慢だったから。

エ 学校の授業で理屈の中で遊ぶことが、いつもの農作業での苦労を忘れさせてくれる唯一の息抜きだったから。

問三　――線部②「寡黙な少年になっていった」とありますが、それはどういうことですか。最も適切なものを次の中から選び、記号で答えなさい。

ア「理屈っこきの男ほど始末の悪いものはねえ」と祖母になじられて、内心で反発を抱きながらも、表だって逆らうのもためらわれたので、祖母の言葉を次第に無視するようになっていったということ。

イ「おめえの父ちゃんがそうだった」と祖母に言われ、父のようにはなるまいと思い、理屈の中で遊ぶ楽しさは心に留《とど》めたまま、やるべきことを黙々とこなそうと考えるようになっていったということ。

ウ「理屈っこきの男ほど始末の悪いものはねえ」と祖母に聞かされて、理屈好きであることに強い罪悪感を抱きはじめ、次第に家の中では理屈よりも行動を優先するようになっていったということ。

エ「おめえの父ちゃんがそうだった」と祖母に言われ、自分を捨てて一人で出て行った父を改めて意識したため、あえて父と同じように口数の少ない男を演じるようになっていったということ。

問四　――線部③「薄っぺらで頼りにならないものに感じられてしまった」とありますが、それはどういうことですか。最も適切なものを次の中から選び、記号で答えなさい。

ア　頭の中だけで考える学校の理屈は、祖母や村人たちのあいだで代々受け継がれ共有されている村のしきたりが持っている現実的な重みに比べれば、取るに足らないちっぽけなものに感じられたということ。

イ　孝夫に喜びをもたらす学校の理屈に比べると、昔からそうだと繰り返す祖母の言葉はそっけないだけにかえって逆らうことのできないおそろしさが感じられて、自分がちっぽけな存在に思われたということ。

ウ　堂守が亡くなったときに行われる葬儀のしきたりは、代々村人たちに受け継がれているものであり、単に祖母が昔からそうだと、そっけなく返す言葉とは比較にならないほどの重々しさが感じられたということ。

エ　祖母がなんのためらいもなく従っている村の決まりは、他の村人にとっても逆らえないほどに厳重に守られており、孝夫が喜びを見出《みいだ》している学校の勉強とは罰則の重さが異なっていると思われたということ。

問五　――線部④「次第に荒く乱れてくる呼吸をどう制御したらいいのか分からなくなった」とありますが、この場面での孝夫の心情を八十字以内で説明しなさい。ただし、「父」、「東京」という言葉を用いること。

問六　――線部⑤「花見百姓」について、四人が語り合っています。本文から読み取ることのできる「花見百姓」について最も適切に説明できているのは誰ですか。次の中から一人選びなさい。

A君「おばあちゃんは、『花見百姓』を悪いものだと決めつけているけど、風流な側面もあるんじゃないかな。僕だって、春に桜が咲けばうっとりと心を奪われることがあるよ。孝夫が小学校の校庭に咲く桜を見て感動したのは美しい心があるからだと思うよ。」

B君「そうかなあ。おばあちゃんは花見をすることがダメだと言っているんじゃないと思うよ。東京の華やかな生活に憧れて、自分を見捨てるのは罪だと考えているのだと思うよ。結局、おばあちゃんが心配しているのは自分がひとりぼっちになることだと思うよ。」

C君「それもちょっと違うと思うよ。おばあちゃんは、桜の花ばっかり見て田起こしもしないような男は、嫁に来てもらえなくなると考えているんだ。つまり、一生独身のままこの村で暮らす文三さんへの当てつけで言っている言葉なんじゃないかと思うよ。」

D君「うーん、『花見百姓』の『花見』はあくまでも比喩だから、桜にこだわりすぎると解釈を間違えるんじゃないかな。おばあちゃんは、懸命に畑仕事をこなす男こそ見所があると考えているので、華やかなものにばかり憧れる男を信用していないんだと思うよ。」

問七　――線部⑥「家の中には六川の流れる音だけが通り過ぎていた」とありますが、この表現の説明として**適切でないもの**を次の中から一つ選び、記号で答えなさい。

ア　「通り過ぎていた」は擬人法である。

イ　視覚から聴覚への転換が図られている。

ウ　孝夫の沈黙を強調する効果が表れている。

エ　六川が大きな川であることを示している。

問八　――線部⑦「祖母は目を閉じていた」とありますが、この場面での祖母の説明として最も適切なものを次の中から選び、記号で答えなさい。

ア　突然、東京へ行きたいと言い出した孝夫を前にして、とうとう心配していたことが起こったと、孝夫の将来を案じながらも、谷中村のような田舎でくすぶる生活を強いるわけにもいかないと、半ば諦めの気持ちで事態の行方を見守っている。

イ　かたくなに東京へ行くことを主張する孝夫にあきれながら、内心では父を慕う気持ちもあったのだろうかと考えるようになり、いまさら何を言っても無駄なのだったら、孝夫の勝手にすればいいと冷たく突き放そうとする気持ちになっている。

ウ　父からの手紙に触発されて、東京での生活に憧れを抱くようになった孝夫に対して、父親の影響の大きさに改めて驚かされるとともに、別れるのは悲しいけれども、もう中学生になるのだから、黙って見送ろうと考えるようになっている。

エ　幼い子供の頃から突拍子もないことを言い出すところがあった孝夫が、突然、東京へ行くと言い出したので、自分の懸念が現実になったことに衝撃を受けるとともに、これから谷中村で一人で暮らすことになる自分の生活に不安を感じている。

【二】の問題は、次のページにあります。

【二】 次の文章を読んで、後の問いに答えなさい。

私たちは母語である日本語で、膨大な語彙《ごい》を持っていて何万ものことばを知っていて、それらのことばの大半を実際に使い、人と会話をしたり、文章を理解したり、書いたりしている。しかし、「ことば（単語）の意味を知っている」ということはどういうことなのだろうか。「知っている」ことばは必ず実際にコミュニケーションで使えるのだろうか。

実際に使うためにことばについて何を知らなければならないかということは、母語よりも外国語のことを考えたほうがわかりやすいかもしれない。外国語ではことばを a ジザイに使ってコミュニケーションを取ることは難しい。多くの人は、それは「知っていることば」が少なすぎるからだと考える。外国語の習熟度の b ソクテイでは、辞書の語義を与え、多肢選択の形で複数の語の c コウホから語義に合うものを選ぶという形式のテストが一般的だ。正しい選択肢が選べれば解答者はその単語を「知っている」と判断されるわけである。しかし、語彙数が多ければ外国語が使えるというわけではない。日本人には外国語の難しい文献を読むことができても、話したり書いたりするのは苦手という人がとても多い。その原因はほとんど、辞書に書いてある語の意味を覚えていても、語の使い方が理解できてい ア ないことにある。では、辞書の定義を覚えていて多肢選択問題では正しく選べるという意味の知り方と、実際にそのことばを「使える知り方」は何がちがうのだろうか。

前者の知り方は ①「点としての意味」を知るだけだが、実際にことばを使うためには「面」としての意味を知らなければなら イ ないのである。単語の意味は単語単体では決まらず、それぞれの意味領域の中に属する一群の関連する単語同士の間の関係の中で決まる。

色の名前を例に考えてみよう。色は光の(注)連続スペクトルであり、私たちの目には電磁波のうち380㎚‐780㎚の波長の範囲で様々な色彩が連続して映っている。色は色相、彩度（あざやかさ）、明度（あかるさ）という三つの属性で物理的に数値として表すことができる。私たちの目は何万もの「物理的に違う色」を識別できるが、それらの「違う色」をごく少数のカテゴリーに分節して名前をつけ、分類をしているのである。トマトの色、消防車の色、イチゴの色はそれぞれ物理的には異なる色であるが、私たちはみな「赤」と呼ぶ。つまり、「赤」ということばは特定のモノの色、つまりスペクトルの中の点を指すわけではなく、連続スペクトルの中の特定の範囲を指す。そしてその範囲は「赤」を取り囲む色の名前が指す範囲との関係によって決まるのである。

一つ一つの単語の意味を学ぶということは単語が属する概念領域全体のマップの中でその単語の位置づけを学び、さらに領域の中で隣接する他の単語とどう違うのかを理解し、他の単語との意味範囲の境界を理解することに他ならない。これは母語でも外国語でも同じである。母語と外国語の意味領域が同じように切り分けられていて、母語の単語と外国語の単語が同じ範囲できれいに対応するのなら、外国語を学習するときには単に母語に対応する単語を外国語の単語に置き換えればよい。つまり、音をすげ替えればよいだけの話である。しかし、実際にはそうはウいかない。異なる言語は世界を異なる仕方で分節するからだ。

日本語と英語の色名の数はだいたい同じで、ほぼ一対一対応が可能な色の語彙を持つようにみえるので、色の名前のつけかたは人類共通なのかと思ってしまいそうだ。しかし実際には、世界の言語の中には色の名前が二つしかエない言語もあるし大多数の言語は色名が四つから七つの間である。日本語や英語のように十一も色の基礎名がある言語は少数派なのである。ほぼ一対一対応が可能な色の語彙を持つようにみえる英語と日本語の間でも、詳しく調べてみると、日本語と英語のそれぞれの色の名前の範囲は実はぴったりと同じというわけではないことがわかる。英語で書かれた小説を読んでいるとよく〝orange cat〟という言い方がでてくる。しかし、それは私たちの思い浮かべる鮮やかなオレンジ色を指しているわけではなく、すこし赤みがかった薄茶色を指している。つまり、英語と日本語ではオレンジ色と茶色の境界が大きく異なっていて、日本語で「明るい茶」や「ベージュ」は英語では〝brown〟ではなく〝orange〟の(注)範疇《はんちゅう》にはいるのだ。「青」と〝blue〟も同様に、範囲は同じではない。日本人は薄い青を「水色」と言い、「青」とは区別する。しかし、英語では私たちが「水色」と呼ぶ色は〝light blue〟と言い、「青」の範疇に入るとみなされる。逆に私たちが「灰色」と呼ぶ、ほんの少しだけ青みがかった色は英語では「ブルー」とみなされるようである。私は以前「ロシアンブルー」という種類のネコを飼っていて、毛の色は「灰色」としかいいようがないのに、なぜ「ブルー」なのだろうと不思議に思っていたが、様々な言語話者の色の認識についての研究をしている中で、英語をはじめとしてヨーロッパの言語では、紫や青みがかった灰色も「ブルー」としてみなされることを知ったのである。

このように②言語は連続的で切れ目のない世界に対して線を引き、世界を切り分ける。人は当然ながら無意識にそれぞれの母語のことばでの区切りかたがあたりまえで、もっとも自然な世界の分割の仕方だと思っている。しかし、言語によって線引きの仕方は多様だ。それにもかかわらず、③母語と外国語で、一見対応する単語があると――つまり本来「面」である意味のどこかの「点」で二つの言語の単語の間に重なりがあるとき、その外国語の語が「面」としても母語の語の意味と重なる、と考える思い込みは非常に根強い。塗り分けられた概念の意味地図自体が母語での塗り分け方と同じだと思ってしまうからである。

「ことばを知る」ということは単語一つの意味を点として漠然と知るということではなく、そのことばを取り囲む他の単語との関係を理解し、それらの単語群が意味の地図の中でどのように面として塗り分けられているかを知ることだ。言い換えれば、コミュニケーションをとるためにことばを「知る」ということは、意味の地図——これを語彙のシステムといってもよい——を持ち、その中で、④それぞれのことばの場所が面としてわかるということなのである。

（今井むつみ「ことばの意味を『知っている』ということはどういうことか」）

㊟ 連続スペクトル —— いろいろな色の光が波長の順に連続して並んだ光の帯。
範疇 —— 同じような性質のものが含まれる範囲。

問一 —— 線部a〜cのカタカナを漢字に直しなさい。

問二 〜〜線部ア〜エの「ない」のうち、形容詞を一つ選び、記号で答えなさい。

ア 理解できていないことにある。
イ 知らなければならないのである。
ウ 実際にはそうはいかない。
エ 色の名前が二つしかない言語……

問三 —— 線部①「『点としての意味』を知る」とありますが、それはどのような知り方のことを言っていますか。具体的に書かれている箇所を、本文中より三十四字で抜き出し、最初と最後の五字で答えなさい。

問四　――線部②「言語は連続的で切れ目のない世界に対して線を引き、世界を切り分ける」とありますが、どういうことですか。最も適切なものを次の中から選び、記号で答えなさい。

ア　たとえ同じ対象を指し示す場合でも、国によってものごとの見え方が異なるため、それぞれの言語によって異なる名前が与えられるということ。

イ　本来世界は一つであるはずなのに、各地域の言語の違いからコミュニケーションをとることができなくなり、世界が区切られるということ。

ウ　言語がなければ人はものごとを認識できず、言語があって初めて人はものごとを整理して理解するための枠組みを持つことができるということ。

エ　外国語も母語と多くの共通点を持っているはずだが、固定観念にとらわれていると、母語との違いばかりが意識されてしまうということ。

問五　――線部③「母語と外国語で、一見対応する単語があると――つまり本来『面』である意味のどこかの『点』で二つの言語の単語の間に重なりがあるとき、その外国語の語が『面』としても母語の語の意味と重なる、と考える思い込みは非常に根強い」とありますが、これについて、次の(1)、(2)の問いに答えなさい。

(1)　――線部③の具体例として最も適切なものを次の中から選び、記号で答えなさい。

ア　日本人は、辞書に書いてある語の意味を覚えていて、外国語の難しい文献を読むことには対応できるのに、語の使い方を理解していないがために、会話や作文に対応するのは苦手だと自ら思い込んでしまう。

イ　「赤」ということばはスペクトルの中の点を指すわけではなく、連続スペクトルの中の特定の範囲を指すため、トマト、消防車、イチゴはそれぞれ物理的には異なる色なのに、私たちはみな「赤」に対応すると思い込んでしまう。

ウ　日本語と英語の色名の数はだいたい同じで、ほぼ一対一対応が可能な色の語彙を持つようにみえるので、われわれは、日本語と英語では色の名前の範囲はほとんど同じに違いないと思い込んでしまう。

エ　「ロシアンブルー」という種類のネコの毛の色は「灰色」としかいいようがないのに、英語をはじめとしたヨーロッパの言語を母語とする人々は、紫や青みがかった灰色と「ブルー」とが対応していると思い込んでしまう。

(2)　――線部③のような「思い込み」が生じてしまうのは、なぜですか。次の空欄Ⅰ・Ⅱに入る言葉を、本文中から指定の字数で抜き出して答えなさい。

人は、自分で気付かないうちに、［Ⅰ（二字）］による世界の区切りかたが当然で、それが［Ⅱ（十五字）］だと思ってしまっているから。

問六 ―― 線部④「それぞれのことばの場所が面としてわかる」とありますが、これについて四人で意見を出し合い、具体的な事例を挙げてみました。最も適切な具体例を挙げているのは誰ですか。次の中から一人選びなさい。

A君「僕は、二年生までは英単語の暗記ばかりしていたんだけど、英語の成績が伸び悩んでいてね。それで、中学三年になってこれではいけないと思って、英単語の暗記に加えて、英語の基本構文を一からしっかり理解しながら覚えていくことにしたんだ。そうすると、基本構文をもとにして、そこに単語を入れ替えて英文を作ることができるようになったから、英作文の問題が自分でも驚くくらいすらすら解けるようになって、飛躍的に英語の成績が向上したんだ。」

B君「僕は、ネイティブの先生に『宿題を終わらせた』というつもりで〝end〟という動詞を使って言ったら、最後まで宿題をするべきだと注意されてしまったよ。後になって分かったんだけど、僕の言い方だと『宿題を途中でやめた』という意味になるから、同じ「終わる」でも、その場合は〝finish〟を使わなければならなかったんだ。こんな感じのミスを繰り返して、ネイティブの先生と対話を重ねていくうちに、徐々に英語が使えるようになってきたよ。」

C君「僕の場合は、英単語を勉強するときに、例えば〝play〟には、『遊ぶ』の他に『スポーツ競技をする』とか、『演奏する』とか、『ふるまう』とか、『何々のふりをする』など、本当にたくさんの意味があるんだけど、こうした多義語を辞書でしっかり調べて、それらの意味をノートに書き出して徹底的に覚えるようにしたんだ。そういう地道な努力のおかげで、英語の読解力はもちろんのこと、スピーキングもライティングもかなり力がついたよ。」

D君「僕の大学生の姉が言ってたんだけど、英語の他に、中国語やスペイン語など他の外国語も勉強していくと、それぞれの言語の違いを比較できるようになるから、英語が世界の中でどのような特徴を持った言語なのかということが、分かるようになってきたそうだよ。その話を聞いて、英語は、今ではいろいろな国や地域で話されていて世界の共通語のようになっているけど、もともとは、イギリスという限られた地域で使われていた言語だったんだと思ったよ。」

【三】 次の文章を読んで、後の問いに答えなさい。

今はむかし、物ごと㊟自慢くさきは㊟未練のゆゑなり。物の上手の上からは、①すこしも自慢はせぬ事なり。我より手上の者ども、広き天下にいかほどもあるなり。諸芸ばかりに限らず、侍道にも㊟武辺・口上以下、②さらに自慢はならぬものを、今の世は貴賤《きせん》上下それぞれに自慢して、声高に荒言はきちらし、わがままをする者多し。その癖に、おのれが疵《きず》をかくさんとて、よき者を誹《そし》り笑ふ事あり。

ある者座敷を立て③絵を描かする。白鷺《しらさぎ》の一色を望む。絵描き、④「心得たり」とて㊟焼筆をあつる。亭主のいはく、「いづれも良ささうなれども、この白鷺の飛びあがりたる、羽づかひがかやうでは飛ばれまい」といふ。絵描きのいはく、⑤「いやいやこの飛びやうが第一の出来物ぢや」⑥といふうちに、本の白鷺が四五羽うちつれて飛ぶ。亭主これを見て、「あれ見給へ。あのやうに描きたいものぢや」といへば、絵描きこれを見て、「いやいやあの羽づかひではあってこそ、それがしが描いたやうには㊟え飛ぶまい」というた。

（「浮世物語」）

㊟ 自慢くさき ―― 自慢ばかりしたがること。
未練 ―― 未熟。
武辺・口上 ―― 武芸と、武士としての口のきき方。
焼筆 ―― 柳などの細長い木の端を焼き焦がして作った筆。絵描きが下絵を描く際などに用いる。
え……まい ――「……できないだろう」の意。

問一 本文を教訓と例話の二段落に分けるとすれば、どこで分けられますか。第二段落の最初の五字で答えなさい。

問二　――線部①「すこしも自慢はせぬ事なり」とありますが、そのように言ったのはなぜですか。最も適切なものを次の中から選び、記号で答えなさい。

ア　自分より技量の優れた者が、いくらでもいることを知っているから。
イ　自分の技量が未熟であることを、優れた者は知っているから。
ウ　自分の欠点を隠そうとして、優れた者をそしり笑うことがあるから。
エ　自分より技量の未熟な者に、欠点を笑われないようにしたいから。

問三　――線部②～④の本文中の意味として最も適切なものを、それぞれ次の中から選び、記号で答えなさい。

②「さらに自慢はならぬものを」
ア　そこで自慢しなければならないので　　イ　やはり自慢されるのは我慢ならないので
ウ　その上自慢してもおかしくないのに　　エ　まったく自慢するほどでもないのに

③「絵を描かする」
ア　絵を描くだろう　　イ　絵を描いた　　ウ　絵を描かせる　　エ　絵を描こうとする

④「心得たり」
ア　納得しました　　イ　承知しました　　ウ　心配しました　　エ　許可しました

問四　――線部⑤「いやいやこの飛びやうが第一の出来物ぢや」とありますが、その解釈として最も適切なものを次の中から選び、記号で答えなさい。

ア　いやいや、この飛び方が、この絵の最初に出来上がったものなのだ。
イ　いやいや、この飛び方が、この絵の中で何よりすばらしいところなのだ。
ウ　いやいや、この飛び方が、実物の白鷺に最も似ている飛び方なのだ。
エ　いやいや、この飛び方が、実物よりいっそう見栄えのするところなのだ。

問五　――線部⑥「これ」の指す内容を、本文中から十五字で抜き出し、最初と最後の三字で答えなさい。

問六　次の四人で本文について話し合いました。本文の内容と**合わない**意見を述べているのは誰ですか。次の中から一人選びなさい。

A君「この話に、絵描きが出て来るけど、この絵描きって、自分の絵の間違いを指摘されても、まったく認めようとせず、ほんと負け惜しみが強くて、滑稽だよね。」

B君「ほんと滑稽だね。亭主がわざわざ本物の白鷺を四、五羽もつれてきて見せてくれたのに、それでもまだ自分の絵のおかしなところを認めようとしないんだから。」

C君「本物の白鷺を見て、あの羽の使い方では、自分が描いたようには飛ぶことはできないだろうって言うんだから、屁《へ》理屈《りくつ》を言うにもほどがあるよね。」

D君「その絵描きが本物の白鷺の飛び方にけちをつけるところは、『おのれが疵をかくさんとて、よき者を誹り笑ふ』というところと対応しているんじゃないかな。」

（以　上）

令和２年度

清風高等学校入学試験問題

数　　学（50分）

試験開始の合図があるまで，この「問題」冊子を開かず，下記の注意事項を読んでください。

【注　意　事　項】

1．試験開始の合図で，解答用紙の所定の欄に「受験番号」,「氏名」をはっきりと記入してください。

2．この「問題」冊子は，５ページあります。解答用紙は１枚です。ページが脱落している場合は手を挙げて試験監督の先生に知らせてください。

3．解答は，解答用紙の指定されたところに記入してください。

4．各ページの余白は下書きに使用してもかまいません。

5．試験終了の合図で,「問題」冊子の上に解答用紙を重ねてください。

6．「問題」冊子及び解答用紙は持ち帰ってはいけません。

1　次の各問いに答えなさい。

（1）　$mx^2-4mx+4m$ を因数分解しなさい。

（2）　$(\sqrt{3}-1)^2+(\sqrt{2}+1)^2+2(\sqrt{3}-\sqrt{2})$ を計算しなさい。

（3）　2つのさいころを同時に投げるとき，出る目の数の和が8になる確率を求めなさい。

（4）　右の図の四角形ABCDは正方形で，三角形EBCは正三角形である。このとき，∠DAEの大きさを求めなさい。

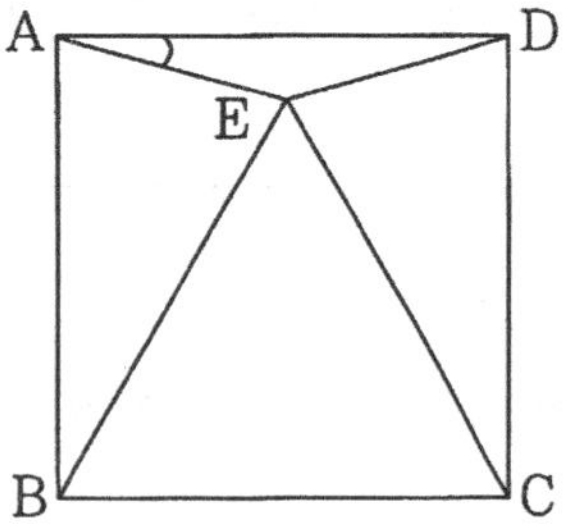

（5）　右の図のような円すいがある。側面積が$120\pi\,\mathrm{cm}^2$のとき，底面の半径を求めなさい。ただし，π は円周率である。

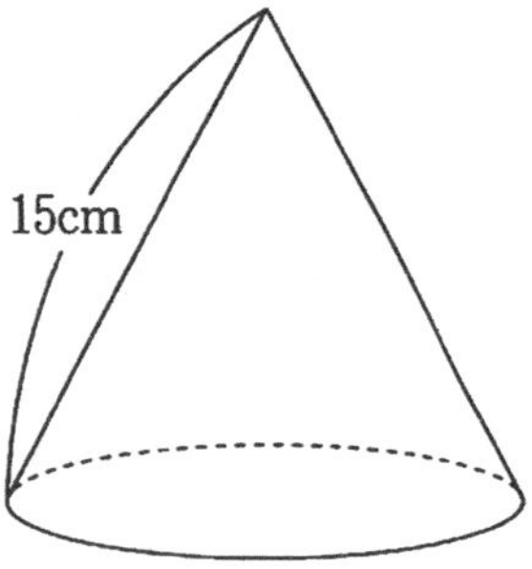

2 　2種類の商品Aと商品Bがある。男女合わせて100人の生徒に，A，Bのうちどちらか一方を必ず答えるものとして，「商品Aと商品Bのどちらを購入したいか」というアンケートを実施した。その結果，商品Aと答えた生徒の人数は，商品Bと答えた生徒の人数より4人多かった。また，商品Bと答えた生徒の人数は，男子生徒全体の75%の人と女子生徒全体の30%の人を合わせた数であった。このとき，次の問いに答えなさい。

（1） 商品Aと答えた生徒は，何人ですか。

（2） 100人のうち，男子生徒と女子生徒はそれぞれ何人いましたか。

（3） 男子生徒全体のx%の人と女子生徒全体の$2x$%の人を合わせた人数も，商品Bと答えた生徒の人数に等しくなるという。このとき，xの値を求めなさい。

（4） 商品Aを文化祭で販売することになり，売り上げ金額がちょうど48000円になるように，定価と目標の販売数量を決めた。しかし，実際には定価より120円安く売ったので，目標より20個多く販売できたが，売り上げ金額は目標と同じ48000円であった。このとき，最初に決めた定価と，目標の販売数量をそれぞれ求めなさい。

3　関数 $y=\frac{1}{2}x^2$ のグラフ上に2点A，Bがあり，それぞれの x 座標は－2，4である。このとき，次の問いに答えなさい。

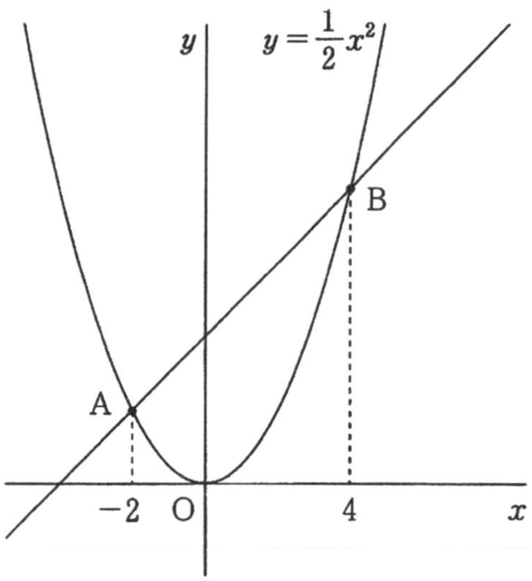

（1）　2点A，Bを通る直線の式を求めなさい。

（2）　△OABの面積を求めなさい。

（3）　関数 $y=\frac{1}{2}x^2$ のグラフ上に原点Oと異なる点Pをとる。△PABの面積が，△OABの面積と等しくなるような点Pは3つあるが，このような点Pの x 座標をすべて求めなさい。

（4）（3）で求めた点Pのうち，x 座標が $-2<x<4$ である点をQとし，直線OQと関数 $y=ax^2\left(0<a<\frac{1}{2}\right)$ のグラフが交わる点をRとする。四角形OABRの面積が四角形OABQの面積の2倍になるとき，a の値を求めなさい。

4　図のように，∠ABC＝∠DCB＝90°の台形ABCDがある。点Eは辺BC上の点で，BE＝3 cm，EC＝2 cm，∠BAE＝∠CDE＝45°である。また，AEとBDの交点をFとし，AEを延長した直線とDCを延長した直線の交点をGとする。
このとき，次の問いに答えなさい。

（1） AGの長さを求めなさい。

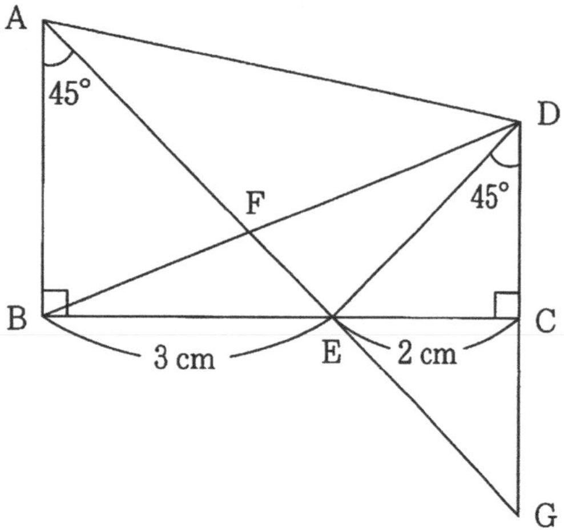

（2） BF：FDを最も簡単な整数の比で表しなさい。

（3） △FEDの面積を求めなさい。また，FEの長さを求めなさい。

（4） FDの中点をHとするとき，EHの長さを求めなさい。

5 図のように，AC＝BC＝4 cm，AD＝BD＝$2\sqrt{7}$ cm，∠BCD＝60°の四面体ABCDがある。点Aから辺CDに垂線AEをおろすと，∠AEB＝60°である。ABの中点をMとするとき，次の問いに答えなさい。

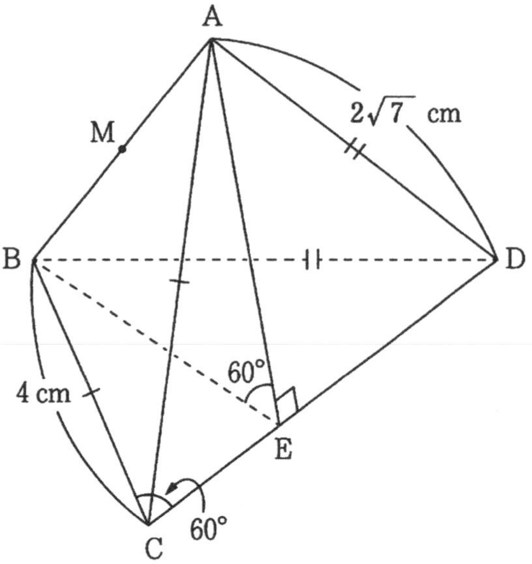

（1） △ACDと合同な三角形を答えなさい。また，∠ACDの大きさを求めなさい。

（2） ABの長さを求めなさい。

（3） △MCDの面積を求めなさい。

（4） 点Aから平面BCDにおろした垂線が平面MCDと交わる点をPとするとき，立体P－BCDの体積を求めなさい。

2020(R2) 清風高
K 教英出版

令和２年度

清風高等学校入学試験問題

英　　語（50分）

試験開始の合図があるまで，この「問題」冊子を開かず，下記の注意事項を読んでください。

【注　意　事　項】

1．試験開始の合図で，解答用紙の所定の欄に「受験番号」，「氏名」をはっきりと記入してください。

2．この「問題」冊子は，８ページあります。解答用紙は１枚です。ページが脱落している場合は手を挙げて試験監督の先生に知らせてください。

3．解答は，解答用紙の指定されたところに記入してください。

4．試験終了の合図で，「問題」冊子の上に解答用紙を重ねてください。

5．「問題」冊子及び解答用紙は持ち帰ってはいけません。

I　次の１～５の各組の語の中で，最も強く発音する位置が，他の３語と異なるものをそれぞれ１つずつ選び，記号で答えなさい。

1 ［ ア a-cross　イ eigh-teen　ウ e-nough　エ home-work ］

2 ［ ア a-bout　イ en-joy　ウ ex-plain　エ moun-tain ］

3 ［ ア sud-den-ly　イ beau-ti-ful　ウ af-ter-noon　エ dan-ger-ous ］

4 ［ ア vol-un-teer　イ re-mem-ber　ウ Sep-tem-ber　エ be-cau-se ］

5 ［ ア u-su-al-ly　イ pho-tog-ra-pher　ウ dif-fi-cul-ty　エ in-ter-est-ed ］

II　次の１～５の各組の［　　　］内の語を並べかえ，それぞれの日本語の意味になるようにするとき，１語不足します。その不足する語と，その語が［　　　］内で何番目にくるかを答えなさい。ただし，文頭にくる語も大文字にしてあるとは限りません。

1 [the / five / is / the / Taro / tallest].
太郎は５人の中で一番背が高い。

2 [tell / you / this / will / book / cook / to].
この本を読めば，料理の仕方がわかります。

3 [know / who / girl / eyes / I / blue / the].
私は青い目のその女の子を知っています。

4 [you / stayed / how / in / long / Japan]?
あなたはどのくらい日本に滞在しているのですか。

5 [chair / that / Taro / a / is / by].
あれは太郎がこわしたイスです。

Ⅲ は次のページにあります。

Ⅲ　次の対話文を読んで，後の問いに答えなさい。

Lucy : Hi, Ken.
Ken : Hi, Lucy. [A]
Lucy : Nothing *in particular. If you have free time, let's go out to lunch. (1)It's on me.
Ken : What's the *occasion?
Lucy : I want to thank you for looking for the cat with me.
Ken : [B]
Lucy : No, no, no, no. I want to. I'll take you to a Chinese restaurant.
Ken : OK.
～ They arrived at a Chinese restaurant. ～
Lucy : Here we are. [C]
Ken : Yes, I have. [D]
Lucy : This is my first time. [E]
Ken : It's very good. Excellent choice!
Lucy : Ken, I don't understand the menu.
Ken : All right, then. (2) order for both of us?
Lucy : Sure.
Ken : OK.
～ They finished lunch. ～
Lucy : (3)(思ったより，ずっと安かったわ).
Ken : Yes, and it was delicious, too.

㊟ in particular：特に　　occasion：理由

問1　［　A　］～［　E　］に入る適切なものを，次のア～オからそれぞれ1つずつ選び，記号で答えなさい。ただし，同じ記号を2回以上使ってはいけません。

ア　You don't have to do that.
イ　How is the food here?
ウ　Have you ever eaten here?
エ　What are you doing here?
オ　How about you?

問2　下線部(1)とほぼ同じ意味になるものを，次のア～エから1つ選び，記号で答えなさい。

ア　I'm good at cooking lunch.
イ　I decided to make lunch.
ウ　I'll pay for the lunch.
エ　Next time I'll pay for the dinner.

問3　空欄（　2　）に入る適切なものを，次のア～ウから1つ選び，記号で答えなさい。

ア　Shall we
イ　May I
ウ　Will you

問4　下線部(3)の日本語の内容の英文になるように（　　　）内に適語を入れなさい。

It was（　　　）（　　　）（　　　）I thought.

IV　次の文を読んで，後の問いに答えなさい。

Late one night, a little boy, only five years old, got on a train alone. That train ride changed his life forever.

The little boy's name was Saroo. Saroo was living with his mother, brothers, and sister in India. His family was very poor. Every day Saroo and his brother Guddu went to the local train station and got on a train. They looked for money under the seats. Sometimes 〈　あ　〉, but every coin helped.

Late one night, Saroo and Guddu were waiting for a train. Saroo was very tired. Guddu pointed to a bench at the station. "Wait for me here," he told Saroo. "I'll come back later." Saroo sat down on the bench and fell asleep. When he woke up, 〈　い　〉.

"Guddu! Guddu!" Saroo cried. But Guddu didn't answer. A train was at the station. "Maybe Guddu is on that train," Saroo thought. ①He got on [for / to / the train / his brother / look]. Then the train left the station. Saroo tried to open the door to the train's next car, but the door was locked. He couldn't get into the car, so he sat down on the seat and fell asleep.

The train arrived at its final stop, and Saroo got off. He was in Kolkata, a city 1,600 kilometers from his home.

For three weeks, Saroo lived on the streets of Kolkata. "What's your name?" people asked him. "Where are you from?" But nobody could help Saroo because he didn't know his last name or the name of his city. Finally, ②someone took Saroo to [parents / for / with / children / a home / no]. A family in Australia *adopted him, and Saroo flew to his new home in Australia.

Saroo grew up happy and healthy in Australia. [X] Which one was his city?

One night, six years after Saroo began to look for his mother, when he was looking at aerial photos of cities near train tracks, he found a water tower. Saroo remembered a water tower in his city. Saroo *zoomed in on the photo. He could see a bridge, buildings, and streets—and they looked *familiar. It was Saroo's city! Now the city had a name: Khandwa.

Saroo flew to India, traveled to Khandwa, and walked to his old house. No one was there. The door was locked, and the house was empty.

"They moved," a neighbor said. "I'll take you to them."

Saroo's mother was sitting in front of her house when a neighbor started screaming, "Your Saroo is back!" She walked down the street and saw a small group of people. There was a handsome young man in the middle of the group. He ran to her, and she ran to him. They *hugged for a long time. Saroo's mother took her son's hand. Then she took him home.

㊟ adopt：～を養子にする　zoom in：拡大する　familiar：なじみのある
hug：抱き合う

問1 〈 あ 〉,〈 い 〉に入る，最も適切なものを，次のア～ウからそれぞれ1つずつ選び，記号で答えなさい。

〈 あ 〉
ア they found some coins
イ they found only one or two coins
ウ there were no coins

〈 い 〉
ア Guddu was coming back
イ Guddu was getting on the train
ウ Guddu was gone

問2 下線部①，②の［　　　］内の語句を，それぞれ意味が通るように並べかえなさい。ただし，［　　　］内の語句のみ答えなさい。

問3 次のア～エは，[X] に入る英文です。文脈に合うように適切な順序に並べかえなさい。

ア Saroo sat at his computer in his free time and looked at *aerial photos of the earth.
イ But he didn't forget his mother in India.
ウ When he was 24 years old, he decided to look for her.
エ He could see every city in India.

㊟ aerial photo：航空写真

問4 次の1～5が本文の内容と一致すれば○，一致しなければ×を書きなさい。

1 Saroo was living with his family, but he chose to live alone and left the family.
2 Saroo was with his brother Guddu when he got off the train.
3 Saroo was thirty years old when he finally found Khandwa.
4 After the flight to India, Saroo walked to his old house in Khandwa, but there was no one there.
5 Saroo's mother found Saroo in the middle of a small group of people.

V　次の文を読んで，後の問いに答えなさい。

Our bodies are made [1] millions of very small *cells. Thousands of these are damaged every day, but they can repair themselves. We don't even know this is happening because *normally we can't (a) any pain. But as soon as you cut your finger, your body really gets to work.

First, special cells, called *platelets, stop the blood from coming out. Then they make some hard skin called a *scab. This covers the *wound. The scab also stops *germs from getting in.

Under the scab, each cell makes a new cell. Millions of these new cells then fill the space the wound made.

A few animals can make more than just new cells; they can make whole new body parts! Insects can grow new legs, and sharks can grow new teeth. Can we do that? When we cut our hair, it grows back again. We cut our fingernails, and they grow back, too. But we can't grow a new arm or leg. Not yet, anyway.

Many doctors believe, however, that in the future we will be able to make new parts for the human body. Maybe, we've already (b). In 2005, a man called Lee Spievack (c) an accident. He cut off the top part of one of his fingers. Doctors made a special medicine [2] a part of an animal. Then, they put this on the damaged finger. [3] four weeks, the top part of his finger grew back.

You know what it is [4] when you get a cold or the *flu. You feel tired and hot, you *sneeze, and you have a temperature. It is not a good feeling, is it? But can a cold or the flu be good [5] you?

You get a cold or the flu when something called a *virus (d) into your body. Viruses kill cells in your body, including unhealthy cells. When you *cough or sneeze, the things that come out of your mouth or nose are dead cells. In this way, a cold or the flu is nature's way of cleaning your body. Healthy new cells *replace the old, damaged ①ones. ②[body / makes / this / stronger / your].

㊟ cell：細胞　normally：通常は　platelet：血小板　scab：かさぶた
wound：傷口　germ：細菌　flu：インフルエンザ　sneeze：くしゃみをする
virus：ウィルス　cough：せきをする　replace：～に取って代わる

問1　[　1　]～[　5　]に入る適切なものを，次のア～オから1つずつ選び，記号で答えなさい。ただし，同じ記号を2回以上使ってはいけません。また，大文字から始まる場合でも，小文字にしてあります。

ア　in　　イ　for　　ウ　like　　エ　from　　オ　of

問2　(　a　)～(　d　)に入る語を，次の[　　　]内から1つずつ選び，適切な形に変える必要のあるものは変えて答えなさい。ただし，同じ語を2回以上使ってはいけません。

[start / have / take / come / feel]

問3　下線部①が指すものを英語で答えなさい。

問4　下線部②の[　　　]内の語を，文意が通るように並べかえたとき，[　　　]内で，2番目と4番目にくる語を答えなさい。ただし，文頭にくる語も大文字にしてあるとは限りません。

問5　次の1～5の中で，本文の内容と合っているものを2つ選び，記号で答えなさい。

1　When we cut our finger, our body starts working to repair the damaged cells.
2　Special cells called platelets can stop germs from getting in.
3　Not only insects but also some humans have been able to grow a new arm or leg.
4　The top part of Lee Spievack's finger grew back without any medicine.
5　Getting a cold or the flu is not a bad thing because they are nature's way of cleaning your body.

〔以 上〕

2020(R2) 清風高
K 教英出版

2020(R2) 清風高
K 教英出版

令和２年度

清風高等学校入学試験問題

理　科 (50分)

試験開始の合図があるまで，この「問題」冊子を開かず，下記の注意事項を読んでください。

【注 意 事 項】

1．試験開始の合図で，解答用紙の所定の欄に「受験番号」，「氏名」をはっきりと記入してください。

2．この「問題」冊子は，10ページあります。解答用紙は１枚です。ページが脱落している場合は手を挙げて試験監督の先生に知らせてください。

3．解答は，解答用紙の指定されたところに記入してください。

4．試験終了の合図で，「問題」冊子の上に解答用紙を重ねてください。

5．「問題」冊子及び解答用紙は持ち帰ってはいけません。

1　次の文章を読み，下の各問いに答えなさい。

水溶液と電流の関係を調べるために，次の**〔実験1〕**～**〔実験3〕**を行いました。

〔実験1〕　**図1**のように，電極にステンレスを用い，蒸留水に電流が流れるかどうかを調べたところ，電流は流れなかった。続けて，同様に塩酸，エタノール水溶液，水酸化ナトリウム水溶液，砂糖水についても，電流が流れるかどうかを調べた。

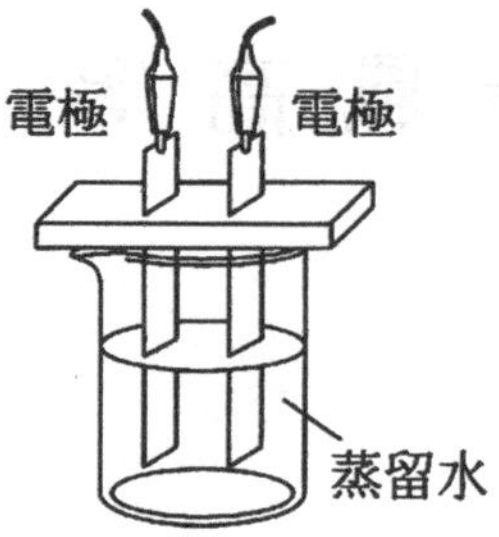

図1

〔実験2〕　湿らせたろ紙の中央に塩化銅（$CuCl_2$）水溶液を数滴落とし，しみをつけた。その後，**図2**のように，ろ紙の両端に電圧を加えると，電流が流れてしみが移動した。

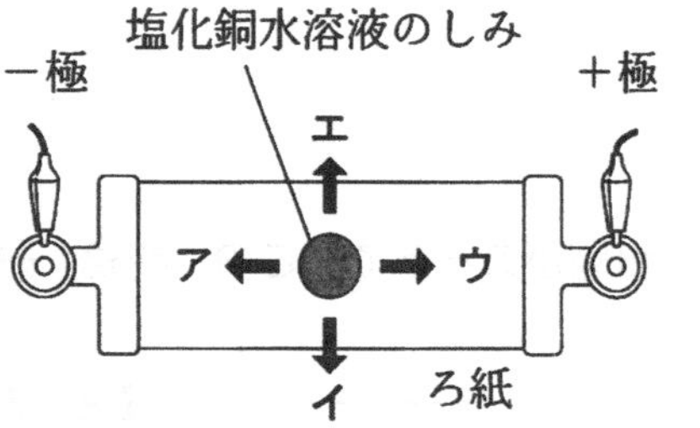

図2

〔実験3〕　**図3**のように，電極A，Bに炭素棒を用い，塩化銅水溶液の電気分解を行った。電極Aには赤色の物質が付着し，この物質をろ紙にとりスプーンでこすると光沢があった。また，電極Bの付近からは気体が発生した。

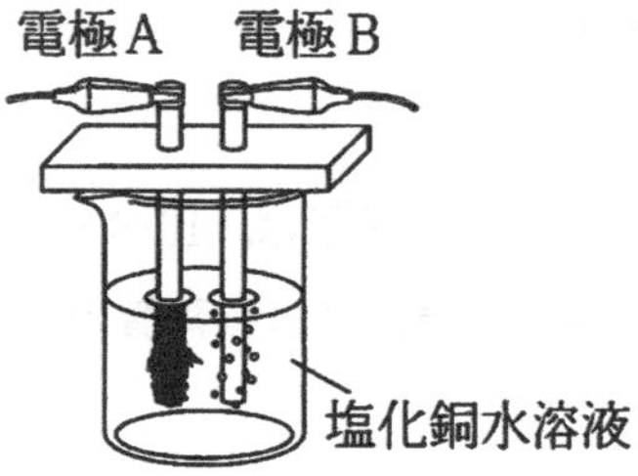

図3

問1　〔**実験1**〕のように，続けて別の水溶液を用いて実験をするとき，電極に対して行う操作として適するものを，次の**ア**～**ウ**のうちから1つ選び，記号で答えなさい。

ア　前の水溶液がついた電極をそのまま用いる。
イ　前の水溶液がついた電極を完全に乾燥させて用いる。
ウ　前の水溶液がついた電極を蒸留水でよく洗って用いる。

問2　〔**実験1**〕について，電流が流れた水溶液として適するものを，次の**ア**～**エ**のうちから**2つ**選び，記号で答えなさい。

ア　塩酸　　　**イ**　エタノール水溶液
ウ　水酸化ナトリウム水溶液　　　**エ**　砂糖水

問3　〔**実験2**〕について，塩化銅は水に溶けると陽イオンと陰イオンに分かれます。このようすを，イオン式を用いて表しなさい。また，この変化を何といいますか。

問4　〔**実験2**〕について，しみが移動した向きとして最も適するものを，**図2**の**ア**～**エ**のうちから選び，記号で答えなさい。

問5　〔**実験3**〕について，陽極は電極A，電極Bのどちらですか。

問6　〔**実験3**〕について，塩化銅は2つの物質に分解されました。この反応を，化学反応式で表しなさい。

2 次の文章を読み，下の各問いに答えなさい。

5本の試験管に，ある濃度のうすい硫酸Aを20gずつとりました。これらの試験管に0.2g，0.4g，0.6g，1.2g，1.6gの亜鉛をそれぞれ加えて反応させ，そのとき発生した気体の体積をはかりました。**表**は，その結果を表したものです。

表

亜鉛の質量〔g〕	0.2	0.4	0.6	1.2	1.6
発生した気体の体積〔cm^3〕	75	150	225	300	300

問1　硫酸に亜鉛を入れたときの反応を，化学反応式で表しなさい。

問2　発生した気体の性質として最も適するものを，次の**ア**～**エ**のうちから選び，記号で答えなさい。

ア　この気体を石灰水に通すと白く濁る。
イ　この気体は水によく溶けて，水溶液はアルカリ性を示す。
ウ　この気体の入った瓶に火のついた線香を入れると，線香が激しく燃える。
エ　この気体の入った瓶に火のついた線香を近づけると，ポンという音を立てて気体が燃える。

問3　20gのうすい硫酸Aに1.5gの亜鉛を加えて反応させると，反応後に亜鉛が残っていました。この残っていた亜鉛の質量は何gですか。

問4　問3で残っていた亜鉛を，過不足なく反応させるために必要なうすい硫酸Aは何gですか。

問5　うすい硫酸Aの濃度を2倍にして，はじめと同じ操作を行いました。このときの結果として最も適するものを，次の**ア**～**エ**のうちから選び，記号で答えなさい。

ア　0.2gの亜鉛を加えたとき，発生した気体は75cm^3であった。
イ　1.2gの亜鉛を加えたとき，発生した気体は300cm^3であった。
ウ　1.2gの亜鉛を加えたとき，発生した気体は600cm^3であった。
エ　1.6gの亜鉛を加えたとき，発生した気体は750cm^3であった。

問6　この実験で発生した気体300cm^3の質量は0.025gでした。この気体の分子をつくっている原子1個と亜鉛原子1個の質量の比（気体の原子：亜鉛原子）として適するものを，次の**ア**～**エ**のうちから1つ選び，記号で答えなさい。

ア　1：16　　**イ**　1：32　　**ウ**　1：64　　**エ**　1：128

3　次の文章を読み，下の各問いに答えなさい。

子孫を次の世代へ残すために，生物は生殖を行います。生殖は①無性生殖と有性生殖に分けることができます。②無性生殖の特徴として，子は親の染色体をそのまま受け継ぐので，子の形質は親と同じになります。これに対して有性生殖の特徴としては，子は両方の親から半分ずつ染色体を受け継ぐので，子の形質は親と同じであるとは限りません。

動物の有性生殖の場合，③生殖細胞は卵と精子であり，それぞれの核が合体することで，新しい細胞ができます。例えば，体細胞の染色体数が４本（２対）の動物の有性生殖について考えてみます。図は，その動物の親と子の体細胞中の染色体を模式的に表したものです。オスの親の体細胞に含まれる染色体をA1，A2，B1，B2，メスの親の体細胞に含まれる染色体をA3，A4，B3，B4とし，同じアルファベットの染色体がそれぞれ対になっているものとします。④これらの対になっている染色体は，それぞれ分かれて別々の生殖細胞に入ります。このことから，オスの親から作られる精子は２本の染色体をもち，その組み合わせはA1とB1，A1とB2，A2とB1，A2とB2の４通りになります。また，メスの親から作られる卵も２本の染色体をもち，その組み合わせも４通りになります。精子と卵が受精すると，それぞれの染色体は受精卵の中で再び対となります。したがって，生まれる子の体細胞に含まれる染色体数は，親と同じ４本（２対）となり，染色体の組み合わせは16通りになります。

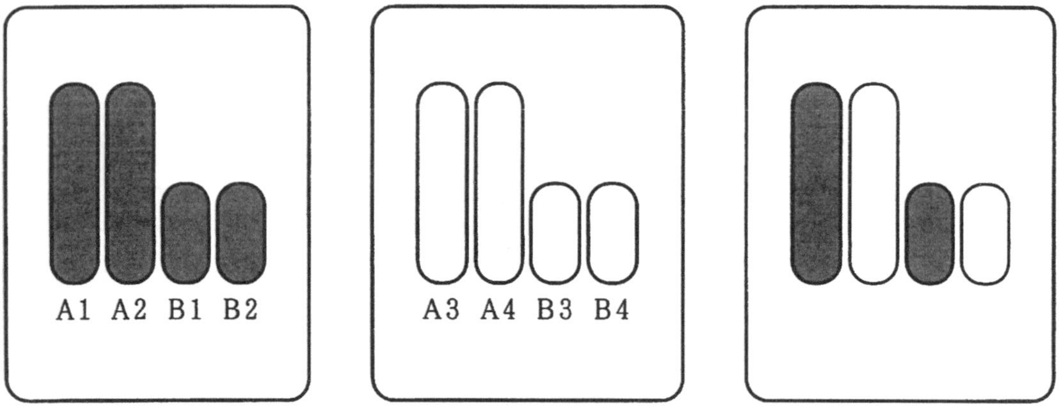

オスの親の体細胞に含まれる染色体　　メスの親の体細胞に含まれる染色体　　子の体細胞に含まれる染色体

図

ヒトの体細胞に含まれる染色体数は46本（23対）なので，一方の親から作られる生殖細胞の染色体の組み合わせは（　X　）通りあり，生まれる子の染色体の組み合わせは（　Y　）通りとなります。このように染色体の組み合わせが複数あるため，子の形質は親と同じであるとは限らず，また，子どうしの形質も互いに同じであるとは限りません。

問１　下線部①について，無性生殖の具体例として**誤っているもの**を，次の**ア**～**エ**のうちから１つ選び，記号で答えなさい。

ア　エンドウは，１つの花の中で花粉がめしべにつき新しい個体が作られる。
イ　コダカラベンケイは，芽から新しい個体が作られる。
ウ　ミカヅキモは，分裂によって新しい個体が作られる。
エ　オランダイチゴは，茎の一部が伸びて地面についたところから新しい個体が作られる。

問２　下線部②について，無性生殖における親と子のように，同一の遺伝子をもつ個体の集団を何といいますか。

問３　下線部③について，生殖細胞が作られるときの特別な細胞分裂を何といいますか。

問４　下線部④のことを示した法則を何といいますか。適するものを，次の**ア**～**エ**のうちから１つ選び，記号で答えなさい。

ア　優性の法則　　**イ**　劣性の法則　　**ウ**　分離の法則　　**エ**　独立の法則

問５　空欄（　X　）に当てはまる数値として適するものを，次の**ア**～**カ**のうちから１つ選び，記号で答えなさい。

ア　23　　**イ**　46　　**ウ**　23^2　　**エ**　46^2　　**オ**　2^{23}　　**カ**　2^{46}

問６　空欄（　Y　）に当てはまる数値として適するものを，次の**ア**～**カ**のうちから１つ選び，記号で答えなさい。

ア　46　　**イ**　92　　**ウ**　23^2　　**エ**　46^2　　**オ**　2^{46}　　**カ**　2^{92}

問７　無性生殖と有性生殖について**誤っているもの**を，次の**ア**～**エ**のうちから１つ選び，記号で答えなさい。

ア　無性生殖は，生殖のための相手を必要としないので，生殖を行いやすい。
イ　無性生殖は，親と同じ形質の子を残すので，親と異なる環境では生き残りにくい。
ウ　ホニュウ類の多くは，有性生殖と無性生殖の両方を行うことができる。
エ　植物のなかには，有性生殖と無性生殖の両方を行うものがある。

4　次の文章を読み，下の各問いに答えなさい。

時間や場所を変えて①気象観測を行い，気温，②湿度，雨量，③空気の流れなどを記録することで，天気の変化を調べることができます。天気の変化には，④気温や湿度などが一様で大規模な空気のかたまりが関係していることがあります。この空気のかたまりが別の空気のかたまりに接すると，空気どうしがすぐには混じり合わず，⑤前線がつくられます。

問1　下線部①について，**図**の天気記号で表される天気と風向を答えなさい。ただし，**図**の上側を北とします。

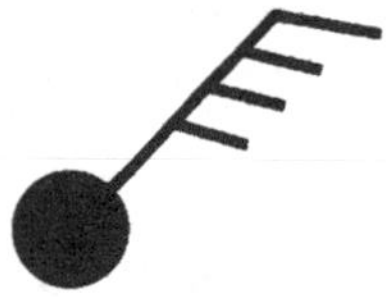

図

問2　**図**の天気記号は，風力4を表しています。風力4とはどの程度の風ですか。適するものを，次の**ア**～**エ**のうちから1つ選び，記号で答えなさい。

ア　煙がなびくので，風があるのがわかる。
イ　砂ぼこりが立ち，紙片が舞い上がる。
ウ　樹木全体がゆれる。風に向かって歩きにくい。
エ　かわらがはがれたり，煙突が倒れたりする。

下線部②について，実験室の湿度を測定するために，次の〔**手順1**〕～〔**手順4**〕を行いました。

〔**手順1**〕　実験室の気温を測定する。
〔**手順2**〕　金属製のコップに水を入れ，実験室の気温と等しくなるまで放置する。
〔**手順3**〕　コップの水に氷を少しずつ加えて，静かにかき混ぜながら水温を下げる。
〔**手順4**〕　コップの表面がくもり始めたときの水温を測定する。

問3　〔**手順1**〕で測定した気温は18℃で，〔**手順4**〕で測定した水温は12℃でした。実験室の湿度は何%ですか。ただし，気温と飽和水蒸気量の関係を示した**表**を用い，小数第1位を四捨五入して整数で答えなさい。

表

気温〔℃〕	12	13	14	15	16	17	18
飽和水蒸気量〔g/cm^3〕	10.7	11.4	12.1	12.8	13.6	14.5	15.4

問4　下線部③について，北半球で上昇気流と下降気流の地表付近での空気の流れを上空から見るとどのようになりますか。最も適するものを，次の**ア**～**エ**のうちからそれぞれ選び，記号で答えなさい。

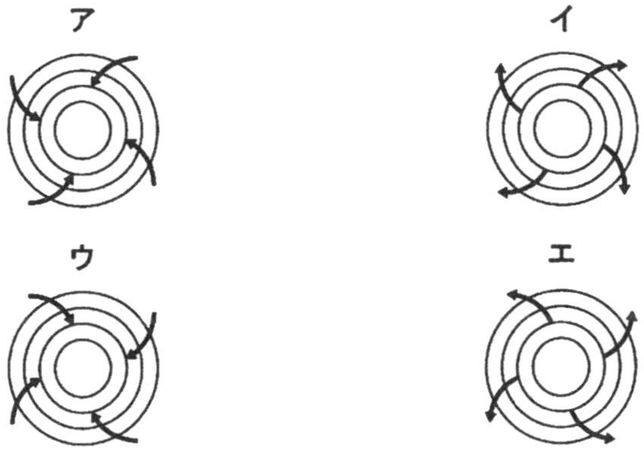

問5　下線部④のような空気のかたまりを何といいますか。**漢字2字**で答えなさい。

問6　下線部⑤について，冷たい空気（寒気）のかたまりがあたたかい空気（暖気）のかたまりを押しながら進むとき，その前線面の様子を表しているものはどれですか。最も適するものを，次の**ア**～**エ**のうちから選び，記号で答えなさい。ただし，左側が冷たい空気，右側があたたかい空気とします。

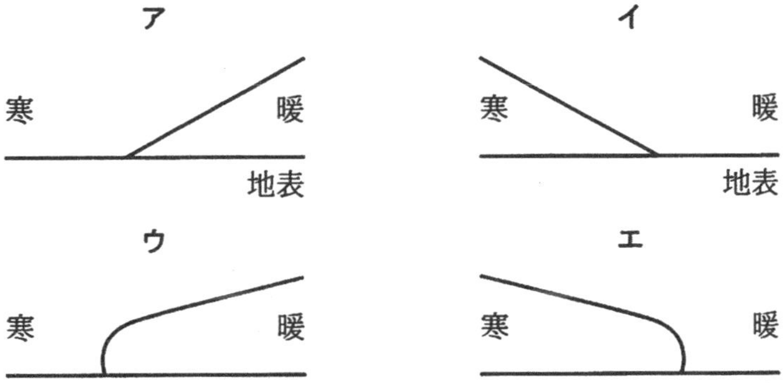

問7　問6の前線の通過による天気の変化として適するものを，次の**ア**～**エ**のうちから1つ選び，記号で答えなさい。

ア　気温が上がり，激しい雨が短時間降る。
イ　気温が上がり，穏やかな雨が長時間降る。
ウ　気温が下がり，激しい雨が短時間降る。
エ　気温が下がり，穏やかな雨が長時間降る。

5　次の文章を読み，下の各問いに答えなさい。

電熱線のはたらきを調べるために，**〔実験1〕**～**〔実験4〕**を行いました。ただし，電熱線で発生した熱は，すべて水の温度上昇のみに使われるものとします。

〔実験1〕　抵抗値がわからない電熱線aに，加える電圧を変えて，流れる電流の値を測定した。**図1**は，その結果を表している。

〔実験2〕　電熱線aと20Vの電源，およびスイッチで回路を作った。**図2**のように，電熱線aを30℃の水100gが入った容器に沈め，スイッチを入れて，ある時間が経《た》つと，水の温度は40℃になった。

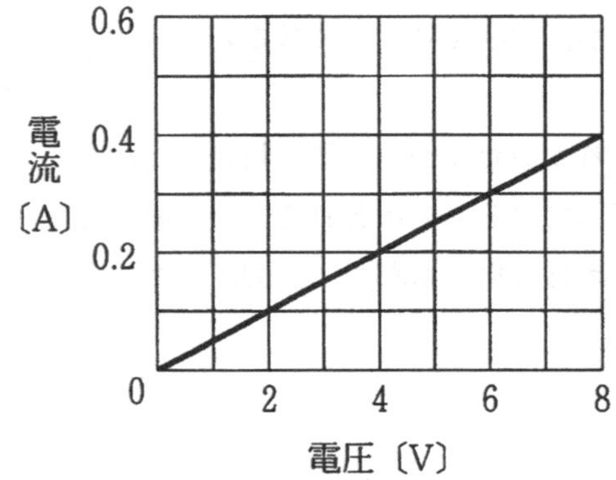

図1

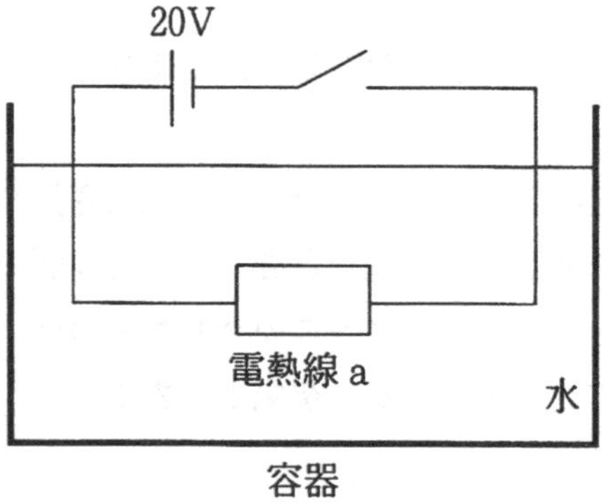

図2

問1　電熱線aの抵抗は何Ωですか。

問2　**〔実験2〕**のとき，電熱線aでの消費電力は何Wですか。

問3　**〔実験2〕**のとき，電熱線aに電流を流した時間は何秒ですか。ただし，水1gの温度を1℃上昇させるのに必要な熱量を4.2Jとします。

〔実験3〕　抵抗値がわからない電熱線bと電熱線cを直列につなぎ，これと20Vの電源，およびスイッチで回路を作った。**図3**のように，電熱線bと電熱線cを30℃の水100gが入った容器1と容器2にそれぞれ沈め，スイッチを入れて，ある時間が経ってから水の温度を測定した。このとき，容器1と容器2の水の温度上昇の比は，1：4であった。また，電熱線bに流れた電流は0.4Aであった。

〔**実験 4**〕〔**実験 3**〕で用いた電熱線 b と電熱線 c を並列につなぎ，これと20Vの電源，およびスイッチで回路を作った。**図 4** のように，電熱線 b と電熱線 c を30℃の水100gが入った容器 3 と容器 4 にそれぞれ沈め，スイッチを入れて，〔**実験 3**〕と同じ時間が経ってから水の温度を測定した。

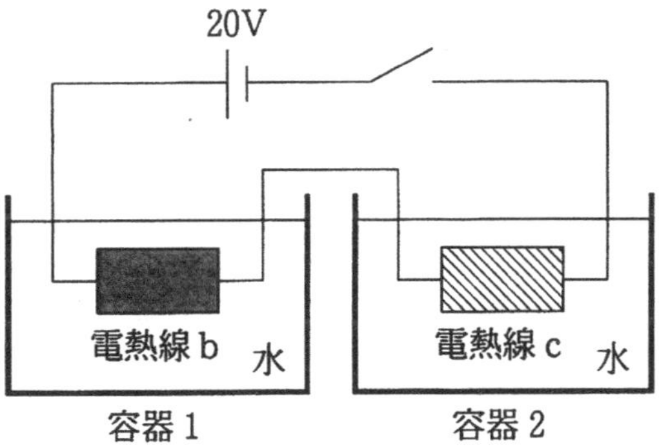

図 3

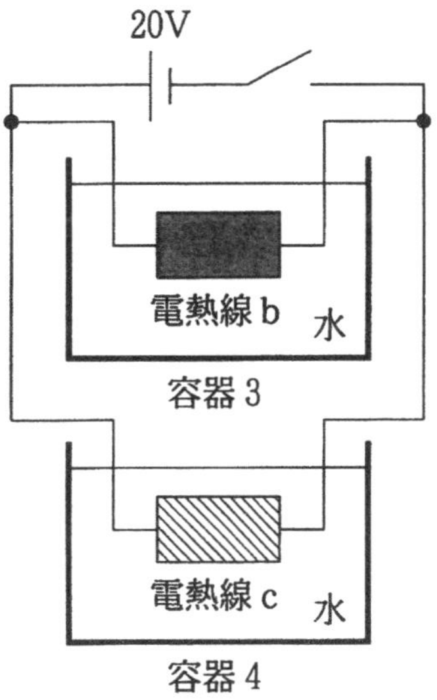

図 4

問 4　電熱線 c の抵抗は何Ωですか。

問 5　〔**実験 4**〕のとき，容器 3 と容器 4 の水の温度上昇の比を，最も簡単な整数の比で表しなさい。

問 6　〔**実験 3**〕,〔**実験 4**〕において，容器 1 ～ 4 の各電熱線に流れる電流をそれぞれ I_1 ～ I_4〔A〕としたとき，I_1 ～ I_4の大小関係として適するものを，次の**ア**～**エ**のうちから 1 つ選び，記号で答えなさい。

ア　$I_1 = I_2 < I_3 < I_4$　　**イ**　$I_1 = I_2 < I_4 < I_3$
ウ　$I_1 < I_2 < I_3 < I_4$　　**エ**　$I_1 < I_2 < I_4 < I_3$

問 7　〔**実験 3**〕,〔**実験 4**〕において，容器 1 ～ 4 の水の温度上昇をそれぞれ T_1 ～ T_4〔℃〕としたとき，T_1 ～ T_4の大小関係として適するものを，次の**ア**～**エ**のうちから 1 つ選び，記号で答えなさい。

ア　$T_1 = T_4 < T_2 = T_3$　　**イ**　$T_1 = T_3 < T_2 = T_4$
ウ　$T_1 < T_2 < T_3 < T_4$　　**エ**　$T_1 < T_2 < T_4 < T_3$

〔 以 上 〕

令和２年度

清風高等学校入学試験問題

社　　会（50分）

試験開始の合図があるまで，この「問題」冊子を開かず，下記の注意事項を読んでください。

【注　意　事　項】

1．試験開始の合図で，解答用紙の所定の欄に「受験番号」，「氏名」をはっきりと記入してください。

2．この「問題」冊子は，18ページあります。解答用紙は１枚です。ページが脱落している場合は手を挙げて試験監督の先生に知らせてください。

3．解答は，解答用紙の指定されたところに記入してください。

4．試験終了の合図で，「問題」冊子の上に解答用紙を重ねてください。

5．「問題」冊子及び解答用紙は持ち帰ってはいけません。

1 次の略地図Ⅰ～Ⅳを見て，あとの問1～問8に答えなさい。

Ⅰ

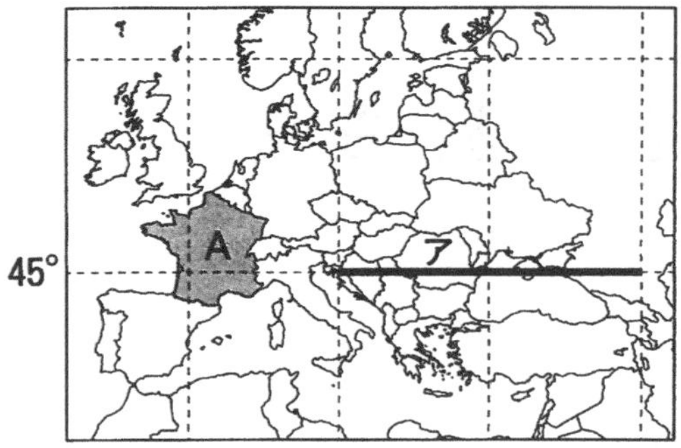

Ⅱ

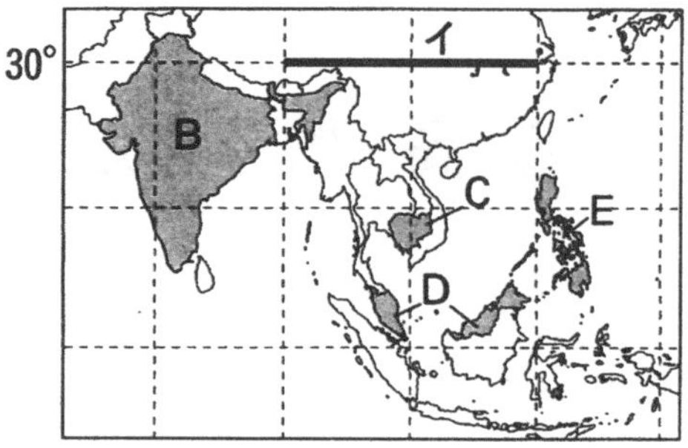

Ⅲ

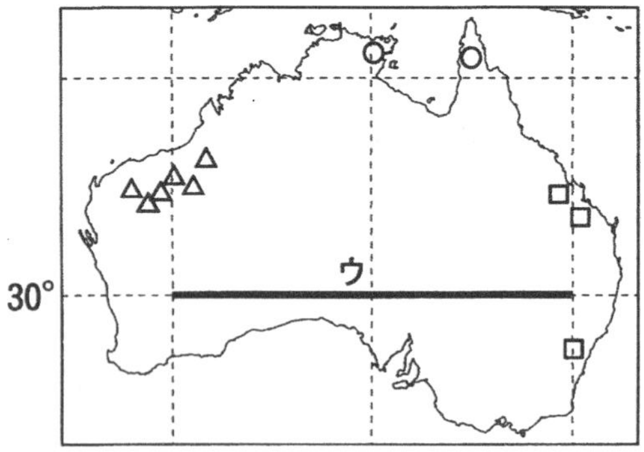

Ⅳ

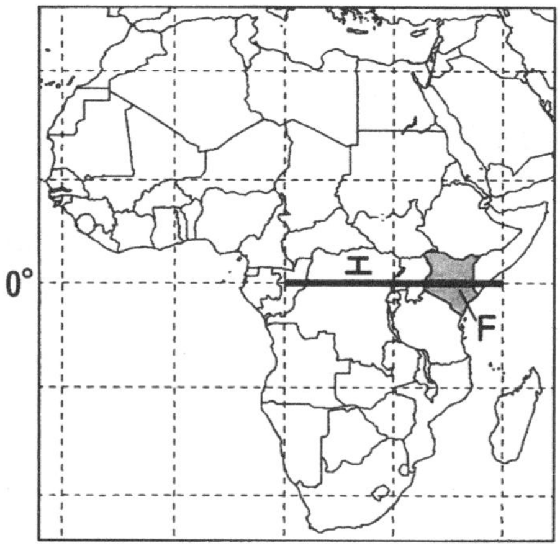

注）┄┄┄は経緯線を表しており，それぞれ15度間隔で引かれている。

問1　略地図Ⅰ～Ⅳ中の━━━で表されている緯線の中で，実際の距離が最も長いものを，**ア**～**エ**から一つ選び，記号で答えなさい。

問2　大阪を8月11日午前6時に出発した飛行機に搭乗した旅行者がソウルを経由し，ロンドンに到着したとき，ロンドンは8月11日午後2時であった。日本からソウルへの飛行時間は2時間，ソウルからロンドンへの飛行時間は13時間であるとき，乗り継ぎのためにソウルに滞在した時間を，次の**ア**～**エ**から一つ選び，記号で答えなさい。ただし，サマータイムは考えないものとする。

ア　2時間　　**イ**　3時間　　**ウ**　4時間　　**エ**　5時間

問3　略地図Ⅰ中のA国について述べた次の文X・Yの正誤の組み合わせとして正しいものを，あとの**ア〜エ**から一つ選び，記号で答えなさい。

X　EU最大の農業国であり，世界有数の小麦生産国である。
Y　主にアメリカから輸入された部品を組み立てて，航空機を製造している。

ア　X　正　Y　正　　**イ**　X　正　Y　誤
ウ　X　誤　Y　正　　**エ**　X　誤　Y　誤

問4　イギリスやドイツは高緯度に位置しているが，冬の気温は比較的高い。その要因となっている海流を，解答欄に合うように**漢字4字**で答えなさい。

問5　略地図Ⅱ中のB〜E国のそれぞれの国の中で，キリスト教を信仰する人の割合が最も高い国を一つ選び，**ア〜エ**の記号で答えなさい。

ア　B　　**イ**　C　　**ウ**　D　　**エ**　E

問6　インドネシアで見られる伝統的な家の様式として適当なものを，次の**ア〜エ**から一つ選び，記号で答えなさい。

ア

イ

ウ

エ

問7　略地図Ⅲ中の□・△・○は，オーストラリアの資源の主な産地を表したものである。□・△・○と資源の組み合わせとして正しいものを，次の**ア**～**カ**から一つ選び，記号で答えなさい。

	□	△	○
ア	鉄鉱石	石炭	ボーキサイト
イ	鉄鉱石	ボーキサイト	石炭
ウ	石炭	ボーキサイト	鉄鉱石
エ	石炭	鉄鉱石	ボーキサイト
オ	ボーキサイト	石炭	鉄鉱石
カ	ボーキサイト	鉄鉱石	石炭

問8　次の**ア**～**エ**の図は，略地図Ⅳ中の**F**国・コートジボワール・ガーナ・ナイジェリアのいずれかの国の，輸出総額と主な輸出品の割合を表したものである。**F**国にあてはまるものを，**ア**～**エ**から一つ選び，記号で答えなさい。

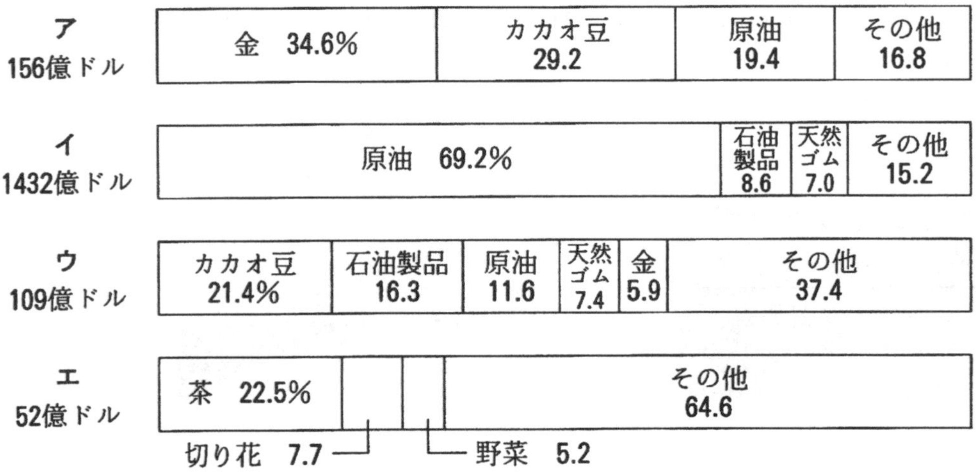

F国の統計年次は2010年。
コートジボワール・ナイジェリアの統計年次は2012年。
ガーナの統計年次は2013年。
『UN Comtrade』により作成。

2 日本に関する，あとの問1～問7に答えなさい。

問1　次の**A～C**の図は，旭川・札幌・釧路のいずれかの月別の平均気温と降水量を表したものである。3つの都市と**A～C**の組み合わせとして正しいものを，あとの**ア～カ**から一つ選び，記号で答えなさい。

A　　　　　B　　　　　C

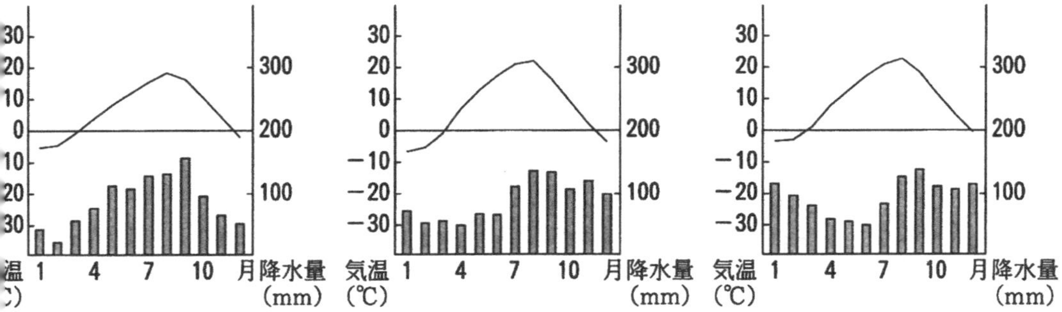

A　年平均気温　6.2℃　年降水量　1042.9mm

B　年平均気温　6.8℃　年降水量　1042.1mm

C　年平均気温　8.9℃　年降水量　1106.6mm

『理科年表　2013』などにより作成。

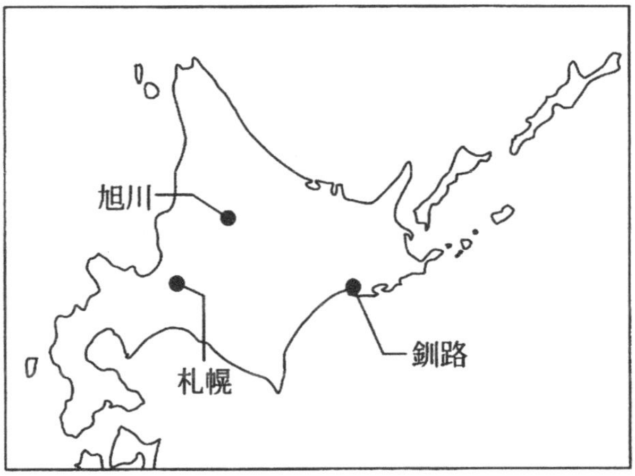

	ア	イ	ウ	エ	オ	カ
旭川	A	A	B	B	C	C
札幌	B	C	A	C	A	B
釧路	C	B	C	A	B	A

問２　東北地方では，各地に受け継がれる伝統行事が多く見られるが，秋田市で開催される伝統行事を，次の**ア**～**エ**から一つ選び，記号で答えなさい。

ア　竿燈《かんとう》まつり　　**イ**　祇園祭　　**ウ**　博多どんたく　　**エ**　阿波おどり

問３　次の図は，ぶどうとももの収穫量の割合を都道府県別に表したものである。図中の**A**にあてはまる県を，あとの略地図中の**ア**～**エ**から一つ選び，記号で答えなさい。

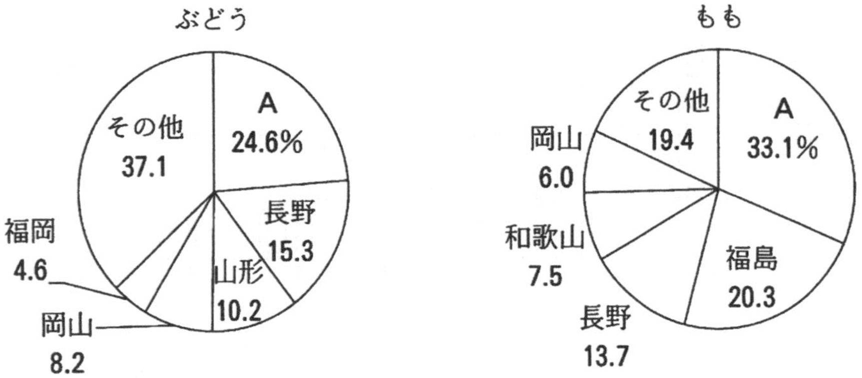

統計年次は2012年。
『果樹生産出荷統計』により作成。

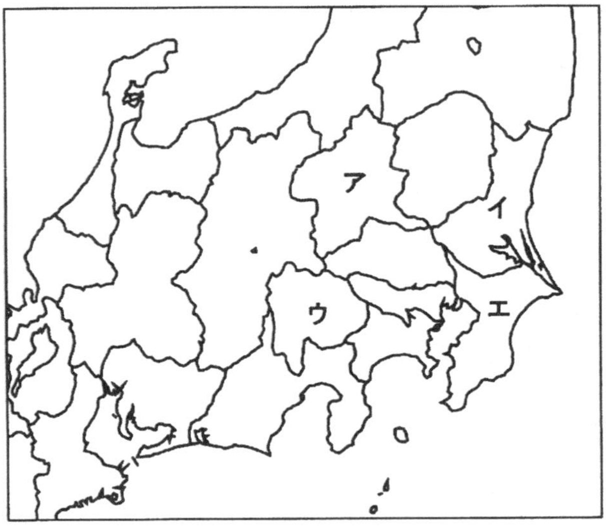

問４　中国・四国地方の県について述べた文として**適当なもの**を，次の**ア〜エ**から一つ選び，記号で答えなさい。

ア　鳥取県では，季節風の影響で冬に雨や雪が多く，山沿いを中心に雪が積もる。
イ　広島県には，世界自然遺産である原爆ドームや厳島神社がある。
ウ　高知県では，なすやピーマンなどの抑制栽培が盛んである。
エ　徳島県は，日本の石油化学工業の中心である。

問５　次の図は，2010年と2012年の日本の総発電量と発電方法の内訳を表したもので，図中の**Ａ〜Ｃ**は水力・火力・原子力のいずれかである。**Ａ〜Ｃ**と発電方法の組み合わせとして正しいものを，あとの**ア〜カ**から一つ選び，記号で答えなさい。

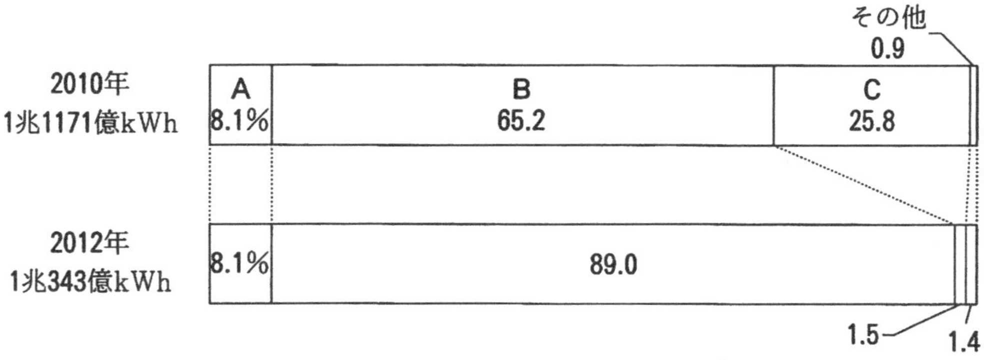

『国際エネルギー機関資料』により作成。

	A	B	C
ア	水力	火力	原子力
イ	水力	原子力	火力
ウ	火力	水力	原子力
エ	火力	原子力	水力
オ	原子力	水力	火力
カ	原子力	火力	水力

問６　太平洋ベルトを構成する工業地域として**適当でないもの**を，次の**ア〜エ**から一つ選び，記号で答えなさい。

ア　東海工業地域　　**イ**　北陸工業地域
ウ　瀬戸内工業地域　　**エ**　京葉工業地域

問７　次の図**A**は，日本の沖合漁業の漁獲量の変化を表したものである。図**A**を参考にして，図**B**中の**ア**～**エ**から，日本の水産物の輸入量の変化を表したものとして正しいものを一つ選び，記号で答えなさい。

A

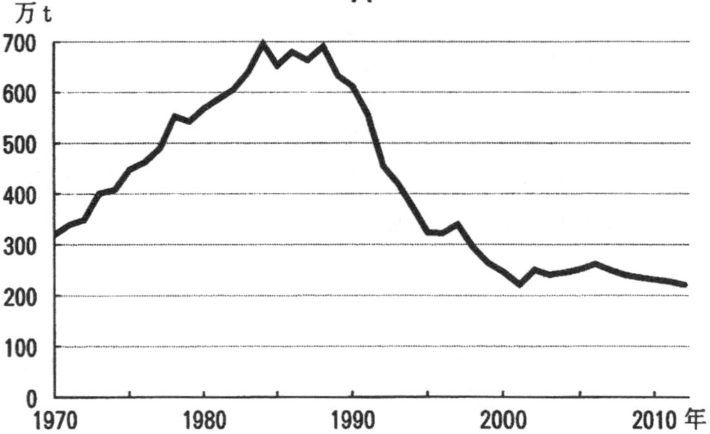

B

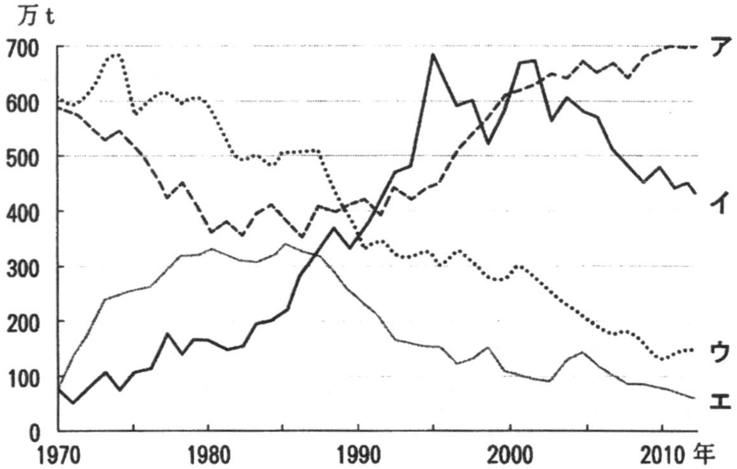

『平成24年　漁業・養殖業生産統計年報』などにより作成。

3 次のⅠ～Ⅳの文や略年表について，あとの問１～問11に答えなさい。

Ⅰ　2019年５月１日，天皇の代替わりにより新しい元号「令和」が使われるようになった。元号は中国にならって取り入れられた時代の表し方で，日本では７世紀半ばに「大化」が初めて使われたと『日本書紀』に記されている。８世紀に制定された①大宝律令には，公文書に元号を用いよとの旨が記載され，これ以降元号がさらに浸透していった。「大化」以降現在までに248の元号が用いられているが，元号の変更理由にはいくつかあり，天皇の代替わりの際の改元をはじめ，天変地異が起こったことによる改元，②吉兆とされるものが現れたことによる改元などが存在する。また，③起こった出来事や制定されたものに元号が冠されることもある。

問１　下線部①に関連して，この元号が用いられる以前に起こった出来事について述べた文として正しいものを，次の**ア**～**エ**から一つ選び，記号で答えなさい。

ア　空海が高野山に金剛峯寺を建てた。
イ　坂上田村麻呂が蝦夷の阿弖流為（アテルイ）と戦った。
ウ　紀貫之らが『古今和歌集』を編集した。
エ　九州に防人と呼ばれる兵士を置き，山城や水城を築いた。

問２　下線部②に関連して，「天平」はこのような改元で定められた元号である。この頃の文化について述べた次の文中の（　A　）・（　B　）にあてはまる語句の組み合わせとして正しいものを，あとの**ア**～**エ**から一つ選び，記号で答えなさい。

この頃，仏教と唐の文化の影響を強く受けた国際的な文化が栄えた。（　A　）が使用した道具や，遣唐使が持ち帰った宝物などが（　B　）の倉庫である東大寺の正倉院に収められている。

ア　（A）桓武天皇　　（B）校倉造
イ　（A）桓武天皇　　（B）寝殿造
ウ　（A）聖武天皇　　（B）校倉造
エ　（A）聖武天皇　　（B）寝殿造

問３　下線部③に関連して，名称に元号が使用された出来事として正しいものを，次の**ア**～**エ**から一つ選び，記号で答えなさい。

ア　朝廷内での対立が起こり，後白河天皇に味方した平清盛と源義朝が勝利した。
イ　東北地方の二度の乱を鎮めた源氏が，東日本に勢力を伸ばした。
ウ　一向宗の信者が守護大名を倒したあと，約100年間の自治を続けた。
エ　石田三成と徳川家康が，西軍と東軍に分かれて戦った。

Ⅱ　平氏の滅亡後，朝廷の力が弱まり武士が台頭するようになると，元号の制定に関しても幕府の意向が取り入れられるようになった。鎌倉時代には改元の頻度が高まり，10年以上続いた元号は④文永・弘安の二つのみであった。その後，半世紀以上続いた南北朝時代には，北朝・南朝それぞれが元号を制定している。⑤室町時代には，太政大臣となった⑥足利義満が，元号の制定に関して介入するようになり，幕府の意向が積極的に取り入れられるようになった。

問４　下線部④に関連して，この時期に起こった出来事について述べた次の文**X**・**Y**の正誤の組み合わせとして正しいものを，あとの**ア**～**エ**から一つ選び，記号で答えなさい。

X　北条時宗が政治の実権を握った。
Y　チンギス＝ハン率いる元軍が幕府軍と戦った。

ア　**X**　正　**Y**　正　　**イ**　**X**　正　**Y**　誤
ウ　**X**　誤　**Y**　正　　**エ**　**X**　誤　**Y**　誤

問５　下線部⑤に関連して，この時代の経済や社会について述べた文として正しいものを，次の**ア**～**エ**から一つ選び，記号で答えなさい。

ア　都市部では株仲間と呼ばれる同業者組織がつくられ，営業を独占した。
イ　農村では惣と呼ばれる自治組織がつくられ，村のおきてなどを定めた。
ウ　一遍が各地を歩いて踊念仏を行い，民衆に時宗を広めた。
エ　農民に口分田が与えられ，租・調・庸などの税を納める義務が課せられた。

問６　下線部⑥について述べた文として**誤っているもの**を，次の**ア**～**エ**から一つ選び，記号で答えなさい。

ア　東山の別荘に銀閣を建てた。
イ　室町に「花の御所」と呼ばれる邸宅を完成させた。
ウ　明の皇帝から「日本国王」の称号を授かった。
エ　明との間で勘合貿易を開始した。

令和二年度　国語　解答用紙

【一】

（　）（　）（　）（　）

問一　a　b　c

問二

問三

問四

問五

問六　君

問七

問八

問一．２点×３
問二．４点
問三．４点
問四．４点
問五．11点
問六．４点
問七．４点
問八．４点

小　計

【二】

（　）（　）（　）

問一　a　b　c

問二

問三　〜

問四

問五　(1)

問一．３点×３
問二．３点
問三．４点
問四．４点
問五．５点×２（(2)は完答）
問六．５点

小　計

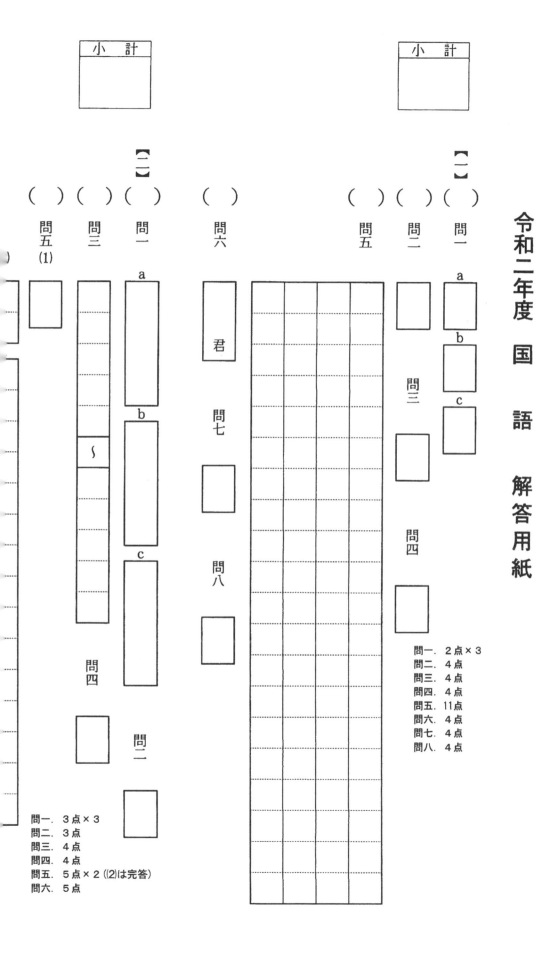

3

(1)	(2)	(3)			(4)
$y =$					

(1) 5点
(2) 5点
(3) 2点×3
(4) 4点

2	3
小　計	

4

(1)	(2)	(3)		(4)
cm	BF ： FD ：	面積 cm^2	長さ cm	cm

(1) 5点
(2) 5点
(3) 3点×2
(4) 4点

5

(1)		(2)	(3)	(4)
合同な三角形	∠ACD 度	cm	cm^2	cm^3

(1) 3点×2
(2) 4点
(3) 5点
(4) 5点

4	5
小　計	

問4

It was (	) (	) (	) I thought.

IV

問1

〈あ〉	〈い〉

問2

①

②

問3

	⇒	⇒	⇒	

問4

1	2	3	4	5

問１．２点×２
問２．３点×２
問３．完答３点
問４．３点×５

小　　計

V

問1

[1]	[2]	[3]	[4]	[5]

問2

(a)	(b)	(c)	(d)

問3

問4

2番目	4番目

問5

問１．２点×５
問２．２点×４
問３．３点
問４．完答３点
問５．３点×２

小　　計

3

問1	問2	問3	問4	問5

問6	問7

3点×7

4

問1		問2	問3
天気	風向		%

問4		問5	問6	問7
上昇気流	下降気流			

3点×9

3・4の小計

5

問1	問2	問3	問4
Ω	W	秒	Ω

問5	問6	問7
容器3 容器4 :		

3点×7

5の小計

問7	問8	問9	問10	問11

3の小計

4

問1	問2	問3	問4	問5	問6	問7

問１，４，６，７．
３点×４
他．２点×３

4の小計

5

問1	問2	問3	問4	問5	問6	問7

２点×７

6

問1	問2	問3	問4	問5

２点×５

5・6の小計

受験番号					
氏　　名					

令和２年度　社 会　解 答 用 紙

合計	

※100点満点

1

問１	問２	問３	問４					
							海	流

問２，６．３点×２
他．２点×６

問５	問６	問７	問８

（　　）

2

問１	問２	問３	問４	問５	問６	問７

問３，７．３点×２
他．２点×５

（　　）

1・2の小計

【解答用

受験番号					
氏　　名					

令和2年度　理科　解答用紙

合計	

※100点満点

1

問1	問2		問3	
			$CuCl_2$ →	変化

問4	問5	問6
	電極	

(　　　)

問1，4，5．2点×3
問2，3，6．3点×4
(問2は完答)

2

問1	問2

問1．3点
問2～6．2点×5

問3	問4	問5	問6

1・2の小計

【解答用

受験番号					
氏　　名					

令和2年度　英語　解答用紙

合計	

※100点満点

I

1	2	3	4	5

2点×5

II

1	番目	2	番目
3	番目	4	番目
5	番目		

3点×5

小　計

【解答用

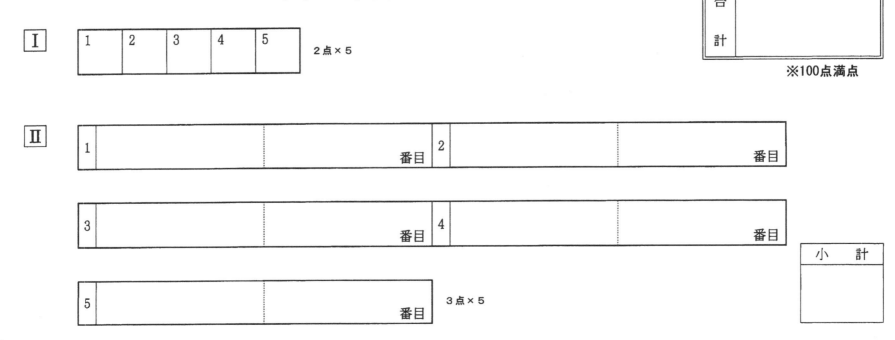

受験番号					
氏名					

令和2年度　数学　解答用紙

合計	

※100点満点

1

(1)	(2)	(3)	(4)	(5)
			度	cm

4点×5

1 小計

2

(1)	(2)		(3)	(4)	
	男子生徒	女子生徒		定価	販売数量

(1)5点
(2)3点×2
(3)5点
(4)2点×2

【解答用

【解答用

小計

合計

※100点満点

【三】

問一

問二

問三
②
③
④

問四

問五
～

問六
君

問一．３点
問二．３点
問三．３点×３
問四．３点
問五．３点
問六．３点

受験番号

氏名

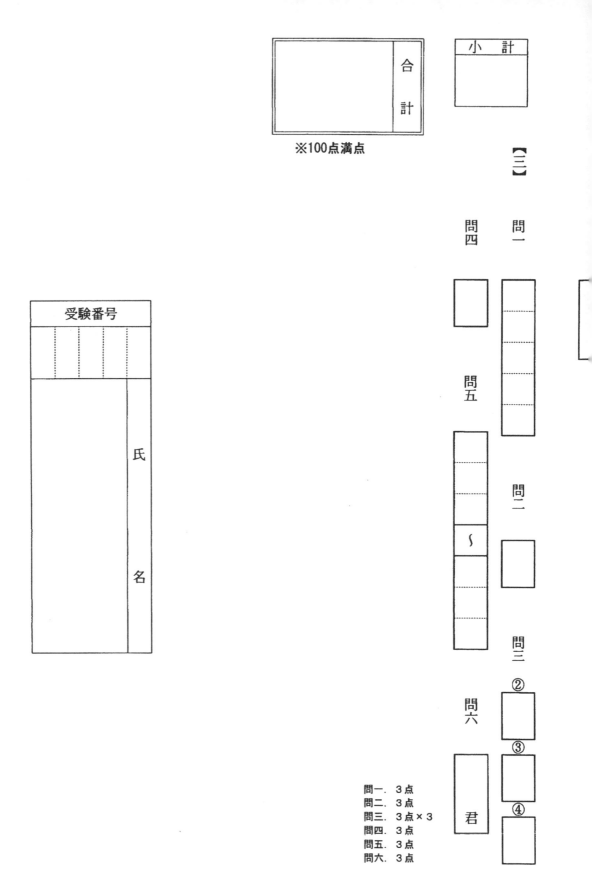

Ⅲ

年　代	出　来　事
1592年	文禄の役が起こる
1597年	慶長の役が起こる
1636年	寛永通宝の鋳造が始まる
1709年	⑦正徳の治と呼ばれる政治が始まる
	↑ C ↓
1858年	⑧安政の大獄が起こる

問7　下線部⑦について，この政治体制の中心人物として正しいものを，次の**ア**～**エ**から一つ選び，記号で答えなさい。

ア　徳川綱吉　　　**イ**　新井白石　　　**ウ**　本居宣長　　　**エ**　水野忠邦

問8　略年表中の**C**の期間に起こった出来事について述べた次の文**a**～**c**を古いものから順に並べた時の順序として正しいものを，あとの**ア**～**カ**から一つ選び，記号で答えなさい。

a　松平定信が，幕府の学問所での朱子学以外の講義を禁じた。
b　ペリーが4隻の軍艦を率いて浦賀に来航した。
c　田沼意次が銅や俵物の輸出を拡大した。

ア　a→b→c　　　**イ**　a→c→b　　　**ウ**　b→a→c
エ　b→c→a　　　**オ**　c→a→b　　　**カ**　c→b→a

問9　下線部⑧と呼ばれた弾圧を断行した人物について述べた文として正しいものを，次の**ア**～**エ**から一つ選び，記号で答えなさい。

ア　薩長同盟の締結を仲介した。
イ　日米修好通商条約を締結した。
ウ　異国船打払令を出した。
エ　王政復古の大号令を出した。

Ⅳ　明治への改元から，日本の元号の制度は一世一元の制のもと，天皇一代につき一つの元号が用いられることとなった。それ以降，⑨大正・昭和への改元は，⑩大日本帝国憲法と同時に制定された皇室典範に則って行われ，内閣によって告示されるようになった。第二次世界大戦の敗戦後，日本国憲法の制定など国内の制度が変化していく中，昭和54年に新たに元号法が施行された。

問10　下線部⑨に関連して，政党政治が発展し，社会運動なども活発になったこの時期の出来事として**誤っているもの**を，次の**ア〜エ**から一つ選び，記号で答えなさい。

ア　美濃部達吉が天皇機関説を唱えた。
イ　全国水平社が結成された。
ウ　ラジオ放送が開始された。
エ　福沢諭吉が『学問のすゝめ』を著した。

問11　下線部⑩について述べた次の文**a〜d**の正しいものの組み合わせを，あとの**ア〜エ**から一つ選び，記号で答えなさい。

a　天皇は国と国民統合の象徴と定められた。
b　明治天皇から内閣総理大臣の黒田清隆に授けられた。
c　国民は「臣民」とされ，法律の範囲内で自由が保障された。
d　藩主に対して，土地と人民を天皇に返還するように定めた。

ア　**a・c**　　**イ**　**a・d**　　**ウ**　**b・c**　　**エ**　**b・d**

4 次のⅠ・Ⅱの文を読んで，あとの問1～問7に答えなさい。

Ⅰ ユーラシア大陸では，古くから「オアシスの道」や「海の道」が東西の交流に大きな役割を果たしてきた。このうち「オアシスの道」は，①オリエントに進出したローマ帝国と，中央アジアも支配下に入れた②漢を結び，中国の絹織物が西方にもたらされるようになったことから「シルクロード」と命名された。また「海の道」は，地中海・インド洋・南シナ海を結んで，中国の陶磁器が主要な交易品になったことから「陶磁の道」とも呼ばれるようになった。

しかし，③ポルトガルとスペインが先駆けとなって大航海時代が始まると，ヨーロッパ諸国は直接アジアへ到達する航路を開拓しただけでなく，④アメリカ大陸へも進出するようになったため，大西洋も海上交易の主要な舞台となり「世界の一体化」が進むことになった。

問1 下線部①に関連して，次の文中の（ A ）・（ B ）にあてはまる語句の組み合わせとして正しいものを，あとの**ア～エ**から一つ選び，記号で答えなさい。

オリエントとは，ヨーロッパから見て東の「太陽ののぼる土地」という意味であり，（ A ）が発明されたエジプト文明や，（ B ）が生まれたメソポタミア文明を含む地域の総称である。

ア （A）太陰暦　（B）くさび形文字
イ （A）太陰暦　（B）甲骨文字
ウ （A）太陽暦　（B）くさび形文字
エ （A）太陽暦　（B）甲骨文字

問2 下線部②について述べた文として正しいものを，次の**ア～エ**から一つ選び，記号で答えなさい。

ア 楽浪郡を設けるなど，朝鮮半島にも支配を広げた。
イ 貨幣や文字などを統一し，「皇帝」の呼び名を使用し始めた。
ウ 中国東北部の女真族によって建国され，中国全土を支配した。
エ 孫文が三民主義を唱え，革命運動を進めた。

問3　下線部③について述べた次の文**a**～**d**の正しいものの組み合わせを，あとの**ア**～**エ**から一つ選び，記号で答えなさい。

a　ポルトガルはインド大反乱を鎮圧し，インド支配を確立した。
b　ポルトガル人を乗せた船が種子島に漂着し，日本に鉄砲が伝来した。
c　スペインは，ヨーロッパの国として唯一，長崎の出島で日本と貿易を行った。
d　スペインはアメリカ大陸に渡り，銀や砂糖をヨーロッパに輸出した。

ア　**a**・**c**　　**イ**　**a**・**d**　　**ウ**　**b**・**c**　　**エ**　**b**・**d**

問4　下線部④に関連して，アメリカ合衆国憲法の柱の一つとなった三権分立を，主著『法の精神』で唱えた啓蒙思想家を，次の**ア**～**エ**から一つ選び，記号で答えなさい。

ア　モンテスキュー　　**イ**　ルソー
ウ　ロック　　**エ**　ルター

Ⅱ　⑤19世紀の欧米諸国では，⑥産業革命の進展にともない資本主義のしくみが広がった。これらの国々は，資源や市場を求めてアジアやアフリカ，太平洋の島々へと進出し，植民地として支配するようになったため，大量生産された安価な製品の流入が，植民地の産業に大きな打撃を与えた。⑦第二次世界大戦後は，アジアやアフリカで多くの植民地が独立を果たしたが，先進国との間に経済格差が見られ，南北問題と呼ばれる新たな課題が指摘されるようになった。

問5　下線部⑤に関連して，19世紀の出来事について述べた文として**誤っているもの**を，次の**ア**～**エ**から一つ選び，記号で答えなさい。

ア　中国で，洪秀全率いる太平天国の乱が起こった。
イ　岩倉具視らを中心とした使節団が欧米に派遣された。
ウ　プロイセン宰相ビスマルクの指導のもと，ドイツが統一された。
エ　アメリカの大統領とイギリスの首相が共同で大西洋憲章を発表した。

問6　下線部⑥に関連して述べた次の文**X**・**Y**の波線部の正誤の組み合わせとして正しいものを，あとの**ア**～**エ**から一つ選び，記号で答えなさい。

X　19世紀のイギリスは，「世界の工場」と呼ばれるようになった。
Y　ゴルバチョフは『共産党宣言』などの著作で，資本主義を批判した。

ア　**X**　正　**Y**　正　　**イ**　**X**　正　**Y**　誤
ウ　**X**　誤　**Y**　正　　**エ**　**X**　誤　**Y**　誤

問7　下線部⑦に関連して，次の写真は2001年９月11日に起こった「同時多発テロ」で，イスラム教過激派にハイジャックされた民間航空機が高層ビルに突入したときの様子を撮影したものである。この事件が起こった国を，あとの**ア〜エ**から一つ選び，記号で答えなさい。

ア　中国　　**イ**　ドイツ　　**ウ**　アメリカ　　**エ**　オーストラリア

5 次の文を読んで，あとの問１～問７に答えなさい。

政治ではさまざまな場面で対立があるが，国会では，①合意に向けて多くの問題について議論している。令和に入り初めての参議院議員選挙が，選挙区制と②比例代表制の二つの方法で行われた。

国民の多くは，医療・年金などの③社会保障の整備を政府に強く求めている。日本は高齢社会を迎え，現役世代の人口が減っており，さらには④非正規雇用が増加する中で，社会保障と財政のあり方が問われている。⑤景気をよくしていくためにめざすべきは，大きな政府なのか⑥小さな政府なのか。社会のあり方や⑦政府の役割と財政の課題について，真剣に考えていかなければならない。

問１　下線部①に関連して，合意形成の際には効率と公正の視点が大切である。公正の例として正しいものを，次の**ア**～**エ**から一つ選び，記号で答えなさい。

ア　複数ある公共施設を統合する。
イ　使用されていない公共の建物を介護施設として再利用する。
ウ　医療を受ける機会を平等に保障する。
エ　学校のプールを地域住民が利用できるように開放する。

問２　下線部②について，参議院の比例代表制選挙区の単位として正しいものを，次の**ア**～**エ**から一つ選び，記号で答えなさい。

ア　一つまたは二つの都道府県
イ　全国１区
ウ　市町村
エ　小選挙区

問３　下線部③に関連して，高齢になったときに年金給付を受ける社会保障制度を何というか。次の**ア**～**エ**から一つ選び，記号で答えなさい。

ア　公的扶助　　**イ**　社会福祉　　**ウ**　公衆衛生　　**エ**　社会保険

問4　下線部④について述べた次の文**X**・**Y**の正誤の組み合わせとして正しいものを，あとの**ア〜エ**から一つ選び，記号で答えなさい。

X　日本で働く人の5割以上は，非正規雇用者として働いている。
Y　パートタイム労働者は，1週間の労働時間が通常の労働者よりも短い。

ア	**X**	正	**Y**	正	**イ**	**X**	正	**Y**	誤
ウ	**X**	誤	**Y**	正	**エ**	**X**	誤	**Y**	誤

問5　下線部⑤について，不景気のときに日本銀行や政府がとるべき対策として最も適当なものを，次の**ア〜エ**から一つ選び，記号で答えなさい。

ア　日本銀行が国債を買う。
イ　日本銀行は市中銀行への貸し出しを減らす。
ウ　政府は公共事業を減らす。
エ　政府は増税して家計の消費を減らす。

問6　下線部⑥に関連して，「小さな政府」がめざす政策として最も適当なものを，次の**ア〜エ**から一つ選び，記号で答えなさい。

ア　社会保障を充実させる。
イ　規制緩和による自由な経済活動を促す。
ウ　国営企業の拡大をはかる。
エ　公務員の数を増やす。

問7　下線部⑦について，政府の役割と財政に関する説明として**誤っているもの**を，次の**ア〜エ**から一つ選び，記号で答えなさい。

ア　市場における独占や寡占を規制する。
イ　社会資本や公共サービスを提供する。
ウ　歳出で一番多いのは，防衛関係費である。
エ　所得税では，累進課税制度が採用されている。

6 次の文を読んで，あとの問1～問5に答えなさい。

国会は，衆議院と参議院による①二院制がとられ，両院の議員の選出方法や任期には違いが設けられている。多くの国では代表者を選挙で選び，国民が政治のあり方を最終的に決める権限を持つ。また，②基本的人権の保障により，一人一人の個性が尊重される。これらは憲法が定める民主政治の大切なしくみである。

憲法は基本的人権だけでなく，統治のしくみについても定めている。これを統治機構という。統治機構として③国会・④内閣・⑤裁判所などが規定され，これらは基本的人権を守りながら民主主義を具体的に実現していくために必要な組織である。

問1　下線部①がとられている目的として**誤っているもの**を，次の**ア～エ**から一つ選び，記号で答えなさい。

ア　慎重な審議を行うため。
イ　参議院に解散があることで，国民の意思を反映させるため。
ウ　選出方法を変えることで，国民のさまざまな意見を反映させるため。
エ　一つの議院の行きすぎをおさえるため。

問2　下線部②に関連して，イギリスでは，議会の同意なしに国王の権限によって法律とその効力を停止することは違法である。このことが規定されているものを，次の**ア～エ**から一つ選び，記号で答えなさい。

ア　権利の章典　　　**イ**　ワイマール憲法
ウ　世界人権宣言　　**エ**　社会契約論

問3　下線部③について，主な仕事内容として正しいものを，次の**ア～エ**から一つ選び，記号で答えなさい。

ア　国事行為への助言と承認　　**イ**　外交関係の処理
ウ　法律の執行　　　　　　　　**エ**　予算の議決

問4　下線部④について述べた次の文**X**・**Y**の正誤の組み合わせとして正しいものを，あとの**ア～エ**から一つ選び，記号で答えなさい。

X　内閣は国会の信任にもとづき，国会に対して連帯して責任を負う。
Y　衆議院の総選挙が行われたときは，内閣は必ず総辞職しなければならない。

ア　**X**　正　**Y**　正　　　**イ**　**X**　正　**Y**　誤
ウ　**X**　誤　**Y**　正　　　**エ**　**X**　誤　**Y**　誤

問５　下線部⑤に関連して，第一審が地方裁判所で行われて控訴した場合，第二審が行われる裁判所として正しいものを，次の**ア**～**エ**から一つ選び，記号で答えなさい。

ア　最高裁判所　　**イ**　高等裁判所　　**ウ**　家庭裁判所　　**エ**　簡易裁判所

〔以上〕